Werdende Wohnungseigentümergemeinschaft

Europäische Hochschulschriften

Publications Universitaires Européennes
European University Studies

Reihe II
Rechtswissenschaft

Série II Series II
Droit
Law

Bd./Vol. 3627

PETER LANG
Frankfurt am Main · Berlin · Bern · Bruxelles · New York · Oxford · Wien

Lars Heismann

Werdende Wohnungs-eigentümergemeinschaft

Die ungewisse Zukunft eines traditionellen WEG-Rechtsinstituts

PETER LANG
Europäischer Verlag der Wissenschaften

Bibliografische Information Der Deutschen Bibliothek
Die Deutsche Bibliothek verzeichnet diese Publikation in der Deutschen Nationalbibliografie; detaillierte bibliografische Daten sind im Internet über <http://dnb.ddb.de> abrufbar.

Zugl.: Bochum, Univ., Diss., 2002

D 294
ISSN 0531-7312
ISBN 3-631-50849-2

www.peterlang.de

Meinen Eltern

Meiner Frau

Vorwort

Die folgende Abhandlung hat im Jahre 2002 der Juristischen Fakultät der Ruhr-Universität Bochum als Dissertation vorgelegen. Das Manuskript wurde im Dezember 2001 abgeschlossen. Die Änderungen durch die Schuldrechtsreform konnten nicht mehr eingearbeitet werden. Die Rechtsprechung wurde jedoch vor der Drucklegung noch bis Sommer 2002 berücksichtigt.

An dieser Stelle möchte ich mich bei meinem Doktorvater Herrn Professor Dr. Klaus Schreiber für die mir gewährte Betreuung und Unterstützung bedanken. Mein Dank gilt außerdem Herrn Professor Dr. Peter A. Windel für die Übernahme und zügige Erstellung des Zweitgutachtens.

Herdecke, im November 2002

Lars Heismann

Was wird aus der werdenden Wohnungseigentümergemeinschaft?

Mit dem Wohnungseigentumsgesetz (WEG) vom 15. 3. 1951 gelang es dem Gesetzgeber, der nach dem Zweiten Weltkrieg herrschenden Wohnungsnot wirkungsvoll zu begegnen. Um Wohnungen innerhalb eines Gebäudes eigentumsfähig im Sinne des § 903 BGB zu machen, war es erforderlich, das römisch-rechtliche Akzessionsprinzip (Bestandteilslehre) der §§ 93 ff., 946 BGB – „superficies solo cedit" (Corpus Iuris Civilis D. 43.17.3.7.) – zu durchbrechen: Der erste Abschnitt des WEG (§§ 1-9) enthält Regelungen, wie der Miteigentumsanteil an einem Grundstück und Gebäude mit dem Sondereigentum an einer darin angelegten Wohnung oder sonstigem Raum zu jeweils einem Wohnungseigentumsrecht verbunden werden kann. Noch wichtiger war es, den Inhabern der so geschaffenen Eigentumswohnungen eine gemeinschaftliche Organisation zu geben, die ein friedliches Zusammenleben unter einem Dach gewährleistet: Die §§ 10-29 WEG ordnen jedem Wohnungseigentümer entsprechende materiellrechtliche Rechte und Pflichten zu, die im Verfahren der freiwilligen Gerichtsbarkeit durchgesetzt werden können (§§ 43 ff. WEG).

Die Begründung und der Erwerb von Wohnungseigentum setzen – dem im Immobilienrecht geltenden Eintragungsprinzip folgend – die Eintragung in das Grundbuch voraus (Grundbuchsystem). Wohnungseigentümer ist, wer im Wohnungsgrundbuch als solcher eingetragen ist. Nicht allein die Gründung der Wohnungseigentümergemeinschaft, sondern jede Veränderung ihrer Zusammensetzung muß im Grundbuch nachvollzogen werden. Ob diese Verzögerung in allen Fällen sachgerecht ist oder ob es unter gewissen Bedingungen geboten sein kann, den Begründer oder Erwerber zu einem früheren Zeitpunkt rechtlich in die Wohnungseigentümergemeinschaft einzugliedern, ist eine Streitfrage, die fast so alt ist wie das WEG selbst.

Bereits 1959 entschied das AG Hamburg, daß auf den noch nicht eingetragenen, aber im Besitz der Wohnung befindlichen Erwerber sowohl die materiellrechtlichen (§§ 10 ff.) als auch die verfahrensrechtlichen (§§ 43 ff.) Vorschriften des WEG analoge Anwendung finden. Seitdem ist die antizipierte Anwendung des WEG auf den noch nicht eingetragenen Wohnungsanwärter fester Bestandteil der wohnungseigentumsrechtlichen Rechtsprechung. Für die vorzeitige gesetzliche Integration in die Eigentümergemeinschaft ist der Begriff des sog. *werdenden bzw. faktischen Wohnungseigentümers* geprägt worden.

Die wissenschaftliche Diskussion konzentrierte sich zunächst auf die (subjektiven) Voraussetzungen, die in der Person des jeweiligen Interessenten liegen und die er auf seinem Weg zur Eigentümerstellung erfüllt haben muß, um einem Wohnungseigentümer gleichgestellt zu werden. Sie umschreiben seine Annäherung an das Wohnungseigentumsrecht in rechtlicher, tatsächlicher und wirtschaftlicher Hinsicht: Rechtlich verlangt man überwiegend einen wirksamen schuldrechtlichen Anspruch auf Verschaffung von Wohnungseigentum, der durch eine Auflassungsvormerkung gesichert ist, tatsächlich die Wohnungsübergabe und wirtschaftlich den Übergang von Gefahren, Lasten und Nutzungen.

Erst Ende der 70er Jahre geriet der Anwendungsbereich des Analogieschlusses in den Brennpunkt der Diskussion. Er definiert sich durch äußere Umstände wie die Art der Wohnungseigentumsbegründung (§§ 3, 8), die jeweilige Erwerbssituation und die Anlegung der Wohnungsgrundbücher. Aus der Sicht des Wohnungsanwärters handelt es sich um objektive Voraussetzungen der antizipierten WEG-Anwendung. War sie bisher nur für sog. Ersterwerbsfälle in der Entstehungsphase einer gemäß § 8 begründeten Wohnungseigentümergemeinschaft befürwortet worden, wollte eine stark vertretene Ansicht sie nun auf sog. Zweiterwerbsfälle nach der Entstehung der Gemeinschaft ausdehnen. Zehn Jahre später erteilte der BGH dieser Erweiterung des Anwendungsbereichs eine Absage, indem er insbesondere Gesichtspunkte der Rechtssicherheit gegen eine Abkehr vom Eintragungsprinzip anführte. Doch wer geglaubt hatte, diese Begründung könnte insgesamt das Ende des werdenden Wohnungseigentümers bedeuten, sah sich spätestens mit Bekanntwerden einer Entscheidung des BayObLG aus dem Jahre 1990 getäuscht. Das Gericht bestätigte die vorzeitige Anwendung des WEG in den klassischen Ersterwerbsfällen und legte die Basis für die differenzierte Betrachtung der heute herrschenden Rechtsansicht.
Sie läßt die analoge Anwendung des WEG nach wie vor auf den Ersterwerber im Gründungsstadium einer gemäß § 8 entstehenden Eigentümergemeinschaft zu. Abgelehnt wird sie hingegen bei Ersterwerbern nach der Gemeinschaftsentstehung, bei Zweiterwerbern oder bei einer durch Teilungsvertrag (§ 3 WEG) begründeten Gemeinschaft. Auch terminologisch wird diese Abgrenzung umgesetzt: Statt individuell von werdenden Wohnungseigentümern wird im Gründungsstadium kollektiv von (Mitgliedern) einer *werdenden bzw. faktischen Wohnungseigentümergemeinschaft* gesprochen. Als werdender Wohnungseigentümer (i. e. S.) wird nur noch der Zweiterwerber bezeichnet, für den in Abgrenzung von der werdenden Wohnungseigentümergemeinschaft eine vorzeitige Anwendung des WEG gerade ausgeschlossen sein soll.

Aus dem Jahre 1998 stammt die erste oberlandesgerichtliche Entscheidung, die – in einem obiter dictum – die analoge Anwendung des WEG (auch) im Gründungsstadium anzweifelt. Alle anderen Oberlandesgerichte haben sich in der Folgezeit für die Aufrechterhaltung der werdenden Wohnungseigentümergemeinschaft ausgesprochen. Eine abschließende Entscheidung des Bundesgerichtshofes steht noch aus. Dies gibt Anlaß, die antizipierte Anwendbarkeit des WEG zum Gegenstand einer umfassenden Untersuchung zu machen.

In der Einführung (Teil A) erfolgt eine Darstellung derjenigen dogmatischen Grundlagen des Wohnungseigentumsrechts, die für die Entscheidung der Streitfrage maßgeblich sind.
Im Hauptteil der Untersuchung (Teil B) sollen die einschlägigen Problemkreise erläutert, diskutiert und gelöst werden.
Den Schluß bilden eine Zusammenfassung der gefundenen Ergebnisse (Teil C) sowie ein Literaturverzeichnis (Teil D).

Inhaltsverzeichnis

Abkürzungsverzeichnis

aA	anderer Auffassung
a. a. O.	am angeführten Ort
abl.	ablehnend
AcP	Archiv für die civilistische Praxis
a. E.	am Ende
AktG	Aktiengesetz
Anh.	Anhang
Anm.	Anmerkung
BauR	Zeitschrift für das gesamte öffentliche und zivile Baurecht
BayObLGZ	Entscheidungen des Bayerischen Obersten Landesgerichts in Zivilsachen
BB	Der Betriebsberater
BFHE	Entscheidungen des Bundesfinanzhofes
BGB	Bürgerliches Gesetzbuch
BGBl.	Bundesgesetzblatt
BGH LM	Das Nachschlagewerk des Bundesgerichtshofes in Zivilsachen, herausgegeben von Lindenmaier und Möhring
BGHZ	Entscheidungen des Bundesgerichtshofes in Zivilsachen
BlGBW	Blätter für Grundstücks-, Bau- und Wohnungsrecht
BR-Drucks.	Drucksachen des Bundesrates
BStBl.	Bundessteuerblatt
DB	Der Betrieb
ders.	derselbe
dies.	dieselbe
DNotZ	Deutsche Notar-Zeitschrift
DWE	Der Wohnungseigentümer
DWW	Deutsche Wohnungswirtschaft
Einl.	Einleitung
FachV	Der Fachverwalter
FGG	Gesetz über die Angelegenheiten der freiwilligen Gerichtsbarkeit
FGPrax	Praxis der Freiwilligen Gerichtsbarkeit
Fn.	Fußnote
FS	Festschrift
GBA	Grundbuchamt
GBO	Grundbuchordnung
GbR	Gesellschaft bürgerlichen Rechts
GenG	Gesetz betreffend die Erwerbs- und Wirtschaftsgenossenschaften
GewO	Gewerbeordnung
GmbHG	Gesetz betreffend die Gesellschaften mit beschränkter Haftung
HGB	Handelsgesetzbuch
h. M.	herrschende Meinung

i. e. S.	im engen Sinne
i. S. d.	im Sinne des/der
i. V. m.	in Verbindung mit
i. w. S.	im weiten Sinne
JR	Juristische Rundschau
JurBüro	Das Juristische Büro
JuS	Juristische Schulung
JW	Juristische Wochenschrift
JZ	Juristen-Zeitung
KG	Kammergericht Berlin
LS	Leitsatz
LZ	Leipziger Zeitschrift für Deutsches Recht
MaBV	Makler- und Bauträgerverordnung
MDR	Monatsschrift für Deutsches Recht
m. w. N.	mit weiteren Nachweisen
NJW	Neue Juristische Wochenschrift
NJW-RR	NJW-Rechtsprechungs-Report Zivilrecht
NZM	Neue Zeitschrift für Miet- und Wohnungsrecht
OLGZ	Entscheidungen der Oberlandesgerichte in Zivilsachen
PiG	Partner im Gespräch
Rdn.	Randnummer
RGZ	Entscheidungen des Reichsgerichts in Zivilsachen
Rpfleger	Der deutsche Rechtspfleger
st. Rspr.	ständige Rechtsprechung
vgl.	vergleiche
WE	Das Wohnungseigentum (Zeitschrift)
WEG	Wohnungseigentumsgesetz
WEM	Wohnungseigentümer-Magazin
WuM	Wohnungswirtschaft und Mietrecht
ZdWBay	Zeitschrift der Wohnungswirtschaft Bayern („Wohnen“)
ZfBR	Zeitschrift für deutsches und internationales Baurecht
ZfgWBay	Zeitschrift für das gemeinnützige Wohnungswesen in Bayern
ZfIR	Zeitschrift für Immobilienrecht
ZMR	Zeitschrift für Miet- und Raumrecht
ZPO	Zivilprozeßordnung

A. Der Werdegang und die Rechtsstellung des Wohnungseigentümers

Ein Urteil über die antizipierte Anwendbarkeit des WEG setzt die Kenntnis von der Rechtslage voraus, wie sie sich nach der direkten Anwendung des WEG darstellt. Wenn der Begründer bzw. Erwerber eines Wohnungseigentumsrechts vorzeitig den Bestimmungen des WEG unterfallen soll, so kann eine Entscheidung hierüber nur getroffen werden, wenn man weiß, (I.) wie Wohnungseigentum begründet oder erworben wird, und (II.) welche Konsequenzen sich aus der Rechtsstellung als Wohnungseigentümer ergeben, die eine Vorverlagerung erforderlich machen könnten.

I. Der Werdegang des Wohnungseigentümers

Auf dem Weg zum Wohnungseigentum durchläuft der zukünftige Wohnungseigentümer eine Entwicklung, mit der er sich Schritt für Schritt der Begründung oder dem Erwerb des Wohnungseigentumsrechts annähert. Jede Entwicklungsstufe bildet einen möglichen Ansatzpunkt für die antizipierte Anwendung des WEG auf seine Person. In der Praxis ist die Entwicklung zum Wohnungseigentümer in vielfältige Formen der Begründung von Wohnungseigentum eingebettet. Nachfolgend sollen die Entwicklungsstufen und ihre praktischen Erscheinungsformen dargestellt werden.

1. Die schrittweise Entwicklung zum Wohnungseigentümer

Die Entwicklung zum Wohnungseigentümer setzt sich aus vier parallelen Teilentwicklungen zusammen: Zunächst gibt es die rechtliche Annäherung, die sich wiederum aus der sachenrechtlichen und der zugrunde liegenden schuldrechtlichen Entwicklung zusammensetzt. In gewisser Weise ist auch eine tatsächliche Annäherung des Interessenten an das Verhalten eines Wohnungseigentümers erkennbar (faktische Entwicklung). Schließlich läßt sich seine Annäherung an das Wohnungseigentum rein wirtschaftlich betrachten (wirtschaftliche Entwicklung).

a) Die sachenrechtliche Entwicklung

Die sachenrechtliche Annäherung an das Wohnungseigentum meint die schrittweise Erfüllung der dinglichen Voraussetzungen, die zur Begründung oder zum Erwerb von Wohnungseigentum notwendig sind. Sieht man die Inhaberschaft des Vollrechts „Wohnungseigentum“ als Endstufe der dinglichen Entwicklung, so kann es vorher, wie generell im Sachenrecht, die Vorstufe des Anwartschaftsrechts geben. Allgemein ist diese Vorstufe erreicht, wenn von einem mehraktigen Entstehungstatbestand eines Rechts schon so viele Erfordernisse erfüllt sind, daß von einer gesicherten Rechtsposition des Erwerbers gesprochen werden kann, die der andere Beteiligte nicht mehr einseitig zu zerstören vermag[1].

---

[1] BGHZ 37, 319, 321; 49, 197, 201; 83, 395, 399; Palandt/Heinrichs vor § 158 BGB Rdn. 9

Wann dies im Immobilienrecht zwischen der Auflassung[2] und der Grundbucheintragung der Fall ist, ist eine der umstrittensten Fragen im Sachenrecht:
Die überwiegende Literatur will schon die bindende Auflassung (vgl. § 873 Abs. 2 BGB) als gesicherte Rechtsposition anerkennen. Denn der Erwerber kann nun durch die Stellung des Eintragungsantrages i. S. d. § 13 Abs. 1 S. 2 2. Alt. GBO das Grundstückseigentum auf sich umschreiben lassen, ohne daß der Veräußerer dies einseitig durch Widerruf verhindern könnte. Diese Rechtsstellung (häufig als „Anwartschaft" oder „sonstiges Vermögensrecht" bezeichnet) sei zwar noch nicht durch § 823 Abs. 1, wohl aber durch § 826 BGB gegen unerlaubte Handlungen abgesichert, und könne übertragen, gepfändet und verpfändet werden[3].
Einige Autoren[4] wollen die Stellung des Auflassungsempfängers sogar als „qualifizierte Anwartschaft" oder als „Anwartschafts*recht*" verstehen, welches wie das Vollrecht Eigentum zu behandeln, insbesondere über die §§ 823 Abs. 1, 1004 BGB zu schützen sei.
Nach Ansicht des Bundesgerichtshofes[5] ist die Gleichbehandlung mit dem Vollrecht erst gerechtfertigt, wenn die Position des Erwerbers dadurch Bestandskraft gewinnt, daß sie sich gegen Zwischenverfügungen des Veräußerers durchsetzt. Dies sei nur dann der Fall, wenn der Erwerber – nicht der Veräußerer (vgl. §§ 17, 31 GBO) – entweder einen Eintragungsantrag[6] beim Grundbuchamt gestellt habe (§ 878 a. E. BGB) oder für ihn eine Auflassungsvormerkung im Grundbuch eingetragen sei (§ 883 BGB). Wenn man den Schutz des § 17 GBO für ausreichend hält, muß man konsequenterweise bereits den Antrag des Erwerbers auf Eintragung einer Auflassungsvormerkung genügen lassen (vgl. §§ 17 GBO, 883 Abs. 2 BGB)[7].
Jedoch werden in der Literatur[8] gelegentlich Bedenken gegen die Anknüpfung an § 17 GBO geäußert. Als bloße Verfahrensvorschrift dürfe er nicht über materielle Rechts-

---

[2] Das Vorliegen der Auflassung ist als Beginn des mehraktigen Übertragungsaktes in jedem Fall erforderlich (BGH NJW 1984, 973, 974; Palandt/Bassenge § 925 BGB Rdn. 25; Soergel/Stürner § 873 BGB Rdn. 14).

[3] Staudinger/Pfeifer § 925 BGB Rdn. 125, 128; Münch.Komm./Kanzleiter § 925 BGB Rdn. 32; Soergel/Stürner § 873 BGB Rdn. 14 f.; RGRK/Augustin §§ 925, 925a BGB Rdn. 82; Baur/Stürner Sachenrecht § 19 Rdn. 15

[4] Vgl. die Nachweise bei Staudinger/Gursky § 873 BGB Rdn. 180 und Hager JuS 1991, 1, 2 Fn. 18.

[5] St. Rspr. BGHZ 45, 186, 190 f; 49, 197, 200; 83, 395, 399; 106, 108, 111; 114, 161, 166. Zustimmend Münch.Komm./Kanzleiter § 925 BGB Rdn. 34; Erman/H.Hagen/A.Lorenz § 925 BGB Rdn. 57; Soergel/Stürner § 873 BGB Rdn. 14; Hager JuS 1991, 1, 2.

[6] Soergel/Stürner § 873 BGB Rdn. 14 und Staudinger/Gursky § 873 BGB Rdn. 181 weisen zu Recht darauf hin, daß neben dem Antrag auch die Eintragungsbewilligung erforderlich ist, welche aber regelmäßig vorliegt.

[7] OLG Düsseldorf Rpfleger 1981, 199, 200 = DNotZ 1981, 130, 132; Münch.Komm./Kanzleiter § 925 BGB Rdn. 34; Palandt/Bassenge § 925 BGB Rdn. 25; Erman/H.Hagen/A.Lorenz § 925 BGB Rdn. 55

[8] Jauernig § 873 BGB Rdn. 20; Westermann Sachenrecht § 75 I 6, S. 593; vgl. die übrigen Nachweise bei Hager JuS 1991, 1, 3 Fn. 33.

positionen entscheiden, weil dann das Anwartschaftsrecht von der Ordnungsmäßigkeit der Arbeit des Grundbuchamtes abhänge: weist das Grundbuchamt den Antrag des Auflassungsempfängers zurück oder bevorzugt es entgegen § 17 GBO einen späteren Antragsteller, kommt es anerkanntermaßen zu keiner gesicherten Rechtsposition[9]. Ausreichenden Schutz würde demnach nur eine eingetragene Auflassungsvormerkung gewährleisten. Gegen die Anknüpfung des Anwartschaftsrechts an den vorgemerkten schuldrechtlichen Anspruch spricht aber, daß dadurch die Vorteile einer abstrakten Anwartschaft verloren gehen[10]. Einige Stimmen halten die Anwartschaft bzw. das Anwartschaftsrecht des Auflassungsempfängers deshalb insgesamt für überflüssig oder verfehlt[11].

Eine Stellungnahme kann und muß hier nicht erfolgen, da – von diesen wenigen Stimmen abgesehen – die Entwicklungsstufe des Anwartschaftsrechts im Verlauf der sachenrechtlichen Entwicklung zum Grundstückseigentum anerkannt ist. Auf das Wohnungseigentumsrecht übertragen, ergibt sich:

Die sachenrechtliche Entwicklung zum Wohnungseigentum führt über ein Anwartschaftsrecht, wenn in bezug auf das aufgelassene Wohnungseigentumsrecht eine Auflassungsvormerkung oder ein Eintragungsantrag des zukünftig Berechtigten vorliegt. Sie endet mit der wirksamen Begründung oder dem wirksamen Erwerb des Wohnungseigentumsrechts. Welche Schritte im einzelnen dafür erforderlich sind, soll nun dargestellt werden.

aa) Die Begründung von Wohnungseigentum

Gemäß § 1 Abs. 1[12] kann an Wohnungen sog. Wohnungseigentum, an nicht zu Wohnzwecken dienenden Räumen sog. Teileigentum begründet werden. Beide Begriffe werden in § 1 Abs. 2 bzw. Abs. 3 legal definiert: Gemeint ist jeweils der Sammelbegriff des durch das WEG neu eingeführten Rechtsinstituts. Es setzt sich zusammen aus dem Sondereigentum an einem abgeschlossenen Raum innerhalb eines Gebäudes und aus dem Miteigentumsanteil an dem Grundstück und den Gebäudeteilen, die nicht im Sonder- oder Dritteigentum, sondern im gemeinschaftlichen Eigentum stehen (vgl. § 1 Abs. 5). Nur bezüglich des abgeschlossenen Raumes, das heißt des Gegenstandes des Sondereigentums, besteht der Unterschied zwischen Wohnungs- und Teileigentum: bei ersterem handelt es sich um einen zu Wohnzwecken dienenden Raum, bei letzterem nicht. Eine andersartige Rechtsqualität ist dadurch nicht gegeben[13]. Einen Oberbegriff

---

[9] Es kommen allenfalls Amtshaftungsansprüche in Betracht (Münch.Komm./Wacke § 873 BGB Rdn. 43; Hager JuS 1991, 1, 3 m. w. N. in Fn. 30). Werden zwischen der Ablehnung des Antrags und der Aufhebung derselben Eintragungen Dritter vorgenommen, haben diese Bestand (BGHZ 45, 186, 191; Erman/H.Hagen/A.Lorenz § 925 BGB Rdn. 67).

[10] Hager JuS 1991, 1, 3 f. m. w. N.

[11] Münch.Komm./Wacke § 873 BGB Rdn. 43; Wolf Sachenrecht § 10 B III i, S. 412 ff. Dagegen Hager JuS 1991, 1, 8 f. m. w. N.

[12] §§ ohne Gesetzesangabe sind solche des WEG.

[13] BPM/Pick § 1 Rdn. 15; Soergel/Stürner vor § 1 Rdn. 3

für das Wohnungs- und Teileigentum sucht man im WEG vergebens; der Gesetzgeber ist in § 1 Abs. 6 den komplizierten Weg gegangen, die Vorschriften für das Wohnungseigentum auf das Teileigentum für entsprechend anwendbar zu erklären[14].

§ 1 enthält lediglich Begriffsbestimmungen, definiert also die mit Inkrafttreten des WEG neu begründbaren Rechte. Wie Wohnungseigentum entsteht, ist in den anschließenden §§ 2-9 geregelt. Hier stellt das WEG zwei Begründungsarten zur Verfügung (§ 2): Wohnungseigentum wird durch gegenseitige vertragliche Einräumung (§ 3) oder durch einseitige Teilung (§ 8) begründet. Beiden Begründungsarten ist gemein, daß sie erstens die Willenserklärung(en) des oder der bisherigen Eigentümer, gerichtet auf die Teilung des Grundstücks, und zweitens einen Vollzug dieser Teilungserklärung(en) im Grundbuch voraussetzen.

aaa) Die Begründung durch Teilungsvertrag (§ 3)

Gemäß § 3 Abs. 1 können die Miteigentümer (§ 1008 BGB) eines Grundstücks durch Vertrag (= sog. Teilungsvertrag oder Einräumungsvertrag) ihr Miteigentum in der Weise beschränken, daß jedem der Miteigentümer abweichend von § 93 BGB das Sondereigentum an einem bestimmten Raum in einem auf dem Grundstück errichteten oder zu errichtenden Gebäude eingeräumt wird. Zur Einräumung des Sondereigentums ist nach § 4 Abs. 1 i. V. m. Abs. 2 S. 1 die dingliche Einigung der Beteiligten in der für die Auflassung vorgeschriebenen Form erforderlich, also gemäß § 925 Abs. 1 S. 1 BGB die Einigung bei gleichzeitiger Anwesenheit der Beteiligten vor einer zuständigen Stelle, das heißt i. d. R. vor dem Notar (vgl. § 925 Abs. 1 S. 2 BGB). Diese Einigung hat den Rechtscharakter eines abstrakten Verfügungsvertrages, der das dingliche Recht des Miteigentums inhaltlich ändert, indem er es durch gegenseitige Einräumung des Sondereigentums gegenständlich beschränkt und zugleich qualifiziert[15]. Anschließend muß diese Rechtsänderung im Wohnungsgrundbuch eingetragen werden (§ 4 Abs. 1 i. V. m. § 7), was grundbuchrechtlich einen Antrag und eine Eintragungsbewilligung voraussetzt (§§ 13, 19 GBO). Die §§ 3 und 4 entsprechen somit in ihren Vor-

---

[14] Das wohnungseigentumsrechtliche Schrifttum (Bärmann WEG 1. Auflage Einl. Anm. IV, S. 84; § 1 Anm. I, S. 183 f.; Diester WEG § 1 Rdn. 3; Hägele Fn. 1; RGRK/Pritsch 11. Auflage Einl. Anm. 7 d; RGRK/Augustin vor § 1 Anm. V 1 d; H. Müller Praktische Fragen Rdn. 46) hat die Lücke des fehlenden Oberbegriffs früh durch den sachgerechten Terminus des „(gemeinen) Raumeigentums“ zu schließen versucht, welcher sich aber nicht durchgesetzt hat. Statt dessen hat sich in der Rechtspraxis der Begriff des „Wohnungseigentums“ über seine ursprüngliche Zuweisung hinaus zum Oberbegriff für das Wohnungseigentum i. e. S. (§ 1 Abs. 2) und das Teileigentum (§ 1 Abs. 3) entwickelt. Auch in dieser Untersuchung wird nur von Wohnungseigentum und Wohnungseigentümern die Rede sein. Die Gleichstellung des Wohnungsinhabers mit dem Inhaber eines sonstigen Raumes ist dem WEG gemäß § 1 Abs. 6 immanent. Für die Frage einer vorzeitigen Eingliederung des Erwerbers in die Eigentümergemeinschaft nach dem WEG kann es daher keinen Unterschied machen, welche Art von Raum er erwirbt. Eine Differenzierung zwischen dem Wohnungseigentum (i. e. S.) und dem Teileigentum ist unnötig.

[15] BPM/Pick § 3 Rdn. 52. Kritisch zum Begriff der „Beschränkung“ Paulick AcP 152 (1952), 420, 424 f.

aussetzungen dem § 873 Abs. 1 BGB, der für die Rechtsänderung hinsichtlich eines Grundstücks die dingliche Einigung und die Grundbucheintragung zur Wahrung des Publizitätsprinzips verlangt (sog. Grundbuchsystem[16]). Es sind aber folgende Besonderheiten zu beachten:

Nur Miteigentümer i. S. d. § 1008 BGB können sich gegenseitig das Sondereigentum einräumen; Gesamthandseigentum muß zuvor in Bruchteilseigentum umgewandelt werden[17]. Diese Umwandlung kann, ebenso wie eine evtl. Änderung der Miteigentumsquoten[18], noch im Teilungsvertrag vorgenommen werden. Es genügt, wenn das Sondereigentum an erst gleichzeitig gebildetem oder erworbenem Miteigentum begründet wird[19]. Das Miteigentum entsteht mit dem Vollzug des Teilungsvertrages im Grundbuch und wird ad hoc mit dem gegenseitig eingeräumten Sondereigentum zu Wohnungseigentum verbunden. Mit jedem Miteigentumsanteil muß ein Sondereigentum verbunden werden, das heißt entweder alle Bruchteilseigentümer werden Wohnungseigentümer oder gar keiner[20]. Nicht erforderlich ist ein bestimmtes Wertverhältnis von Miteigentumsanteil und Sondereigentum[21].

In § 7 enthält das WEG besondere Grundbuchvorschriften. Soll der Teilungsvertrag im Grundbuch vollzogen werden, sind der Eintragungsbewilligung nach § 7 Abs. 4 der sog. Aufteilungsplan (Nr. 1) und die sog. Abgeschlossenheitsbescheinigung (Nr. 2) als Anlagen hinzuzufügen. Durch letztere bestätigt die Baubehörde in Form einer Wissenserklärung, daß die Sondereigentums-Räume in sich abgeschlossen sind i. S. d. § 3 Abs. 2 S. 1, welcher nur eine Ordnungsvorschrift darstellt[22]. Der Aufteilungsplan ist eine Bauzeichnung, deren Anforderungen durch eine Verwaltungsvorschrift[23] näher festgelegt sind. Abgeschlossenheitsbescheinigung und Aufteilungsplan dienen der Einhaltung des sachenrechtlichen Bestimmtheitsgrundsatzes[24]. Nach positiver Prüfung durch das Grundbuchamt erfolgt die Eintragung der Wohnungseigentumsrechte in den Wohnungsgrundbüchern. Grundsätzlich ist für jedes Wohnungseigentumsrecht ein besonderes Grundbuchblatt anzulegen; nur bei nicht zu besorgender Verwirrung kann

---

[16] Merle PiG 41 (1993), 131, 135

[17] Soergel/Stürner § 3 Rdn. 2; Diester WEG § 3 Rdn. 9; H. Müller Praktische Fragen Rdn. 6; Merle PiG 41 (1993), 131, 135; Röll Teilungserklärung S. 12

[18] BGHZ 86, 393, 398 = NJW 1983, 1672, 1673

[19] LG Bochum NZM 1999, 380; BPM/Pick § 2 Rdn. 30 und § 3 Rdn. 1a, 5; Trautmann S. 144; Hägele S. 66; Stürner/Weber JZ 1983, 619, 620

[20] BPM/Pick § 3 Rdn. 8; Merle PiG 41 (1993), 131, 136. Zum Problem des sog. isolierten Miteigentumsanteils vgl. BGHZ 109, 179 und H. Müller Praktische Fragen Rdn. 59.

[21] BayObLG v. 26.9.58 – 2 Z 104/58 = BayObLGZ 1958, 263 = NJW 1958, 2116; Merle PiG 41 (1993), 131, 135

[22] BPM/Pick § 3 Rdn. 37; Soergel/Stürner § 3 Rdn. 33; H. Müller Praktische Fragen Rdn. 8. Ist die Wohnung entgegen der Eintragung in Wirklichkeit nicht (mehr) abgeschlossen, hat dies keinen Einfluß auf den Bestand des Wohnungseigentums.

[23] „Allgemeine Verwaltungsvorschrift für die Ausstellung von Bescheinigungen gemäß § 7 Abs. 4 Nr. 2 und § 32 Abs. 2 Nr. 2 des WEG" vom 19.3.1974

[24] Merle PiG 41 (1993), 131, 136 f.

das bestehende Grundbuchblatt als gemeinschaftliches Wohnungsgrundbuch bezeichnet werden (§ 7 Abs. 2). Das Grundbuch des ungeteilten Grundstücks wird in jedem Falle geschlossen.

bbb) Die Begründung durch einseitige Teilungserklärung (§ 8)

Gemäß § 8 Abs. 1 kann ein Grundstückseigentümer durch einseitige Erklärung (= sog. Teilungserklärung i. e. S.[25]) gegenüber dem Grundbuchamt sein Eigentum an dem Grundstück in Miteigentumsanteile in der Weise teilen, daß mit jedem Anteil das Sondereigentum an einem bestimmten Raum in einem auf dem Grundstück errichteten oder zu errichtenden Gebäude verbunden ist. Diese Begründungsart wird als „Vorratsteilung" oder „Teilung im eigenen Besitz" bezeichnet und ist der realen Teilung von Grundstücken nachgebildet[26]. Nach § 8 Abs. 2 S. 2 wird die Teilung mit der Anlegung der Wohnungsgrundbücher wirksam, was der gemäß § 8 Abs. 2 S. 1 unanwendbaren Regelung des § 4 Abs. 1 entspricht.
Die Begründungsart des § 8 ist daher bezüglich ihrer sachenrechtlichen Entwicklung in ihren wesentlichen Elementen mit derjenigen des § 3 Abs. 1 vergleichbar, da sie eine Teilungserklärung und deren Eintragung im Wohnungsgrundbuch verlangt. Sie weist aber auch deutliche Unterschiede auf:
§ 8 Abs. 1 geht grundsätzlich von der Teilung durch einen Alleineigentümer aus; doch können juristische Personen und Gesamthandsgemeinschaften ebenfalls gemäß § 8 teilen[27]. Wie beim Teilungsvertrag kann die Teilungserklärung auch von Miteigentümern abgegeben werden. Der eigentliche Unterschied zur Teilung nach § 3 besteht somit nicht in der ursprünglichen dinglichen Zuordnung des Grundstückseigentums, sondern in der Art und Weise, wie die nun entstehenden Wohnungseigentumsrechte zugeordnet werden: Im Falle des § 3 Abs. 1 wird jedem Miteigentümer ein Sondereigentumsrecht, und damit ein Wohnungseigentumsrecht, ausschließlich zugewiesen; es kommt unter den beteiligten Personen zu einer vollständigen Aufteilung auf der Sondereigentumsebene. Im Falle des § 8 setzen sich dagegen die früheren Eigentumsverhältnisse am Grundstück an jedem Sonder- und Wohnungseigentumsrecht fort[28].
Bei der Teilung nach § 3 Abs. 1 erfolgt die Zuordnung der Wohnungseigentumsrechte durch eine Teilungsvereinbarung, das heißt durch korrespondierende Teilungserklärungen der Miteigentümer, die den Charakter materiellrechtlicher Willenserklärungen haben, gerichtet auf dingliche Rechtsänderung (vgl. § 4 Abs. 1). Werden sie, was in der Regel der Fall ist, notariell beurkundet, sind die Beteiligten gemäß § 873 Abs. 2 BGB an die Einigung gebunden. Bei der Teilung nach § 8 Abs. 1 liegt hingegen eine einseitige Teilungserklärung vor, die gegenüber dem Grundbuchamt abzugeben ist. Sie

[25] Soergel/Stürner § 1 Rdn. 8a; F. Schmidt PiG 9 (1982), 81, 82

[26] RGRK/Augustin § 8 Rdn. 1

[27] BPM/Pick § 8 Rdn. 22

[28] Vgl. OLG Köln DNotZ 1983, 106, 107; BayObLGZ 1969, 82, 86; Merle PiG 41 (1993), 131, 142.

hat rein grundbuchrechtlichen Charakter[29]. Eine Bindung gemäß § 873 Abs. 2 BGB bleibt aus: Der Eigentümer kann seine Teilungserklärung bis zur Anlegung der Wohnungsgrundbücher grundsätzlich frei widerrufen[30].
Dogmatisch stellt die Vorratsteilung gemäß § 8 Abs. 1 eine Besonderheit dar. Dem teilenden Eigentümer wird die Möglichkeit gegeben, in seiner Person Miteigentumsanteile zu bilden, um sie jeweils mit einem Sondereigentum zu mehreren Wohnungseigentumsrechten zu verbinden. Die Aufteilung von bloßem Miteigentum in einer Person ist dagegen undenkbar[31]. Streng genommen nur halb richtig ist es, wenn man den teilenden Eigentümer insoweit als den Inhaber mehrerer Rechte an der gleichen Sache bezeichnet[32]. Denn die begründeten Wohnungseigentumsrechte bestehen nur bezüglich ihres Miteigentumsanteils an der gleichen Sache, nämlich dem Grundstück, nicht aber bezüglich des Sondereigentums[33].
Grundbuchrechtlich gilt gegenüber der Begründung durch Teilungsvertrag die Abweichung, daß das in § 7 Abs. 2 anstelle der besonderen Grundbuchblätter ermöglichte gemeinschaftliche Wohnungsgrundbuch bei der Vorratsteilung nicht vorgesehen ist (vgl. § 8 Abs. 2 S. 1).

bb) Der Erwerb von Wohnungseigentum

Sind die Wohnungseigentumsrechte begründet, so können sie auch weiterveräußert werden. Sachenrechtlich ergeben sich für den rechtsgeschäftlichen Erwerb von Wohnungseigentum keine Besonderheiten. Nach den allgemeinen Vorschriften der §§ 873, 925 BGB sind die Auflassung und die Eintragung des Wohnungseigentumsrechts im (Wohnungs-)Grundbuch erforderlich. Daneben gibt es den gesetzlichen Erwerb, etwa durch Erbfolge, Anwachsung oder Staatsakt, und den Erwerb von Wohnungseigentum in der Zwangsvollstreckung (vgl. die §§ 864 ff. ZPO, 15 ff. ZVG).

b) Die schuldrechtliche Entwicklung

Die sachenrechtliche Entwicklung wird von vielfältigen schuldrechtlichen Konstruktionen begleitet, durch die sich die Beteiligten zur Begründung bzw. zum Erwerb von Wohnungseigentum verpflichten und diesbezüglich Vorverträge, Grundstückserwerbsverträge, Finanzierungsverträge, Bau- oder Architektenverträge abschließen. Die

---

[29] OLG Zweibrücken OLGZ 1982, 263, 266; BPM/Pick § 8 Rdn. 25; aA F. Schmidt PiG 9 (1982), 81, 82

[30] Hubernagel § 8 Anm. 2b; BPM/Pick § 8 Rdn. 31, 35

[31] BPM/Pick § 8 Rdn. 1a

[32] BPM/Pick § 8 Rdn. 3

[33] Wie Merle System S. 46 ff. überzeugend nachgewiesen hat, ist der im Sondereigentum stehende Raum zwar als zur Herstellung des Gebäudes eingefügter wesentlicher Gebäude- und Grundstücksbestandteil anzusehen, für den Bereich des Sondereigentums wird dieser Bestandteil aber wie eine selbständige, sonderrechtsfähige Sache im bürgerlichrechtlichen Sinne behandelt (S. 54 f.), was gerade die Durchbrechung der Bestandteilslehre (sog. Akzessionsprinzip) durch das WEG ausmacht.

schuldrechtliche Entwicklung kann weite Kreise ziehen. Die künftigen Wohnungseigentümer begründen vertragliche Beziehungen nicht nur untereinander, sondern auch mit Dritten (z. B. Grundstücksverkäufern, Kreditinstituten, Bauunternehmen, Handwerkern, Architekten), um die tatsächlichen Grundlagen für den Erwerb einer Wohnung zu schaffen. Derartige Drittbeziehungen werden im Rahmen dieser Darstellung vernachlässigt. Zwar bringen sie den künftigen Wohnungseigentümer seinem Ziel näher, die Stellung als Wohnungseigentümer einzunehmen. Eine im Verhältnis zum angestrebten Wohnungseigentum rechtlich bedeutsame Annäherung ist mit ihnen jedoch nicht verbunden.

aa) Die Begründung durch Teilungsvertrag (§ 3)

Die schuldrechtliche Entwicklung im Falle des § 3 beginnt häufig mit einem Vorvertrag, durch den die zukünftigen Wohnungseigentümer Kontakt aufnehmen und sich zum Abschluß des Teilungsvertrages i. S. d. § 3 Abs. 1 als des Hauptvertrages verpflichten.

Um eine Wohnungseigentümergemeinschaft zur Entstehung zu bringen, könnte der spätere Teilungsvertrag einzig aus der dinglichen Einigung über die Teilung als Verfügungsgeschäft bestehen (= Teilungsvertrag i. e. S.). Denn das WEG stellt in den §§ 10 ff. eine Mindestregelung für die Gemeinschaftsordnung der Wohnungseigentümer untereinander als gesetzliches Schuldverhältnis bereit, so daß diesbezüglich keine weiteren Vereinbarungen notwendig wären. Der Teilungsvertrag begründet aber regelmäßig auch schuldrechtliche Beziehungen unter den zukünftigen Wohnungseigentümern (= Teilungsvertrag i. w. S.):

Jeder Miteigentümer verpflichtet sich zur Einräumung des Sondereigentums, ggf. (im Anschluß an einen Vorvertrag) jetzt im Sinne einer hauptvertraglichen Verbindlichkeit. Die kausale Verpflichtung bedarf, wie bereits diejenige aus dem Vorvertrag, gemäß § 4 Abs. 3 der Form des § 313 BGB. Das Kausalgeschäft kann weitere Regelungen enthalten, etwa Wertausgleichspflichten, Mitwirkungspflichten bei der Finanzierung und bei dem Aufbau der Wohnanlage oder Rücktrittsrechte. Diese Regelungen und – wegen der §§ 925a BGB, 20, 29 GBO – auch die dingliche Einigung werden regelmäßig mitbeurkundet.

Außerdem wird die Gemeinschaftsordnung der §§ 10 ff. durch Vereinbarungen i. S. d. § 10 Abs. 1 S. 2 zweckmäßigerweise den Verhältnissen der konkreten Wohnanlage angepaßt. Die grundsätzliche Vertragsfreiheit findet dabei ihre Grenzen allgemein in den §§ 134, 138, 242 BGB und im WEG selbst (§ 10 Abs. 1 S. 2 a. E.)[34]. Indem die Vereinbarungen als Inhalt des Sondereigentums im Wohnungsgrundbuch eingetragen werden, können sie gemäß § 10 Abs. 2 eine dingliche Wirkung gegenüber Sondernachfolgern erlangen.

Die mögliche schuldrechtliche Entwicklung umfaßt somit im Falle des § 3 einen Vorvertrag und das Kausalgeschäft i. V. m. der ausbedungenen Gemeinschaftsordnung, die „verdinglicht“ werden kann.

---

[34] Vgl. hierzu die Übersicht bei Bärmann/Pick vor § 10 Rdn. 7.

bb) Die Begründung durch einseitige Teilungserklärung (§ 8)

Alle Elemente der schuldrechtlichen Entwicklung beim Teilungsvertrag (§ 3) finden sich, wenn auch zum Teil auf anderer Ebene, bei der Vorratsteilung (§ 8) wieder:
Das ist offensichtlich, soweit die Teilungserklärung ausnahmsweise nicht von einem Alleineigentümer, sondern z. B. von einer Erbengemeinschaft abgegeben wird. Auch hier sind Vor- und Hauptverträge unter den Wohnungseigentümern möglich. Eine Abweichung von der Begründung nach § 3 ist in diesen Fällen kaum zu erkennen.
Handelt es sich dagegen um einen Alleinbegründer von Wohnungseigentum, geht er seine Vor- und Hauptverträge freilich nicht mit sich selbst, sondern mit Dritterwerbern ein. Kausalgeschäfte unter den künftigen Wohnungseigentümern stellen bei der Teilung nach § 3 Verträge unter den Mitbegründern, bei der Teilung nach § 8 Verträge des Alleinbegründers mit Erwerbern dar. Die Erwerbsverträge werden häufig vor der wirksamen Begründung des Wohnungseigentums abgeschlossen. Trotzdem ist es dem Alleinbegründer gemäß den §§ 8 Abs. 2 S. 1, 5 Abs. 4 möglich[35], Abweichungen von der gesetzlich vorgesehenen Gemeinschaftsordnung einseitig in der Teilungserklärung (i. w. S.) festzulegen und ihnen mittels der Grundbucheintragung eine dauerhafte Wirksamkeit gegenüber Sondernachfolgern beizulegen (§ 10 Abs. 2). Der Alleinbegründer von Wohnungseigentum kann auf diese Weise ein satzungsähnliches Realstatut für die spätere Gemeinschaft ausschließlich nach seinem Willen gestalten, was vom Gesetzgeber als weiterer Anreiz für die Schaffung von Wohnraum durch Privateigentümer gedacht war.
Zusammenfassend betrachtet erfahren die schuldrechtlichen Elemente bei der Vorratsteilung einerseits eine Verschiebung in die Erwerbersphäre, andererseits verbleiben sie beim Alleinbegründer. Diese Diskrepanz stellt das auffälligste Merkmal der Vorratsteilung (§ 8) dar. Sie verschafft dem teilenden Eigentümer im Verhältnis zu den anderen künftigen Wohnungseigentümern eine beträchtliche Gestaltungsmacht. Sachenrechtlich zunächst Alleinherrscher, kann er diese Stellung mittels „verdinglichter" Satzung schuldrechtlich fortschreiben.

cc) Der Erwerb von Wohnungseigentum

Wie bei der Begründung kann es auch beim rechtsgeschäftlichen Erwerb von Wohnungseigentum Vorverträge geben. Der zu schließende Hauptvertrag ist dann nicht der Teilungsvertrag, sondern der Erwerbsvertrag. Er enthält jedenfalls die kaufvertragliche Verpflichtung des Veräußerers, dem Erwerber Eigentum und Besitz an der Wohnung zu verschaffen (§ 433 Abs. 1 S. 1 BGB). Die weitere schuldrechtliche Gestaltung hängt von der Erwerbssituation ab. Handelt es sich um einen sog. Ersterwerb vom Bauträger, kommen die besonderen Elemente des Bauträgervertrages hinzu[36]. Hiermit

---

[35] So bereits Diester WEG § 8 Rdn. 18; BayObLGZ 1957, 95, 100; 1961, 322, 329; 1962, 16, 20.

[36] Die Rechtsnatur des Bauträgervertrags wird heute (BGHZ 92, 123, 126) als Mischvertrag mit kaufvertraglichen, werkvertraglichen und Elementen aus dem Auftrags- und Geschäftsbesorgungsrecht bestimmt. Trotzdem ist meist vom Bauträgerkauf und Kaufverträgen die Rede.

ist eine wichtige Abgrenzung beim Erwerb von Wohnungseigentum angesprochen, nämlich diejenige zwischen Ersterwerb und Zweiterwerb.

Der Begriff des *Ersterwerbs* bzw. der Erstveräußerung von Wohnungseigentum hat bei sehr unterschiedlichen Problemstellungen Bedeutung erlangt, nämlich im Zusammenhang mit öffentlichrechtlichen Tatbeständen (z. B. § 1 Abs. 4 lit. b WohnGebBefrG[37]), der Dreijahresfrist des § 564 Abs. 2 Nr. 2 S. 2 BGB[38], der Haftungsklausel für rechtsgeschäftliche Erwerber[39], der Geltendmachung von Gewährleistungsrechten[40], dem Zustimmungserfordernis i. S. d. §§ 12, 61[41] und nicht zuletzt der antizipierten Anwendung des WEG. Verstünde man unter dem Ersterwerb von Wohnungseigentum die erstmalige Inhaberschaft eines Wohnungseigentumsrechts, so würde hierunter auch die Begründung von Wohnungseigentum fallen. Doch ist dies hier nicht gemeint. Denn § 8 sieht die Bildung des Wohnungseigentums nicht als das Ergebnis eines Übertragungsaktes, sondern eines Begründungsaktes, welcher zu einer Beschränkung des Eigentums am Grundstück im übrigen führt (vgl. § 7 Abs. 1)[42]. Der Terminus „Ersterwerb“ bezeichnet daher – gerade in Abgrenzung zur Begründung – die jeweils erstmalige Übertragung eines neu entstandenen Wohnungseigentumsrechts, also eine Veräußerung durch seinen Begründer. Jeder weitere Erwerbsakt (= Folgeerwerb) wird hingegen *Zweiterwerb* genannt, auch wenn es sich historisch um den dritten, vierten oder x-ten Erwerb handelt[43].

Auch bei der Gründung der Wohnungseigentümergemeinschaft durch Teilungsvertrag (§ 3) ist zwischen dem Begründungsakt und den anschließenden Erwerbsakten durch Nichtgründer zu differenzieren[44]. Eine Unterscheidung von Erst- und Zweiterwerb wird hier jedoch nicht vorgenommen.

---

[37] BayObLGZ 1981, 183 = Rpfleger 1981, 373

[38] BayObLG ZMR 1982, 88; 1994, 154

[39] OLG Düsseldorf WE 1997, 229 = DWE 1997, 167

[40] BGH WuM 1997, 290; BPM/Merle § 21 Rdn. 9a; Brych/Pause Rdn. 659 ff.

[41] Lange Zeit hatte die höchstrichterliche Rechtsprechung ein vereinbartes Zustimmungserfordernis nach § 12 einschränkend dahingehend ausgelegt, daß die Erstveräußerung nach einer Vorratsteilung (§ 8) nicht erfaßt sei (BayObLG ZMR 1986, 247; NJW-RR 1987, 270; KG OLGZ 1988, 399; OLG Frankfurt a. M. NJW-RR 1989, 207). Dieser Rechtsprechung wurde durch den Beschluß des BGH vom 21.2.1991 – V ZB 13/90 = BGHZ 113, 374 = NJW 1991, 1613 ein Ende gesetzt, was den Gesetzgeber zur Einfügung des § 61 veranlaßte (Gesetz vom 3.1.1994, BGBl. I, S. 66).

[42] OLG Düsseldorf v. 21.3.75 – 3 W 251/74 = DNotZ 1976, 168, 169

[43] Kritisch Seuß FS Bärmann und Weitnauer (1990), 599, 603; Lotz-Störmer S. 31 Fn. 20

[44] Zu Unrecht bezeichnet daher Lotz-Störmer S. 33 Fn. 33 die Wohnungseigentumsbegründer nach § 3 als (Erst-)"Erwerber“.

c) Die faktische Entwicklung

Der zukünftige Wohnungseigentümer nähert sich seinem Status nicht nur durch dingliche und obligatorische Rechtsakte, sondern auch durch sein tatsächliches Verhalten an. Man kann diese Annäherung mit *Trautmann*[45] als faktische Entwicklung bezeichnen. Sie bedarf jedoch einer genaueren Umschreibung. Der Maßstab für die faktische Entwicklung kann allein die Rechtsstellung des Wohnungseigentümers nach dem WEG sein. Eine tatsächliche Annäherung an das Wohnungseigentum, das heißt eine tatsächliche Eingliederung in die Wohnungseigentümergemeinschaft, ist demnach anzunehmen, wenn in dem Verhalten des Interessenten der Wille zur Ausübung solcher Rechte gesehen werden kann, die nur ein Wohnungseigentumsrecht gewährt. Auf diese Rechtsstellung soll im Anschluß ausführlich eingegangen werden (siehe unten A II).
An dieser Stelle genügt der Hinweis, daß mit dem Wohnungseigentum insbesondere eine ausschließliche Herrschaftsmacht hinsichtlich der im Sondereigentum stehenden Wohnung (§ 13 Abs. 1) sowie besondere gemeinsame Verwaltungsrechte hinsichtlich des Gemeinschaftseigentums (§§ 20 ff.) verbunden sind. Beruft sich der Interessent auf derartige Rechtspositionen, kann man von seiner tatsächlichen Annäherung an das Wohnungseigentum sprechen. Als typische faktische Entwicklungsstufen erscheinen somit die Inbesitznahme der (fertiggestellten) Wohnung und die Teilnahme an der Beschlußfassung in der (ersten) Eigentümerversammlung. Zu berücksichtigen ist aber einerseits, daß gemäß den §§ 3 Abs. 1 und 8 Abs. 1 Wohnungseigentum unabhängig von der Fertigstellung der Eigentumswohnungen begründet werden kann, und daß andererseits der Eigentümerbeschluß nicht das einzige Instrument der gemeinschaftlichen Verwaltung darstellt. Die faktische Entwicklung kann folglich noch über andere Stufen verlaufen.

d) Die wirtschaftliche Entwicklung

Als vierte Entwicklung läßt sich die wirtschaftliche Annäherung des Interessenten an sein Wohnungseigentum begreifen. Von einem wirtschaftlichen Eigentümer spricht man dann, wenn Besitz, Gefahren, Lasten und Nutzungen auf ihn übergegangen sind[46]. Bei einer Veräußerung von Wohnungseigentum ist das i. d. R. einheitlich mit der Übergabe der Wohnung der Fall (vgl. § 446 Abs. 1 BGB).

---

[45] Allerdings wird bei ihm nicht deutlich, ob er die faktische Entwicklung kollektiv auf die Entstehung der Wohnungseigentümergemeinschaft oder individuell auf den einzelnen Wohnungseigentümer beziehen will (vgl. Trautmann S. 150: „Neben den rechtlichen Entwicklungsmodalitäten gibt es noch verschiedene faktische Eingliederungsformen bei der Entstehung der Gemeinschaft, die rechtlich relevant sein können.“).

[46] BFHE 122, 121; Bärmann-Seuß/F. Schmidt Rdn. A 524; Jennißen S. 68; Groß S. 38

e) Zusammenfassung

Wohnungseigentümer ist, wer Inhaber eines Wohnungseigentumsrechts ist. Zum Wohnungseigentümer wird man demnach durch die Begründung oder den Erwerb eines Wohnungseigentumsrechts. Die Begründung von Wohnungseigentum richtet sich nach dem WEG (§§ 2 ff.), die Übertragung nach dem BGB (§§ 873, 925 BGB). Sachenrechtlich vollzogen ist die Erlangung des Wohnungseigentumsrechts erst mit der Eintragung im Wohnungsgrundbuch. Bis dahin umfaßt der Weg zum Wohnungseigentum die folgenden möglichen Entwicklungsstufen:

- sachenrechtlich ein Anwartschaftsrecht, beruhend auf einer Auflassungsvormerkung oder dem Antrag des Erwerbers auf Eintragung der Auflassung
- schuldrechtlich einen Vor- und einen Hauptvertrag
- faktisch die Berufung auf solche Rechtspositionen, die nur einem Wohnungseigentümer zukommen, insbesondere die Aufnahme der Nutzung und Verwaltung des Sondereigentums (Wohnung) oder des Gemeinschaftseigentums (Wohnanlage) in den besonderen Formen des WEG
- wirtschaftlich den Übergang von Besitz, Gefahren, Lasten und Nutzungen.

2. Die typischen Entwicklungsformen in der Praxis

Die praktischen Umsetzungsformen der Begründungsvorschriften des WEG sind sehr vielfältig[47]. Ihr wichtigstes Abgrenzungskriterium ist, ob die Begründer des Wohnungseigentums das zu teilende Gebäude noch errichten müssen oder ob sie ein bereits fertig vorhandenes Gebäude aufteilen. Danach richtet sich, ob sie eine Bautätigkeit unternehmen müssen, die es tatsächlich und rechtlich zu organisieren gilt. Die Begründer können die Verantwortlichkeit für den Bau selbst übernehmen oder Dritten überlassen. In diesem Zusammenhang sollen die Begriffe des Bauherrn, des Bauträgers und des Baubetreuers erläutert werden, die zum Teil mehrdeutig sind.

Unter einem *Bauherrn* ist in Anlehnung an § 34c Abs. 1 S. 1 Nr. 2a GewO derjenige zu verstehen, der den bestimmenden Einfluß auf die Planung und den Ablauf des gesamten Bauvorhabens hat, die Baugenehmigung im eigenen Namen beantragt und der Baubehörde gegenüber auch während der Ausführung verantwortlich zeichnet, i. d. R. Eigentümer oder zumindest Verfügungsberechtigter über das Baugrundstück ist und sämtliche mit der Bauerrichtung verbundenen Risiken trägt[48]. Der Terminus „Bauherr" steht also für die nach außen hin eigenverantwortliche Bautätigkeit des Begründers von Wohnungseigentum.

Der Begriff des *Bauträgers* ist in § 34c Abs. 1 S. 1 Nr. 2a GewO legal definiert. Die gewerbeordnungsrechtlichen Kriterien machen jedoch nur einen Teil der gängigen Definition des Bauträgers aus: Er ist ein Gewerbetreibender, der sich zur Übereignung eines Grundstücks(anteils) verbunden mit der schlüsselfertigen Herstellung eines Objekts (Haus, Wohnung, Gewerbeobjekt) zu einem Festpreis verpflichtet. Der Bauträger errichtet das Objekt als Bauherr auf eigenes Risiko für eigene oder fremde Rechnung und regelmäßig auf eigenem Grund; insbesondere vergibt er die Planungs- und Bauleistungen im eigenen Namen, soweit er sie nicht bereits im eigenen Unternehmen erbringt[49]. Dem zukünftigen Wohnungseigentümer gegenüber verpflichtet sich der Bauträger zur Verschaffung eines von ihm zu begründenden Wohnungseigentums. Dabei unterliegt der Bauträgervertrag im Interesse der Wohnungserwerber dem Gesetz über die Allgemeinen Geschäftsbedingungen (AGBG) und der aufgrund des § 34c Abs. 3 GewO erlassenen Makler- und Bauträger-Verordnung (MaBV)[50]. Zusammengefaßt wird der Terminus „Bauträger" im folgenden als eine gewerbsmäßige[51] Bautätigkeit

---

[47] Vgl. den Überblick bei BPM/Pick § 2 Rdn. 3 ff.

[48] BGH NJW 1978, 1054, 1055; Weitnauer/Weitnauer § 3 Anh. Rdn. 2; Brych/Pause Rdn. 94, 97. Es handelt sich um die Zusammenfassung wohnungswirtschaftlicher, bauaufsichtlicher und ertragssteuerlicher Kriterien (vgl. Groß S. 236, der auch noch einen grunderwerbssteuerlichen und einen strafrechtlichen Bauherrenbegriff aufführt).

[49] Bärmann-Seuß/F. Schmidt Rdn. A 438; Palandt/Sprau § 675 BGB Rdn. 14; Niedenführ/Schulze § 21 Anh. Rdn. 1, 2; Brych/Pause Rdn 32 ff.; Rix S. 44

[50] Blank DNotZ 1999, 222

[51] Zum Teil wird betont, daß die gewerbsmäßige Komponente für den Begriff des Bauträgers verzichtbar sei und daß somit auch ein Privatmann, der ein bestimmtes Bauvorhaben durchführt, Bauträger sei (OLG Köln NJW-RR 1992, 1430, 1431). Dieses Verständnis erschwert jedoch eine deutliche Abgrenzung zum Begriff des Bauherrn.

des Begründers von Wohnungseigentum verstanden, welche sich auf die schlüsselfertige Fertigstellung von Objekten im eigenen Namen bezieht.
Will der zukünftige Wohnungseigentümer die Bauherreneigenschaft nicht (an einen Bauträger) verlieren, kann er sich an einen *Baubetreuer* wenden. Dieser übernimmt für ihn zwar die planerische, organisatorische, wirtschaftliche sowie finanzielle Gestaltung und Durchführung des Baugeschehens[52]; Bauherr im obigen Sinne bleibt jedoch der Auftraggeber. Von Baubetreuung i. e. S. bzw. echter Baubetreuung spricht man, wenn der Baubetreuer im Namen des Bauherrn, für dessen Rechnung und regelmäßig auch auf dessen Grund ein bestimmtes Objekt errichtet[53]. Von Baubetreuung i. w. S. bzw. unechter Baubetreuung ist hingegen die Rede, wenn der Baubetreuer lediglich für fremde Rechnung (des Bauherren), aber im eigenen Namen handelt[54]. Allgemein meint der Terminus „Baubetreuer" somit die gewerbsmäßige Bautätigkeit, die *für* den Begründer von Wohnungseigentum als Bauherrn geleistet wird.
Die Entscheidung von Wohnungseigentumsbegründern für die eigen- oder fremdverantwortliche Bautätigkeit ergeht stets vor einem konkreten sozialen, wirtschaftlichen und steuerlichen Hintergrund: Wenn ein Haus zu Wohnungseigentum errichtet wird, geschieht dies entweder in der Absicht, die gebildeten Einheiten als Eigenwohnung zu benutzen oder sie zur Gewinnerzielung demnächst zu veräußern oder zu vermieten. Daß zu diesen Zwecken Privatpersonen aus eigener Initiative und in eigener Gestaltung die zur Begründung von Wohnungseigentum erforderlichen Schritte durchführen, ist heute eher die Ausnahme. Es sind meist Unternehmen der Wohnungswirtschaft, die als sog. Initiatoren auf die Interessenten zugehen und ihnen vorbereitete Verträge zur Annahme vorlegen. Dabei bezeichnet man eine aus mehreren Verträgen zusammengesetzte Vertragsgestaltung als „Modell". Für ein solches Baumodell ist kennzeichnend, daß der einzelne Interessent nicht mit den anderen Interessenten und Vertragspartnern (z. B. Handwerkern) direkt in Kontakt tritt, sondern die notwendige Verbindung nur mittelbar über einen eingeschalteten Treuhänder erfolgt. Der Initiator kann hierbei die Rolle eines Bauträgers[55], eines Baubetreuers[56] oder eines sog. Promoters[57] übernehmen, während die Treuhänderstellung einer unabhängigen Person vorzubehalten ist[58].
Im folgenden werden die für die jeweilige Begründungsart typischen Modelle, aber auch ihre äußersten Gegensätze dargestellt, um die tatsächliche Bandbreite der praktischen Begründungsformen nach dem WEG zu verdeutlichen. Zur besseren Vergleich-

---

[52] Palandt/Sprau § 675 BGB Rdn. 15

[53] BPM/Pick § 3 Rdn. 62; RGRK/Augustin § 8 Rdn. 85; Niedenführ/Schulze § 21 Anh. Rdn. 4; Brych/Pause Rdn. 35; Groß S. 2

[54] BPM/Pick § 2 Rdn. 16; Groß S. 2 f.

[55] Beim sog. Eigenbau (auch Vorratsbau genannt) baut das Wohnungsunternehmen im eigenen Namen und für eigene Rechnung, das heißt als Bauträger.

[56] Beim sog. Trägerbau (auch Bestellbau genannt) baut das Wohnungsunternehmen im eigenen Namen, aber für fremde Rechnung, das heißt als Baubetreuer i. w. S.

[57] Brych Jura 1981, 248, 249

[58] Reithmann BB 1984, 681

barkeit wird die Begründung von Wohnungseigentum jeweils an einem noch zu errichtenden Neubau mit zehn[59] Einheiten bzw. an einem als Altbau vorhandenen Doppelhaus demonstriert.

a) Die Entwicklungsformen beim Teilungsvertrag (§ 3)

Von den beiden Begründungsarten ist der Teilungsvertrag vom Gesetzgeber für kleinere Wohnanlagen vorgesehen worden. Dies wird nicht nur an der Möglichkeit eines gemeinschaftlichen Wohnungsgrundbuches (§ 7 Abs. 2) deutlich, sondern ergibt sich auch aus dem Umstand, daß die Begründer nach § 3 bereits Miteigentümer sind, die sich bei gleichzeitiger Anwesenheit vor dem Notar gegenseitig zu Wohnungseigentümern machen. Das Gesetz geht mithin von einer vorhandenen und überschaubaren Miteigentümergemeinschaft aus. Allerdings vermindert sich die Trennschärfe dieses Grundgedankens zum einen dadurch, daß das Miteigentum auch erst im Teilungsvertrag vorgesehen und mit dessen Vollzug erworben werden kann; zum anderen dadurch, daß die gleichzeitige Anwesenheit vor dem Notar über entsprechende Vollmachten zu erreichen ist. Die Rechtswirklichkeit ist allen diesen Möglichkeiten gefolgt:

aa) Die Bauherrengemeinschaft

„Bauherrenfall": Auf einem Grundstück soll ein Neubau mit zehn Wohneinheiten entstehen. Die zehn künftigen Wohnungseigentümer B1, B2, B3, ... B10 wollen selbst für den Bau verantwortlich, das heißt Bauherren, sein. Sie treffen eine Aufbauvereinbarung. Das kann im Rahmen der künftigen Wohnungseigentümergemeinschaft gemäß § 10 Abs. 1 S. 2 geschehen[60]. Statt dessen ist aber auch ein besonderer Vertrag außerhalb der Wohnungseigentümergemeinschaft möglich. In diesem Fall bilden die Bauherren eine sog. Aufbaugesellschaft[61]. Zweck dieser Gesellschaft bürgerlichen Rechts (§§ 705 ff. BGB) ist die Errichtung und anschließende Aufteilung der Wohnanlage zu Wohnungseigentum. Erster Schritt in diese Richtung ist der Erwerb des Baugrundstücks. Anschließend vergeben die Gesellschafter die Bauaufträge im eigenen Namen (sog. Bauverträge[62]) oder nehmen die Hilfe eines Baubetreuers in Anspruch. Sie schließen den Teilungsvertrag (§ 3 Abs. 1) und errichten eine Gemeinschaftsordnung. Nach der Fertigstellung des Gebäudes erfolgt die Inbesitznahme der Wohnungen durch

---

[59] In der Praxis geht die Zahl der Einheiten in die tausende.

[60] So bereits BayObLGZ 1957, 95, 100; 1974, 275, 281; Kapellmann MDR 1969, 620, 624; Hägele S. 94 f.; Tiekötter S. 106; Ringe S. 59 ff.; aA Hohenester JZ 1957, 657; offengelassen noch von BGH NJW 1959, 2160, 2161.

[61] Diese Gesellschaft bürgerlichen Rechts (GbR) wird häufig ungenau als Bauherren*gemeinschaft* bezeichnet. Dieser Terminus soll hier nur im weiteren Sinne verwendet werden: für eine Gruppe von Bauherren, die ein Gebäude zu Wohnungseigentum errichten wollen. Schließen sie diesbezüglich eine gesellschaftsrechtliche Aufbauvereinbarung, sollte man von einer Aufbau- (BPM/Merle § 43 Rdn. 21) oder Bauherren*gesellschaft* (Brych/Pause Rdn. 1038) sprechen.

[62] BPM/Pick § 3 Rdn. 92

die Bauherren. Schließlich nehmen sie und der bestellte Verwalter die gemeinschaftliche Verwaltung auf.
Auf die Initiative von Wohnungsbauunternehmen hin haben sich Formen der Bauherrengemeinschaft entwickelt, bei denen die Bauherren aus der oben beschriebenen selbständigen Stellung verdrängt werden und zu bloßen Wohnungserwerbern degradiert sind: Beim sog. Bauherrenmodell kommt es zu keinerlei Kontakt der künftigen Wohnungseigentümer untereinander. Sie erteilen jeweils eine General-/Basisvollmacht an den Treuhänder, der alle erforderlichen Drittverträge[63] und auch den Teilungsvertrag für sie abschließt. Das Wohnungsbauunternehmen als Initiator und Baubetreuer übernimmt die Errichtung des Gebäudes, zum Teil sogar die Rolle des – dann unechten[64] – Treuhänders. Das Bauherrenmodell stellt wirtschaftlich einen Bauträgerkauf dar[65]. Der Miteigentümer ist lediglich Bauherr pro forma und steht einem Erwerber von Wohnungseigentum gleich. Der Grund, weshalb die Situation eines Eigenbaus durch ein Wohnungsbauunternehmen vor allem in den 70er Jahren künstlich auf die Vorschrift des § 3 gestützt wurde, ist in der steuerrechtlichen Bewertung zu suchen: Ein Bauherr stand wesentlich besser als ein bloßer Erwerber von Wohnungseigentum[66]. Nachdem diesem Mißverhältnis in den 80er Jahren[67] der Boden entzogen wurde, ist die Bedeutung des Bauherrenmodells stark zurückgegangen, nicht zuletzt, weil dem Bauherrn die zivilrechtlichen Nachteile einer Höchstpreisüberschreitung, einer früheren und doppelten Inanspruchnahme sowie einer schwächeren gewährleistungsrechtlichen Stellung drohen[68].

bb) Die Auseinandersetzung einer Gemeinschaft

„Auseinandersetzungsfall“: Eine Erben-/Gütergemeinschaft, bestehend aus G1 und G2, ist im Besitz eines Doppelhauses. Zur Auseinandersetzung der Gemeinschaft wollen sie ihr Gesamthandseigentum in Wohnungseigentum umwandeln und schließen deshalb einen Teilungsvertrag (§ 3 Abs. 1). Jeder von ihnen bezieht seine Wohnung und will mit der Verwaltung beginnen.

---

[63] Vgl. die Übersicht bei Wilhelmi DB 1986, 1003.

[64] Mangels Unabhängigkeit handelt es sich nicht um eine echte Treuhand (Reithmann BB 1984, 681, 682).

[65] Ringe S. 162; Brych Jura 1981, 248, 251

[66] Weitnauer/Weitnauer § 3 Anh. Rdn. 1; Brych Jura 1981, 248, 250. Brych nennt das Bauherrenmodell daher ein „Kind des Steuerrechts“ (S. 248). Bezeichnenderweise wurde die Grundform, das sog. Kölner Modell, von Wirtschaftswissenschaftlern der Kölner Universität entwickelt.

[67] Vgl. etwa BFH BB 1980, 1137; 1982, 1906; 1983, 45; DB 1982, 1602, den Bauherrenerlaß des Bundesfinanzministeriums vom 31.8.1990 (BStBl. 1990 I, S. 366, abgedruckt in ZMR 1991, 127 ff.) sowie die Übersicht bei Brych/Pause Rdn. 802 ff.

[68] Brych Jura 1981, 248, 252 ff.

b) Die Entwicklungsformen bei der Teilungserklärung (§ 8)

Die Begründungsart gemäß § 8 ist weder größeren noch kleineren Wohnanlagen zugedacht. Ihr tatsächlicher Anwendungsbereich ergibt sich aus der Besonderheit, daß sich die früheren Eigentumsverhältnisse am Grundstück nach der Teilung an den entstehenden Wohnungseigentumsrechten fortsetzen. Sie ist daher insbesondere für einen Alleineigentümer interessant, der einen Teil oder alle Wohnungseigentumsrechte nach der Teilung veräußern will. Aus diesem Grunde rechtfertigt sich die Bezeichnung „Vorratsteilung". Bei der Teilung nach § 3 werden die Wohnungen hingegen unter den begründenden Miteigentümern aufgeteilt. Dies läßt sich am obigen Auseinandersetzungsfall der Erben-/Gütergemeinschaft verdeutlichen: Hier können die Gemeinschafter G1 und G2 auch eine Teilungserklärung i. S. d. § 8 Abs. 1 abgeben. Folge davon wäre, daß die beiden Wohnungen jedem von ihnen zur Hälfte zustehen würden. Im Zuge der weiteren Auseinandersetzung müßten sie sich ihre Hälften gegenseitig so übertragen, daß jedem ein Wohnungseigentumsrecht ausschließlich zugeordnet würde. Eine solche Übertragung ist aber – im Gegensatz zu den Begründungsakten – grunderwerbssteuerpflichtig[69]. Die Begründung nach § 8 stellt daher einen Umweg dar, wenn als Ziel die Verteilung der Wohnungseigentumsrechte auf die Begründer stehen soll.
Die beiden Begründungsarten können auch miteinander kombiniert werden: So ist es möglich, daß Miteigentümer einen Teil ihrer Miteigentumsanteile über § 3 und den anderen Teil der Miteigentumsanteile über § 8 in Wohnungseigentum verwandeln. Theoretisch könnte sogar ein Alleineigentümer, anstelle die Teilung gemäß § 8 zu erklären und dann an den ersten Interessenten weiterzuveräußern, mit diesem einen Teilungsvertrag abschließen und ihm einen geringen Miteigentumsanteil in Verbindung mit dem Sondereigentum an einer Wohnung einräumen. Ihm selbst bliebe der größere Miteigentumsanteil in Verbindung mit dem Sondereigentum an allen übrigen Wohnungen. Später könnte der Mehrheitseigentümer dann sein Wohnungseigentumsrecht gemäß § 8 weiter unterteilen, was jedoch Probleme beim Stimmrecht mit sich bringen kann[70]. Typischerweise wird der Alleineigentümer daher sofort nach § 8 vorgehen.

aa) Der „Kauf" vom Bauträger

„Bauträgerfall": Das Bauträgerunternehmen B errichtet auf seinem Grundstück ein Gebäude mit zehn Wohneinheiten. Noch während der Fertigstellung veräußert es die einzelnen Wohnungen an die Interessenten E1, E2, E3, ... E10 „vom Plan weg". Eine Teilungserklärung muß zu diesem Zeitpunkt eigentlich[71] noch nicht beim Grundbuch-

---

[69] Soergel/Stürner vor § 1 Rdn. 16; BPM/Pick § 8 Rdn. 12.; Röll Teilungserklärung S. 15

[70] Vgl. BPM/Merle § 25 Rdn. 37 ff.; Weitnauer/Weitnauer § 8 Rdn. 3; Staudinger/Rapp § 6 Rdn. 4 ff.; Staudinger/Bub § 25 Rdn. 154 ff.

[71] Insoweit werden die Wohnungsanwärter durch die §§ 3 und 7 Abs. 1 MaBV geschützt: Die MaBV läßt die Verwendung der Zahlungsmittel nur gegen Sicherheiten (§§ 3 Abs. 1, 7 Abs. 1) und nur nach Baufortschritt (§ 3 Abs. 2) zu. Gemäß § 3 Abs. 1 S. 1 Nr. 2 MaBV muß die Teilungserklärung im Grundbuch durch die Anlegung der Wohnungsgrundbücher vollzogen (2. Hs.) und eine Auflassungsvormerkung für den Anwärter eingetragen sein (1. Hs.).

amt eingereicht, geschweige denn vollzogen sein. Später findet die individuelle Wohnungsübergabe und die Abnahme der Gesamtanlage durch die Gemeinschaft statt. Die Abnahme kann bereits eine erste Maßnahme der gemeinschaftlichen Verwaltung darstellen[72]. Häufig wird der Bauträger in der Gemeinschaftsordnung sich selbst oder eine ihm wirtschaftlich nahestehende Person zum ersten Verwalter bestellen, was gemäß dem unabdingbaren § 26 Abs. 1 S. 2 nur für maximal fünf Jahre zulässig ist. Auch im übrigen wird der Bauträger die Gemeinschaftsordnung nutzen, um sich möglichst lange Einwirkungsmöglichkeiten auf die Wohnungseigentümergemeinschaft zu erhalten und auf diese Weise den Wünschen seiner weiteren Kunden entgegenkommen zu können. Von zentraler Bedeutung sind hierbei Klauseln in den Bauträgerverträgen, mit denen der Erwerber dem Bauträger eine Vollmacht für die Änderung der Teilungserklärung und Gemeinschaftsordnung gibt (sog. Teilungserklärungsänderungsvollmacht)[73].

Auch im Bereich des Bauträgerkaufs haben sich kompliziertere Formen (Vertragsnetzwerke) entwickelt. Wie die Bauherrenmodelle dienen auch diese Bauträgermodelle in erster Linie der Steuerersparnis.

bb) Der Rückzug eines Alleineigentümers

„Rückzugsfall": Der Hauseigentümer A möchte – vielleicht aus Altersgründen – eine kleinere Wohnung beziehen, andererseits die gewohnte Umgebung nicht verlassen. Daher teilt er sein Eigentum an Haus und Grundstück gemäß § 8 und bildet zwei Doppelhaushälften. Eine davon veräußert er an E, die andere behält er für sich.

c) Zusammenfassung

Die Entwicklungsformen des Wohnungseigentums umfassen die unterschiedlichsten Wohnanlagen, die vom Doppelhaus bis zu Mehrhauskomplexen mit tausenden von Wohneinheiten reichen. Große praktische Bedeutung kommt der Frage zu, ob die Wohnanlage noch errichtet werden muß. Ist dies der Fall, sind die häufigsten Umsetzungsformen der Begründungsvorschriften des WEG die Bauherrengemeinschaft (§ 3) und der Bauträgerkauf (§ 8). Ist das Gebäude hingegen bereits vorhanden, sind die typischen Situationen die Auseinandersetzung einer Gemeinschaft (§ 3) und der Rückzug eines Alleineigentümers (§ 8).

---

[72] BayObLG ZMR 2000, 113, 115. Grundsätzlich ist zwar jeder Erwerber allein zur Abnahme des Gemeinschaftseigentums zuständig, da jeder Wohnungseigentümer aufgrund seines Erwerbsvertrages einen eigenen Anspruch auf mängelfreies Gemeinschaftseigentum hat (BGH NJW 1985, 1551, 1552). Die Bauträgerverträge können aber vorsehen, daß die Wohnungseigentümergemeinschaft bzw. der Verwalter für die Abnahme zuständig sein soll (Niedenführ/Schulze § 21 Anh. Rdn. 69; Brych/Pause Rdn. 458).

[73] Diese entsprechen nur dann dem Bestimmtheitsgrundsatz, wenn die Bestimmungsbefugnis im Vertrag genügend abgegrenzt und nicht in einem Ausmaß vorbehalten ist, daß ihre Tragweite und damit die von den Parteien gewollte Bindungswirkung der zu treffenden Leistungsbestimmung selbst nicht mehr bestimmbar ist (BGHZ 55, 248, 250; BGH NJW 1986, 845).

II. Die Rechtsstellung des Wohnungseigentümers

Nach der Frage, wie man zum Wohnungseigentümer wird, gilt es jetzt zu beantworten, wie man rechtlich als Wohnungseigentümer steht. Nur wer die Rechte und Pflichten des Wohnungseigentümers kennt, kann sich ein Urteil über ihre Vorverlagerung auf den künftigen Wohnungseigentümer erlauben. Sie sollen daher im folgenden dargestellt werden (1.).

Allein mit der Aufzählung der individuellen Rechte und Pflichten ist die Rechtsstellung des Wohnungseigentümers noch nicht hinreichend charakterisiert. Er ist auch Teil eines Kollektivs, der Gemeinschaft der Wohnungseigentümer. Daher wird im Anschluß das Wesen und die umstrittene Rechtsnatur der Wohnungseigentümergemeinschaft beleuchtet (2.).

Schließlich ist für die Rechtsstellung des Wohnungseigentümers von Bedeutung, ob seine Rechte und Pflichten nur in Verbindung mit anderen Personen, das heißt zusammen mit mindestens einem Mitwohnungseigentümer, oder auch in Form einer sog. Einpersonengemeinschaft denkbar sind (3.).

1. Die Rechte und Pflichten aus dem Wohnungseigentum

Das Problem des werdenden Wohnungseigentümers bzw. der werdenden Wohnungseigentümergemeinschaft wird stets auf die analoge Anwendung des WEG und insoweit mitunter[74] auf den „Dreiklang" Kosten- und Lastentragungspflicht (§§ 16 Abs. 2, 28 Abs. 5) – Stimmrecht (§ 25 Abs. 2) – Beschlußanfechtungsrecht (§ 43 Abs. 1 Nr. 4) reduziert: Wer im Innenverhältnis Beiträge leistet, soll auch mitstimmen und ggf. anfechten dürfen.

Auch wenn diese Streitpunkte typisch sind, geben sie doch nur einen Ausschnitt aus der umfangreichen Rechtsstellung des Wohnungseigentümers wieder. Beschränkt man die Frage, ob der künftige Wohnungseigentümer wie ein eingetragener Wohnungseigentümer behandelt werden soll, von vornherein nur auf die analoge Anwendbarkeit von WEG-Normen, läuft man Gefahr, zwei wichtige Bereiche von Rechten und Pflichten des Wohnungseigentümers vorschnell außer Betracht zu lassen:

Der eine Bereich ist das Außenverhältnis der Wohnungseigentümer zu Dritten. Im WEG ist in erster Linie nur das Innenverhältnis der Wohnungseigentümer untereinander geregelt. Das wird bereits deutlich an der Überschrift des 2. Abschnitts des I. Teils („Gemeinschaft der Wohnungseigentümer") sowie § 10 Abs. 2 („Verhältnis der Wohnungseigentümer untereinander") und § 43 Abs. 1 Nr. 1 („Rechte und Pflichten der Wohnungseigentümer untereinander"). Nichtwohnungseigentümer werden grundsätzlich allenfalls in der Person des Verwalters als dem Vollzugsorgan[75] der Wohnungseigentümergemeinschaft betroffen (vgl. §§ 20, 26 ff., 43 Abs. 1 Nr. 2 und 4). Außerhalb der Gemeinschaft stehende Dritte werden von den Regeln des WEG nur in Ausnahmefällen (z. B. §§ 13 Abs. 1, 43 Abs. 1 Nr. 3, 26 Abs. 3) berührt. Ihre Rechtsbeziehungen zu den Wohnungseigentümern sind Gegenstand der allgemeinen Vorschriften.

---

[74] Seuß ZfgWBay 1986, 516; FS Bärmann und Weitnauer (1990), 599, 610 f.

[75] BPM/Merle § 27 Rdn. 4; Staudinger/Bub § 26 Rdn. 65

Doch auch im Innenverhältnis der Wohnungseigentümer gibt es Rechte und Pflichten, die sich nicht (allein) aus den Normen des WEG ergeben. Der Grund hierfür ist die Rechtsnatur des Wohnungseigentums. Das WEG hat kein absolut neues Rechtsinstitut geschaffen, sondern sich an bekannte Strukturen des BGB (Alleineigentum und Bruchteilseigentum) angelehnt. Wie weit diese Anknüpfung oder umgekehrt die Verselbständigung des Wohnungseigentums geht, ist nach wie vor umstritten. Nahezu Einigkeit[76] besteht jedoch heute darüber, daß Wohnungseigentum in seinen beiden Bestandteilen, nämlich dem Sondereigentum und dem Miteigentumsanteil, echtes Eigentum im Sinne des bürgerlichen Rechts ist (§ 903 BGB). Bestimmte Rechte und Pflichten des Wohnungseigentümers sind daher bereits im BGB begründet und werden durch die Vorschriften des WEG lediglich modifiziert. Eine Konzentration auf die antizipierte Anwendbarkeit des WEG würde an diesem Bereich vorbeigehen. Vielmehr kann auch eine analoge Anwendung allgemeiner Vorschriften erforderlich sein, um den Interessen der (künftigen) Wohnungseigentümer gerecht zu werden.
Die nun folgende Darstellung der Rechte und Pflichten des Wohnungseigentümers legt daher den Schwerpunkt auf die Vorschriften des WEG, bezieht jedoch die allgemeinen Normen des BGB mit ein und versucht, ihr Verhältnis zueinander aufzuzeigen.

a) Das Innenverhältnis zu den Mitwohnungseigentümern

Dem Wohnungseigentum als echtem Eigentum im Sinne des BGB kommen zwei materiellrechtliche Hauptwirkungen zu. Zum einen kann der Wohnungseigentümer grundsätzlich beliebig mit seinem Eigentum verfahren (positive Wirkung), zum anderen jede ungewollte Einwirkung ausschließen (negative Wirkung).
Auf der anderen Seite steht die soziale Bindung des Wohnungseigentums (Art. 14 Abs. 2 GG). Als Mitberechtigung an einem gemeinschaftlichen Gegenstand, der Wohnanlage, begründet das Wohnungseigentum vor allem interne Pflichten gegenüber den Mitwohnungseigentümern. Sie können passiver (= Duldungs-/Unterlassungspflichten) oder aktiver (= Beitragspflichten) Natur sein. Auf diese Weise ist jeder Wohnungseigentümer in ein Netzwerk korrelierender Rechte und Pflichten eingebunden: Das Recht des einen Wohnungseigentümers ist die Pflicht des anderen. Im einzelnen sind folgende Rechtspositionen zu nennen:

aa) Die Abwehrrechte (Eigentumsschutz)

Die negative Wirkung des Wohnungseigentums ist ausdrücklich in § 13 Abs. 1 a. E. angesprochen, allerdings nur für den Bereich des Sondereigentums. Demnach kann der Wohnungseigentümer im Hinblick auf sein Sondereigentum, das heißt auf die in seinem Sondereigentum befindlichen Räume und Gebäudeteile, „andere von Einwirkungen ausschließen". Der von § 903 BGB („andere von *jeder* Einwirkung ausschließen") abweichende Wortlaut macht deutlich, daß der Wohnungseigentümer aufgrund der

---

[76] Paulick AcP 152 (1952), 420, 427 ff.; Staudinger/Kreuzer § 13 Rdn. 2; Soergel/Stürner § 1 Rdn. 3; RGRK/Augustin § 1 Rdn. 4; Blackert S. 7; Storck S. 121; Lotz-Störmer S. 28. Abweichend nur Junker S. 5 ff.

engen räumlichen Nähe zu seinen Miteigentümern besonderen Beschränkungen in seinem Ausschlußrecht unterworfen ist[77], die nachfolgend konkretisiert werden:
Gemäß § 13 Abs. 2 sind die anderen Wohnungseigentümer zum Mitgebrauch des Gemeinschaftseigentums nach Maßgabe der §§ 14, 15 berechtigt. Alle Wohnungseigentümer (und ihre Hilfspersonen i. S. d. § 14 Nr. 2) dürfen das Sondereigentum und das Gemeinschaftseigentum in einer Weise gebrauchen, die für die anderen nicht über das bei einem geordneten Zusammenleben unvermeidliche Maß hinaus nachteilig ist (§ 14 Nr. 1). Hieraus ergibt sich eine entsprechende Duldungspflicht gegenüber Einwirkungen auf das Sondereigentum (§ 14 Nr. 3 1. Alt.). Außer dem zulässigen Gebrauch des fremden Sondereigentums und des Gemeinschaftseigentums muß der Wohnungseigentümer auch das Betreten und die Benutzung seines Sondereigentums im Falle des § 14 Nr. 4 dulden. Weitere Duldungspflichten in bezug auf das Sondereigentum können sich aus einer Gebrauchsregelung gemäß § 15 ergeben. Jeder Wohnungseigentümer hat einen individuellen Anspruch darauf, daß die Gebrauchsregelung den gesetzlichen Maßstäben, den Vereinbarungen und Beschlüssen sowie – subsidiär – dem Interesse der Gesamtheit der Wohnungseigentümer nach billigem Ermessen entspricht.
Das Ausschlußrecht für den Bereich des Sondereigentums bedurfte einer ausdrücklichen Verankerung im WEG, weil das BGB diese Form des Alleineigentums an Räumen und Gebäudeteilen nicht kennt. Etwas anderes gilt für den Bereich des Gemeinschaftseigentums, das heißt die im Miteigentum der Wohnungseigentümer stehenden Grundstücks- und Gebäudeteile. Eigentumsschutz unter Miteigentümern gibt es bereits nach dem BGB. Das WEG konnte sich daher auf die Formulierung besonderer Duldungspflichten in § 14 Nr. 1 und Nr. 3 2. Alt. beschränken.
Im übrigen ist der Eigentumsschutz unter den Wohnungseigentümern nicht im WEG, sondern im allgemeinen Recht geregelt. Insbesondere folgt ein negatorischer Anspruch des Wohnungseigentümers in bezug auf das Sonder- und das Gemeinschaftseigentum aus § 15 Abs. 3 i. V. m. § 1004 BGB, welchen er selbständig gegen den Störer durchsetzen kann[78]. Zudem kann er die Rechte aus den §§ 985 ff., 894, 823 ff., 812 ff. BGB geltend machen.
Weiteren Schutz nach dem BGB erfährt der Wohnungseigentümer durch den Besitzschutz (§§ 858 ff.) und das Nachbarrecht (§§ 907 ff.). Ein Besitzschutz unter den Wohnungseigentümern findet hinsichtlich des Gemeinschaftseigentums nicht statt, soweit es um die Grenzen des dem einzelnen Wohnungseigentümer zustehenden Gebrauchs geht (§ 866 BGB). Hinsichtlich des Sondereigentums kann der Wohnungseigentümer hingegen die Rechte aus den §§ 858 ff. gegen seine Mitwohnungseigentümer in Anspruch nehmen (§ 865 BGB)[79].

[77] Staudinger/Kreuzer § 13 Rdn. 5; H. Müller Praktische Fragen Rdn. 132

[78] BayObLG OLGZ 1975, 427 = ZMR 1976, 85; Weitnauer/Lüke § 15 Rdn. 42; Sauren WEG § 15 Rdn. 22; Staudinger/Kreuzer § 15 Rdn. 136; BPM/Pick § 15 Rdn. 30

[79] Das gilt entsprechend für ein Sondernutzungsrecht im Bereich des gemeinschaftlichen Eigentums (BayObLGZ 1990, 115 = ZMR 1990, 348).

Das Nachbarrecht des BGB ist unmittelbar nur auf nebeneinander wohnende Grundstückseigentümer anwendbar. Die Wohnungseigentümergemeinschaft hat jedoch hinsichtlich des Sondereigentums den Charakter eines intensivierten Nachbarschaftsverhältnisses innerhalb desselben Hauses[80]. Daher können insbesondere die §§ 906 (Immissionen), 907 (gefahrdrohende Anlagen) und 908 (drohender Einsturz) analog auf die Wohnungseigentümergemeinschaft angewendet werden[81]. Aus dem Rechtsinstitut des sog. nachbarlichen Gemeinschaftsverhältnisses (§ 242 BGB) folgt das Gebot gegenseitiger Rücksichtnahme und des gerechten Interessenausgleichs unter den Nachbarn, welches in § 14 seinen Ausdruck gefunden hat.

Zusammengefaßt macht das WEG in den §§ 13-15 einerseits den Bereich des Sondereigentums den allgemeinen Schutzvorschriften zugänglich und schafft andererseits besondere Duldungspflichten. Diese treten neben die allgemeinen Schranken, etwa diejenigen der Verwirkung und des Rechtsmißbrauchs (§ 242 BGB).

bb) Das Verfügungsrecht

Nicht nur die negativen, sondern auch die positiven Befugnisse gestaltet das WEG in besonderer Weise aus, indem es die allgemeinen Grenzen (§§ 134, 138, 242 BGB) durch spezielle Schranken ergänzt. Hinsichtlich der Befugnis zu rechtlichen[82] Verfügungen bedeutet das: Wohnungseigentum ist echtes Eigentum. Jeder Wohnungseigentümer kann bereits nach allgemeinem Recht (vgl. § 747 BGB) über sein Wohnungseigentum als Ganzes grundsätzlich frei verfügen, das heißt es belasten, inhaltlich verändern und übertragen[83]. Ihm ist jedoch keine gesonderte Verfügung über das Sondereigentum oder über den Miteigentumsanteil als untrennbare Bestandteile des Wohnungseigentums möglich (vgl. § 6 Abs. 1).

Für das Innenverhältnis der Wohnungseigentümer untereinander spielen ihre Verfügungsrechte als absolute Rechte kaum eine Rolle. Findet etwa eine Veräußerung unter den Wohnungseigentümern statt, stehen sich diese wie Dritte gegenüber. Will ein Eigentümer sein Wohnungseigentum belasten, muß er grundsätzlich keine Rücksicht auf

---

[80] Paulick AcP 152 (1952), 420, 431 f.; Tiekötter S. 41, 50

[81] BPM/Pick § 13 Rdn. 158, 162 f.; Soergel/Stürner § 13 Rdn. 3

[82] Von den rechtlichen Verfügungen sind die sog. tatsächlichen Verfügungen zu unterscheiden (Weitnauer/Lüke vor § 20 Rdn. 3). Hier wird nicht auf das Wohnungseigentumsrecht als solches, sondern auf die im Sondereigentum bzw. im Gemeinschaftseigentum stehenden Sachen tatsächlich eingewirkt, etwa durch Inbesitznahme, Nutzung, Veränderung oder Zerstörung der Sache.

[83] BPM/Pick § 1 Rdn. 44. Ob auch eine Aufhebung des Wohnungseigentums durch Dereliktion gemäß § 928 BGB möglich ist, ist umstritten. *Bejahend*: BPM/Pick § 3 Rdn. 80; Münch.Komm./Kanzleiter § 928 BGB Rdn. 2b. *Verneinend*: BGHZ 115, 1 (für Miteigentumsanteil an Grundstück); KG OLGZ 1988, 355; BayObLG NJW 1991, 1962; OLG Düsseldorf ZMR 2001, 129; Weitnauer/Weitnauer § 3 Rdn. 90; Staudinger/Kreuzer § 10 Rdn. 40; Niedenführ/Schulze § 10 Rdn. 8; Soergel/Stürner § 1 Rdn. 3; H. Müller Praktische Fragen Rdn. 45.

die Mitwohnungseigentümer nehmen. Das Gemeinschaftsverhältnis kommt nur in den folgenden Fällen zum Tragen:
Enthält die Gemeinschaftsordnung eine Vereinbarung im Sinne des § 12 Abs. 1, wird die Verfügungsmacht des Wohnungseigentümers dahingehend geschmälert, daß der Wohnungseigentümer zu einer Veräußerung die Zustimmung anderer Wohnungseigentümer, des Verwalters oder sonstiger Dritter benötigt. § 12 ist eine Durchbrechung des § 137 BGB, sein gesetzgeberisches Vorbild waren die §§ 5 ff. ErbbauVO[84]. Zu beachten ist, daß die Beschränkung nicht unmittelbar auf dem WEG, sondern auf einer rechtsgeschäftlichen Vereinbarung beruht. § 12 läßt sich demnach als eine das Verfügungsrecht des Wohnungseigentümers mittelbar einschränkende Vorschrift bezeichnen. Seine Wirkung basiert zwar auf einer internen Regelung, betrifft jedoch grundsätzlich das Außenverhältnis. Die Veräußerung an den Dritten ist ohne die erforderliche Zustimmung (schwebend) absolut unwirksam, und zwar sowohl das schuldrechtliche als auch das dingliche Geschäft[85].
Gemäß der §§ 18, 19 kann der Wohnungseigentümer von seinen Mitwohnungseigentümern zur Veräußerung seines Wohnungseigentums gezwungen werden, wenn er sich einer so schweren Pflichtverletzung schuldig gemacht hat, daß ihnen die Fortsetzung der Gemeinschaft mit ihm nicht mehr zugemutet werden kann.
Über die Wohnanlage im Ganzen, das heißt die Gesamtheit aller Wohnungseigentumsrechte, können die Wohnungseigentümer nur gemeinschaftlich verfügen[86]. Das betrifft vor allem die Belastung und Veräußerung von Teilen des Gemeinschaftseigentums, die Änderung aller Miteigentumsanteile sowie die Aufhebung des Sondereigentums.

cc) Das Recht auf (ordnungsmäßige) Nutzung

Weit ausführlicher als das Verfügungsrecht ist im WEG das Recht geregelt, das Wohnungseigentum zu nutzen, das heißt es zu gebrauchen und aus ihm Früchte zu ziehen[87]. Als zentrale Vorschrift befaßt sich § 13 in seinem Abs. 1 mit dem Sondereigentum und in seinem Abs. 2 mit dem gemeinschaftlichen Eigentum:
Hinsichtlich des Sondereigentums entspricht § 13 Abs. 1 dem § 903 BGB. Demnach kann der Sondereigentümer die ausschließlich ihm zugeordneten Räume und Gebäudeteile beliebig nutzen, soweit nicht das Gesetz (z. B. die §§ 134, 138 BGB, 14, 15)

---

[84] BPM/Pick § 12 Rdn. 8 f.

[85] Niedenführ/Schulze § 12 Rdn. 14; Soergel/Stürner § 12 Rdn. 12; RGRK/Augustin § 12 Rdn. 11; Staudinger/Kreuzer § 12 Rdn. 13

[86] Hägele S. 48

[87] Häufig ist insoweit vom „Gebrauchs- und Nutzungsrecht" die Rede. Diese verkürzende Terminologie ist nicht unproblematisch. Sie soll deutlich machen, daß das Recht, einen Gegenstand zu nutzen, in die bekannten zwei Teilbefugnisse zerfällt: Nutzungen sind gemäß § 100 BGB die Früchte (§ 99 BGB) und die Gebrauchsvorteile einer Sache oder eines Rechts. Mit anderen Worten können die Gebrauchsvorteile (= ius utendi) und die *sonstigen* Nutzungen (= ius fruendi) gezogen werden. Nur letzteres ist mit dem „Nutzungsrecht" im obigen Sinne gemeint, nicht etwa – näherliegend – die Befugnis, den Gegenstand insgesamt zu nutzen (= Recht auf *alle* Nutzungen).

oder Rechte Dritter entgegenstehen. Anders als beim Verfügungsrecht, das durch die §§ 6 Abs. 1, 12 Abs. 1, 18, 19 nur einschränkend modifiziert wird, kommt dem WEG hier konstitutive Wirkung zu, denn das Sondereigentum ist dem BGB unbekannt.
Das Recht, die im Miteigentum stehenden Gegenstände (= Gemeinschaftseigentum) nutzen zu können, ist dagegen nichts Neues (vgl. § 743 BGB). Es ist daher fraglich, ob das WEG auch insoweit konstitutiv wirkt[88]. Denn es ist rechtstechnisch denkbar, daß das Nutzungsrecht hinsichtlich des Gemeinschaftseigentums bereits in § 743 BGB begründet und in § 13 Abs. 2 lediglich beschränkt wird. Die Sperrwirkung des § 10 Abs. 1 S. 1 stünde dem nicht entgegen, da sich ihre Reichweite entsprechend verringern würde. Der Wortlaut des § 13 Abs. 2 ist nicht eindeutig, je nachdem ob man die Betonung auf „berechtigt" bzw. „gebührt" oder nur auf „nach Maßgabe" der §§ 14, 15 bzw. 16 legt. Der systematische Zusammenhang mit § 13 Abs. 1, der jedenfalls konstitutive Wirkung hat, spricht eher dafür, daß auch § 13 Abs. 2 rechtsbegründende und nicht nur rechtsbeschränkende Wirkung zukommt. Dies wird durch die amtliche Überschrift des § 13 („Rechte des Wohnungseigentümers") bestätigt: Der Gesetzgeber wollte in § 13 eine komplette Regelung schaffen, nicht nur Grenzen setzen. Deshalb ist davon auszugehen, daß § 13 Abs. 2 sowohl hinsichtlich des Gebrauchsrechts (S. 1) als auch hinsichtlich des Nutzungsrechts (S. 2) nicht lediglich modifizierend, sondern auch konstitutiv wirkt und den § 743 BGB insgesamt verdrängt[89].
§ 13 Abs. 2 gewährt dem Wohnungseigentümer den Mitgebrauch[90] nach Maßgabe der §§ 14, 15 und einen Anteil an den sonstigen Nutzungen nach Maßgabe des § 16. Er nimmt daher ausdrücklich auf das ius fruendi und das ius utendi Bezug. In § 13 Abs. 1 ist eine Betonung dieser Differenzierung überflüssig, weil insoweit keine Verteilung der Früchte einerseits und der Gebrauchsvorteile andererseits auf mehrere Personen erforderlich ist, vielmehr alle Nutzungen dem Sondereigentümer allein zustehen.

aaa) Die Gebrauchsvorteile (§§ 13-15)

Für die Zulässigkeit des Gebrauchs sowohl des Sondereigentums (§§ 13 Abs. 1, 14 Nr. 1 2. Fall) als auch des Gemeinschaftseigentums (§§ 13 Abs. 2, 14 Nr. 1 3. Fall) enthält § 14 Nr. 1 a. E. folgenden gesetzlichen Maßstab: Keinem der anderen Wohnungseigentümer darf „über das bei einem geordneten Zusammenleben unvermeidliche Maß hinaus ein Nachteil erwachsen". Es darf – bei Abwägung der beteiligten Interessen und nach dem Empfinden eines verständigen Wohnungseigentümers – zu keiner nicht ganz unerheblichen Beeinträchtigung kommen[91]. Diese Wertung hängt insbesondere

[88] Unklar die amtliche Begründung zu § 13, BR-Drucks. 75/51, Anlage 2, S. 18: „Abs. 2 gibt dann einen *Hinweis* auf die aus der Miteigentümerstellung folgenden Rechte ...."

[89] So wohl auch BPM/Pick § 10 Rdn. 7.

[90] Der Mitgebrauch, das heißt die Ausübung des Mitbesitzes am Gemeinschaftseigentum, ist – anders als die sonstigen Nutzungen – nicht aufteilbar (Soergel/Stürner § 13 Rdn. 6). Allen Wohnungseigentümern steht somit das Mitgebrauchsrecht in gleichem Umfang zu, die Früchte hingegen jeweils nur anteilig.

[91] BGH NJW 1992, 978, 979; Erman/H.Ganten 9. Auflage § 14 Rdn. 1

von dem Charakter des Gebäudes ab, nämlich seiner jeweiligen Zweckbestimmung und den räumlichen Verhältnissen[92].

Vorrangig sind aber die rechtsgeschäftlich bestimmten Grenzen des Gebrauchs zu beachten, die sich aus der Teilungserklärung sowie den späteren Gebrauchsregelungen durch Vereinbarung oder Beschluß (§ 15) ergeben.

Jeder Wohnungseigentümer kann einen Gebrauch des Sonder- und Gemeinschaftseigentums verlangen, der dem Gesetz, den Vereinbarungen und Beschlüssen bzw. subsidiär dem Interesse der Gesamtheit der Wohnungseigentümer nach billigem Ermessen entspricht (§ 15 Abs. 3). Kurz gesagt hat jeder Wohnungseigentümer einen Anspruch auf ordnungsmäßigen Gebrauch, der sich mangels speziellerer Regelung nach den oben genannten Maßstäben der §§ 14 Nr. 1 a. E. und 15 Abs. 3 a. E. richtet. Er kann die Schaffung, Einhaltung oder Änderung von Gebrauchsregelungen fordern, zunächst in der Eigentümerversammlung und bei dortiger Erfolglosigkeit vor dem Wohnungseigentumsgericht (§ 43). Gebrauchsregelungen enthalten neben Benutzungspflichten bezüglich gemeinschaftlicher Einrichtungen vor allem Gebrauchsrechte[93] und Gebrauchsbeschränkungen. Entsprechend kann der Wohnungseigentümer von den anderen Wohnungseigentümern zweierlei verlangen[94]: einerseits, daß sie einen unzulässigen, störenden Gebrauch unterlassen (= negatorischer Anspruch auf Gebrauchsunterlassung), und andererseits, daß sie ihm den zulässigen Gebrauch ermöglichen (= Anspruch auf Gebrauchsgewährung). Mit dem Recht auf ordnungsmäßigen Gebrauch korreliert somit stets die entsprechende Pflicht, die Mitwohnungseigentümer weder zu stören noch ihnen den zustehenden Gebrauch vorzuenthalten.

bbb) Die Früchte (§§ 16 Abs. 1, Abs. 3 1. Hs.)

Das Nutzungsrecht umfaßt nicht nur das ius utendi (vgl. § 100 2. Fall BGB), sondern auch das ius fruendi (vgl. §§ 100 1. Fall, 99 BGB). Früchte in diesem Sinne sind insbesondere Gartenerzeugnisse als unmittelbare Sachfrüchte und Miet-/Pachtzinsen als mittelbare Rechtsfrüchte. Zu den Früchten zählen auch die Erträge des gemeinschaftlichen Vermögens, etwa die aus Gemeinschaftskonten gewonnenen Zinsen[95]. Das WEG verwendet allerdings nicht den Begriff der „Früchte", sondern den der „sonstigen Nutzungen" (§ 13 Abs. 2 S. 2). Die Früchte seines Sondereigentums stehen jedem Wohnungseigentümer allein zu. Hingegen wird die Verteilung der Früchte des Gemeinschaftseigentums durch § 16 Abs. 1 geregelt. Demnach gebührt jedem Wohnungsei-

---

[92] Palandt/Bassenge § 14 Rdn. 3; H. Müller Praktische Fragen Rdn. 116

[93] Insbesondere können sog. Sondernutzungsrechte vereinbart werden, indem Teile des Gemeinschaftseigentums (z. B. Garten, Kfz-Stellplatz) einzelnen Wohnungseigentümern zur alleinigen Nutzung zugeordnet werden. Auch die Pflicht zur Gebrauchsüberlassung an Dritte kann zum Gegenstand einer Vereinbarung (BayObLG NJW-RR 1988, 1163), nach umstrittener Ansicht auch zum Gegenstand eines Beschlusses gemäß § 15 Abs. 2 gemacht werden (H. Müller Praktische Fragen Rdn. 172 m. w. N.).

[94] Weitnauer/Lüke § 15 Rdn. 42

[95] Münch.Komm./Röll § 16 Rdn. 34; BPM/Pick § 16 Rdn. 11

gentümer ein seinem Miteigentumsanteil entsprechender Bruchteil dieser Nutzungen[96] (S. 1); insoweit maßgebend ist das gemäß § 47 GBO im Grundbuch eingetragene Verhältnis der Miteigentumsanteile (S. 2), während der Wert des Sondereigentums unerheblich ist. § 16 Abs. 1 gibt hier nur einen Verteilungsmaßstab vor, der durch eine Vereinbarung i. S. d. § 10 Abs. 1 S. 2 geändert werden kann. Seine konkrete Umsetzung erfolgt innerhalb der Beschlußfassung über den Wirtschaftsplan und die Jahresabrechnung (§ 28 Abs. 5).

§ 16 Abs. 3 1. Hs. stellt schließlich klar, daß bei einer baulichen Veränderung gemäß § 22 Abs. 1 nur diejenigen Wohnungseigentümer an den Nutzungen beteiligt werden, die dieser Maßnahme auch zugestimmt haben.

ccc) Zusammenfassung

Das WEG gewährt dem Wohnungseigentümer ein umfassendes Nutzungsrecht, allerdings im Rahmen der Schranken aus den §§ 13-15. Die Gebrauchsvorteile und Nutzungen des Sondereigentums stehen jedem Wohnungseigentümer allein zu, diejenigen des Gemeinschaftseigentums werden mangels abweichender Regelung nach dem Maßstab der §§ 14, 15 (Mitgebrauch) und 16 (sonstige Nutzungen) verteilt. Jeder Wohnungseigentümer hat Anspruch auf einen ordnungsmäßigen Gebrauch des Sonder- und des Gemeinschaftseigentums (§ 15 Abs. 3) und auf einen Anteil der gemeinschaftlichen Früchte nach Maßgabe seines Miteigentumsanteils (§ 16 Abs. 1). Mit dem Recht auf ordnungsmäßigen Gebrauch korreliert eine entsprechende Pflicht zur Gewährung bzw. Unterlassung eines bestimmten Gebrauchs.

dd) Die Pflicht zur anteiligen Lasten- und Kostentragung (Beitragspflicht)

Den Nutzungen des Wohnungseigentums stehen die auf ihm ruhenden Lasten sowie die mit seiner Verwaltung und seinem Gebrauch verbundenen Kosten gegenüber.

Lasten i. S. d. § 103 BGB sind die auf einer Sache oder einem Recht liegenden Verpflichtungen zu Leistungen, die aus der Sache oder dem Recht zu entrichten sind und den Nutzungswert mindern[97]. Es muß sich daher um Leistungspflichten handeln, die den Eigentümer als solchen treffen[98]. § 1047 BGB differenziert zwischen öffentlichrechtlichen sowie privatrechtlichen Lasten und zählt zu den letzteren ausdrücklich

---

[96] Sauren WEG § 16 Rdn. 3 kritisiert die Inkonsequenz des Gesetzgebers, in § 16 Abs. 1 erneut die Verteilung der Nutzungen zu regeln, obwohl hinsichtlich der Gebrauchsvorteile bereits eine – speziellere – Regelung in § 13 Abs. 2 S. 1 bestehe. Er übersieht, daß gemäß der Verweisung in § 13 Abs. 2 S. 2 unter den Nutzungen i. S. d. § 16 Abs. 1 nur die „sonstigen Nutzungen", d.h. Früchte, zu verstehen sind. Es besteht also gerade keine Regelungskonkurrenz. Zuzugeben ist Sauren allerdings, daß die Formulierung des § 16 Abs. 1 inkonsequent ist, denn der Gesetzgeber hätte besser auch hier den engeren Begriff der *sonstigen* Nutzungen verwendet.

[97] RGZ 66, 316, 318; Weitnauer/Hauger § 16 Rdn. 12; Staudinger/Kreuzer § 16 Rdn. 99

[98] RGRK/Augustin § 16 Rdn. 17

die Zinsen für Grundpfandrechte[99]. Öffentlichrechtliche Lasten sind vor allem Anschluß- und Entsorgungsgebühren (Müll, Abwasser, Straßen- und Schornsteinreinigung), nicht aber persönliche Verpflichtungen wie die Räum- und Streupflicht.
Unter die gemeinschaftlichen Kosten fallen Aufwendungen für die Instandhaltung und Instandsetzung des Gebäudes, die Hausmeister- und Verwaltervergütung (Verwaltungskosten) sowie die Bezahlung von Strom, Wasser und Heizmaterial (Gebrauchskosten).
Soweit das Sondereigentum betroffen ist, hat jeder Wohnungseigentümer den Verpflichtungen allein nachzukommen. Diese selbstverständliche Zuweisung ist im WEG nicht gesondert erwähnt. Handelt es sich hingegen um Lasten und Kosten, die das Gemeinschaftseigentum betreffen, verteilt § 16 Abs. 2 sie – ebenso wie die Früchte – auf die Wohnungseigentümer entsprechend dem Verhältnis ihrer Miteigentumsanteile. Weitere Regeln zur Kostentragungspflicht enthält § 16 in den Abs. 3 2. Hs., 4 und 5.
Zu beachten ist, daß § 16 Abs. 2 trotz seines Wortlauts („Jeder Wohnungseigentümer ist den anderen Wohnungseigentümern gegenüber verpflichtet ....") keine selbständige Anspruchsgrundlage darstellt[100]. Die Verpflichtung des einzelnen Wohnungseigentümers, zu den Lasten und Kosten beizutragen (= sog. Wohn- oder Hausgeld[101]), entsteht vielmehr erst, wenn sie durch den Beschluß über den Wirtschaftsplan bzw. die Jahresabrechnung konkretisiert wird (vgl. §§ 28 Abs. 1 S. 2 Nr. 2, Abs. 3 und Abs. 5). Durch den Beschluß legen die Wohnungseigentümer die Höhe und die Fälligkeit der Beitragsforderungen fest[102]. Entscheidend ist dabei der Beschluß über den jeweilige Einzelwirtschaftsplan bzw. die Einzelabrechnung, nicht derjenige über den Gesamtwirtschaftsplan bzw. die Gesamtabrechnung[103]. Der Wirtschaftsplan prognostiziert die Einnahmen und Ausgaben für ein bestimmtes Wirtschaftsjahr, die Jahresabrechnung stellt die tatsächlichen Zahlen fest[104]. Demnach ergeben sich aus dem Wirtschaftsplan

---

[99] Das Grundpfandrecht selbst ist keine Grundstückslast (RG JW 1931, 2722, 2723; Weitnauer/Hauger § 16 Rdn. 12). Umstritten ist, ob die regelmäßig zu entrichtenden Tilgungsbeträge zu den Lasten gehören (*bejahend:* BayObLGZ 1973, 142, 144; BPM/Pick § 16 Rdn. 66; Staudinger/Kreuzer § 16 Rdn. 121; RGRK/Augustin § 16 Rdn. 17; Soergel/Stürner § 16 Rdn. 5; *ablehnend:* Diester WEG § 16 Rdn. 5; Weitnauer/Hauger § 16 Rdn. 12; *offengelassen* von Palandt/Bassenge § 16 Rdn. 12).

[100] BGHZ 104, 197, 201 ff.; BayObLGZ 1986, 128, 130 f.; WE 1995, 350, 351; OLG Köln WuM 1990, 46, 47; OLG Hamm WE 1993, 314, 316; Wenzel FachV 2 (1997), 28

[101] Beide Begriffe kommen im WEG nicht vor. Der Terminus „Wohngeld" ist darüber hinaus mietrechtlich besetzt und deshalb mehrdeutig (Hufnagel S. 4). Da er aber gebräuchlicher ist, soll trotzdem im Rahmen dieser Untersuchung von dem „Wohngeld" oder von der „Beitragspflicht" gesprochen werden.

[102] BGH NJW 1985, 912, 913; 1988, 1910, 1911; H. Müller PiG 17 (1985), 173, 182; Merle System S. 83; Bergmann S. 96 Fn. 57 m. w. N.; Hufnagel S. 94 ff., 109

[103] Vgl. zu den hiermit verbundenen Problemen Hufnagel S. 116 ff.

[104] Weitnauer FS Korbion, S. 463, 464; Hufnagel S. 37. Gegenüber einer weitergehenden Vorschußforderung aus dem Wirtschaftsplan verschafft die Jahresabrechnung dem Wohnungseigentümer eine rechtsvernichtende Einwendung und führt zur Erledigung eines evtl. Gerichtsverfahrens in Höhe des Differenzbetrages (Wenzel FS Seuß II (1997), 313, 323).

Vorschußpflichten der Wohnungseigentümer, aus der Jahresabrechnung entweder Nachzahlungspflichten oder Guthaben[105]. Die Zahlungspflichten werden auch dann verbindlich, wenn die Abrechnung materiell unrichtig ist[106].
Der Anspruch aus § 16 Abs. 2 beschränkt sich darauf, daß der Wohnungseigentümer die Einstellung seiner dem jeweiligen Verteilungsschlüssel entsprechenden anteiligen Ausgaben als Rechnungsposten in den Wirtschaftsplan, die Jahresabrechnung oder eine Sonderumlage verlangen kann[107].
Zusammengefaßt hat jeder Wohnungseigentümer die Lasten und Kosten seines Wohnungseigentums hinsichtlich des Sondereigentums selbst zu tragen, während er hinsichtlich des Gemeinschaftseigentums einen Beitrag (Wohngeld) nach Maßgabe des §§ 16 Abs. 2 leisten muß. Andererseits hat er einen Anspruch darauf, daß sich seine Mitwohnungseigentümer an den Lasten und Kosten beteiligen[108].

ee) Die (materiellen) Verwaltungsrechte

Am ausführlichsten regelt das WEG die Rechtsstellung des Wohnungseigentümers im Hinblick auf die gemeinschaftliche Verwaltung des Wohnungseigentums (§§ 20 ff.).
In der Literatur finden sich vielfältige Definitionen und Abgrenzungen des Verwaltungsbegriffs. Viele Autoren wollen unter der Verwaltung des Gemeinschaftseigentums alle tatsächlichen und rechtlichen Handlungen verstehen, „die für die Erhaltung, Verbesserung und normale Nutzung des gemeinschaftlichen Eigentums erforderlich sind“[109]. Die *Erforderlichkeit* der Verwaltung kann jedoch kein notwendiges Kriterium, sondern nur inhaltlicher Maßstab der (ordnungsmäßigen) Verwaltung sein. Denn Verwaltungsmaßnahmen bleiben mitunter ohne das erwünschte Ergebnis, sind sinnlos oder gar schädlich[110]. Nicht ihr tatsächlicher Erfolg, vielmehr ihre ursprüngliche

---

[105] Der Beschluß über die Jahresabrechnung führt nicht zu einer Schuldumschaffung (Novation) dergestalt, daß die Beitragspflichten nicht mehr auf den Wirtschaftsplan gestützt werden könnten. Vielmehr begründet der Beschluß originäre Verpflichtungen nur in Höhe der sog. Abrechnungsspitze, das heißt des anteilig auf den einzelnen Wohnungseigentümer umgelegten Betrages, um den die mit dem Wirtschaftsplan beschlossenen Sollvorschüsse hinter den tatsächlich entstandenen Lasten und Kosten zurückbleiben (BGH WE 1994, 210, 211; NJW 1996, 725, 726; 1999, 3713, 3714; Hufnagel S. 109 ff.; Wenzel FS Seuß II (1997), 313, 315).

[106] BayObLGZ 1977, 89; OLG Frankfurt a. M. OLGZ 1979, 136

[107] Weitnauer/Hauger § 16 Rdn. 11

[108] Umstritten ist, ob es sich – wie bei § 748 BGB – um einen individuell einklagbaren Regreßanspruch handelt (so BayObLGZ 1979, 56 unter ausdrücklicher Aufgabe von BayObLGZ 1975, 53, 58; 177, 180; KG NJW-RR 1990, 395; Bergmann S. 108) oder ob der einzelne Wohnungseigentümer den Anspruch nur aufgrund eines Beschlusses bzw. als Notgeschäftsführer selbständig geltend machen kann (so noch KG ZMR 1984, 100; BGH NJW 1990, 2386 mit abl. Anmerkung Ehmann JZ 1991, 251 f.; BPM/Pick § 16 Rdn. 100; Palandt/Bassenge § 16 Rdn. 19).

[109] Soergel/Stürner § 20 Rdn. 1; Staudinger/Bub § 20 Rdn. 4; Niedenführ/Schulze § 20 Rdn. 1; Belz Handbuch Rdn. 145; Hägele S. 46; Rix S. 59

[110] Staudinger/Langhein § 744 BGB Rdn. 7

Zweckrichtung kennzeichnet eine Maßnahme als solche der Verwaltung[111]. Welche Zweckrichtung das sein muß, läßt sich am ehesten aus einem Vergleich mit dem Gesellschaftsrecht ersehen. Dort ist anstelle der „Verwaltung" von der „Geschäftsführung" die Rede. Diese soll den Gesellschaftszweck verwirklichen[112]. Anders als die Gesellschaft ist die Wohnungseigentümergemeinschaft keine subjektive Zweckgemeinschaft, sondern eine sog. schlichte Interessengemeinschaft[113]. Ihr Zweck ist nicht vertraglich, vielmehr gesetzlich festgelegt: die Wohnanlage im optimalen Ausgleich von Individualinteressen (Sondereigentum) und Gemeinschaftsinteressen (gemeinschaftliches Eigentum) zu führen. Entsprechend ist unter der wohnungseigentumsrechtlichen Verwaltung die kaufmännische, technische und rechtliche Geschäftsführung im wohlverstandenen Interesse aller Wohnungseigentümer, zum allgemeinen gemeinschaftlichen Besten, zu verstehen[114]. Die Verwaltung umfaßt somit Maßnahmen zur Erhaltung, Verbesserung und Nutzung der Wohnanlage einschließlich der Wirtschaftsführung. Sie können tatsächlicher (z. B. Reparatur) oder rechtlicher (z. B. Vermietung, Einziehung von Forderungen) Natur sein, was die Frage nach dem Verhältnis der Verwaltung zu tatsächlichen und rechtlichen Verfügungen eröffnet.
Eine tatsächliche Verfügung über das Wohnungseigentum ist insbesondere seine Nutzung. Insoweit wird die Verwaltung allgemein vom Gebrauch, das heißt den Gebrauchsvorteilen als solchen, abgegrenzt[115]. Dagegen stellt die Regelung des Gebrauchs (§ 15), üblicherweise im Rahmen einer Hausordnung, eine Verwaltungsmaßnahme dar (§ 21 Abs. 5 Nr. 1), ebenso wie die Ziehung der sonstigen Nutzungen (z. B. des Mietzinses). Die Verwaltung und die Nutzung des Wohnungseigentums stehen also nicht in einem Gegensatz[116], sondern in einem komplementären Verhältnis der Über- und Unterordnung: Die Nutzung des Wohnungseigentums ist Gegenstand der Verwaltung(sentscheidung).

---

[111] Zutreffend daher Palandt/Bassenge § 21 Rdn. 3: „alle Maßnahmen, die im Interesse aller Wohnungseigentümer auf Erhaltung, Verbesserung und Nutzung des Gemeinschaftseigentums *gerichtet* sind" und Münch.Komm./K. Schmidt §§ 744, 745 BGB Rdn. 4: „Unter die Verwaltung fallen alle Entscheidungen und Maßnahmen, die eine Bestimmung der Sachlage in rechtlicher oder tatsächlicher Beziehung enthalten und *zum Besten aller Teilhaber getroffen werden sollen* und deshalb gemeinschaftlich entschieden werden müssen."

[112] Palandt/Sprau vor § 709 BGB Rdn. 1

[113] Tiekötter S. 73 f.; Hägele S. 43; Kefferpütz S. 31; aA Lotz-Störmer S. 18. Zu Recht weist Wiedemann Übertragung S. 26 darauf hin, daß auch die Gesellschafter ein gemeinsames Interesse verbindet und die Gemeinschaft einem Zweck dient: „Die schlichte Rechtsgemeinschaft ist die *durch* die Interessengemeinschaft erzwungene, die Gesellschaft die *für* die Interessengemeinschaft begründete Personenvereinigung."

[114] OLG Köln Rpfleger 1969, 54, 55; Diester WEG § 21 Rdn. 2; RGRK/Augustin § 21 Rdn. 2; Weitnauer/Lüke vor § 20 Rdn. 2; Bärmann/Pick vor § 20 Rdn. 5; Bärmann Kurzlehrbuch Rdn. 435; Staudinger/Bub § 20 Rdn. 4; ders. in PiG 41 (1993), 163, 166

[115] Weitnauer/Lüke vor § 20 Rdn. 3; Bärmann/Pick vor § 20 Rdn. 5, § 21 Rdn. 3; Niedenführ/Schulze § 21 Rdn. 3; Münch.Komm./K. Schmidt §§ 744, 745 BGB Rdn. 4; Staudinger/Langhein § 744 BGB Rdn. 6; Soergel/Stürner § 20 Rdn. 1

[116] So zutreffend Erman/H. Ganten 9. Auflage § 15 Rdn. 1, § 20 Rdn. 1.

Das gleiche gilt für die *tatsächliche Umgestaltung* des Wohnungseigentums, unabhängig davon, ob sie noch im Rahmen der ordnungsmäßigen Verwaltung (vgl. § 21 Abs. 5 Nr. 2) liegt oder eine bauliche Veränderung i. S. d. § 22 Abs. 1 bedeutet. Letztere ist ebenfalls eine Maßnahme der Verwaltung[117], allerdings einer nicht ordnungsmäßigen. Anderenfalls ließe sich nicht erklären, warum die Vorschrift des § 22 Abs. 1 im besonderen Abschnitt über die Verwaltung (§§ 20 ff.) eingegliedert worden ist. Die Bebauung gehört somit zur Grundstücksverwaltung[118].
In ähnlicher Weise läßt sich das Verhältnis der Verwaltung zu rechtlichen Verfügungen begreifen. Auch hier nimmt ein Teil der Literatur[119] einen begrifflichen Gegensatz an: Die Verwaltung finde ihre rechtliche Grenze in der Verfügung. Demgegenüber können nach überwiegender und zutreffender Ansicht[120] auch Verfügungen grundsätzlich Gegenstand von Verwaltungsentscheidungen sein (etwa die Belastung des gemeinschaftlichen Eigentums mit einem Grundpfandrecht). Auszunehmen sind nur solche Maßnahmen, die zu einer geänderten Aufteilung oder gar Aufhebung der Gemeinschaft führen[121]. Dazu gehören die Änderung der Miteigentumsanteile, die Aufhebung des Sondereigentums und die Veräußerung von gemeinschaftlichem Eigentum. Sie haben gemein, daß unmittelbar auf die sachenrechtliche Grundlage der Wohnungseigentümergemeinschaft eingewirkt wird. Solche Maßnahmen sind keine Verwaltung der (bestehenden) Wohnungseigentümergemeinschaft mehr, sondern bedeuten deren *sachenrechtliche Umgestaltung.*
Hingegen wird man die *organisationsrechtliche Umgestaltung* der Wohnungseigentümergemeinschaft noch als Frage der Verwaltung anzuerkennen haben. Darunter fallen die Abbedingung des Kopfstimmrechts (§ 25 Abs. 2 S. 1) und die Einrichtung eines Verwaltungsbeirats (§ 29). Letzteres zeigt sich daran, daß die Bestellung eines Beirats gemäß § 21 Abs. 4 als Maßnahme der (ordnungsmäßigen) Verwaltung verlangt werden kann[122].
Der Verwaltungsbegriff ist nach alledem weit auszulegen und umfaßt jede Geschäftsführung tatsächlicher sowie rechtlicher Art, mit Ausnahme der sachenrechtlichen Umgestaltung der Wohnungseigentümergemeinschaft.

---

[117] Münch.Komm./K. Schmidt §§ 744, 745 BGB Rdn. 5; Staudinger/Langhein § 744 BGB Rdn. 7 ff.; aA Erman/H. Ganten 9. Auflage § 20 Rdn. 1

[118] Ringe S. 155

[119] Münch.Komm./Röll § 20 Rdn. 2; Sauren WEG § 20 Rdn. 2; Niedenführ/Schulze § 21 Rdn. 3; Belz Handbuch Rdn. 145; Bub PiG 41 (1993), 163, 166

[120] BGH NJW 1987, 3177; OLG Hamm NJW-RR 1991, 338; BPM/Merle § 20 Rdn. 7; Weitnauer/Lüke vor § 20 Rdn. 3; Palandt/Bassenge § 21 Rdn. 3; Erman/H.Ganten 9. Auflage § 20 Rdn. 1; Münch.Komm./K. Schmidt §§ 744, 745 BGB Rdn. 1, 4; Staudinger/Langhein § 744 BGB Rdn. 9

[121] Münch.Komm./K. Schmidt §§ 744, 745 BGB Rdn. 6; Staudinger/Langhein § 744 BGB Rdn. 10; aA Hohenester JZ 1957, 657, 658

[122] BPM/Merle § 29 Rdn. 9

aaa) Die Verwaltungsbefugnis (§§ 20 Abs. 1, 21 Abs. 1)

Die Träger bzw. „Herren“ der Verwaltung sind die Wohnungseigentümer selbst (Prinzip der Selbstverwaltung)[123]. Das allein besagt noch nichts über die Verwaltungskompetenzen, das heißt über die Frage, wer über die Verwaltungsmaßnahmen entscheidet und wer sie anschließend vollzieht. Die §§ 20 ff. treffen diesbezüglich nur eine Regelung hinsichtlich des gemeinschaftlichen Eigentums. Für sein Sondereigentum ist jeder Wohnungseigentümer selbst zuständig (Einzelverwaltung), soweit nichts anderes vereinbart wird. Für das Gemeinschaftseigentum bestimmt § 21 Abs. 1, daß die Verwaltungsbefugnis grundsätzlich den Wohnungseigentümern gemeinschaftlich zusteht (Mitverwaltung). Sie können Vereinbarungen schließen oder in der Eigentümerversammlung, dem Willensbildungsorgan der Gemeinschaft, Beschlüsse fassen (§ 21 Abs. 3).

Nur ausnahmsweise wird diese Kollektiventscheidung zugunsten einer Notgeschäftsführung durch den Einzelnen ersetzt (§ 21 Abs. 2). Sie betrifft allerdings nur Maßnahmen, die zur Abwendung eines dem Gemeinschaftseigentum unmittelbar drohenden Schadens notwendig sind. Das WEG stellt hiermit einen noch strengeren Maßstab auf als § 744 Abs. 2 BGB[124]. Nach der Durchführung der notwendigen Maßnahme kann der Wohnungseigentümer – abzüglich des auf ihn entfallenden Anteils – Ersatz der von ihm verauslagten Beträge gemäß § 16 Abs. 2 WEG verlangen; im übrigen kommen Erstattungsansprüche aus Geschäftsführung ohne Auftrag oder aus ungerechtfertigter Bereicherung in Betracht[125].

Durchgeführt werden die Verwaltungsmaßnahmen grundsätzlich von dem Verwalter (§ 27 Abs. 1 Nr. 1 und 2), dem Exekutivorgan der Gemeinschaft. Ihm ist außerdem die Entscheidung über dringende Erhaltungsmaßnahmen (§ 27 Abs. 1 Nr. 3) sowie die Vornahme von Maßnahmen der sog. Wirtschaftsverwaltung (§ 27 Abs. 2 Nr. 1, 2) und der sog. juristischen Verwaltung (§ 27 Abs. 2 Nr. 3-6) zugewiesen. Zur Unterstützung, aber auch zur Kontrolle des Verwalters, sieht das WEG in § 29 den Verwaltungsbeirat als fakultatives Organ vor.

bbb) Das Recht auf eine ordnungsmäßige Verwaltung (§ 21 Abs. 4)

Entscheidender inhaltlicher Maßstab der gemeinschaftlichen Verwaltung ist ihre Ordnungsmäßigkeit. Nur eine ordnungsmäßige Verwaltung können die Wohnungseigentümer mit Stimmenmehrheit beschließen (§ 21 Abs. 3), der einzelne Wohnungseigentümer im Zweifel verlangen (§ 21 Abs. 4). § 21 Abs. 4 gibt jedem Wohnungseigentümer einen individuellen Anspruch, der vor dem Wohnungseigentumsgericht durchsetzbar ist (§ 43 Abs. 1 Nr. 1)[126]. Auf diese Weise korreliert mit dem Recht auf eine

---

[123] BPM/Merle § 27 Rdn. 4; Weitnauer/Lüke § 20 Rdn. 1; Hägele S. 47; Bub PiG 41 (1993), 163, 167

[124] Niedenführ ZMR 1991, 121, 122

[125] BayObLGZ 1986, 322; BayObLG ZMR 2000, 187

[126] Niedenführ ZMR 1991, 121

ordnungsmäßige Verwaltung eine entsprechende Pflicht zur Mitwirkung an derselben (z. B. durch Zustimmung zu einer notwendigen Reparaturmaßnahme)[127].
Welchen Umfang diese Rechtsposition hat, das heißt wie weit das Recht und die Pflicht zur Verwaltung gehen, hängt vom Begriff der Ordnungsmäßigkeit ab. Er wird im WEG an verschiedenen Stellen, zum Teil im Hinblick auf den Gebrauch, umschrieben (vgl. §§ 14 Nr. 1, 15 Abs. 3, 21 Abs. 4) oder enumerativ konkretisiert (§ 21 Abs. 5). Allgemein ausgedrückt ist eine ordnungsmäßige Verwaltung die Gesamtheit der Maßnahmen, die objektiv, vernünftig und wirtschaftlich denkende Wohnungseigentümer ergreifen würden, um die Tauglichkeit und den Wert der Wohnanlage zu erhalten[128]. Dem nicht abschließenden[129] Katalog des § 21 Abs. 5 zufolge gehören dazu die Aufstellung von Hausordnung und Wirtschaftsplan, die ordnungsmäßige Instandhaltung und Instandsetzung des Gemeinschaftseigentums, der Abschluß bestimmter Sach- und Haftpflichtversicherungen, die Ansammlung einer angemessenen Instandhaltungsrückstellung und die Duldung von Rundfunk- und Energieanschlußmaßnahmen.
Gerade für die werdende Wohnungseigentümergemeinschaft von besonderer Bedeutung und seit geraumer Zeit kontrovers diskutiert sind die Maßnahmen zur erstmaligen Herstellung der Wohnanlage und die Geltendmachung von Gewährleistungsrechten gegenüber dem Bauträger. Inwieweit sie zu einer ordnungsmäßigen Verwaltung gehören, ist noch nicht abschließend geklärt. Ihre Problematik besteht darin, daß sie im Grenzbereich zwischen individueller und kollektiver Verantwortung bzw. Zuständigkeit liegen.

(1) Die Ersterstellungspflicht beim steckengebliebenen Bau (Bauträgerinsolvenz)

Zunächst soll die Frage geklärt werden, ob die Pflicht zur Fertigstellung der Wohnanlage dem Gemeinschaftsverhältnis und damit der Zuständigkeit der Wohnungseigentümergemeinschaft zuzurechnen ist oder ob sie jedem Wohnungseigentümer in eigener Verantwortung obliegt.
Bei der Bauherrengemeinschaft stellt sich dieses Problem nicht. Dort ist eine gemeinsame Pflicht zur Ersterstellung entweder im Gesellschaftsvertrag der Aufbaugesellschaft oder in der Gemeinschaftsordnung der Wohnungseigentümergemeinschaft niedergelegt. Auch beim Bauherrenmodell existieren von Anfang an vertragliche Beziehungen zwischen den Bauherren[130], vermittelt durch den Treuhänder.

---

[127] Während die meisten Autoren § 20 Abs. 1 lediglich eine Hinweisfunktion bezüglich der Zuständigkeitsverteilung zugestehen (Münch.Komm./Röll § 20 Rdn. 1; Sauren WEG § 20 Rdn. 1), will Bub in Staudinger § 20 Rdn. 1 auch aus dieser Vorschrift eine Mitwirkungspflicht ableiten. Doch selbst wenn § 20 Abs. 1 trotz seines Wortlauts („obliegt") eine solche materiellrechtliche Bedeutung hätte, wäre der Wohnungseigentümer nur „nach Maßgabe der §§ 21-25" verpflichtet, das heißt weiterhin nur zu einer ordnungsmäßigen Verwaltung (§ 21 Abs. 4).

[128] Bub PiG 41 (1993), 163, 177

[129] Rix S. 59; Blackert S. 11 m. w. N.

[130] Rix S. 15

Beim Erwerb vom Bauträger hingegen verpflichtet sich zunächst allein der Bauträger zur schlüsselfertigen Herstellung der Wohnanlage, und zwar gegenüber jedem Wohnungseigentümer. Eine – gemeinsame – Verpflichtung der Wohnungseigentümer zur Bautätigkeit besteht aufgrund der Erwerbsverträge nicht[131]. Eine solche kann sich einzig aus dem Gemeinschaftsverhältnis einer Wohnungseigentümergemeinschaft ergeben, das Bestehen einer (werdenden) Wohnungseigentümergemeinschaft ist daher notwendige Voraussetzung[132]. Die Pflicht des Wohnungseigentümers zur Fertigstellung wird relevant, wenn der Bauträger aufgrund von wirtschaftlichen Schwierigkeiten seine Bautätigkeit einstellt, so daß das Gebäude vorerst nicht vollendet wird (sog. „steckengebliebener Bau" oder „Bauruine"[133]).
In der Rechtsprechung und Literatur wird eine dem WEG zu entnehmende Ersherstellungspflicht fast einhellig bejaht[134]. Umstritten ist ihre dogmatische Herleitung:

(a) Keine Analogie zu § 22 Abs. 2

Die noch überwiegende Ansicht[135] folgert die Erstherstellungspflicht aus einer analogen Anwendung des § 22 Abs. 2 mit der Begründung, die nur teilweise Herstellung sei der teilweisen Zerstörung wirtschaftlich gleichzusetzen. Der praktische Vorteil dieses Ansatzes besteht in den klaren Voraussetzungen des § 22 Abs. 2, insbesondere der Opfergrenze von 50% verbleibender Restherstellung. Jedoch bestehen erhebliche Zweifel an der Analogiefähigkeit des § 22 Abs. 2, das heißt daran, daß er einen übertragbaren Rechtsgedanken enthält[136]. Zwar mag die tatsächliche Situation – das Gebäude bedarf

---

[131] Rix S. 16, 46 f.; aA Sauren WEG § 22 Rdn. 59 (unklar): Die Aufbauverpflichtung „resultiert daraus, daß die Wohnungseigentümer bzw. die werdenden Wohnungseigentümer sich zum Aufbau z. B. gegenüber dem Verkäufer verpflichtet haben (z. B. aus dem Bauträgervertrag ...)". Sauren legt weder dar, weshalb sich der Erwerber im Bauträgervertrag zur Bautätigkeit verpflichtet – diese übernimmt nach dem Vertragszweck doch gerade der Bauträger – noch erläutert er, wie diese angebliche Verpflichtung Drittwirkung gegenüber den anderen Erwerbern entwickeln soll.

[132] BayObLG v. 20.2.92 – 2 Z 159/91 = WuM 1992, 280; Weitnauer/Lüke § 22 Rdn. 29; BPM/Merle § 22 Rdn. 279; Brych/Pause Rdn. 267

[133] BPM/Merle § 22 Rdn. 270; Sauren WEG § 22 Rdn. 59; Weitnauer/Lüke a. a. O.; Rix S. 15, 41 ff.

[134] BPM/Merle § 22 Rdn. 271; Rix S. 17 f. m. w. N.; aA AG Dortmund JurBüro 1980, 272, 273

[135] Grundlegend Weitnauer, Sonderheft der DNotZ 1977, 31, 45 und Röll NJW 1978, 1507, 1508. Ihnen folgend Palandt/Bassenge § 2 Rdn. 10; RGRK/Augustin § 22 Rdn. 22; Soergel/Stürner § 22 Rdn. 6a; Staudinger/Bub § 22 Rdn. 288 f.; Belz Handbuch Rdn. 27; Brych/Pause Rdn. 267. Aus der Rechtsprechung: OLG Karlsruhe OLGZ 1979, 287, 288; BayObLG ZMR 1983, 419, 421; WE 1993, 142; OLG Hamm DWE 1984, 121, 122; OLG Köln ZMR 1989, 384; OLG Frankfurt a. M. ZMR 1991, 272.

[136] Laut Bucher PiG 5 (1979), 167, 174 enthält § 22 Abs. 2 überhaupt keinen tragenden Rechtsgedanken, sondern ist nur eine „Verlegenheitslösung des Gesetzgebers". Bärmann PiG 5 (1979), 180 spricht sogar von einem „Mißbrauch der Analogie". Vgl. auch die Nachweise bei Rix S. 33 Fn. 58.

der Restherstellung – bei der Erst- wie bei der Wiederherstellung ähnlich sein; wirtschaftlich betrachtet stellt sie sich für den einzelnen Erwerber völlig unterschiedlich dar[137]: Im Falle der Wiederherstellung hat er bereits einmal sein Kapital in das Gebäude investiert, so daß der Gesetzgeber es für angemessen hielt, die Wiederaufbaupflicht durch die willkürliche[138] Opfergrenze des § 22 Abs. 2 zu begrenzen. Im Falle der Erstherstellung muß der Erwerber bis zur Höhe des im Bauträgervertrag vereinbarten Festpreises ohnehin mit der Leistung von Finanzbeiträgen zur Gebäudeerrichtung rechnen und wird darüber hinaus über § 3 Abs. 2 MaBV – Leistung nur nach Baufortschritt – geschützt. Wie *Rix*[139] überzeugend nachgewiesen hat, ist der Umfang der noch verbleibenden Restherstellung (vgl. § 22 Abs. 2) deshalb nur von untergeordneter Bedeutung für die zumutbare Belastung der Wohnungseigentümer; wichtiger sind die Angemessenheit des vom Bauträger ursprünglich verlangten Festpreises sowie die Zahl der bereits verkauften und somit von solventen Miterwerbern besetzten Wohnungen.

Vor allem übersehen die Vertreter der noch herrschenden Meinung, daß der Normcharakter des § 22 Abs. 2 die gewünschte Rechtsfolge überhaupt nicht hergibt. Denn § 22 Abs. 2 soll die Pflicht zur ordnungsmäßigen Instandhaltung und -setzung des gemeinschaftlichen Eigentums begrenzen, die wiederum Teil der Pflicht zur ordnungsmäßigen Verwaltung ist (§ 21 Abs. 5 Nr. 2). Sein Regelungscharakter ist somit pflichtbeschränkend, nicht pflichtbegründend. Ebensowenig wie aus § 22 Abs. 2 die Pflicht zur *Wieder*herstellung gewonnen wird, kann man aus ihm die Pflicht zur *Erst*herstellung ableiten. Die Rechtsfolge einer Pflichtsetzung ist in ihm überhaupt nicht enthalten und kann daher auch nicht in entsprechender Anwendung auf den Sachverhalt des steckengebliebenen Baus übertragen werden.

(b) Eine immanente Aufbaupflicht

Entsprechend will die Gegenansicht[140] die Ersthertstellungspflicht als immanenten Inhalt des Wohnungseigentums begreifen, so daß überhaupt keine Regelungslücke besteht, die durch § 22 Abs. 2 zu schließen wäre. Das WEG enthalte eine generelle Aufbaupflicht, die Ausfluß der Pflicht zur ordnungsmäßigen Verwaltung sei und auf § 21 Abs. 3 und 4 beruhe[141]; ausdrücklich sei allerdings nur ihre Begrenzung im Falle des

---

137 BPM/Merle § 22 Rdn. 274 f.; Bucher PiG 5 (1979), 167, 174

138 Rix S. 62 f.

139 Rix S. 36 f., 74 f. Auch Weitnauer/Lüke § 22 Rdn. 29 hält es inzwischen – entgegen der 6. Auflage – für „besser", die Verpflichtung nicht wie in § 22 Abs. 2 pauschal von der 50%-Grenze abhängig zu machen, sondern davon, ob die „Fertigstellung wirtschaftlich sinnvoll und finanziell gesichert ist".

140 Grundlegend Bärmann WEG 1. Auflage § 3 Anm. I, S. 243 und § 11 Anm. III 5, S. 361. Im Anschluß Bärmann/Pick § 22 Rdn. 49; Bucher PiG 5 (1979), 167, 173; BPM/Merle § 22 Rdn. 274 ff.; Hauger PiG 32 (1991), 83, 86; Rix S. 37 ff. m. w. N; aA Ringe S. 45 ff.

141 Rix S. 95 f.; BPM/Merle § 22 Rdn. 276

Wiederaufbaus in § 22 Abs. 2 geregelt[142]. Als Begründung werden zwei überzeugende Argumente geliefert: Zum einen ist der Anwendungsbereich des WEG gerade auch auf die Zeit vor der Gebäudeerrichtung zugeschnitten[143], da bereits in diesem Stadium Wohnungseigentum begründet werden kann[144]. Zum anderen wäre ohne die Annahme einer Aufbaupflicht das Unauflöslichkeitsprinzip des § 11 sinnlos[145], da es den Zustand des unbebauten Grundstücks manifestieren würde, ließe man sowohl den Aufbau als auch die Auflösung nur bei Einstimmigkeit zu[146].
Während die Vertreter der noch herrschenden Meinung nur in den Fällen des § 22 Abs. 2 eine Erstherstellungspflicht annehmen wollen, was – wie gezeigt – weder sachlich angemessen noch dogmatisch haltbar ist, will diese Auffassung eine Aufbaupflicht annehmen, die jeweils konkret am Maßstab der ordnungsmäßigen Verwaltung zu beurteilen ist. Im Gegensatz zu der starren Regelung des § 22 Abs. 2 ergibt sich ein Ermessensspielraum. Dieser kann zwar zu einer gewissen Rechtsunsicherheit mangels eindeutiger gesetzlicher Kriterien führen. Doch der Vorteil, daß alle wirtschaftlichen Faktoren Berücksichtigung finden können und somit eine flexible Lösungsfindung für alle Beteiligten ermöglicht wird, überwiegt. Es ist an der Rechtsprechung, Richtlinien zu entwickeln, welche die Zumutbarkeit der Verpflichtung des (werdenden) Wohnungseigentümers zur Fertigstellung konkretisieren. Hierzu müssen die einschlägigen Kriterien (z. B. die Höhe des Festpreises im Bauträgervertrag, der Grad der erforderlichen Restherstellung, der Anteil der bereits verkauften Wohnungen) in ein wirtschaftlich sinnvolles Verhältnis als Opfergrenze gesetzt werden. Ist die Einzelbelastung daran gemessen zu groß, würde also ein vernünftiger Wohnungseigentümer von einer Errichtung absehen, besteht keine Ersthestellungspflicht. Ist die Belastung hingegen zumutbar, ist er zur Bautätigkeit verpflichtet.

Schließlich muß noch geklärt werden, an welcher Stelle die immanente Aufbaupflicht im WEG verankert ist. Sicherlich kann man sie als „Ausfluß" der Pflicht zur ordnungsmäßigen Verwaltung bezeichnen. Fraglich ist aber, ob die Fertigstellung des Gebäudes sich nicht einfach als eine Maßnahme der (ordnungsmäßigen) Instandsetzung

---

142 Rix S. 50

143 Rix S. 49, 70. Dagegen will Hohenester JZ 1957, 657, 658 dem Gesetzesaufbau entnehmen, daß die Wiedererrichtung Verwaltungstätigkeit sei, die Ersterrichtung hingegen zwingend Gegenstand einer Baugesellschaft.

144 Es besteht aus dem Miteigentumsanteil am unbebauten Grundstück in Verbindung mit einer Anwartschaft auf das Sondereigentum, welches mangels Substanz noch nicht entstanden ist (grundlegend Riedel MDR 1951, 468 f. und BayObLGZ 1957, 95, 99; BGHZ 110, 36, 38 ff. = NJW 1990, 1111, 1112; Tiekötter S. 23; Kapellmann MDR 1969, 620, 621; Alsdorf BlGBW 1977, 88; Hauger PiG 32 (1991), 83, 85). Mit der fortschreitenden Fertigstellung der Wohnanlage erwächst die jeweilige Anwartschaft an der Wohnung zu Sondereigentum (Palandt/Bassenge § 2 Rdn. 10; Kapellmann a. a. O. = sog. Theorie von der schrittweisen Entstehung des Wohnungseigentums; aA Diester WEG § 3 Rdn. 14a = sog. Fertigstellungstheorie).

145 Rix S. 67; BPM/Merle § 22 Rdn. 277

146 Rix S. 71. Ebenso Ringe S. 45, der trotzdem eine immanente Aufbaupflicht ablehnt.

und die Ersherstellungspflicht sich somit als eine in § 21 Abs. 5 Nr. 2 ausdrücklich benannte Unterpflicht der Pflicht zur ordnungsmäßigen Verwaltung verstehen läßt.
Dafür müßte sich die Ersherstellung in das System der §§ 21, 22 einfügen: Gemäß § 21 Abs. 5 Nr. 2 gehört zu einer ordnungsmäßigen Verwaltung auch die ordnungsmäßige Instandhaltung und Instandsetzung des gemeinschaftlichen Eigentums, so daß entsprechende Maßnahmen dem Mehrheitsprinzip der §§ 21 Abs. 3, 10 Abs. 4 unterliegen. Ihnen gegenüber stellt das WEG darüber hinausgehende bauliche Veränderungen und Aufwendungen. Diese Maßnahmen mutet der Gesetzgeber den Wohnungseigentümern nicht gegen ihren Willen zu, vielmehr verlangt er die Einstimmigkeit der Wohnungseigentümer (§ 22 Abs. 1).
Was nun die Einordnung von Ersherstellungsmaßnahmen der Wohnungseigentümer betrifft, sind folgende Grundsätze anerkannt: Errichtet der Bauträger-Eigentümer *von vornherein das Gebäude abweichend von den ursprünglichen Plänen*, liegt keine bauliche Veränderung i. S. d. § 22 Abs. 1 vor. Ein Wohnungserwerber kann selbst dann nicht auf Beseitigung in Anspruch genommen werden, wenn die besondere Gestaltung auf seinen Wunsch zurückgeht. Bei von Anfang an vorhandenen Mängeln gehört die erstmalige Herstellung eines einwandfreien Zustands zur ordnungsmäßigen Instandhaltung und Instandsetzung des Gebäudes und ist somit Sache aller Wohnungseigentümer (vgl. § 21 Abs. 5 Nr. 2)[147].
Hingegen sind *nach Entstehung der (werdenden) Gemeinschaft vorgenommene abweichende* Ersherstellungsmaßnahmen als bauliche Veränderungen anzusehen und zu beseitigen (§§ 1004 Abs. 1 S. 1 BGB, 15 Abs. 3). Übernimmt ein Erwerber die abweichend gestaltete Wohnung, kommt eine Haftung als Handlungsstörer oder Zustandsstörer bei entsprechender Veranlassung bzw. Verantwortlichkeit in Betracht[148].
Werden ausstehende Baumaßnahmen zur Fertigstellung des Gebäudes *in Erfüllung des Aufteilungsplanes durch die Gemeinschaft nachgeholt*, handelt es sich dagegen nicht um bauliche Veränderungen[149]. Vielmehr „fällt unter den Begriff der Instandsetzung auch ... die Vervollständigung einer Wohnanlage nach der Zweckbestimmung, selbst wenn damit eine bauliche Veränderung des bestehenden Zustandes einhergeht“[150].

---

[147] So grundlegend BayObLG NJW-RR 1986, 954, 955. Ebenso OLG Hamm NJW-RR 1998, 371, 372; BayObLG WE 1997, 76; ZMR 1999, 846, 847; 2000, 38; BPM/Merle § 22 Rdn. 21; Sauren WEG § 22 Rdn. 6; Staudinger/Bub § 22 Rdn. 39; J. Schmidt FS Merle (2000), 265. Mit „von vornherein“ ist die Zeit vor der Gründung der (werdenden) Gemeinschaft gemeint (vgl. BayObLG NJW-RR 1994, 276, 277), in der der Bauträger noch allein über die bauliche Gestaltung bestimmen kann.

[148] BayObLG WuM 1996, 491, 492; NZM 1999, 286

[149] BPM/Merle § 22 Rdn. 19; BayObLG ZMR 2000, 626; WuM 2001, 95

[150] OLG Düsseldorf v. 6.9.99 – 3 Wx 126/99 = ZMR 2000, 54 = WuM 2000, 321. In diese Richtung auch Rix S. 60 („Damit fällt die Restfertigstellung eines Gebäudes unter § 21 Abs. 5 Nr. 2 WEG.“) und Röll in Münch.Komm § 22 Rdn. 5 („Zur Instandsetzung und Instandhaltung gehört auch die Fertigstellung der Wohnanlage, wenn sie vom Bauträger nicht zu Ende geführt wird.“).

Zusammengefaßt sind Ersterstellungsmaßnahmen der Wohnungseigentümer nur dann bauliche Veränderungen, wenn sie abweichend vom Aufteilungsplan durchgeführt werden. Entsprechen sie hingegen dem ursprünglichen Plan, werden sie als Maßnahmen der ordnungsmäßigen Instandsetzung anerkannt, wenn auch nur im Sinne einer noch ausstehenden „Mängelbeseitigung" bzw. „Vervollständigung", also einer relativ geringfügigen Restfertigstellung[151]. Offen bleibt demnach die Frage, ob nicht die Gebäudeerrichtung als solche eine Maßnahme der Instandsetzung darstellt. Insoweit entscheidet die Auslegung der Begriffe „Instandhaltung und Instandsetzung".

Die wörtliche Auslegung der einzelnen Begriffe ergibt: Der normale Sprachgebrauch faßt die „Instandsetzung" eher als eine renovierende/reparierende (= repressive) Maßnahme auf. Die „Instandhaltung" ist der Instandsetzung folglich als eine vorsorgende (= präventive) Maßnahme voranzustellen. Dafür spricht auch die vom Gesetzgeber gewählte Reihenfolge der Begriffe „Instandhaltung und Instandsetzung". Entsprechend geht die allgemeine Auffassung von einem bereits errichteten Gebäude aus und differenziert zwischen präventiven Maßnahmen der Instandhaltung und repressiven Maßnahmen der Instandsetzung[152].
Diese Auslegung führt jedoch zu systematischen Widersprüchen. Denn nach ihr würden die konstitutiven Maßnahmen der Ersterstellung überhaupt nicht erfaßt. Daß die Beseitigung anfänglicher Mängel oder die Vervollständigung der Wohnanlage trotzdem zur ordnungsmäßigen Instandsetzung gehören soll, ist folglich inkonsequent. Wer eine noch so geringfügige Ersterstellungsmaßnahme als (ordnungsmäßige) Instandsetzungsmaßnahme ansieht, muß die Ersterstellung insgesamt als Instandsetzung qualifizieren. Denn die Ordnungsmäßigkeit ist lediglich inhaltlicher Maßstab derselben Kategorie. Zum methodischen Hintergrund dieses Widerspruchs erläutert *Bub*[153]: „Da der wohnungsrechtliche Instandhaltungs- und Instandsetzungsbegriff von einem ordnungsmäßigen Anfangszustand einer Anlage ausgeht, der einen bestimmungsmäßigen Gebrauch ermöglicht, zählten Maßnahmen zur erstmaligen Herstellung dieses Zustandes bei enger Auslegung nicht hierzu. Naheliegend wäre es gewesen, solche Maßnahmen dem Oberbegriff der ordnungsmäßigen Verwaltung zuzuordnen; zum identischen Ergebnis gelangt die h. M. über eine erweiternde Auslegung des Begriffs der Instandhaltung und Instandsetzung." Richtigerweise ist jedoch nicht die Folge zweifelhaft, sondern die Prämisse: Wieso sollte das WEG ausdrücklich Wohnungseigentum ohne Gebäudesubstanz zulassen (vgl. §§ 3 Abs. 1 und 8 Abs. 1) und andererseits von dem ordnungsmäßigen Anfangszustand einer gebrauchsfertigen Anlage ausgehen? Die Ordnungsmäßigkeit baulicher Maßnahmen läßt sich bereits vor der Fertigstellung anhand des Aufteilungsplanes beurteilen. Entsprechend ist anerkannt, daß die Einord-

---

[151] Z. B. Wohnungsabschlußtür, Entlüftungsrohr, Gartenanlegung, Regenfallrohr (vgl. die Nachweise bei Sauren WEG § 22 Rdn. 8).
[152] Sauren WEG § 22 Rdn. 3; Bub ZdWBay 1997, 14, 15; J. Schmidt FS Merle (2000), 265 f. Manche vermeiden eine Differenzierung zwischen „Instandhaltung" und „Instandsetzung" wegen der gleichen Rechtsfolgen (BPM/Merle § 21 Rdn. 121; Weitnauer/Lüke § 21 Rdn. 30).
[153] Bub ZdWBay 1997, 14, 16 f.

nung einer Ersthersteilungsmaßnahme als bauliche Veränderung, welche ja gerade über eine ordnungsmäßige Instandsetzung und Instandhaltung hinausgeht, von der Erfüllung oder Nichterfüllung des Aufteilungsplanes abhängt[154]. Eine „Veränderung" i. S. d. § 22 Abs. 1 ist nicht nur auf die Umgestaltung von *vorhandenen* Gebäudeteilen beschränkt, sondern erfaßt jede auf Dauer angelegte gegenständliche Veränderung des Gemeinschaftseigentums, einschließlich des *unbebauten* gemeinschaftlichen Grundstücks[155]. Wenn aber die *Umgestaltung* des nach dem Aufteilungsplan vorgesehenen Zustandes eine bauliche Veränderung ist, muß die *Herstellung* des geplanten Zustandes als (ordnungsmäßige) Instandsetzung des Gebäudes aufgefaßt werden.

Mithin bleibt festzuhalten, daß eine Beschränkung der Instandsetzungsmaßnahmen auf ein bereits errichtetes Gebäude mit den §§ 3 Abs. 1, 8 Abs. 1 unvereinbar ist.

Darüber hinaus folgt aus einem systematischen Vergleich zu § 14 Nr. 1, der nur von einer Pflicht des Wohnungseigentümers zur Instand*haltung* der im Sondereigentum stehenden Gebäudeteile spricht, daß die Differenzierung zwischen präventiven und repressiven Maßnahmen nicht aufrechtzuerhalten ist: Der Wohnungseigentümer wäre im Interesse der Gemeinschaft nur zur *Pflege* seines Sondereigentums (Instandhaltung) verpflichtet, nicht aber zu den meist wichtigeren *Reparaturen* (Instandsetzung).

Wenn demnach das WEG auch auf unbebaute Grundstücke ausgerichtet ist und eine Unterscheidung von vorsorgenden und renovierenden Maßnahmen ausscheidet, stellt sich die Frage nach einer anders gelagerten Abgrenzung zwischen Maßnahmen der Instandhaltung und solchen der Instandsetzung.

Der Wortlaut „Instandhaltung und Instandsetzung" schließt die folgende Auslegung nicht aus: Mit der *Erst*herstellung soll das Gebäude in den geplanten Bautenstand versetzt werden (= „In-Stand-Setzung"), um es anschließend im Rahmen der *Wieder*herstellung in dem vorhandenen Bautenstand zu erhalten (= In-Stand-Haltung).

Legt man die Unterscheidung von ersthersteilenden Maßnahmen der Instandsetzung und wiederherstellenden Maßnahmen der Instandhaltung zugrunde, macht auch § 14 Nr. 1 Sinn: Demnach besteht zwar keine Pflicht des Wohnungseigentümers zur Ersthersteilung seiner Wohnung (Instandsetzung), wohl aber zu ihrer Erhaltung (Instandhaltung). In bezug auf das Gemeinschaftseigentum (§ 21 Abs. 5 Nr. 2) ist er hingegen zur Ersthersteilung *und* zur Wiederherstellung (Instandsetzung und Instandhaltung) verpflichtet. Dieses Ergebnis entspricht der herrschenden Ansicht zum steckengebliebenen Bau, wonach sich die Ersthersteilungspflicht wegen der systematischen Stellung des § 21 Abs. 3 nur auf das gemeinschaftliche Eigentum beziehen kann[156]. Das inso-

---

[154] BayObLG FGPrax 2001, 189, 190

[155] Weitnauer/Lüke § 22 Rdn. 6

[156] BPM/Merle § 22 Rdn. 276; Weitnauer/Lüke § 22 Rdn. 25, 29; aA LG Bonn ZMR 1985, 63, 64; Belz Handbuch Rdn. 27; Alsdorf BlGBW 1977, 88, 89 f.; Rix S. 61; Sauren WEG § 22 Rdn. 59, die auch für das Sondereigentum eine Aufbaupflicht annehmen wollen. Unklar Röll ZdWBay 1998, 76: „Die Wiederherstellungspflicht umfaßt das ganze Gebäude, also sowohl das Sonder- als auch das Gemeinschaftseigentum ... Wegen des Sondereigentums an Gebäudeteilen hat jeder Eigentümer Entscheidungsfreiheit. Will er sein Sondereigentum nicht wiederherstellen, so kann er dazu nicht gezwungen werden."

weit von *Rix* vorgebrachte Argument, der Grundsatz, daß Verwaltungsvorschriften des § 21 nur für das gemeinschaftliche Eigentum gelten, werde durch § 22 durchbrochen, kann nicht überzeugen. Daß § 22 Abs. 2 für die Opfergrenze auf den Wert des Gebäudes (samt Sondereigentum) abstellt, bedeutet nur, daß sich die tatbestandliche Rechengrundlage auf das gesamte Wohnungseigentum bezieht. Worauf sich die Herstellungspflicht als Rechtsfolge beziehen soll, ist damit nicht gesagt. Dies ergibt sich vielmehr aus dem systematischen Zusammenhang mit den §§ 21, 22 Abs. 1, deren Geltung ausdrücklich auf das Gemeinschaftseigentum beschränkt ist. Etwas anderes kann sich nur ausnahmsweise aus der Treuepflicht der Wohnungseigentümer ergeben.

(c) Zusammenfassung

Die Pflicht zur planmäßigen Erstherstellung der Wohnanlage ist als Pflicht zur ordnungsmäßigen Instandsetzung i. S. d. § 21 Abs. 5 Nr. 2 und somit als Unterpflicht der Pflicht zur ordnungsmäßigen Verwaltung (§ 21 Abs. 3) einzuordnen. Sie bezieht sich allein auf das gemeinschaftliche Eigentum. Das Sondereigentum hat der Wohnungseigentümer grundsätzlich in eigener Verantwortung fertigzustellen.

Damit nicht ein Wohnungseigentümer für die Schulden aller ausfallenden Miterwerber aufkommen muß, geht die ständige Rechtsprechung – entgegen § 427 BGB – zutreffend von einer anteiligen Haftung für die sog. Aufbauschulden aus, und zwar im Zweifel nach der Größe der Miteigentumsanteile[157]. Im Innenverhältnis ist es sachgerecht, die entstehenden Kosten grundsätzlich gemäß § 16 Abs. 2 zu verteilen[158]. Abweichungen hiervon sind nur möglich, wenn Mehrzahlungen einzelner Erwerber nachweislich in den Bau geflossen sind[159].

Wird die Wohnanlage von der Wohnungseigentümergemeinschaft errichtet, ist für Streitigkeiten über diesbezügliche Rechte und Pflichten aus dem Gemeinschaftsverhältnis das Verfahren der freiwilligen Gerichtsbarkeit vor dem Wohnungseigentumsgericht (§ 43) gegeben[160]. Allerdings ist es den Erwerbern unbenommen, den Aufbau der Bauruine statt dessen im Rahmen einer Gesellschaft des bürgerlichen Rechts zu regeln[161]. Hieraus erwachsende Streitigkeiten sind vor dem Prozeßgericht auszutragen.

---

[157] Grundlegend OLG Frankfurt a. M. MDR 1956, 229 und BGH NJW 1959, 2160, 2162 (zur Bauherrengemeinschaft): „Zweck des WEG könnte schwerlich erreicht werden, würde ... dem einzelnen Wohnungseigentumsanwärter das Wagnis der Kosten des Gesamtbaus aufgebürdet." Ebenso BGHZ 75, 26, 28 f.; Blackert S. 60; Rix S. 83 ff.; Hufnagel S. 2.

[158] BayObLG ZMR 1983, 419; OLG Frankfurt a. M. ZMR 1991, 272; WuM 1994, 35; BPM/Merle § 22 Rdn. 282; OLG Karlsruhe OLGZ 1979, 287, 288 ff.

[159] OLG Karlsruhe a. a. O.; Soergel/Stürner § 22 Rdn. 6a; BPM/Merle § 22 Rdn. 282; Weitnauer/Lüke § 22 Rdn. 29; Rix S. 76 f., der allerdings zu Recht auf die Nachweisschwierigkeiten bei Großprojekten hinweist.

[160] OLG Karlsruhe v. 26.8.99 – 3 W 72/99 = WuM 1999, 599, 600 = ZMR 2000, 56; Rix S. 95

[161] Brych/Pause Rdn. 267

(2) Die Geltendmachung von Gewährleistungsrechten gegenüber dem Bauträger

Erstellt der Bauträger die Wohnanlage mangelhaft, stehen jedem Wohnungseigentümer individuelle Forderungen aus den Erwerbsverträgen zu, die sich nach Werkvertragsrecht (§§ 633 ff. BGB) richten[162]. Zu unterscheiden sind einerseits der Erfüllungsanspruch (§ 633 Abs. 1 BGB) einschließlich der sog. primären Gewährleistungsrechte auf Nachbesserung (§ 633 Abs. 2 S. 1 BGB) bzw. Aufwendungsersatz/–vorschuß (§ 633 Abs. 3 BGB) und andererseits die sog. sekundären Gewährleistungsrechte gemäß §§ 634, 635 BGB, die erst nach fruchtloser Fristsetzung mit Ablehnungsandrohung (§ 634 Abs. 1) entstehen. Die sekundären Gewährleistungsrechte wiederum zerfallen in zwei Gruppen: zum einen in die Wandelung und den sog. großen Schadensersatz, zum anderen in die Minderung und den sog. kleinen Schadensersatz. Nur bei der zweiten Gruppe verbleibt der Erwerber in der Gemeinschaft, so daß die Mängelbeseitigung letztlich auch ihm zugute kommt.

Problematisch ist einzig die Geltendmachung der sog. gemeinschaftsbezogenen Ansprüche[163]. Mängel, die sich ausschließlich im Bereich des Sondereigentums auswirken, fallen allein in die Zuständigkeit des jeweiligen Wohnungseigentümers, auch wenn sie vom Gemeinschaftseigentum ausgehen[164]. Ist hingegen das Gemeinschaftseigentum betroffen, verletzt der Bauträger seine Pflichten gegenüber allen Wohnungseigentümern. Jedem von ihnen hat er sich im Erwerbsvertrag zur mängelfreien Herstellung des gesamten Gemeinschaftseigentums verpflichtet[165]. Es entstehen grundsätzlich so viele Ansprüche, wie Erwerber vorhanden sind; diese sind allerdings nur Mitgläubiger i. S. d. § 432 Abs. 1 BGB[166]. Jeder (künftige) Wohnungseigentümer ist aus dem Erwerbsvertrag selbständig materiell berechtigt und folglich zur gerichtlichen Geltendmachung befugt. Er kann allein die ganze Leistung vom Schuldner verlangen, der Schuldner jedoch nur an alle Erwerber gemeinsam leisten. Die individuellen Zuständigkeiten können mit der gemeinschaftlichen Verwaltungskompetenz (vgl. § 21 Abs. 5 Nr. 2) kollidieren. Es stellt sich daher die Frage, inwieweit die Einzelklagebefugnis jedes Wohnungseigentümers zugunsten einer gemeinschaftlichen Verwaltung einzuschränken ist mit der Folge, daß über die Geltendmachung von Baumängeln als Maßnahme der ordnungsmäßigen Verwaltung gegebenenfalls die Wohnungseigentümergemeinschaft durch Mehrheitsbeschluß gemäß § 21 Abs. 3, 4 entscheidet. Entsprechend ist die Reichweite möglicher Beschlußgegenstände im Bereich der Gewährleistungsrechte umstritten.

Sehr großzügig sind die Stimmen, die die Gemeinschaftsbezogenheit betonen und von einer grundsätzlich kollektiven Klagebefugnis der Wohnungseigentümer ausgehen[167]. Umgekehrt sehen es diejenigen Autoren, die den Wohnungseigentümern die Stellung

---

[162] BGH NJW 1973, 1235

[163] Blackert S. 133

[164] Hägele S. 99

[165] BGHZ 74, 258, 263 f. = NJW 1979, 2207, 2208; BPM/Merle § 21 Rdn. 6

[166] BPM/Merle § 21 Rdn. 6 m. w. N.

[167] Kapellmann MDR 1973, 1 ff.; Deckert NJW 1975, 854

von „Nebengläubigern“ geben, welche ihre Rechte stets selbständig geltend machen können[168].

Überwiegend finden sich differenzierende Ansichten. Die herrschende Meinung[169] verneint für die Wandelung und den sog. großen Schadensersatz das Erfordernis eines einheitlichen Vorgehens mit der Begründung, eine Kollision der individuellen Schuldverhältnisse sei nicht möglich. Die Ansprüche seien nicht auf ein und dieselbe Leistung i. S. d. § 432 Abs. 1 BGB gerichtet, so daß eine Mitgläubigerschaft ausscheide. Es gehe jeweils nur um die Rückgängigmachung eines bestimmten Vertragsverhältnisses zwischen Bauträger und Erwerber, mittels derer der Erwerber die Gemeinschaft endgültig verlasse. Ob vorher eine gemeinschaftliche Setzung der Nachfrist mit Ablehnungsandrohung erforderlich ist, ist umstritten. Dafür spricht, daß sonst der Bauträger von einigen Erwerbern auf Mängelbeseitigung, von anderen auf Minderung, Wandelung oder Schadensersatz in Anspruch genommen werden könnte[170]. Als beschlußfähige Maßnahmen der ordnungsmäßigen Verwaltung sind demnach anzusehen:

- die gemeinschaftliche Verfolgung der primären Gewährleistungsrechte durch die Bestellung eines Prozeßstandschafters, insbesondere des Verwalters[171]
- die konkrete Durchführung der Mängelbeseitigung (z. B. die Verwendung eines gezahlten Vorschusses, die Beauftragung eines bestimmten Unternehmens), da zu den Instandsetzungsmaßnahmen i. S. d. § 21 Abs. 5 Nr. 2 auch solche zur erstmaligen Herstellung eines mängelfreien Zustandes zu zählen sind[172].
- der Übergang von den primären auf die sekundären Gewährleistungsrechte, indem gemäß § 634 Abs. 1 eine Nachfrist mit Ablehnungsandrohung gesetzt wird.
- die Wahl zwischen Minderung und kleinem Schadensersatz[173].

ccc) Zusammenfassung

Jeder Wohnungseigentümer ist (Mit-)Träger der Verwaltung, das heißt der mit der Wohnanlage zusammenhängenden Geschäftsführung. Sein Sondereigentum verwaltet er selbst, hinsichtlich der Verwaltung des gemeinschaftlichen Eigentums ist er in glei-

[168] Vgl. die Nachweise bei Bergmann S. 15 Fn. 9.

[169] BGHZ 74, 258, 263; Weitnauer/Weitnauer § 8 Anh. Rdn. 59; BPM/Merle § 21 Rdn. 12; Niedenführ/Schulze § 21 Anh. Rdn. 51; Staudinger/Bub § 21 Rdn. 274; Bergmann S. 31 f.; Blackert S. 123 f.; Brych/Pause Rdn. 682

[170] BGH NJW 1998, 2967, 2968; BPM/Merle § 21 Rdn. 11; Bergmann S. 35; Blackert S. 122; Staudinger/Bub § 21 Rdn. 275; Brych/Pause Rdn. 681, 683

[171] BGHZ 74, 258, 262; 81, 35, 38; Weitnauer/Weitnauer § 8 Anh. Rdn. 78; BPM/Merle § 21 Rdn. 8a; Brych/Pause Rdn. 678

[172] BPM/Merle § 21 Rdn. 9, 15; Blackert S. 129

[173] Nach st. Rspr. des BGH kann der einzelne Wohnungseigentümer den Minderungs- oder kleinen Schadensersatzanpruch nur aufgrund eines ermächtigenden Mehrheitsbeschlusses verfolgen und gerichtlich durchsetzen (BGHZ 74, 258, 266; 81, 35, 37; 108, 156, 158; NJW 1998, 2967, 2968; zustimmend BPM/Merle § 21 Rdn. 14; aA Staudinger/Bub § 21 Rdn. 286; Weitnauer/Weitnauer § 8 Anh. Rdn. 65 ff.; Blackert S. 124 ff.; Bergmann S. 32 ff.; Brych/ Pause Rdn. 684 ff.).

chem Umfang berechtigt wie verpflichtet. Er hat einen durchsetzbaren Anspruch auf ordnungsmäßige Verwaltung (§§ 21 Abs. 4, 43 Abs. 1 Nr. 1) und unterliegt einer korrelierenden Mitwirkungspflicht. Zu einer ordnungsmäßigen Verwaltung gehören im Falle des sog. Bauträgerkaufs insbesondere die Fertigstellung der Wohnanlage (vgl. § 21 Abs. 5 Nr. 2) und zum Teil die gemeinschaftliche Geltendmachung von Gewährleistungsrechten (im einzelnen sehr umstritten).

ff) Die Mitwirkungsrechte (Gestaltungsrechte)

Von den wenigen Fällen gesetzlichen Erwerbs abgesehen, wird man zum Wohnungseigentümer aufgrund rechtsgeschäftlicher Veräußerung. Die gemeinschaftlichen Rechte und Pflichten der Wohnungseigentümer untereinander beruhen dann auf gesetzlicher Anordnung im WEG. Das Gemeinschaftsverhältnis der Wohnungseigentümer ist somit ein Schuldverhältnis kraft Gesetzes[174], basierend auf einer bestimmten dinglichen Zuordnung von Wohnungseigentumsrechten. Dem einzelnen Wohnungseigentümer ist die Entscheidung entzogen, *ob* mit der Inhaberschaft des Wohnungseigentumsrechts ein für ihn maßgebliches Gemeinschaftsverhältnis entstehen soll. Die Teilhabe an diesem Schuldverhältnis ist vielmehr zwingend. Zudem ist die Gemeinschaft unauflöslich (§ 11) und kann nur über eine Veräußerung verlassen werden. Um so bedeutender ist für den Wohnungseigentümer, *wie* er das Gemeinschaftsverhältnis rechtlich beeinflussen und dadurch seine Lebensverhältnisse in der Wohnanlage tatsächlich gestalten kann. Das WEG stellt ihm in § 10 für die Mitwirkung an der Gestaltung und Verwaltung des Wohnungseigentums drei Hauptinstrumente zur Verfügung:

aaa) Die Vereinbarung (§§ 10 Abs. 1 S. 2, 21 Abs. 3 1. Hs.)

Das wichtigste Mitwirkungsrecht des Wohnungseigentümers ist sein Recht, Vereinbarungen mit den Miteigentümern zu schließen. Durch Vereinbarungen gemäß § 10 Abs. 1 S. 2 treffen die Wohnungseigentümer grundlegende und wesentliche Regeln für ihr Zusammenleben in der Zukunft[175]. Zusammen bilden sie die Gemeinschaftsordnung (Grundordnung, Statut), die der Satzung beim Verein entspricht[176]. Es handelt sich um einen schuldrechtlichen Kollektivvertrag[177]. Die Wohnungseigentümer schließen die Vereinbarungen bereits im Teilungsvertrag oder nachträglich. Teilt der Alleineigentümer nach § 8 im eigenen Besitz, kann man dogmatisch nicht von einer Vereinbarung,

---

[174] OLG Hamburg NJW-RR 1986, 177; Weitnauer PiG 17 (1985), 39, 48 und in FS Korbion, S. 463, 471

[175] Ihr Inhalt ist sehr vielfältig und – anders als nach den §§ 746, 1010 BGB – nicht auf Fragen der Benutzung und der Verwaltung beschränkt. Es finden sich Regelungen betreffend den Gebrauch (Sondernutzungsrechte, Zweckbestimmungen), den Kostenverteilungsschlüssel einschließlich der Verteilung von Heizkosten, Zustimmungspflichten für Veräußerung, Vermietung und Verpachtung, die Umwandlung von Gemeinschaftseigentum in Sondereigentum, die Einführung eines sog. Vorschaltverfahrens, Konkurrenzschutzklauseln und vieles mehr.

[176] BayObLGZ 1978, 377, 380 f.; Sauren WEG § 10 Rdn. 3; Bub PiG 41 (1993), 163, 169

[177] BPM/Pick § 10 Rdn. 25; Bergmann S. 115; Bub PiG 41 (1993), 163, 169

sondern nur von einseitig gesetztem Recht mit Vereinbarungsqualität[178] sprechen. Damit nicht ein Wohnungseigentümer die Funktionsfähigkeit der Gemeinschaft durch die Verweigerung seiner Zustimmung beeinträchtigen kann, gibt es ausnahmsweise einen Anspruch auf Zustimmung gemäß § 242 BGB[179].

Sachlich betreffen die Vereinbarungen in erster Linie Angelegenheiten der Verwaltung, wie etwa Gebrauchsregelungen samt Sondernutzungsrechten, den Kostenverteilungsschlüssel, die Zweckbestimmung der Sondereigentumseinheiten sowie bauliche Veränderungen. Insoweit ist die Vereinbarung ein (formelles) Mitverwaltungsrecht, mit dessen Hilfe die Wohnungseigentümer ihre (materiellen) Mitverwaltungsrechte aus § 21 Abs. 1 und Abs. 4 umsetzen. Unter die Verwaltung fallen auch tatsächliche und rechtliche Verfügungen sowie organisationsrechtliche Maßnahmen.

Andererseits können die Vereinbarungen Verfügungen zum Gegenstand haben, welche die Gemeinschaft sachenrechtlich umgestalten und deshalb keine Maßnahmen der Verwaltung sind (z. B. eine Änderung der Miteigentumsanteile, die Veräußerung des Gemeinschaftseigentums oder die Aufhebung des Sondereigentums). In diesem Fall verpflichten sich die Wohnungseigentümer im Rahmen der Gemeinschaftsordnung zu einer neuen Gestaltung oder Aufhebung der Teilungserklärung i. e. S.

Jeder Wohnungseigentümer hat somit die rechtsgeschäftliche Gestaltungsmacht, mit den anderen Eigentümern eine das Gemeinschaftsverhältnis dauernd prägende Vereinbarung zu schließen. Im Falle der Vorratsteilung steht dem teilenden Eigentümer diese Macht zunächst sogar alleine zu.

bbb) Das Stimmrecht (§§ 21 Abs. 3 2. Hs., 25 Abs. 2)

Über Maßnahmen der ordnungsmäßigen Verwaltung wird durch Mehrheitsbeschluß der Eigentümerversammlung entschieden (§§ 21 Abs. 3, 23 Abs. 1). Anders als die Vereinbarung bedarf der Beschluß nicht der Eintragung, um gegen Sondernachfolger zu wirken (§ 10 Abs. 3). Das Gesetz geht davon aus, daß ein neu hinzugekommener Wohnungseigentümer grundsätzlich hinnehmen muß, an einen ihm unbekannten Beschluß gebunden zu sein. Der Grund ist derselbe, der auch die Bindung an die Mehrheitsentscheidung (§ 10 Abs. 4) rechtfertigt: Zu beschließende Fragen sind i. d. R. von gewöhnlicher, abzuschätzender Bedeutung für den einzelnen Eigentümer, so daß sein fehlendes Einverständnis zumutbar durch den Mehrheitswillen überwunden werden kann. Außergewöhnliche Entscheidungen bedürfen hingegen seiner Zustimmung in einer Vereinbarung[180] oder in einem einstimmigen Beschluß (vgl. § 22 Abs. 2).

In der Eigentümerversammlung steht jedem Wohnungseigentümer das Recht zur Teilnahme, zur Rede, zur Antragstellung und zur Abstimmung zu. Weil diese formellen

---

178 BPM/Pick § 10 Rdn. 34

179 BayObLG NJW-RR 1992, 83

180 Diese Wertung bereitet im Fall des sog. vereinbarungsersetzenden Beschlusses („Pseudovereinbarung") Schwierigkeiten, wenn ein Wohnungseigentümer versäumt, die Ungültigerklärung eines Beschlusses aus dem Grunde zu beantragen, daß der zugrunde liegende Regelungsgegenstand einer Vereinbarung bedurft hätte (vgl. dazu BGH ZMR 2000, 771).

Mitverwaltungsrechte zum Kern des Wohnungseigentumsrechts zählen, können sie nicht durch eine Vereinbarung entzogen werden[181]. Zur Disposition der Wohnungseigentümer steht dagegen die Stimmkraft[182], das heißt die Frage, welches Gewicht der abgegebenen Stimme innerhalb des Abstimmungsergebnisses zukommt. Die Bewertung der Stimmkraft erfolgt in einem Spannungsfeld: Einerseits soll die Einflußmöglichkeit in einem gerechten Verhältnis zur Beitragspflicht stehen (vgl. § 16 Abs. 2 i. V. m. Abs. 1 S. 2). Andererseits soll eine Majorisierung durch einen oder mehrere Wohnungseigentümer, die stärker an der Wohnanlage beteiligt sind, vermieden werden. In diesem Spannungsfeld beziehen drei Prinzipien unterschiedliche Positionen:

(1) Das Kopfprinzip

Der Gesetzgeber hat sich für eine möglichst effektive Bekämpfung der Majorisierungsgefahr entschieden. Das WEG sieht in § 25 Abs. 2 S. 1 das sog. Kopfstimmrecht vor[183]. Unabhängig von der Zahl und der Größe seiner Miteigentumsanteile hat jeder Wohnungseigentümer nur „eine Stimme", die Stimmkraft beträgt also immer „1". Allerdings drohen Wohnungseigentümer mit großen Miteigentumsanteilen insoweit benachteiligt zu werden, als ihre höheren Beitragspflichten mit einer nur geringen Einflußmöglichkeit verbunden sind[184].

(2) Das Wertprinzip

Die Wohnungseigentümer können daher die Stimmkraft wie die Beitragspflicht (§ 16 Abs. 2) an der Größe des Miteigentumsanteils orientieren (sog. Anteilsstimmrecht). Die Koppelung von Stimmkraft und Beitragspflicht bringt jedoch Nachteile mit sich: Zum einen wird die Ergebnisfeststellung der Abstimmung ungleich komplizierter, da die Stimmen in Hundertsteln oder Tausendsteln berechnet werden müssen. Zum anderen droht die vom Gesetzgeber unerwünschte Majorisierung durch einen oder wenige Mehrheitseigentümer. Sie kann nur mittels der Einwendung rechtsmißbräuchlicher Rechtsausübung (§ 242 BGB) unterbunden werden[185].

---

[181] Belz Handbuch Rdn. 207 (Stimmrecht); Becker S. 142 (Teilnahmerecht); Wellkamp Rechtshandbuch Rdn. 819

[182] OLG Hamm v. 25.6.75 – 15 W 65/73 = OLGZ 1975, 428 = DNotZ 1976, 165 (Wertprinzip). Ein vom Kopfprinzip abweichender Abstimmungsmodus erfordert allerdings die Zustimmung aller Wohnungseigentümer (OLG Frankfurt a. M. OLGZ 1981, 154).

[183] Die abweichende Meinung von Hubernagel § 25 Anm. 1 f; Schoene NJW 1981, 435 f. und Westermann Sachenrecht § 67 II 5b, S. 555, die pro Wohnungseigentum ein Stimmrecht verteilen wollen, hat sich nicht durchsetzen können. Gegen sie überzeugend Bornheimer S. 28 ff.

[184] Bornheimer S. 29

[185] OLG Karlsruhe OLGZ 1976, 145; BayObLG WuM 1996, 648, 649; Bornheimer S. 35 f. Allerdings nicht, indem eine Sperrminorität (KG NJW-RR 1986, 643; OLGZ 1988, 432; Kefferpütz S. 214 m. w. N.; aA noch OLG Hamm OLGZ 1978, 184; OLG Düsseldorf OLGZ 1984, 289) oder ein anderes Abstimmungsergebnis (KG OLGZ 1979, 28 = ZMR 1979, 54; BayObLG NJW-RR 1999, 1171) richterlich fingiert wird.

(3) Das Objektprinzip

Eine Zwischenlösung stellt das sog. Objektstimmrecht dar, nach dem jedes Wohnungseigentumsrecht eine Stimme vermittelt. Bei Wohnanlagen mit (nahezu) gleich großen Einheiten führt dies zu einfacher Ergebnisfeststellung und ausgewogener Stimmkraftsverteilung. Bei Anlagen mit stark variierenden Wohnungsgrößen kommt es hingegen zu Ungleichgewichten[186]. Nicht verhindert wird die Majorisierung durch einen Wohnungseigentümer, der die Mehrheit der Einheiten hält, seien es auch noch so kleine Wohnungen oder Teileigentumseinheiten.

(4) Zusammenfassung

Jeder Wohnungseigentümer hat das Recht, die Beschlußfassung in der Eigentümerversammlung durch seine Stimmrechtsausübung mitzugestalten. Die Stimmkraft ist kraft Gesetzes „1" (Kopfprinzip), es sei denn, sie ist mittels Vereinbarung von der Zahl der innegehabten Wohnungseigentumsrechte (Objektprinzip) oder von der Größe der Miteigentumsanteile (Wertprinzip) abhängig gemacht worden.

ccc) Das Antragsrecht auf richterliche Entscheidung (§ 43 Abs. 1)

Schließlich hat der Wohnungseigentümer gemäß § 43 Abs. 1 Nr. 1 und Nr. 4 die Möglichkeit, die Gestaltung des Gemeinschaftsverhältnisses durch Vereinbarung oder Beschluß seitens der Mitwohnungseigentümer gerichtlich überprüfen, konkretisieren und gegebenenfalls durch eine richterliche Entscheidung ersetzen zu lassen (vgl. §§ 43 Abs. 2, 45 Abs. 2, 10 Abs. 3)[187]. Außerdem kann er die Bestellung eines sog. Notverwalters beantragen (§ 43 Abs. 1 Nr. 3).
Um den Besonderheiten der Wohnungseigentümergemeinschaft gerecht zu werden, sieht das WEG für diesen Rechtsweg das Verfahren der freiwilligen Gerichtsbarkeit vor (§ 43 Abs. 1), welches einfacher, rascher und elastischer ist als der Zivilprozeß[188]. Die häufig zahlreichen Beteiligten haben, da es um ihren Lebensmittelpunkt „Eigentumswohnung" geht, ein besonderes Interesse an einer schnellen, einheitlichen[189] und objektiv richtigen Entscheidung. Der Zivilprozeß mit seinem Beibringungsgrundsatz und seiner inter-partes-Wirkung (§ 325 Abs. 1 ZPO) kann dies nicht gewährleisten. Im Verfahren der freiwilligen Gerichtsbarkeit vor dem Wohnungseigentumsgericht ermittelt der Richter hingegen von Amts wegen (§ 12 FGG). Es gilt das Gebot der materiellen Wahrheitsfindung. Den Antragsteller trifft keine Beweislast, sondern nur eine Mitwirkungspflicht. Der Richter kann die eingeholten Beweise frei würdigen. Er entscheidet kreativ-schöpferisch nach billigem Ermessen (§ 43 Abs. 2) – einschließlich

---

[186] Bornheimer S. 31

[187] Der Richter wird dadurch jedoch nicht zum Verwaltungsträger (Bub PiG 41 (1993), 163, 173).

[188] BayObLGZ 1963, 161, 164; Sauren WEG § 43 Rdn. 1; Ringe S. 155; Kapellmann MDR 1969, 620, 622

[189] Blackert S. 76

der Möglichkeit zu einstweiligen Anordnungen (§ 44) und Entscheidungsabänderungen (§ 45 Abs. 4) – und mit Wirkung für alle Wohnungseigentümer (§ 45 Abs. 2 S. 2 i. V. m. 43 Abs. 4). Jeder Wohnungseigentümer ist am Verfahren beteiligt, entweder als Antragsgegner oder als Antragsteller[190].

ddd) Zusammenfassung

Das WEG ordnet jedem Wohnungseigentümer besondere Mitwirkungsrechte zu, mit deren Hilfe er das für ihn maßgebliche Gemeinschaftsverhältnis ausgestalten kann[191]. Die Vereinbarung, das Stimmrecht und das Antragsrecht vor dem Wohnungseigentumsgericht gemäß § 43 Abs. 1 Nr. 1, 3 und 4 ermöglichen eine direkte Einwirkung auf die Rechte und Pflichten im Innenverhältnis. Bei der gemeinschaftlichen Willensbildung in der Eigentümerversammlung ergibt sich mit dem Teilnahme-, dem Rede-, dem Antrags-, dem Stimm- und dem späteren Beschlußanfechtungsrecht (§ 43 Abs. 1 Nr. 4) eine lückenlose Mitsprache und Kontrolle. Allein das Recht, die Versammlung einzuberufen, ist gemäß § 24 Abs. 1 dem Verwalter vorbehalten. Ihm gegenüber gibt es weitere Kontrollrechte: das Antragsrecht gemäß § 43 Abs. 1 Nr. 2 und das Recht auf Information durch den Verwalter (Einsichts- und Auskunftsrecht).

Insgesamt steht den Wohnungseigentümern als „Herren der Verwaltung" somit ein umfangreiches Instrumentarium von „Herrschaftsrechten"[192] zur Verfügung. Auf der anderen Seite ist jeder Wohnungseigentümer grundsätzlich an alle getroffenen Gestaltungen des Gemeinschaftsverhältnisses gebunden, sei es aufgrund der Bindungswirkung von Vereinbarungen, der Mehrheitsentscheidung durch Beschluß oder der rechtskräftigen richterlichen Entscheidung (vgl. § 10 Abs. 3 und 4). Darüber hinaus besteht eine Schutz- und Treuepflicht gegenüber der Gemeinschaft (§§ 242 BGB, 14, 15 Abs. 3). So stehen etwa den Informationsrechten die Meldungspflichten, dem Recht zur Organbestellung die Pflicht zur Ämterübernahme gegenüber.

Jeder Wohnungseigentümer unterwirft sich auf diese Weise einem Gemeinschaftsverhältnis, welches er weitestgehend mitgestalten kann.

---

[190] Hauger PiG 11 (1983), 55, 60

[191] Sie sind insoweit den Gestaltungsrechten ähnlich (Wiedemann Übertragung S. 33; Habersack Mitgliedschaft S. 81), die es allerdings dem Berechtigten erlauben, an der Gestaltung des Rechtsverhältnisses nicht nur *mit*zuwirken, sondern sie allein zu *be*wirken.

[192] So werden die Mitwirkungsrechte zum Teil auch bezeichnet (Hüffer § 133 AktG Rdn. 16; Bornheimer S. 25). Dieser Begriff macht deutlich, wie wichtig die aktive Einflußnahme für den Einzelnen ist. Allerdings muß man sich im Wohnungseigentumsrecht bewußt sein, daß es neben den *mitgliedschaftlichen* Herrschaftsrechten noch die negativen (Abwehrrechte) und positiven (Nutzungs- und Verfügungsrechte) *sachenrechtlichen* Herrschaftsrechte gibt.

gg) Die (sonstigen) Vermögensrechte

Die wohl umstrittenste Rechtsposition des Wohnungseigentümers ist seine vermögensrechtliche Stellung innerhalb der Gemeinschaft. Ohne Zweifel sind jedem Wohnungseigentümer das Sondereigentum und die mit ihm verbundenen Ansprüche (z. B. aus Mietvertrag oder Delikt) wie einem Alleineigentümer zugewiesen. Ebenso unproblematisch gibt es gemäß § 1 Abs. 5 gemeinschaftliches Eigentum aller Wohnungseigentümer an Grundstück und Gebäudeteilen. Jedem Wohnungseigentümer gebührt das oben dargestellte, anteilige Nutzungsrecht einschließlich etwaiger Sondernutzungsrechte (§§ 13 Abs. 2, 16 Abs. 1), welches ebenfalls einen geldwerten Vorteil darstellt. Daneben finden sich weitere Vermögenswerte, die es unter den Wohnungseigentümern aufzuteilen gilt. Während die Gemeinschaft besteht, handelt es sich um das sog. Verwaltungsvermögen. Nach der Aufhebung der Gemeinschaft muß das sog. Auseinandersetzungsguthaben verteilt werden.

aaa) Die Beteiligung am Verwaltungsvermögen

Der Begriff des Verwaltungsvermögens ist dogmatisch fragwürdig und in seiner Reichweite umstritten. Einigkeit herrscht darüber, daß zum Verwaltungsvermögen diejenigen Gegenstände gehören, welche den Wohnungseigentümern in dieser Eigenschaft gemeinschaftlich zustehen[193]. Hierunter fallen bewegliche Sachen (z. B. gemeinsamer Rasenmäher, schriftliche Unterlagen der Gemeinschaft[194]), natürliche Früchte (z. B. Gartenobst) und Forderungen[195]. Diese können sich gegen Dritte richten, und zwar aufgrund von Verwaltungsrechtsgeschäften (z. B. Mietzins) oder gesetzlicher Anordnung (z. B. Schadensersatzanspruch bei Verletzung des Gemeinschaftseigentums). Oder es sind Sozialansprüche[196] der Gemeinschaft gegen einzelne Wohnungseigentümer (z. B. auf Zahlung von Wohngeld).
Manche Autoren zählen jedoch nur solche Rechte zum Verwaltungsvermögen, die auf der gemeinschaftlichen Verwaltung beruhen[197]. Es handelt sich letztlich um eine Definitionsfrage. In jedem Fall muß die rechtliche Einordnung dieser Vermögenswerte geklärt werden, sei es als „Verwaltungsvermögen" oder als sonstiges „Gemeinschaftsvermögen"[198]. Im Vordergrund steht dabei die Frage, ob die Gegenstände überhaupt ein (Sonder-)Vermögen im technischen Sinne bilden, an dem der einzelne Wohnungs-

[193] Blackert S. 9

[194] Röll FS Merle (2000), 253, 255

[195] Anders als bei den individuellen Ansprüchen der künftigen Wohnungseigentümer aus den Erwerbsverträgen handelt es sich bei diesen Forderungen nicht um eine Mehrheit von Ansprüchen, sondern jeweils um *einen einzelnen* Anspruch, der den Wohnungseigentümern *gemeinschaftlich* zugeordnet ist (BPM/Merle § 21 Rdn. 3, 20; Weitnauer/Weitnauer § 1 Rdn. 19; Bergmann S. 45 f.; Heerstraßen S. 24 ff., 192 ff.).

[196] Zur Frage, inwieweit der Wohnungseigentümer zur selbständigen Geltendmachung solcher Ansprüche berechtigt ist, vgl. Bergmann S. 83 ff.

[197] Merle System S. 83

[198] BPM/Pick § 1 Rdn. 39; Hägele S. 46

eigentümer beteiligt sein kann. Praktisch relevant wird dieses Problem beim Eigentümerwechsel und beim Gläubigerzugriff in der Zwangsvollstreckung[199]. Das WEG enthält hierzu keine eindeutige Regelung. Einzig in § 27 Abs. 4 ist die Pflicht des Verwalters erwähnt, „Gelder der Wohnungseigentümer gesondert von seinem Vermögen zu halten". Sowohl der Begriff „Gelder" als auch seine Abgrenzung zum „Vermögen" des Verwalters sprechen eher gegen die Existenz einer Vermögensmasse.
Entsprechend gebraucht die herrschende Meinung zwar den Terminus „Verwaltungsvermögen", verneint jedoch ein Sondervermögen. Nach *Weitnauer*[200] besteht an jedem Gegenstand eine Bruchteilsgemeinschaft i. S. d. §§ 741 ff. BGB (sog. Bruchteils- oder Miteigentumstheorie[201]). Nachteilige Konsequenzen dieser Ansicht sind eine Vielzahl von Miteigentümergemeinschaften innerhalb der Wohnungseigentümergemeinschaft (Aufsplitterung), die Erforderlichkeit einer zumindest stillschweigenden Mitübertragung der Anteile bei der Veräußerung eines Wohnungseigentumsrechts sowie das drohende Herauslösen einzelner Vermögensgegenstände auf Verlangen von ausscheidenden Wohnungseigentümern oder Gläubigern (vgl. §§ 749 Abs. 2; 751 S. 2 BGB). Die wohl überwiegende Ansicht (sog. Gemeinschaftstheorie[202]) will die betroffenen Gegenstände deshalb zum gemeinschaftlichen Eigentum i. S. d. § 1 Abs. 5[203] oder zumindest zu dessen Zubehör analog § 97 BGB[204] machen, mit der Folge, daß sie im Zweifel (vgl. §§ 314, 926 Abs. 1 S. 2 BGB für das Zubehör) sein Schicksal teilen. Sie unterliegen dann dem Unauflöslichkeitsprinzip (§ 11 Abs. 1) und einer Verwaltung gemäß den §§ 20 ff., können weder isoliert herausverlangt noch zum gesonderten Vollstreckungsgegenstand gemacht werden[205]. Andere gehen zwar von den Bruchteilsgemeinschaften i. S. d. §§ 741 ff. aus, befürworten aber die Anwendung des § 11 aufgrund der Rechtsnatur der Wohnungseigentümergemeinschaft und der Zweckbindung des Verwaltungsvermögens[206].
Unproblematisch zum gesetzlichen Übergang gelangen die Stimmen, welche ein Gemeinschaftsvermögen im technischen Sinne und eine Beteiligung des Wohnungsei-

---

[199] Münch.Komm./Röll § 1 Rdn. 11

[200] Weitnauer/Weitnauer § 1 Rdn. 13 und ZfBR 1985, 183. Ebenso BayObLGZ 1984, 198, 205 ff.; 1995, 103, 107; Palandt/Bassenge § 1 Rdn. 14; Sauren WEG § 1 Rdn. 8; Heerstraßen S. 136 f.

[201] Röll NJW 1987, 1049, 1050 und in FS Merle (2000), 253, 254

[202] Zu Unrecht bezeichnet Röll in FS Merle (2000), 253, 254 Bärmann und Merle als Begründer der Gemeinschaftstheorie. Beide haben es ausdrücklich abgelehnt, die Gegenstände des Verwaltungsvermögens zum gemeinschaftlichen Eigentum zu zählen (Merle System S. 113; Bärmann Kurzlehrbuch Rdn. 96).

[203] Diester WEG § 1 Rdn. 14; Soergel/Stürner § 5 Rdn. 2; RGRK/Pritsch 11. Auflage § 1 Anm. 10; BPM/Pick § 1 Rdn. 39; Niedenführ/Schulze § 21 Rdn. 4. Dagegen Heerstraßen S. 94 hinsichtlich Forderungen.

[204] Münch.Komm./Röll § 1 Rdn. 13 f.

[205] LG Berlin JR 1962, 221, 222; Bergmann S. 105; Röll NJW 1987, 1049, 1051

[206] RGRK/Augustin § 1 Rdn. 24 f.; Deckert ETW (Stand: Oktober 1987), Gruppe 4/S. 11

gentümers an diesem anerkennen. *Bärmann*[207] begreift die Beteiligung als vermögensrechtlichen Inhalt der Mitgliedschaft in der Gemeinschaft und läßt das Verwaltungsvermögen für Gemeinschaftsschulden haften. *Merle*[208] versteht die Beteiligung als wesentlichen Bestandteil des grundstücksgleichen Rechts Wohnungseigentum (§ 96) und nimmt für das Verwaltungsvermögen eine gesamthänderische Bindung an.
An dieser Übersicht wird deutlich, daß die dogmatische Einordnung der Beteiligung am Verwaltungsvermögen davon abhängt, wie man die Rechtsnatur der Wohnungseigentümergemeinschaft auffaßt. Auf sie wird noch näher einzugehen sein (siehe unten A II 2).

bbb) Die Beteiligung am Auseinandersetzungsguthaben (§ 17)

Wird die Wohnungseigentümergemeinschaft aufgehoben, steht dem Wohnungseigentümer ein Anteil am Auseinandersetzungsguthaben zu. Seine Höhe bestimmt sich gemäß § 17 nach dem Wertverhältnis der Wohnungseigentumsrechte zur Zeit der Aufhebung. Der gegenwärtige Wert von Sondereigentum und Miteigentumsanteil, unter Berücksichtigung unproportionaler Beitragsleistungen und von Maßnahmen im Sinne der §§ 17 S. 2, 22 Abs. 1, wird in Verhältnis zum Verkaufserlös gemäß § 753 BGB gesetzt[209].
§ 17 betrifft in direkter Anwendung nur den Fall, daß Sonder- *und* Miteigentum aufgehoben werden, wodurch sich die Wohnungseigentümergemeinschaft unmittelbar auflöst. Wird nur das Sondereigentum aufgehoben, entsteht eine schlichte Miteigentümergemeinschaft und der Wertausgleich erfolgt nach § 17 analog oder nach Bereicherungsrecht[210].

hh) Zusammenfassung

Die Rechte und Pflichten der Wohnungseigentümer untereinander sind einerseits dadurch gekennzeichnet, daß die absoluten Abwehr- und Verfügungsrechte aus dem Wohnungseigentum ihre Grenzen in speziellen, gemeinschaftsbezogenen Schranken (vgl. §§ 12 Abs. 1, 13, 14, 15, 18, 19) finden, die letztlich in dem besonderen Näheverhältnis einer Hausgemeinschaft begründet sind.
Andererseits regelt das WEG gemeinschaftliche Vermögens- und Verwaltungsrechte. Zu den Vermögensrechten gehört vor allem das Recht auf die (ordnungsmäßige) Nutzung von Sonder- und Gemeinschaftseigentum (§§ 13 ff.), welches durch die korrespondierenden Abwehrrechte der Mitwohnungseigentümer eingeschränkt ist. Dem Nutzungsrecht steht die vermögensrechtliche Hauptpflicht zur Beitragsleistung gegen-

---

[207] Bärmann Erwerberhaftung S. 52; ders. Wohnungseigentümergemeinschaft S. 262 ff.; ders. Kurzlehrbuch Rdn. 91 ff.

[208] Merle System S. 113, 135; BPM/Merle § 20 Rdn. 3. Für gesamthänderische Bindung auch Bub/Petersen NZM 1999, 646, 648 hinsichtlich der gegenseitigen Beitragsansprüche der Wohnungseigentümer.

[209] BPM/Pick § 17 Rdn. 11, 15

[210] BPM/Pick § 17 Rdn. 7

über (§ 16 Abs. 2). Als sonstige Vermögensrechte sind die Anteile am Verwaltungsvermögen und am Auseinandersetzungsguthaben (§ 17) zu nennen. Die Verwaltungsrechte zerfallen in materielle und formelle Mitverwaltungsrechte. Alle Wohnungseigentümer sind gemeinsam zur Verwaltung des Gemeinschaftseigentums befugt und haben gemäß § 21 Abs. 4 wechselseitig ein Recht auf ordnungsmäßige Verwaltung. Mittels der formellen Mitverwaltungsrechte (Vereinbarung, Stimmrecht, Antragsrecht gemäß § 43 Abs. 1) kann jeder Wohnungseigentümer direkten Einfluß auf die Gestaltung des Gemeinschaftsverhältnisses nehmen und an der Verwaltung der Wohnanlage mitwirken. Da dem Wohnungseigentümer als Teilhaber des auf Dauer angelegten Gemeinschaftsverhältnisses somit Vermögens- und Verwaltungsrechte zustehen, ist es gerechtfertigt, seine Teilhabe als Mitgliedschaft zu bezeichnen[211].

b) Das Verhältnis zum Verwalter

Der Verwalter kann den übrigen Wohnungseigentümern als Mitwohnungseigentümer (siehe oben a), als Gemeinschaftsorgan oder wie ein außerhalb der Gemeinschaft stehender Dritter (siehe unten c) begegnen. Als Exekutivorgan hat er besondere Rechte und Pflichten gegenüber den Wohnungseigentümern. Nach der körperschaftlichen Trennungstheorie ist zwischen dem Bestellungsrechtsverhältnis, welches ihn zum Organ der Wohnungseigentümergemeinschaft macht, und dem schuldrechtlichen Anstellungsverhältnis, dem Verwaltervertrag, zu unterscheiden[212].

aa) Das organschaftliche Bestellungsverhältnis

Als Vollzugsorgan unterliegt der Verwalter den gesetzlichen Pflichten aus dem WEG, insbesondere den §§ 12, 21 Abs. 4, 24, 25 Abs. 4, 27 und 28: Der Anspruch des einzelnen Wohnungseigentümers auf eine ordnungsmäßige Verwaltung (§ 21 Abs. 4) ist auch gegen den Verwalter gerichtet[213]. Jeder Wohnungseigentümer kann von ihm Auskunft über die Verwaltung des gemeinschaftlichen Eigentums verlangen. Außerdem muß der Verwalter ggf. seine Zustimmung zu Veräußerungen erteilen, wenn dies

---

[211] Mitgliedschaft bedeutet die Stellung einer Person infolge ihrer Zugehörigkeit zu einem Verband. Für einen Verband im Rechtssinne ist wiederum die Existenz organisationsrechtlicher Elemente, namentlich die Bildung von Geschäftsführungs- und Willensbildungsorganen, und die damit verbundene organisatorische Verselbständigung der Gemeinsphäre gegenüber der Privatsphäre kennzeichnend (Habersack Mitgliedschaft S. 16 f.). Dies trifft zwar nicht auf die schlichte Rechtsgemeinschaft i. S. d. §§ 741 ff. BGB, wohl aber auf die mit Verwalter und Eigentümerversammlung als Organen besonders ausgestattete Wohnungseigentümergemeinschaft zu. Ebenso Bärmann Wohnungseigentümergemeinschaft S. 216; Merle System S. 160; Hägele S. 47; Bornheimer S. 25; kritisch Weitnauer/Weitnauer vor § 1 Rdn. 31; zurückhaltend Storck S. 118: „Quasi-Mitgliedschaft".

[212] BPM/Merle § 26 Rdn. 21, 78a. Dabei ist umstritten, ob das Bestellungsverhältnis bereits mit dem Bestellungsakt, der Annahme der Bestellungserklärung durch den Verwalter (sog. Trennungstheorie i. e. S.) oder erst mit dem Abschluß des Verwaltervertrages (sog. Vertragstheorie) beginnt. Vgl. dazu die Nachweise bei BPM/Merle § 26 Rdn. 22 ff.

[213] BPM/Merle § 21 Rdn. 78

vereinbart ist (§ 12 Abs. 1), die Eigentümerversammlung einberufen (§§ 24, 25 Abs. 4), Beschlüsse durchführen (§ 27 Abs. 1 Nr. 1), Maßnahmen der Erhaltung, der Wirtschaftsverwaltung und der juristischen Verwaltung ergreifen (§ 27 Abs. 1 Nr. 2-4, Abs. 2 Nr. 1-6) sowie Wirtschaftsplan und Jahresabrechnung erstellen (§ 28 Abs. 1 und 3). Im Rahmen dieser Aufgaben ist der Verwalter befugt, bestimmte Leistungen und Verhaltensweisen der Wohnungseigentümer einzufordern. Soweit er dazu ermächtigt ist, kann er weitere Sozialansprüche aus dem Innenverhältnis der Wohnungseigentümer gerichtlich und außergerichtlich geltend machen[214].
Für Streitigkeiten über die Rechte und Pflichten des Verwalters ist gemäß § 43 Abs. 1 Nr. 2 das Wohnungseigentumsgericht im Verfahren der freiwilligen Gerichtsbarkeit zuständig.

bb) Das schuldrechtliche Anstellungsverhältnis (Verwaltervertrag)

Auf rechtsgeschäftlicher Ebene ergeben sich die Rechte und Pflichten des Verwalters gegenüber den Wohnungseigentümern aus dem Verwaltervertrag. Alle Wohnungseigentümer werden hieraus gemeinschaftlich berechtigt und verpflichtet[215]. Bei unentgeltlicher Tätigkeit handelt es sich um ein Auftragsverhältnis (§ 662 BGB), im übrigen um eine entgeltliche Geschäftsbesorgung mit teils dienst-, teils werkvertraglichen Elementen (§ 675 BGB)[216]. Der Verwalter hat Auskünfte zu erteilen, Einsicht zu gewähren und Rechenschaft abzulegen (§ 666 BGB), er unterliegt der Herausgabepflicht nach § 667 BGB und muß ihm überlassenes Geld verzinsen (§ 668 BGB). Andererseits stehen ihm der Vorschuß und der Ersatz seiner Aufwendungen (§§ 669, 670 BGB) sowie die im Verwaltervertrag vereinbarte Vergütung zu, im Zweifel die branchenübliche (§§ 675, 612 Abs. 1 und 2 BGB).
Auch Ansprüche aus dem Verwaltervertrag sind trotz des Wortlauts von § 43 Abs. 1 Nr. 2 („bei der Verwaltung") vor dem Wohnungseigentumsgericht geltend zu machen[217].

cc) Zusammenfassung

Der Wohnungseigentümer kann vom Verwalter die Erfüllung seiner organschaftlichen und schuldrechtlichen Pflichten verlangen, insbesondere eine ordnungsmäßige Verwaltung (§ 21 Abs. 4). Dieses materielle Verwaltungsrecht kann er mit Hilfe eines Antrags gemäß § 43 Abs. 1 Nr. 2 vor dem Wohnungseigentumsgericht durchsetzen. Andererseits muß der Wohnungseigentümer Leistungen an die Gemeinschaft zu Händen des Verwalters erbringen, der ihn gerichtlich und außergerichtlich im Namen der Gemeinschaft in Anspruch nehmen kann.

---

[214] BPM/Merle § 27 Rdn. 155 ff.

[215] BPM/Merle § 26 Rdn. 77

[216] BPM/Merle § 26 Rdn. 89; Wellkamp Rechtshandbuch Rdn. 547

[217] BGHZ 59, 58, 60; NJW 1980, 2466, 2468; BPM/Merle § 43 Rdn. 44

c) Das Außenverhältnis zu Dritten

Schließlich kann der Wohnungseigentümer in Rechtsbeziehungen zu außerhalb der Gemeinschaft stehenden Dritten treten (z. B. Handwerker, Ver-/Entsorgungsunternehmen, Grundstücksnachbarn, Baubetreuer), und zwar kraft gesetzlicher Anordnung oder auf rechtsgeschäftlicher Grundlage.

aa) Die gesetzlichen Schuldverhältnisse

Kraft Gesetzes bestehen für den Wohnungseigentümer einerseits Abwehrrechte und andererseits deliktische Verantwortlichkeiten:
Jeder Wohnungseigentümer genießt den Schutz seines Eigentums nicht nur gegenüber den Mitwohnungseigentümern, sondern auch im Verhältnis zu Dritten (z. B. zu Eigentümern und Mietern des Nachbargrundstücks). Einem Außenstehenden gegenüber sind die Abwehrrechte des Wohnungseigentümers jedoch nicht durch besondere Duldungspflichten nach dem WEG eingeschränkt. Wird ein Wohnungseigentümer in seinem Sondereigentum beeinträchtigt, hat er wie ein Alleineigentümer die dinglichen Ansprüche aus den §§ 1004, 906 ff., 985, 894 BGB, die besitzrechtlichen Ansprüche aus den §§ 861, 862 BGB und die schuldrechtlichen Ansprüche aus den §§ 987 ff., 823 ff., 812 ff. BGB. Ist das Gemeinschaftseigentum betroffen, stehen die entsprechenden Abwehr- und Ersatzrechte den Wohnungseigentümern als Mitgläubigern (§§ 1011, 432 BGB) zu[218]. Nach der neueren BGH-Rechtsprechung kann ein einzelner Wohnungseigentümer solche Ansprüche wegen ihrer stark ausgeprägten Gemeinschaftsbezogenheit grundsätzlich nur dann selbständig geltend machen, wenn er dazu vorher durch einen Beschluß der Wohnungseigentümer ermächtigt worden ist; insoweit werde § 432 BGB durch § 21 Abs. 1 verdrängt[219].
Umgekehrt haben die Wohnungseigentümer Beeinträchtigungen des Nachbargrundstücks gemäß den §§ 1004, 906 ff. BGB zu unterlassen. Außerdem unterliegen sie der deliktischen Haftung nach den §§ 823 ff. BGB, wenn sie im Hinblick auf ihr Sonder- oder Gemeinschaftseigentum Verkehrssicherungspflichten verletzen. Soweit sich Gefahrenquellen des Gemeinschaftseigentums verwirklicht haben, haften die Wohnungseigentümer gemäß § 840 Abs. 1 BGB als Gesamtschuldner[220].

---

[218] BPM/Merle § 21 Rdn. 22; Weitnauer/Lüke § 13 Rdn. 21; Blackert S. 62. Vgl. zur Klagebefugnis Bergmann S. 72 ff.

[219] BGHZ 121, 22, 29 = NJW 1993, 727; Palandt/Heinrichs § 432 BGB Rdn. 1

[220] Blackert S. 60

bb) Die rechtsgeschäftlichen Schuldverhältnisse

Die vertraglichen Beziehungen der Wohnungseigentümer zu Dritten lassen sich in zwei Gruppen einteilen:

aaa) Die Bau(träger)verträge

Zum einen schließen die künftigen Wohnungseigentümer Erwerbsverträge mit Bauträgern, Baubetreuungsverträge oder Bauverträge mit Handwerkern. Zu beachten ist, daß beim Kauf vom Bauträger dieser ursprünglich Inhaber aller veräußerten Wohnungseigentumsrechte ist, mithin der Vorgänger jedes einzelnen Erwerbers. Erst mit der Umschreibung aller Wohnungseigentumsrechte im Wohnungsgrundbuch scheidet der Bauträger aus der Gemeinschaft aus. Die Rechte (insbesondere Gewährleistung) und Pflichten (insbesondere Preiszahlung) des Wohnungseigentümers aus den Erwerbsverträgen sind trotzdem zu keiner Zeit dem Innenverhältnis der Gemeinschaft zuzurechnen. Das Vertragsverhältnis zwischen Erwerber und Bauträger ist vielmehr streng vom Gemeinschaftsverhältnis zwischen Erwerber, Bauträger und Miterwerber in ihrer jeweiligen Eigenschaft als künftiger, ehemaliger bzw. aktueller Wohnungseigentümer zu trennen[221].

Über die Rechte und Pflichten aus den Erwerbsverträgen entscheidet das Prozeßgericht im Zivilprozeß. Grundsätzlich ist jeder Wohnungseigentümer gegenüber dem Bauträger allein berechtigt und verpflichtet. Soweit die Ansprüche aber das Gemeinschaftseigentum betreffen (Aufbauschulden einerseits und mängelfreie Gebäudeerrichtung andererseits), führt ihre Gemeinschaftsbezogenheit zu Besonderheiten: Für Aufbauschulden haften die Wohnungseigentümer zwar gemeinsam, aber (entgegen § 427 BGB) nicht gesamtschuldnerisch, sondern anteilig[222]. Im Gegenzug können sie die ordnungsmäßige Herstellung des gemeinschaftlichen Eigentums und einen Teil der Gewährleistungsrechte nur gemeinschaftlich als Mitgläubiger i. S. d. § 432 BGB geltend machen[223].

bbb) Die Verwaltungsrechtsgeschäfte

Zum anderen handelt es sich um die sog. Verwaltungsrechtsgeschäfte. Jeder Wohnungseigentümer kann im Hinblick auf sein Sondereigentum Verträge schließen (z. B. Innenanstrich, Reparatur individueller Versorgungsleitungen). Hinsichtlich des Gemeinschaftseigentums wird regelmäßig der Verwalter in Vertretung für alle Wohnungseigentümer tätig. Auf diese Weise werden im Außenverhältnis zu dem Dritten (z. B. Handwerker, Heizöllieferant, kontoführendes Kreditinstitut) diejenigen Wohnungseigentümer verpflichtet, die zur Zeit des Vertragsschlusses im Grundbuch eingetragen sind. Sie haften für die sog. Verwaltungsschulden als Gesamtschuldner[224]. Im

---

[221] OLG Düsseldorf NJW 1971, 1847; BGHZ 62, 388, 389 f. = NJW 1974, 1552

[222] Siehe oben Fn. 157.

[223] Siehe oben Fn. 166.

[224] BGH NJW 1977, 1964; Blackert S. 59; Brych Jura 1981, 248, 253

Innenverhältnis werden die Kosten über das Wohngeld gemäß § 16 Abs. 2 umgelegt und gemeinsam getragen. Berechtigt sind die Wohnungseigentümer wiederum als Mitgläubiger gemäß § 432 BGB[225].

cc) Zusammenfassung

Schuldverhältnisse zwischen Wohnungseigentümern und Dritten entstehen kraft Gesetzes oder in der Form von Bau(träger)verträgen und Verwaltungsrechtsgeschäften. Die sich hieraus ergebenden Rechte oder Pflichten betreffen das Außenverhältnis (genauer: das Drittverhältnis) der Beteiligten. Der Dritte kann grundsätzlich jeden einzelnen Wohnungseigentümer als Gesamtschuldner gemäß § 421 BGB in Anspruch nehmen. Nur für Aufbauschulden haften die Wohnungseigentümer anteilig. Der Wohnungseigentümer kann seine Ansprüche selbständig geltend machen, soweit sie nicht gemeinschaftsbezogen sind. Im letzteren Fall liegt eine Mitgläubigerschaft gemäß den §§ 1011, 432 BGB vor: Der einzelne Eigentümer kann nur Leistung an alle verlangen und muß sich darüber hinaus nach der Rechtsprechung des BGH grundsätzlich von der Gemeinschaft zur Geltendmachung ermächtigen lassen.
Welche Konsequenzen sich für den internen Ausgleich der Wohnungseigentümer untereinander ergeben, ist eine Frage des Innenverhältnisses der Gemeinschaft (genauer: des Gemeinschaftsverhältnisses).
Wird das Wohnungseigentum übertragen, kann sich die Gegenüberstellung von Innen- und Außenverhältnis noch auf einer anderen Ebene ergeben. Was Erwerber und Veräußerer im Kausalgeschäft für ihr Innenverhältnis („Erwerbsverhältnis") vereinbaren, ist unabhängig von der Frage zu beurteilen, wen die Wohnungseigentümergemeinschaft als ihr Mitglied behandelt. Hier stellt sich das Gemeinschaftsverhältnis, welches oben noch Innenverhältnis war, als Außenverhältnis dar.
Ein Beispiel soll verdeutlichen, wie die drei Verhältnisse ineinander greifen: Verlangt ein Handwerker von den Wohnungseigentümern ausstehenden Werklohn (Drittverhältnis), werden diese Kosten innerhalb der Gemeinschaft gemäß § 16 Abs. 2 auf die Wohnungseigentümer umgelegt (Gemeinschaftsverhältnis). Veräußert ein Wohnungseigentümer seine Einheit, muß im Erwerbsvertrag geregelt werden, ab welchem Zeitpunkt die Kosten des Wohnungseigentums auf den Erwerber übergehen, das heißt wann der Erwerber die Beitragspflicht mittels Wohngeldzahlung übernimmt (Erwerbsverhältnis). Der abdingbare § 446 BGB sieht den Übergang mit der Wohnungsübergabe vor. Für das Gemeinschaftsverhältnis und erst recht für das Drittverhältnis ist diese interne Regelung ohne Bedeutung. Sie knüpft auch nicht an die persönliche Eigenschaft als (eingetragener) Wohnungseigentümer an. Daran wird deutlich, daß im Rahmen dieser Untersuchung mit dem Innenverhältnis nur das Gemeinschaftsverhältnis und mit dem Außenverhältnis nur das Drittverhältnis gemeint sein kann.

---

[225] Blackert S. 62; aA Heerstraßen, der § 432 BGB nur anwenden will, wenn mehreren Gläubigern mehrere Forderungen zustehen (ausführlich Heerstraßen S. 69 ff., zusammengefaßt in WE 1996, 53, 55).

2. Die Rechtsnatur der Wohnungseigentümergemeinschaft

Die Rechtsstellung des Wohnungseigentümers läßt sich nicht allein durch die Aufzählung seiner individuellen Rechte und Pflichten begreifen. Er ist Teil eines Kollektivs, der Gemeinschaft der Wohnungseigentümer. Die Position des Einzelnen wird durch den umstrittenen Gesamtcharakter der Gemeinschaft mitgeprägt. Dies gilt vor allem für die vermögensrechtliche Stellung des Wohnungseigentümers[226]. Andere seiner Rechte und Pflichten sind von der Rechtsnatur der Gemeinschaft unabhängig. So sind die internen Abwehr- und Nutzungsrechte des Wohnungseigentümers inhaltlich dieselben, egal ob man die Gemeinschaft als besonders ausgestaltete Miteigentümergemeinschaft, als Gesamthand, als Personenvereinigung sui generis oder gar als dingliche Gesellschaft nach dem WEG begreift.

Unstreitig besteht Wohnungseigentum aus den beiden sachenrechtlichen Bestandteilen Sondereigentum und Miteigentumsanteil. Die theoretische Streitfrage, ob eines der beiden dem anderen übergeordnet ist (sog. Primat des Sonder- bzw. Miteigentums)[227] oder ob beide gleichrangig sind[228], ist für die Rechtsstellung des Wohnungseigentümers ohne Bedeutung.

Unstreitig ist mit der Inhaberschaft des Wohnungseigentumsrechts auch ein schuldrechtliches Element verbunden[229], nämlich die Teilhabe (= Mitgliedschaft) an einem durch das WEG und durch die Gemeinschaftsordnung besonders ausgestalteten Gemeinschaftsverhältnis. Das Wesen der Wohnungseigentümergemeinschaft, also das, was sie gegenüber anderen Personenmehrheiten auszeichnet, läßt sich folgendermaßen umschreiben: Die Gemeinschaft der Wohnungseigentümer ist auf Dauer angelegt und vom Eigentümerwechsel unabhängig[230]. Das Interesse des einzelnen Eigentümers an stabilen Verhältnissen rund um seinen Lebensmittelpunkt „Wohnung“ (Bestandsinteresse) führt zu der essentiellen[231] Eigenschaft der Gemeinschaft, ihrer Unauflöslichkeit (§ 11), verstärkt durch eine Erst- (umstritten[232]) und eine Wiederherstellungspflicht (§ 22 Abs. 1). Im Vordergrund steht somit das Werterhaltungsprinzip, kein Gewinnstreben[233]. Die zwangsweise Einbindung in eine grundsätzlich unauflösliche Gemeinschaft

---

[226] Siehe oben S. 67.

[227] Hier stehen sich die herrschende Miteigentumstheorie und die Sondereigentumstheorie gegenüber (vgl. die Übersicht bei Blackert S. 19 ff.). Richtig ist: für den Wohnungseigentümer steht wirtschaftlich sein Sondereigentum im Vordergrund, im Hinblick auf die rechtliche Konstruktion orientiert sich das WEG vornehmlich am Miteigentumsanteil (BGHZ 49, 250, 251).

[228] BPM/Pick Einl. Rdn. 7 f. („Einheitstheorie“)

[229] Merle PiG 41 (1993), 131, 134; Lotz-Störmer S. 16 Fn. 94

[230] Andererseits ist sie nicht – wie der Verein – auf Fortbestand bei ständig wechselnden Mitgliedern *ausgelegt* (OLG Koblenz NJW 1977, 55; Blackert S. 83).

[231] Tiekötter S. 58: „von allergrößter Bedeutung“; Trautmann S. 134: „von zentraler Bedeutung“; Bärmann-Seuß/F. Schmidt Rdn. A 118: „eine der wichtigsten Regelungen des WEG“.

[232] Siehe oben S. 52 f.

[233] Hägele S. 43

hat das Instrument der Entziehungsklage (§§ 18, 19) sowie eine detaillierte Regelung der Verwaltung (§§ 20 ff.) und des Verfahrensrechts (§§ 43 ff.) erforderlich gemacht. Untragbare Wohnungseigentümer können gerichtlich aus der Gemeinschaft ausgeschlossen werden. Die Verwaltungsentscheidungen treffen grundsätzlich alle Eigentümer zusammen, ungewöhnliche Fragen werden einstimmig, alltägliche Fragen durch Mehrheitsbeschluß in einer Eigentümerversammlung entschieden. Vor dem Wohnungseigentumsgericht werden alle Eigentümer an einer schnellen und flexiblen Rechtsfindung im Verfahren der freiwilligen Gerichtsbarkeit beteiligt.
Zusammengefaßt ist man sich über die Bedeutung der beiden sachenrechtlichen Komponenten und über die Existenz eines dritten Elements, der Teilhabe am Gemeinschaftsverhältnis, einig. Die rechtliche Qualifikation des dritten Elements aber ist umstritten. Sie betrifft sowohl das Gesamtinstitut Wohnungseigentum als auch die Wohnungseigentümergemeinschaft. Genau betrachtet entzündet sich der Streit über die Rechtsnatur der Wohnungseigentümergemeinschaft an einer einzigen Frage: Wie weit entfernt sich das im WEG geschaffene Rechtsinstitut „Wohnungseigentum" von den hergebrachten bürgerlichrechtlichen Rechtsformen?

a) Eine besonders ausgestaltete Miteigentümergemeinschaft

Die herrschende, auf *Weitnauers* Kommentar zum WEG[234] basierende Meinung sieht in dem Rechtsinstitut Wohnungseigentum lediglich die Kombination bekannter Rechtsformen. Nach dieser Auffassung ist das Wohnungseigentum ein besonders ausgestaltetes Miteigentum, die Gemeinschaft folglich eine besondere Form der Bruchteilsgemeinschaft[235]. Das Gemeinschaftsverhältnis ist weder eine Gesamthand noch eine personenrechtlich geprägte neue Form der Personenmehrheit[236]. Nicht die Gemeinschaft, sondern nur die Wohnungseigentümer sind rechts- und parteifähig[237]. Ein der Gemeinschaft zugeordnetes Sondervermögen existiert nicht. Die Gegenstände des Verwaltungsvermögens stehen den Wohnungseigentümern jeweils zu Bruchteilen zu, die rechtsgeschäftlich auf einen Erwerber übertragen werden müssen. Zum Teil werden sie statt dessen dem Gemeinschaftseigentum zugeordnet[238].

---

[234] Weitnauer/Weitnauer vor § 1 Rdn. 25, 30

[235] OLG Köln OLGZ 1984, 294, 295; RGRK/Pritsch 11. Auflage § 1 Anm. 4, § 10 Anm. 1; RGRK/Augustin § 1 Rdn. 9; Soergel/Baur 11. Auflage § 1 Rdn. 2; Soergel/Stürner § 1 Rdn. 2; AK-BGB/Finger § 1 Rdn. 44; Hägele S. 42

[236] Blackert S. 79

[237] Für das Zivilrecht: BGH NJW 1977, 1686; NZM 1998, 667; KG OLGZ 1986, 47, 50; BayObLG FGPrax 2001, 189. Für das öffentliche Recht: OVG Bremen NJW 1985, 2660; OVG Schleswig NJW-RR 1992, 457. Ein an die „Wohnungseigentümergemeinschaft" adressierter Bescheid kann aber dahin ausgelegt werden, daß er an die einzelnen Wohnungseigentümer gerichtet ist (BVerwG NJW-RR 1995, 73).

[238] Siehe oben Fn. 203.

b) Eine Gesamthandsgemeinschaft

Schulze-Osterloh begreift die Wohnungseigentümergemeinschaft neben der Gesellschaft nach dem bürgerlichen Recht (GbR), der Gütergemeinschaft und der Erbengemeinschaft als vierte Form der zivilrechtlichen Gesamthandsgemeinschaft[239]. Seiner Meinung nach lassen sich ohne eine gesamthänderische Bindung weder die besonderen Beschränkungen des Wohnungseigentümers erklären noch eine gemeinschaftliche Verwaltung durchführen.

c) Eine Personenvereinigung sui generis

Eine von *Bärmann*[240] begründete Auffassung sieht das Gemeinschaftsverhältnis der Wohnungseigentümer und damit das Wohnungseigentum insgesamt als so weit verselbständigt an, daß es nur als Rechtsinstitut sui generis bezeichnet werden könne. Demnach bilden die drei Elemente des Wohnungseigentums – Sondereigentum, Miteigentumsanteil und Mitgliedschaftsrecht – eine Art dreigliedriger Einheit (Trinität), eine Form neuen Eigentums. Die Wohnungseigentümergemeinschaft sei angesichts ihrer Unauflöslichkeit (§ 11) und besonderen Organisationsregeln (§§ 20-29) eine bislang unbekannte Art der Personenvereinigung, weder Bruchteilsgemeinschaft noch Gesamthand, sondern zwischen Gesamthand und juristischer Person anzusiedeln. Sie sei artverwandt mit dem nicht rechtsfähigen Verein, wie diesem komme ihr eine relative Rechts- und Parteifähigkeit (analog § 50 Abs. 2 ZPO) zu[241]. Ihr sei ein Sondervermögen zugeordnet, die Beteiligung hieran sei Inhalt der Mitgliedschaft.

d) Eine „dingliche Gesellschaft"

Vereinzelte Stimmen halten das Wohnungseigentum nicht nur für ein von den hergebrachten Rechtsformen mehr oder minder entferntes, sondern für ein mit ihnen nicht zu vereinbarendes Rechtsinstitut. Für sie ist ein Eigentum an Räumen undenkbar. *Wolf*[242] will hieraus die Unwirksamkeit des WEG folgern, *Junker*[243] will es durch eine objektive Auslegung aufrecht erhalten. Seiner Meinung nach hat der Gesetzgeber mit der Einführung des Wohnungseigentumsrechts den numerus clausus der dinglichen Rechte erweitert. Es handele sich um die Beteiligung an der „dinglichen Gesellschaft nach dem WEG (GWEG)", die gemäß § 124 Abs. 1 HGB analog parteifähig sei[244].

---

239 Schulze-Osterloh S. 160; aA LG Berlin JR 1962, 221

240 Bärmann WEG 1. Auflage Einl. Anm. IV, S. 140, 151 ff.

241 Bärmann Wohnungseigentümergemeinschaft S. 294 ff., 312; BPM/Pick Einl. Rdn. 33; Schmid BlGBW 1981, 142, 143; Bub/Petersen NZM 1999, 646, 650

242 Wolf Sachenrecht § 12 D II, S. 560 ff.

243 Junker S. 205

244 Junker S. 75 ff., 201 ff.

e) Stellungnahme

Die Prämisse *Wolfs* und *Junkers*, es könne kein Raumeigentum geben, ist nicht haltbar. Sie widerspricht den §§ 580, 865 und 905 BGB. Im übrigen steht es dem Gesetzgeber frei, eigentumsrechtliche Positionen zu definieren. Er hat dies in § 1 Abs. 2 getan, indem er das Sondereigentum an einer Wohnung mit dem Miteigentumsanteil an Grundstück und Gebäude zum Wohnungseigentum verbunden hat. Junkers methodisch fragwürdige, völlige Uminterpretierung des WEG entbehrt somit bereits der Grundlage.

Ebenfalls nicht überzeugen kann der Ansatz *Schulze-Osterlohs*, der die Wohnungseigentümergemeinschaft im Ganzen als Gesamthandsgemeinschaft versteht. Wenn der Gesetzgeber eine Gesamthandsgemeinschaft schaffen will, normiert er die gesamthänderische Bindung ausdrücklich (vgl. die §§ 719 Abs. 1, 1419 Abs. 1 und 2033 Abs. 2). Das WEG macht jedoch einen Miteigentumsanteil zum Ausgangspunkt des neuen Rechtsinstituts (§§ 1 Abs. 2 und 3, 3 Abs. 1, 8 Abs. 1, 10 Abs. 1 S. 1), nicht etwa die Beteiligung an einem gemeinschaftlichen Vermögen[245]. Soweit Grundstück und Gebäude betroffen sind, geht das WEG von einer Bruchteilsgemeinschaft i. S. d. §§ 741, 1008 BGB aus, nicht von einer Gesamthand. Hinsichtlich der sonstigen gemeinschaftlichen Gegenstände trifft es keine Regelung. Auch hier ist daher im Zweifel eine bruchteilige Zuordnung anzunehmen, soweit nicht die Wohnungseigentümer eine gesamthänderische Bindung durch Abschluß eines (Gesellschafts-)Vertrages vereinbaren oder eine solche der Systematik und der Zwecksetzung des WEG zu entnehmen ist. Entgegen einer früheren Ansicht *Merles*[246] ist die konkludente Gründung einer Gesellschaft nicht bereits in der Beschlußfassung über die Vornahme einer Verwaltungsmaßnahme zu sehen. Denn dogmatisch stellt die Beschlußfassung einen Gesamtakt, keinen Vertrag dar. Zudem wollen die Wohnungseigentümer bloß über die Ausführung einer Maßnahme und die Höhe der Kosten, nicht aber über die vermögensrechtlichen Konsequenzen entscheiden. Diese ergeben sich aus dem Gesetz, das heißt der im WEG vorgesehenen Aufteilung.

Hier gibt *Bärmanns* These von der Trinität und Verselbständigung des Wohnungseigentums ihm die Freiheit zu Lösungen, die der Dauerhaftigkeit der Gemeinschaft zu entsprechen scheinen[247]. So befürwortet er ein Sondervermögen, welches zumindest der Gesamthand angenähert ist, und schließt aus den vereinsähnlichen Organisationsstrukturen der Gemeinschaft auf eine relative Rechts- und Prozeßfähigkeit ähnlich derjenigen des nicht rechtsfähigen Vereins. Doch auch seine Ausführungen begegnen erheblichen Bedenken:

Zunächst beschreibt der Terminus „Trinität", mit dem die Verschmelzung des Wohnungseigentums zu einem neuen Rechtsinstitut verdeutlicht werden soll, die Verhältnisse zwischen den drei Elementen des Wohnungseigentums nicht in sachgerechter

---

[245] Merle System S. 120

[246] Merle System S. 133

[247] Vgl. Blackert S. 48.

Weise[248]. Der Begriff der dreigliedrigen Einheit legt die Fehlvorstellung dreier gleichfunktionaler Komponenten nahe. Zwar sind auch die mitgliedschaftlichen Rechte und Pflichten Inhalt des Wohnungseigentums. Jedoch sind nur das Sondereigentum und der Miteigentumsanteil seine konstruktiven Bestandteile (vgl. § 1 Abs. 2). Die Teilhabe am Gemeinschaftsverhältnis ist kein Faktor der Vereinigung zum neugeschaffenen Rechtsinstitut, sondern ihr Produkt: Aus dem Wohnungseigentumsrecht folgt die Mitgliedschaft, nicht umgekehrt[249]. Sie ist die Summe der Rechte und Pflichten, die sich aus dem Wohnungseigentum ergeben.

Aus der unangemessenen Terminologie folgt noch nicht die Unrichtigkeit des rechtsdogmatischen Modells. Jedoch ist auch die Strukturähnlichkeit der Wohnungseigentümergemeinschaft mit dem nicht rechtsfähigen Verein begrenzt[250]. Zwar kann man die Eigentümerversammlung (§ 23) mit der Mitgliederversammlung des Vereins (§ 32 BGB) als Willensbildungsorgan vergleichen, was sich bereits an den nahezu wortgleichen Vorschriften zeigt[251]. Die Aufgaben und Befugnisse des Verwalters (§§ 26 ff.) weichen jedoch erheblich von jenen eines Vereinsvorstandes (§§ 26 ff. BGB) ab[252]. Und die Vereinsmitglieder treten nach außen hin nur kollektiv als Personenvereinigung „Verein“ auf, während die Wohnungseigentümer dem Rechtsverkehr allenfalls unter einer gemeinsamen Bezeichnung begegnen[253]. Während das BGB von „dem Verein“ und seinen „Mitgliedern“ spricht, ist im WEG fast ausschließlich von „jedem Wohnungseigentümer“ oder „den Wohnungseigentümern“ die Rede.

Auch die weiteren Argumente, mit denen Bärmann[254] das herrschende Verständnis der Wohnungseigentümergemeinschaft als besonderer Miteigentümergemeinschaft angreift, können nicht überzeugen. Er meint, der Gesetzgeber hätte statt eines Nebengesetzes lediglich eine Novelle der §§ 741 ff. BGB vorgenommen, wenn es ihm um die besondere Ausgestaltung von Bruchteilseigentum gegangen wäre. Der Verweis des § 10 Abs. 1 S. 1 sei für die Rechtsnatur der Gemeinschaft nicht aussagekräftig. Schließlich seien die detaillierten Verwaltungsregeln und körperschaftlichen Handlungsstrukturen nicht mehr mit den §§ 744-748 BGB zu vergleichen und die Unauflöslichkeit mit dem Bild der schlichten Rechtsgemeinschaft nicht zu vereinbaren.

Der Gesetzgeber ist jedoch nicht nur in der Frage frei, *ob* er neue Eigentumspositionen schafft, sondern auch in der Frage, *wie* er dies tut. Aus den Materialien zur Entste-

---

[248] Kritisch zum Begriff der „Trinität“ auch Finger, der ihn in BauR 1984, 108 und in AK-BGB § 1 Rdn. 11 als überhöht bezeichnet.

[249] Merle System S. 160; RGRK/Augustin § 1 Rdn. 8

[250] OLG Koblenz NJW 1977, 55, 56; Schmid BlGBW 1981, 142 ff.; Moritz JZ 1985, 216, 220; Lüke PiG 42 (1993), 217, 221

[251] Vgl. hierzu ausführlich Lotz-Störmer S. 22 ff.

[252] Blackert S. 85; Kefferpütz S. 28; Merle/Trautmann NJW 1973, 118, 119

[253] Storck S. 100

[254] Bärmann Wohnungseigentümergemeinschaft S. 17 ff., 208 ff. Ihm folgend BPM/Pick Einl. Rdn. 22.

hungsgeschichte des WEG[255] und aus den §§ 1 Abs. 2, 3 Abs. 1 und 8 Abs. 1 wird deutlich, daß er in Anknüpfung an das Bruchteilseigentum vorgehen wollte. Gerade die praktische Bedeutung des Wohnungseigentums und die strukturellen Besonderheiten der Wohnungseigentümergemeinschaft gegenüber der schlichten Rechtsgemeinschaft rechtfertigen die Entscheidung des Gesetzgebers für ein eigenständiges Nebengesetz. Er wollte das Wohnungseigentum ausdrücklich von dem nach Art. 131 EGBGB weiterhin möglichen Stockwerkseigentum abgrenzen[256]. Weiterhin ist nicht erkennbar, daß die Dauerhaftigkeit und Unauflöslichkeit der gemeinschaftlichen Verbindung die Rechtsnatur als Miteigentümergemeinschaft ausschließt. Kennzeichnendes Merkmal der Bruchteilsgemeinschaft gegenüber der Gesamthand ist nicht, daß die Bruchteilsgemeinschaft auf Auseinandersetzung gerichtet ist – das ist die Erbengemeinschaft ebenfalls (vgl. §§ 749 Abs. 1, 2042 Abs. 1 BGB). Vielmehr bedeutet die Bruchteilsgemeinschaft zunächst nicht mehr als die gemeinschaftliche Zuordnung *eines* Gegenstandes[257], hier des Eigentums an der Wohnanlage, bestehend aus Grundstück und Gebäude. Daß diese Zuordnung auf Dauer angelegt ist, ändert daran nichts. Der Gesetzgeber hat mit der Unauflöslichkeit (§ 11) anstelle der jederzeitigen Aufhebbarkeit (§ 749 BGB) lediglich einen Akzent gesetzt, indem er eine wesentliche Modifizierung des Gemeinschaftsrechts vornahm, ohne die dogmatische Grundlage zu verlassen[258].

Soweit das Verwaltungsvermögen betroffen ist, wäre die Anordnung einer gesamthänderischen Bindung durch den Gesetzgeber möglich gewesen. Sie ist aber gerade nicht erfolgt. Darüber hinaus ist die Annahme eines gesamthänderischen Verwaltungsvermögens auch nicht notwendig. Alle Probleme der Praxis lassen sich mittels Hilfskonstruktionen[259] oder dadurch lösen, daß man das Unauflöslichkeitsprinzip (§ 11) anwendet. Es besteht daher kein Bedarf, von der dem Wortlaut und der Entstehungsgeschichte des WEG am ehesten entsprechenden Rechtsnatur der Gemeinschaft als besonders ausgestalteter Miteigentümergemeinschaft abzurücken. Diese Sichtweise soll daher der weiteren Untersuchung zu Grunde gelegt werden.

---

[255] Vgl. die Nachweise bei Weitnauer/Weitnauer vor § 1 Rdn. 9 ff., 23 ff.

[256] Amtliche Begründung BR-Drucks. 75/51, Anlage 2, S. 3

[257] Flume Die Personengesellschaft § 8, S. 113; Hurst AcP 181 (1981), 169, 192

[258] Ähnlich Blackert S. 53

[259] Weitnauer ZfBR 1985, 183 ff.

3. Die Möglichkeit einer Einpersonen-Wohnungseigentümergemeinschaft

Für die Frage, wie man als Wohnungseigentümer steht, ist schließlich von Bedeutung, ob die oben beschriebene Rechtsstellung nur im Verhältnis zu mindestens einem anderen Mitwohnungseigentümer oder ob sie auch dann denkbar ist, wenn es nur einen einzigen Wohnungseigentümer gibt. Die Rechte und Pflichten nach den §§ 13 ff. sind solche innerhalb der Gemeinschaft der Wohnungseigentümer (vgl. die Überschrift des 2. Abschnitts). Man kann das Problem daher auch dahingehend formulieren, ob eine Wohnungseigentümergemeinschaft zwingend das Vorhandensein von mindestens zwei Mitgliedern voraussetzt oder ob auch eine „Einpersonen-Wohnungseigentümergemeinschaft" möglich ist. Die Vereinigung aller Wohnungseigentumsrechte in einer Person (vgl. § 9 Abs. 1 Nr. 3) kommt in zwei unterschiedlichen Situationen vor: bei der Begründung mittels Vorratsteilung (§ 8) und beim Erwerb aller Wohnungseigentumsrechte durch einen Wohnungseigentümer. Bei der Begründung von Wohnungseigentum mittels Teilungsvertrag (§ 3) stellt sich das Problem hingegen nicht, da notwendiges Merkmal dieses Vorganges gerade die gegenseitige Einräumung von Sondereigentum durch – mindestens zwei – Miteigentümer ist.

Die ganz überwiegende Meinung[260] läßt die Wohnungseigentümergemeinschaft im Falle der Vorratsteilung nicht bereits mit der Anlegung der Wohnungsgrundbücher, sondern erst mit der Eintragung des ersten Wohnungseigentümers neben dem teilenden Eigentümer entstehen (Zweipersonenverständnis). Für die spätere Vereinigung aller Wohnungseigentumsrechte in einer Hand kann dann nichts anderes gelten: die (Zweipersonen-)Gemeinschaft endet. In beiden Fällen sind alle Wohnungseigentumsrechte demselben Rechtssubjekt zugeordnet. Für die Rechte und Pflichten nach dem WEG bedeutet das: Soweit nur ein Wohnungseigentümer vorhanden ist, gibt es keine Eigentümerversammlung (§ 23), in der abgestimmt werden könnte, und keine Vereinbarungen. Eine anteilige Lasten- und Kostentragungspflicht (§ 16 Abs. 2) scheidet ebenso aus wie die Verteilung von Nutzungen (§ 16 Abs. 1) und Verwaltungskompetenzen (§ 21). Kurz gesagt entfallen alle mitgliedschaftlichen Rechtspositionen. Dies hindert den Alleineigentümer aber nicht, einseitige Erklärungen mit Vereinbarungsqualität abzugeben, über seine Wohnungseigentumsrechte zu verfügen, sie zu nutzen, zu verwalten und Abwehrrechte gegenüber Dritten geltend zu machen.

Einige Autoren benutzen zwar den Begriff der Einpersonengemeinschaft, jedoch nur, um die dogmatische Besonderheit der Vorratsteilung (§ 8) als eine Inhaberschaft meh-

---

[260] BayObLGZ 1957, 102, 115; 1969, 82, 86; OLG Frankfurt a. M. OLGZ 1986, 40, 41; OLG Köln DWE 1997, 126; Diester WEG § 8 Rdn. 1; Soergel/Baur 11. Auflage § 10 Rdn. 2; Soergel/Stürner § 10 Rdn. 2; Münch.Komm./Röll 1. Auflage § 5 Rdn. 37; RGRK/Pritsch 11. Auflage § 8 Anm. 11; RGRK/Augustin § 10 Rdn. 2 und 4; BPM/Pick § 8 Rdn. 18; Niedenführ/Schulze § 43 Rdn. 19; Tiekötter S. 4, 44; Trautmann S. 101; Hägele S. 4; Bielefeld DWE 1986, 105; Weitnauer WE 1986, 92; Deckert WE 1989, 34; Seuß FS Bärmann und Weitnauer (1990), 599, 601; Merle PiG 41 (1993), 131, 144; unklar Belz, der in FS Merle (2000), S. 51 ff. einerseits vom Zweipersonenverständnis ausgeht (S. 62), andererseits Einmannbeschlüsse des teilenden Eigentümers erlauben möchte (S. 73).

rerer Wohnungseigentumsrechte zu betonen[261]. Nur vereinzelt finden sich Stimmen, die wirklich die Existenz einer Einpersonengemeinschaft befürworten[262]. Begründet wird diese Ansicht mit einem Verweis auf die Einpersonen-GmbH und mit einem argumentum a maiore ad minus: Wenn der Alleineigentümer die Gemeinschaftsordnung einseitig festlegen könne (vgl. §§ 8 Abs. 2, 5 Abs. 4), so müsse er erst recht das Geringere tun können, nämlich Beschlüsse fassen.

Gegen den Hinweis auf die Einpersonen-GmbH spricht, daß deren Organisation und Mitgliedschaft durch den engen Bezug zum Gesellschaftsvermögen und zu dessen satzungsmäßig formalisierter Kapitalgrundlage so sehr verselbständigt sind, daß ihre Existenz nicht vom Vorhandensein eines Personenverbandes abhängig ist[263]. In der Konsequenz dieser unpersönlichen Rechtsnatur gibt es sogar eine „Keinpersonen-GmbH", wenn der letzte Gesellschafter wegfällt und alle Geschäftsanteile auf die GmbH übergehen[264]. Die Einpersonen-GmbH ist auf Dauer angelegt, erfüllt bestimmte sozialwirtschaftliche Funktionen und wurde deshalb 1980 in § 1 GmbHG ausdrücklich zugelassen. Sie dient der Risikobeschränkung von Alleinunternehmern, der Fortführung von Familienunternehmen und der Erleichterung von Unternehmensverbindungen[265]. Rund ¼ aller Kapitalgesellschaften haben mittlerweile nur einen Gesellschafter[266]. Demgegenüber ist die Vereinigung aller Wohnungseigentumsrechte in der Person des teilenden Eigentümers ein – meist nicht beabsichtigtes – Zwischenstadium[267]. Zudem fehlt bei der Wohnungseigentümergemeinschaft ein verselbständigtes Vermögen. Als besonders ausgestaltete Bruchteilsgemeinschaft soll sie lediglich die individuellen Interessen ihrer Teilhaber koordinieren. Dafür müssen überhaupt zwei Teilhaber vorhanden sein.

Auch der angeführte Erst-recht-Schluß von der einseitigen Teilungserklärung auf den Einmannbeschluß führt nicht zwingend zur Anerkennung einer Einpersonen-Wohnungseigentümergemeinschaft. Ein argumentum a maiore ad minus besagt: Wenn nach einer gesetzlichen Bestimmung für den Tatbestand A die Rechtsfolge R gilt, dann muß sie „erst recht" für den ihm ähnlichen Tatbestand B gelten, wenn die ratio legis der gesetzlichen Regel auf den Tatbestand B sogar in einem noch höheren Maße zutrifft und eine ungleiche Behandlung nicht aus guten Gründen vom Gesetzgeber angeordnet oder aus besonderen Gründen gerechtfertigt ist[268]. Gegen die Vergleichbarkeit spricht,

---

[261] So RGRK/Augustin § 8 Rdn. 34 ff.; Bärmann Wohnungseigentümergemeinschaft S. 216 f.; Belz Handbuch Rdn. 24, die trotzdem vom Zweipersonen-Verständnis ausgehen (RGRK/ Augustin § 10 Rdn. 2; Bärmann a. a. O.; Belz a. a. O.).

[262] OLG Saarbrücken NJW-RR 1998, 1094; Röll NJW 1989, 1070, 1072; DNotZ 1993, 315, 316 f.

[263] Baumbach-Hueck/Hueck/Fastrich § 1 GmbHG Rdn. 50

[264] Roth/Altmeppen § 1 GmbHG Rdn. 47; Baumbach-Hueck/Hueck/Fastrich § 33 GmbHG Rdn. 14; Hachenburg/Ulmer § 1 GmbHG Rdn. 44; Scholz/Emmerich § 13 GmbHG Rdn. 9

[265] Baumbach-Hueck/Hueck/Fastrich § 1 GmbHG Rdn. 51

[266] Kübler Gesellschaftsrecht § 22 I 3, S. 306

[267] Diester WEG § 8 Rdn. 16; Staudinger/Bub § 23 Rdn. 93

[268] Larenz Methodenlehre, S. 390

daß der Eigentümerbeschluß rechtstechnisch ein Gesamtakt kollektiver Willensbildung ist. Die Vereinbarung, bestehend aus korrespondierenden Willenserklärungen, stellt sich demgegenüber nicht als ein „Mehr", sondern als ein „Aliud" dar. Zudem hat der Gesetzgeber dem teilenden Eigentümer die Möglichkeit zur Festlegung des Gemeinschaftsstatuts gegeben, um die Erstellung von Eigentumswohnungen mittels Vorratsteilung attraktiver zu gestalten. Er wollte gezielt den Wohnungsbau fördern. Damit ist noch keine Aussage für die späteren Eigentümerversammlungen getroffen, welche die individuellen Mitgliederinteressen zum Ausgleich bringen sollen. Man kann das Argument sogar umkehren: Gerade weil der Alleinbegründer die besondere Befugnis zur einseitigen Regelung der Gemeinschaftsordnung hat, bedarf es keiner Einmannversammlungen[269].

Nach alledem ist grundsätzlich davon auszugehen, daß der Gesetzgeber für die Wohnungseigentümergemeinschaft eine Mindestzahl von zwei Mitgliedern verlangt. Trotzdem erscheint die Existenz einer Einpersonen-Wohnungseigentümergemeinschaft nicht ausgeschlossen, sondern durchaus theoretisch möglich[270]. Wenn sich das Problem der vorzeitigen Anwendung des WEG nur mit Hilfe der Einpersonengemeinschaft lösen ließe, müßte sie nach dem Sinn und Zweck des Gesetzes zugelassen werden. Dem wird im anschließenden Hauptteil der Untersuchung nachzugehen sein.

---

[269] Staudinger/Bub a. a. O.

[270] Moritz JZ 1985, 216, 221

B. Die vorzeitige Anwendbarkeit des WEG

Die Frage, ob und unter welchen Voraussetzungen es gerechtfertigt ist, den Begründer oder Erwerber von Wohnungseigentum trotz fehlender Grundbucheintragung bereits wie einen Wohnungseigentümer zu behandeln, ist trotz jahrzehntelanger Diskussion und Rechtsprechung nicht abschließend beantwortet worden. Bedauerlicherweise hat sich nicht einmal eine einheitliche Terminologie durchgesetzt. Es ist von wirtschaftlichen, faktischen, werdenden Wohnungseigentümern und Gemeinschaften die Rede. So zahlreich und verwirrend die Ausführungen zur Begrifflichkeit sind, so selten und oberflächlich sind sie zur Dogmatik, obwohl eine eindeutige Terminologie und eine überzeugende Methodik unverzichtbar sind. Bevor die Frage nach der Erforderlichkeit einer vorzeitigen Anwendung des WEG geklärt wird, sollen daher zunächst die methodischen und terminologischen Grundlagen festgelegt werden.

I. Die Methodik

Das Problem der werdenden Wohnungseigentümergemeinschaft konzentriert sich auf die Frage, inwieweit das WEG vorzeitig auf den noch nicht im Wohnungsgrundbuch eingetragenen Begründer oder Erwerber von Wohnungseigentum anzuwenden ist. Im Falle des Wohnungseigentumserwerbs kann es dadurch zu einer Verdoppelung der Rechte und Pflichten nach dem WEG kommen. Der Veräußerer (als eingetragener Wohnungseigentümer) und der Erwerber (als künftiger Wohnungseigentümer) werden mittels des betreffenden Wohnungseigentumsrechts entsprechend den Vorschriften des WEG berechtigt und verpflichtet. Daher gilt es eine zweite Frage zu beantworten, die in der bisherigen wissenschaftlichen Diskussion fast völlig[271] übergangen worden ist: Ist diese Verdoppelung von Rechtspositionen mit dem Regelungsplan des Gesetzes vereinbar oder führt sie zu unzulässigen Kollisionen? Eventuell müssen die betroffenen Rechte und Pflichten dem Erwerber zwar zuerkannt, dem Veräußerer aber gleichzeitig aberkannt werden. Das Ergebnis ist dann nicht eine Verdoppelung, sondern eine vollständige Überleitung der Rechte und Pflichten nach dem WEG vom Veräußerer auf den Erwerber. Es sind daher zwei Ansätze zu verfolgen: die Vorverlagerung der Rechte und Pflichten auf den Erwerber sowie die Einschränkung der entsprechenden Rechte und Pflichten des Veräußerers.

1. Die Vorverlagerung der Rechte und Pflichten

Soweit es um die Vorverlagerung der Rechtspositionen geht, gibt es in methodischer Hinsicht drei Vorbemerkungen zu machen.

[271] Ausführlich hat sich nur Finger BauR 1984, 108 mit dieser Fragestellung beschäftigt.

a) Auslegung, Analogie oder gesetzesübersteigende Rechtsfortbildung?

Die erste Vorbemerkung betrifft die Frage, welche Rechtsmethode anzuwenden ist. Soll eine Person als Wohnungseigentümer behandelt werden, die noch nicht als solche im Wohnungsgrundbuch eingetragen ist, so bieten sich drei unterschiedliche Methoden an, die aufeinander aufbauen, aber sich gegenseitig ausschließen. Sie alle haben ihren Ausgangspunkt im personenbezogenen Tatbestandsmerkmal „Wohnungseigentümer", weil das WEG alle Rechte und Pflichten dem einzelnen „Wohnungseigentümer" (z. B. §§ 13, 14, 16, 43 Abs. 1) oder der Mehrheit von „Wohnungseigentümern" (z. B. §§ 15, 20 Abs. 1) zuordnet[272].

Zunächst könnte die Anwendung des WEG auf den noch nicht eingetragenen Begründer oder Erwerber von Wohnungseigentum zwar nicht zum Kernbereich der Vorschriften gehören, aber noch von ihrem Gesetzeswortlaut „Wohnungseigentümer" umfaßt sein (sog. *erweiternde Auslegung*).

Die Grenze jeglicher Auslegung ist der mögliche Wortsinn. Ist diese Grenze überschritten, kommt als zweite Stufe eine *gesetzesimmanente Rechtsfortbildung* durch Analogieschluß in Betracht. Eine Analogie setzt das Vorliegen einer Gesetzeslücke voraus, das heißt einer planwidrigen Unvollständigkeit des Gesetzes[273]: Das Gesetz läßt eine Bestimmung vermissen, die es nach dem Plan des Gesetzgebers, dem Zweck der Regelung enthalten sollte[274]. Der nicht geregelte und der geregelte Sachverhalt müssen in der für die Wertung des Gesetzes maßgeblichen Hinsicht vergleichbar sein.

Liegen diese Voraussetzungen nicht vor, bleibt als letzter Ausweg eine *gesetzesübersteigende Rechtsfortbildung*, deren Maßstab nicht mehr die Teleologie des betreffenden Gesetzes ist, welche sich vielmehr an den Rechtsprinzipien der Gesamtrechtsordnung und an den praktischen Bedürfnissen des Rechtsverkehrs orientiert[275].

---

[272] Ungenügend ist daher der Ansatz von Herold BlGBW 1957, 52 und F. Schmidt PiG 27 (1988), 253, 260, die über eine „Besitzgemeinschaft" zur Anwendung des WEG gelangen wollen. Schmidt gesteht dabei selbst ein, durch die Besitzergreifung werde der Erwerber nicht „eigentumsrechtlich" eingegliedert. Moritz JZ 1985, 216, 221 begründet die Haftung des werdenden Eigentümers mit einer analogen Anwendung des § 16 GmbHG, indem er in der Bewilligung der „Auflassungsvormerkung plus Nutzungseinräumung eine konkludente Anmeldung" im Sinne dieser Vorschrift sieht. Er übersieht, daß § 16 GmbHG den Erwerb des Anteils, das heißt – übertragen auf das Wohnungseigentumsrecht – Einigung und Eintragung des Wohnungseigentums voraussetzt. Selbst wenn man sich also auf den Analogieschluß einläßt, gelangt man nicht zum gewünschten Ergebnis (so zutreffend Storck S. 219; gegen Moritz' „gekünstelte" Argumentation auch Jennißen S. 64 f.). Zudem erläutert Moritz nicht, wie er die Vorverlagerung der sonstigen Rechtspositionen erreichen möchte (vgl. JZ 1985, 216, 222 f.).

[273] Larenz/Canaris Methodenlehre S. 194; Bornheimer S. 49

[274] Sauren Rpfleger 1985, 261, 262

[275] Larenz/Canaris Methodenlehre S. 245

Eine erweiternde Auslegung kann angesichts des eindeutigen Wortlauts der WEG-Normen ausgeschlossen werden[276]. Abweichendes wird nur vereinzelt im Hinblick auf die verfahrensrechtliche Norm des § 43 angenommen. Insbesondere zu Beginn der Diskussion hielt man es für denkbar, den Eigentumsanwärter als „Wohnungseigentümer" im Sinne dieser Vorschrift anzusehen[277]. Eine andere Begründung fanden – vorübergehend – das Bayerische Oberste Landesgericht[278] und das Kammergericht Berlin[279]: Sie interpretierten die Erwähnung des „Wohnungseigentümers" in § 43 lediglich als Hinweis auf die erforderliche Gemeinschaftsbezogenheit des Verfahrensgegenstandes und gestanden aufgrund dieser „sachbezogenen Auslegung" dem Wohnungskäufer ein Antragsrecht zu. Heute wird die Sachbezogenheit des § 43 nur noch für Abs. 1 Nr. 4 vertreten mit dem Argument, die Norm betreffe nicht Ansprüche der einzelnen Wohnungseigentümer, sondern berühre die Gemeinschaft insgesamt[280]. Entsprechend könne ein vor Rechtshängigkeit ausgeschiedener Wohnungseigentümer grundsätzlich gemäß § 43 Abs. 1 Nr. 4 anfechten; es müsse jedoch im Rahmen des Rechtsschutzbedürfnisses geprüft werden, ob der Beschluß noch für ihn Wirkung entfalte[281].

Die sog. sachbezogene Auslegung überschreitet die Wortlautgrenze und ist deshalb methodisch unzulässig. Der Begriff des „Wohnungseigentümers" ist zwar nicht im WEG definiert, aber dennoch eindeutig: Wohnungseigentümer ist jeder Inhaber eines Wohnungseigentumsrechts, das heißt wer in Übereinstimmung mit der materiellen Rechtslage im Wohnungsgrundbuch als solcher eingetragen ist[282]. Umgekehrt ist eine nicht im Wohnungsgrundbuch als Eigentümer eingetragene Person niemals als Wohnungseigentümer i. S. d. WEG anzusehen. Eine solche Auslegung kann nicht mehr als vom Wortlaut gedeckt anerkannt werden. Es ist kein Grund ersichtlich, weshalb dies zwar für die materiellen, nicht aber für die verfahrensrechtlichen Vorschriften (§§ 43 ff.) gelten sollte. Mit dem Wortlaut des § 43 ist demnach nur eine solche Auslegung zu vereinbaren, welche die Verfahrenszuständigkeit für Anträge des „Wohnungseigentü-

---

276 Sauren WEG vor § 1 Rdn. 14 und in Rpfleger 1985, 261, 262; Lotz-Störmer S. 30; Bielefeld DWE 1986, 105, 106; Belz FS Merle (2000), 51, 62

277 AG Hamburg NJW 1959, 1638, 1639; KG OLGZ 1970, 198, 201 = NJW 1970, 330; RGRK/Pritsch 11. Auflage § 8 Rdn. 11, § 43 Rdn. 3; Rietschel Anm. zu BGH LM § 43 WEG Nr. 1

278 BayObLGZ 1972, 161, 163 = NJW 1972, 1377. Im Hinblick auf § 43 Abs. 1 Nr. 1 bereits wieder aufgegeben in BayObLG Rpfleger 1975, 245.

279 KG NJW-RR 1988, 842. Im Hinblick auf § 43 Abs. 1 Nr. 1 zurückgewiesen durch BGH NJW 1989, 714, 715; im übrigen ausdrücklich offengelassen für § 43 Abs. 1 Nr. 4.

280 BayObLGZ 1986, 348, 351; OLG Düsseldorf v. 6.6.97 – 3 Wx 420/96 = ZMR 1997, 545; BPM/Merle § 43 Rdn. 90

281 OLG Düsseldorf a. a. O.; BPM/Merle a. a. O.

282 AG Augsburg v. 26.2.98 – 11 C 6258/97 = ZMR 1999, 208; Becker S. 23, 142; Bornheimer S. 38; Kefferpütz S. 107; Lotz-Störmer S. 29; H. Müller Praktische Fragen Rdn. 292; Bielefeld DWE 1986, 105, 106

mers" nicht nur sachbezogen, sondern stets auch personenbezogen bestimmt[283]. Wie der BGH[284] überzeugend nachgewiesen hat, ist es eine andere Frage, ob der „Verwalter" i. S. d. § 43 Abs. 1 Nr. 2 immer ein aktueller Verwalter sein muß. Die Korrektur über das Rechtsschutzbedürfnis zeigt, wie unsicher die Vertreter der rein sachbezogenen Auslegung im Hinblick auf ihren eigenen Ansatz sind. Daß ein vor Rechtshängigkeit ausgeschiedener Wohnungseigentümer in besonderen Fällen zur Beschlußanfechtung berechtigt werden muß, kann nicht im Wege der Auslegung, sondern allenfalls im Wege der Rechtsfortbildung (insbesondere eines Analogieschlusses) erreicht werden. Entsprechendes gilt für das Anfechtungsrecht künftiger Wohnungseigentümer.

Als Zwischenergebnis ist festzuhalten, daß eine Vorverlagerung der materiell- und verfahrensrechtlichen Rechtspositionen des WEG niemals über eine (erweiternde) Auslegung, sondern nur mittels einer Rechtsfortbildung möglich ist.

Ob die Rechtsfortbildung gesetzesimmanent (Analogie) oder gesetzesübersteigend erfolgt, ist noch nicht geklärt. Die diesbezüglichen Stellungnahmen in der Rechtsprechung sind dürftig. Häufig wird einfach mit einem „dringenden praktischen Bedürfnis" argumentiert[285]. Das Kammergericht[286] hat derartige Aussagen über das Bedürfnis als Hinweis auf eine gesetzesübersteigende Rechtsfortbildung interpretiert. Das ist jedoch nicht zwingend. Die Voraussetzungen für eine gesetzesimmanente Rechtsfortbildung lassen sich ebenfalls als Bedürfnis umschreiben[287]. Es muß an den Wertungen und Zielsetzungen, die der Gesetzgeber mit dem WEG verfolgt, gemessen werden. Der Maßstab für einen Analogieschluß ist demnach ein allein aus dem WEG teleologisch zu begründendes (= gesetzesimmantes) Bedürfnis nach entsprechender Anwendung. Ergibt sich das Bedürfnis hingegen aus außerhalb des WEG liegenden Wertungen der Gesamtrechtsordnung, handelt es sich um eine gesetzesübersteigende Rechtsfortbildung.

b) Die Unterscheidung von objektiven und subjektiven Voraussetzungen

Dem möglichen Bedürfnis nach einer antizipierten Anwendung des WEG versuchen die Rechtsprechung und die Lehre durch die Aufstellung von Voraussetzungen gerecht zu werden. Die zweite methodische Vorbemerkung soll erläutern, daß diese Voraussetzungen in zwei Gruppen zerfallen:

Zu Beginn der wissenschaftlichen Diskussion ging es allein um solche Merkmale, die in der Person des noch nicht eingetragenen Begründers oder Erwerbers liegen, wie der Bezug oder der Besitz der erstrebten Eigentumswohnung, das Vorliegen eines wirk-

[283] Merle/Trautmann NJW 1973, 118, 121

[284] BGHZ 59, 58, 63 f.; 106, 34, 38 ff.; kritisch Merle/Trautmann a. a. O.

[285] AG Hamburg NJW 1959, 1638, 1639; BayObLGZ 1968, 233, 236 ff.; 1990, 101, 102; OLG Hamm NJW-RR 1994, 975, 977; ZMR 2000, 128, 129; WuM 2000, 319, 320

[286] KG NJW-RR 1986, 444, 445; NJW-RR 1987, 841, 842. Für eine gesetzesübersteigende Rechtsfortbildung auch Storck S. 220 f. und Jennißen S. 57.

[287] Vgl. Belz FS Merle (2000), 51, 63; Wenzel FachV 2 (1997), 28, 32.

samen Erwerbsvertrages und die Eintragung einer Auflassungsvormerkung. Sie umschreiben die Annäherung des künftigen Wohnungseigentümers an sein Wohnungseigentumsrecht. Man kann insoweit von Annäherungsmerkmalen oder *subjektiven* Voraussetzungen sprechen. Sie sollen insbesondere die *Vergleichbarkeit* des werdenden mit dem eingetragenen Wohnungseigentümer ausdrücken, die nur noch durch den rein formalen Akt der Grundbucheintragung getrennt sind.
Später verlagerte sich der Diskussionsschwerpunkt auf Voraussetzungen, die unabhängig von der jeweiligen Person, das heißt objektiver Natur sind: die Art der Begründung bzw. des Erwerbs des betreffenden Wohnungseigentums (Teilungsvertrag – Teilungserklärung, Ersterwerb – Zweiterwerb), die noch nicht erfolgte Entstehung der echten Gemeinschaft (Gründungsstadium – Gemeinschaftsstadium) sowie der Vollzug der Teilungserklärung mittels der Anlegung der Wohnungsgrundbücher. Diese *objektiven* Voraussetzungen sollen von vornherein umschreiben, unter welchen äußeren Umständen überhaupt ein praktisches Bedürfnis für die Anerkennung werdender Wohnungseigentümer bestehen kann. Sie legen den *Anwendungsbereich* für die Vorverlagerung der Rechte und Pflichten nach dem WEG auf den Begründer oder Erwerber fest. Ihre Untersuchung ist daher logisch vorrangig.

c) Die Parallelen zur fehlerhaften Gesellschaft und zur Vorgesellschaft

Die letzte methodische Vorbemerkung gilt möglichen Parallelen zu gesellschaftsrechtlichen Problematiken. Die Wohnungseigentümergemeinschaft ist als (nicht rechtsfähige) Personenmehrheit einem Gemeinschaftsrecht unterworfen, welches von der Anwendung des WEG abhängt. Es setzt sich zusammen aus den Normen des WEG, die den subsidiären Vorschriften des BGB über die Bruchteilsgemeinschaft vorgehen (vgl. §§ 741 ff., §§ 1008 ff. BGB, 10 Abs. 1 S. 1), und aus den Vereinbarungen, Beschlüssen und richterlichen Entscheidungen, welche die Strukturen des WEG voraussetzen (vgl. § 10 Abs. 2 und 3). Bei der Frage nach der antizipierten Anwendung des WEG geht es daher um die Geltung von spezifischem Recht einer Personenvereinigung, obwohl die Voraussetzungen ihrer Entstehung bzw. der Teilhabe an ihr (noch) nicht gegeben sind. Diese Problematik ist keineswegs neu, sondern bereits seit längerer Zeit in Gestalt zweier unterschiedlicher Rechtsinstitute des Gesellschaftsrechts bekannt: der faktischen (genauer: fehlerhaften) Gesellschaft und der Vorgesellschaft. Parallelen zum Gesellschaftsrecht liegen wegen der körperschaftlichen Strukturen[288] der Wohnungseigentümergemeinschaft grundsätzlich nahe. Es ist daher nicht verwunderlich, daß beide Institute mit dem Problem der antizipierten Anwendung des WEG in Verbindung gebracht werden.

---

[288] Bergmann S. 104; Baur/Stürner Sachenrecht § 29 Rdn. 13; Wellkamp Rechtshandbuch Rdn. 66; Hägele S. 44; Schmid BlGBW 1981, 142 ff.; Moritz JZ 1985, 216, 220 f.; Armbrüster DNotZ 1999, 562, 563; kritisch Storck S. 89 ff.

Zunächst wollen manche Autoren ausdrücklich eine Parallele zu den Grundsätzen der sog. *faktischen Gesellschaft* ziehen[289]. Diesem Vergleich stehen erhebliche Bedenken entgegen: Die Lehre von der faktischen Gesellschaft knüpft an Sieberts, Haupts und Simitis'[290] überholte Lehre von den faktischen Vertragsverhältnissen an. Demnach sollte ein rein tatsächliches Verhalten, nämlich die gemeinsame Betätigung, vertrags- und verbandsbegründend wirken können. Dieser Ansatz läßt sich mit den §§ 104 ff. BGB nicht vereinbaren und wird folglich heutzutage nicht mehr vertreten[291]. Eine rein faktische Betätigung der Gesellschafter ohne jede vertragliche Grundlage reicht niemals aus[292]. Vielmehr wird auch im Gesellschaftsrecht an dem Erfordernis eines mittels korrespondierender Willenserklärungen geschlossenen Gesellschaftsvertrages festgehalten. Möglich ist die analoge Anwendung von spezifischem Gesellschaftsrecht daher allein, soweit eine – wenn auch mangelhafte – vertragliche Grundlage vorliegt, das heißt die Gesellschafter ihren Willen zum Abschluß eines Gesellschaftsvertrages tatsächlich, aber rechtlich fehlerhaft erklärt haben. Zu Recht spricht man deshalb überwiegend[293] nicht mehr von einer faktischen, sondern von einer fehlerhaften Gesellschaft. Jedoch unterscheidet sich jene Problematik deutlich von der hier zu beantwortenden Frage nach der vorzeitigen Anwendbarkeit des WEG[294]. Dort ist die vertragliche Grundlage mangelhaft, hier ist sie fehlerfrei in Form des Begründungs- oder Erwerbsvertrages vorhanden, allein ihr grundbuchlicher Vollzug läßt noch auf sich warten. Die Wirksamkeit des Vertrages scheitert nicht an bestimmten Nichtigkeits- oder Anfechtungsgründen, sondern sie ist lediglich aufgrund der praktischen Eintragungsdauer zeitlich verzögert. Nicht die teleologische Reduktion von Nichtigkeits- bzw. Anfechtungsvorschriften zur Aufrechterhaltung einer fehlerhaften Gesellschaft ist daher das Ziel, sondern die vorzeitige Anwendung der WEG-Normen. Das ist eine völlig andere Fragestellung[295].

---

[289] RGRK/Augustin § 10 Rdn. 2; Diester Rechtsfragen Rdn. 86; Finger BauR 1984, 108; Röll NJW 1983, 1616; vgl. auch Meier ZMR 1987, 85; Deckert WE 1989, 34 und Bärmann Kurzlehrbuch Rdn. 314. Weitnauer erwähnt die Parallele nur vorübergehend in der 4. Auflage (1972) seines Kommentars (§ 43 Rdn. 4e: „Das entspricht den Grundsätzen, die für die sog. faktische Gesellschaft ... entwickelt sind.“) Bereits in der 5. Auflage (1974) fehlt diese Bezugnahme in § 43 Rdn. 4k wieder.

[290] Siebert, Die „faktische“ Gesellschaft, FS für Hedemann (1938), S. 266 ff.; Haupt Faktische Vertragsverhältnisse (1941); Simitis Die faktischen Vertragsverhältnisse (1957)

[291] Kübler Gesellschaftsrecht § 25 I 4 c, S. 332; Jennißen S. 62

[292] Moritz JZ 1985, 216, 219

[293] BGH LM Nr. 19 zu § 105 HGB; Kübler Gesellschaftsrecht a. a. O.; Moritz JZ 1985, 216, 219

[294] Hägele S. 37 ff.; Belz Handbuch Rdn. 17

[295] Hägele S. 39; Jennißen S. 63. Auch Röll hatte 1975 (Teilungserklärung, S. 54 ff.) noch streng zwischen dem Problem der „faktischen Gemeinschaft“ und der „analogen Anwendung der Rechtsgrundsätze zur faktischen Gesellschaft“ differenziert, bevor er sie später (in NJW 1983, 1616 und Rpfleger 1986, 169, 170) miteinander vermischte.

Hingegen läßt sich mit einigen Autoren[296] eine Parallele zum gesellschaftsrechtlichen Institut der sog. *Vorgesellschaft*[297] bzw. werdenden Gesellschaft[298] ziehen. Dort wird diskutiert, ob trotz fehlender Eintragung der GmbH oder AG im Handelsregister bereits ein Verband als Rechtsträger mit allen Rechten und Pflichten im Innen- wie Außenverhältnis entstehen kann[299]. Es handelt sich um das zwischen der Errichtung des Verbandes (durch Gesellschaftsvertrag) und seiner Eintragung bestehende Vorstadium[300]. Nach herrschender Meinung liegt in dieser Zeit eine Gesamthandsgemeinschaft vor, die aber nicht schon deshalb als GbR, OHG oder nichtrechtsfähiger Verein einzuordnen, sondern als Personenvereinigung sui generis aufzufassen ist[301]. Entsprechend wird auf die im Werden begriffene Gesellschaft nach ständiger Rechtsprechung ein Sonderrecht angewandt, das aus den im Gesetz oder im Gesellschaftsvertrag gegebenen Gründungsvorschriften und dem Recht der rechtsfähigen Gesellschaft besteht, soweit es nicht die Eintragung voraussetzt[302]. Um sie am Rechtsverkehr teilnehmen zu lassen, wird der Vorgesellschaft weitgehende Teilrechtsfähigkeit zuerkannt[303]. Ähnliches gilt für die Vorgenossenschaft[304].

Im Falle der (werdenden) Wohnungseigentümergemeinschaft kann zwar nicht das Entstehen eines Rechtsträgers problematisch sein, da ihr keine eigene Rechtsfähigkeit zukommt. Für eine unterschiedliche materiellrechtliche Behandlung der Vorgebilde ist der Grad organisatorischer Verselbständigung jedoch kein Argument[305]. Auch bei der werdenden Wohnungseigentümergemeinschaft ist die vorzeitige Existenz bzw. Teilhabe an einer Personenvereinigung und die antizipierte Anwendung von spezifischem

---

[296] Hägele S. 36; Trautmann S. 110 ff.; Lotz-Störmer S. 31

[297] Nicht zu verwechseln einerseits mit der sog. unechten Vorgesellschaft, bei der das Gründungsziel „eingetragene Gesellschaft" von vornherein fehlt oder nachträglich wegfällt (Rowedder/Rittner/Schmidt-Leithoff § 11 GmbHG Rdn. 8, 22), und andererseits mit der sog. Vorgründungsgesellschaft, die entsteht, wenn sich mehrere Personen zur Gründung einer Gesellschaft verpflichten. Sie ist eine Gesellschaft bürgerlichen Rechts (Rowedder/Rittner/Schmidt-Leithoff § 2 GmbHG Rdn. 76; Scholz/K.Schmidt § 11 GmbHG Rdn. 9, 14).

[298] Roth/Altmeppen § 11 GmbHG Rdn. 37. Der Begriff „werdende juristische Person/GmbH" soll sowohl auf die mögliche analoge Anwendung des GmbH-Rechts als auch auf den besonderen (Gründungs-)Prozeß hinweisen (Rowedder/Rittner/Schmidt-Leithoff § 11 Rdn. 13). Beides läßt sich auf die werdende Wohnungseigentümergemeinschaft übertragen.

[299] K. Schmidt Gesellschaftsrecht § 11 IV 2, S. 306 ff.

[300] Baumbach-Hueck/Hueck/Fastrich § 11 GmbHG Rdn. 1, 3

[301] Baumbach-Hueck/Hueck/Fastrich § 11 GmbHG Rdn. 6; Kübler Gesellschaftsrecht § 24 II 3 d, S. 323

[302] St. Rspr. BGHZ 21, 242; 45, 338, 347; 51, 30, 32; 80, 212, 214; Hachenburg/Ulmer § 11 GmbHG Rdn. 8; Rowedder/Rittner/Schmidt-Leithoff § 11 GmbHG Rdn. 13; Scholz/K. Schmidt § 11 Rdn. 39; Kübler Gesellschaftsrecht a. a. O.

[303] Baumbach-Hueck/Hueck/Fastrich § 11 GmbHG Rdn. 11

[304] BGHZ 20, 281; Hettrich/Pöhlmann § 13 GenG Rdn. 5; K. Müller § 13 GenG Rdn. 9; LWMS/Metz § 13 GenG Rdn. 4; Meyer/Meulenbergh/Beuthien § 13 GenG Rdn. 4

[305] Trautmann S. 114

Verbandsrecht vor einer Registereintragung fraglich. Es ist daher zu oberflächlich, die Parallele allein wegen der Rechtsnatur der Wohnungseigentümergemeinschaft als gesetzlicher Zwangsgemeinschaft abzulehnen[306]. Im Gegenteil wird die Ähnlichkeit zur Vorgesellschaft sogar dadurch verstärkt, daß die Organisation der Wohnungseigentümergemeinschaft körperschaftlich ausgestaltet ist[307].
Ein wesentlicher Unterschied liegt aber darin, daß bei der werdenden Gesellschaft die Eintragung der Personenvereinigung als solcher bevorsteht, während sich im Wohnungseigentumsrecht die individuellen Eintragungen der Eigentümer verzögern, welche zu der Entstehung oder zu einer Änderung des Mitgliederbestandes der Gemeinschaft führen (*individuelles Eintragungsprinzip*). Dieser Unterschied ändert jedoch nichts an der grundsätzlich gleichen Fragestellung nach einer vorzeitigen Anwendung spezifischen Kollektivrechts. Daher ist es auch gerechtfertigt, vor dem Entstehen der Wohnungseigentümergemeinschaft von einer „Vorgemeinschaft" zu sprechen[308].

2. Die Einschränkung der Rechte und Pflichten des Veräußerers

Ordnet man dem Erwerber eines Wohnungseigentumsrechts bereits vor seiner Eintragung im Wohnungsgrundbuch die Rechte und Pflichten nach dem WEG zu, kann es zu Konkurrenzen mit den Rechten und Pflichten des noch eingetragenen Veräußerers kommen: Für den Veräußerer ergeben sich die Rechtspositionen aus dem voll wirksamen Wohnungseigentum, für den Erwerber sollen dieselben Rechtspositionen schon aus seiner bloßen Annäherung an das Wohnungseigentum fließen. Daß diese Verdoppelung nur selten angesprochen, geschweige denn problematisiert wird, liegt wohl daran, daß das WEG die meisten Rechte und Pflichten nicht an das Wohnungseigentumsrecht als solches, sondern ausschließlich an den „Wohnungseigentümer" als Person knüpft. Die Rechtspositionen des WEG sind grundsätzlich personenbezogen, nicht sachbezogen. Solange man Inhaber eines – gemessen am Miteigentumsanteil noch so kleinen – Wohnungseigentumsrechts ist, wird man als Wohnungseigentümer nach dem WEG berechtigt und verpflichtet. Überträgt ein Veräußerer daher lediglich eines seiner mehreren Wohnungseigentumsrechte, bleibt er in jedem Falle „Wohnungseigentümer" mit allen seinen Rechten und Pflichten. Die Diskussion über eine Einschränkung seiner Rechte und Pflichten erübrigt sich hier, da er in jedem Fall Wohnungseigentümer hinsichtlich eines weiteren Wohnungseigentumsrechts ist.
Eine Konkurrenzlage bei den Rechtspositionen droht daher nur, wenn es ausnahmsweise – sachbezogen – doch auf die (Anzahl und Größe der) einzelnen Wohnungseigentumsrechte ankommt, etwa bei der Stimmkraft nach dem Objekt- bzw. Wertprinzip oder beim Umfang der Beitragspflicht gemäß § 16 Abs. 2. Nur in dieser Situation entscheidet ein und dasselbe Wohnungseigentumsrecht über die *Zuweisung* derselben

[306] So aber Seuß FS Bärmann und Weitnauer (1990), 599, 604 f.

[307] Hägele S. 35

[308] Kapellmann MDR 1969, 620, 623; Erman/H. Westermann 5. Auflage § 43 Rdn. 2; Bärmann 2. Auflage Einl. Rdn. 190; H. Müller Praktische Fragen Rdn. 383; Wenzel FachV 2 (1997), 28, 33

Rechtsposition. Nur hier kann auch eine *Aufteilung* angezeigt sein, was bedeutet, die Rechte und Pflichten nach dem WEG dem Erwerber zuzuweisen, sie aber gleichzeitig dem Veräußerer zu nehmen, um eine unzulässige Konkurrenzsituation zu vermeiden.
In der Rechtsprechung[309] ist eine „Verdrängung" des Veräußerers aus seinen Rechten und Pflichten befürwortet worden, ohne daß ein methodischer Ansatzpunkt erwähnt wurde. In der Literatur scheint man teilweise[310] davon auszugehen, die Überleitung der Rechte und Pflichten ergebe sich allein aufgrund des Analogieschlusses. Das ist unzutreffend. Nur weil man die zukünftigen Rechte und Pflichten des einen vorverlagert, werden dem anderen seine aktuellen Rechte und Pflichten nicht automatisch genommen. Erforderlich ist vielmehr eine gleichzeitige Einschränkung. Dieselben (objektiven und subjektiven) Voraussetzungen, die zu einer Vorverlagerung der Rechte und Pflichten auf Seiten des Erwerbers führen, müssen eine parallele Reduzierung auf Seiten des Veräußerers nach sich ziehen.
Methodisch kommen für die Reduzierung drei Möglichkeiten in Betracht: eine einschränkende Auslegung, eine teleologische Reduktion (Restriktion) oder eine gesetzesübersteigende Rechtsfortbildung. Auch hier ist angesichts des eindeutigen Wortlauts der Weg über eine teleologische Auslegung, die den Begriff des „Wohnungseigentümers" einschränken müßte, versperrt.
Für die nächste Stufe, die teleologische Reduktion, ist wie beim Analogieschluß das Vorliegen einer Gesetzeslücke erforderlich. Allerdings fehlt es nicht an einer (positiven) Anordnung des Gesetzgebers, die Norm auf einen nicht bedachten Sachverhalt anzuwenden (sog. offene Lücke). Vielmehr hat der Gesetzgeber eine angezeigte (negative) Einschränkung nicht vorgenommen (sog. verdeckte Lücke), ohne die sich sein gesetzesimmanenter Regelungsplan nicht durchsetzen läßt[311]. Übertragen auf das vorliegende Problem wäre dies die Einschränkung, daß bei einer Vorverlagerung bestimmter Rechte und Pflichten auf den Erwerber von Wohnungseigentum dem Veräußerer die entsprechenden Rechte und Pflichten genommen werden müssen.
Machen dagegen außerhalb des WEG liegende Prinzipien und Bedürfnisse die Einschränkung erforderlich, ist sie aufgrund einer gesetzesübersteigenden Rechtsfortbildung vorzunehmen.

[309] BayObLG ZMR 1981, 249, 250
[310] Bornheimer S. 49; Hägele S. 57, 59; Belz FS Merle (2000), 51, 53, 66
[311] Larenz/Canaris Methodenlehre S. 198, 210 f.

II. Die Terminologie

Die Problematik der antizipierten Anwendung des WEG wird dadurch erschwert, daß sich in der Diskussion keine einheitliche Begrifflichkeit durchgesetzt hat. Man spricht von faktischen, wirtschaftlichen und werdenden Wohnungseigentümern und Gemeinschaften. Die terminologische Verwirrung spielt sich somit auf zwei unterschiedlichen Ebenen ab:

1. Das Attribut: faktisch, wirtschaftlich oder werdend?

Die erste Begriffsverwirrung bezieht sich auf das Attribut, mit dem sich am treffendsten die Eigenschaft desjenigen beschreiben läßt, der unter die vorzeitige Anwendung des WEG fallen soll.

Vor allem in der frühen Rechtsprechung ist von dem *„faktischen"* Wohnungseigentümer und von der *„faktischen"* Wohnungseigentümergemeinschaft die Rede gewesen, während die Literatur mit diesem Attribut etwas zurückhaltender ist[312]. In den letzten Jahren wird es immer seltener gebraucht[313]. Die Terminologie wäre dann gerechtfertigt, wenn entweder eine Verwandtschaft mit dem Institut der „faktischen" Gesellschaft bestünde oder im Begriff des „Faktischen" die wesentlichen (subjektiven) Voraussetzungen für die antizipierte Anwendung des WEG enthalten wären. Beides wurde zu Beginn der Diskussion angenommen, beides muß heutzutage als überholt betrachtet werden. Daß die faktische bzw. fehlerhafte Gemeinschaft eine völlig andere Problematik betrifft, ist bereits dargelegt worden[314]. Was die subjektiven Voraussetzungen angeht, wurde zwar lange Zeit die faktische Eingliederung des künftigen Wohnungseigentümers in die Gemeinschaft hervorgehoben. Doch hat man die Kriterien über eine rein tatsächliche Betrachtung hinaus weiterentwickelt. So wird zusätzlich eine rechtliche und eine wirtschaftliche Annäherung an das Wohnungseigentum gefordert, meist

---

[312] Aus der Rechtsprechung: BayObLGZ 1974, 275, 281 f.; 1981, 50; 1987, 78; 1993, 259; ZMR 1998, 174; OLG Hamm OLGZ 1977, 264, 279; OLG Karlsruhe OLGZ 1978, 177; ZMR 2000, 56; OLG Stuttgart OLGZ 1979, 34, 35; OLG Köln MDR 1981, 408; NJW-RR 1998, 518; 1999, 959; OLG München NJW 1986, 139; OLG Frankfurt a. M. OLGZ 1986, 40, 41; 1993, 299; OLG Düsseldorf ZMR 1998, 449; OLG Zweibrücken ZMR 1999, 358. Aus der Literatur: Weitnauer/Weitnauer 6. Auflage (1982) § 3 Rdn. 6k; Röll Teilungserklärung S. 54 f.; immo-telex (Thema des Monats Juli) 1983, 1; DNotZ 1993, 315; Wellkamp MDR 1983, 1016; Hauger PiG 11 (1983), 55, 61 f.; Finger BauR 1984, 108; Bielefeld DWE 1986, 105; Seuß ZfgWBay 1986, 516; FS Bärmann und Weitnauer (1990), 599; Meier ZMR 1987, 85; Deckert WE 1989, 34; 1990, 151 und 1998, 320; Merle WE 1998, 160.

[313] Auch Röll rückt neuerdings vom Terminus der faktischen Gemeinschaft ab (ZdWBay 1998, 76, 79).

[314] Mißverständnisse drohen vor allem deshalb, weil auch im Wohnungseigentumsrecht fehlerhafte Erwerbsverträge mit ihren besonderen Rechtsfolgen anerkannt werden. Mitunter finden sich in diesem Zusammenhang dann auch die Bezeichnungen „faktischer" Wohnungseigentümer und „faktische" Gemeinschaft statt der genaueren Terminologie „fehlerhafter" Eigentümer bzw. Gemeinschaft (vgl. OLG Hamm OLGZ 1977, 264, 279; Belz Handbuch Rdn. 17).

in der Form eines vorgemerkten schuldrechtlichen Anspruchs sowie des Übergangs von Gefahren, Lasten und Nutzungen. Insoweit scheint die Bezeichnung „faktischer“ Wohnungseigentümer zu kurz zu greifen, weil sie die rechtliche und wirtschaftliche Komponente vernachlässigt[315]. Ob dies wirklich der Fall ist, kann allerdings erst nach Prüfung der subjektiven Voraussetzungen (siehe dazu unten B IV) entschieden werden. Bis dahin soll der Begriff „faktischer“ Wohnungseigentümer vorsorglich vermieden werden.

In anderen Beiträgen[316] ist von *„wirtschaftlichen“* Wohnungseigentümern die Rede. Diesem steuerrechtlichen Terminus kann dasselbe Argument entgegengesetzt werden wie dem „faktischen“ Wohnungseigentümer. Auch hier wird nur ein Ausschnitt des Problems, nämlich die subjektive Voraussetzung der wirtschaftlichen Annäherung, erfaßt. Somit ist diese Terminologie ebenfalls vorerst abzulehnen.

Es bleibt das überwiegend verwendete Attribut des *„werdenden“* Wohnungseigentümers[317]. Dieser Begriff hat den Vorzug, nicht nur auf einen Teil der subjektiven Voraussetzungen zugeschnitten zu sein. Er weist außerdem auf die Verbindung zur Lehre von der werdenden Gesellschaft (= Vorgesellschaft) hin. Das Attribut des werdenden Eigentümers bzw. der werdenden Gemeinschaft erscheint daher geeignet, die Problematik der vorzeitigen Anwendung des WEG zu umschreiben. Es soll daher im weiteren ausschließlich benutzt werden. Die Attribute „faktisch“ und „wirtschaftlich“ können bisweilen der Kennzeichnung einzelner subjektiver Voraussetzungen dienen, nämlich der faktischen bzw. wirtschaftlichen Annäherung an das Wohnungseigentumsrecht durch den Übergang von Besitz, Gefahren, Lasten und Nutzungen.

2. Das Subjekt: Gemeinschaft, Eigentümer oder Anwärter?

Während sich die soeben vorgenommene terminologische Klärung des Attributs im Verhältnis zu gesellschaftsrechtlichen Problemen bewegt, handelt es sich auf der zweiten Begriffsebene um eine problem*interne* Abgrenzung. Es geht um den Terminus, der das Subjekt der antizipierten WEG-Anwendung bezeichnet.

Im Prinzip ließe sich jeder Fall der hier zu untersuchenden Problematik mit dem Begriff des werdenden *„Eigentümers“* umschreiben. Denn es geht immer um die vorzeitige Anwendung des WEG auf eine individuelle Person. Insoweit kann das Problem stets subjektiv aus der Sicht des künftigen Eigentümers verstanden werden.

Mit der Weiterentwicklung der objektiven Voraussetzungen und der Einschränkung des Anwendungsbereichs hat sich jedoch eine terminologische Differenzierung und Abgrenzung ergeben: Überwiegend wird der Begriff des werdenden „Eigentümers“ nur noch für die Rechtsnachfolge bei voll eingerichteter Gemeinschaft verwendet, das heißt für die äußeren Umstände, unter denen ein Bedürfnis für die vorzeitige Anwendung des WEG gerade verneint wird. Dort, wo das Bedürfnis noch anerkannt wird,

---

315 Soergel/Baur 11. Auflage § 10 Rdn. 5; Soergel/Stürner § 10 Rdn. 5

316 BayObLG ZMR 1981, 249, 250; Meier ZMR 1987, 85

317 Zum ersten Mal erscheint dieser Terminus in BayObLGZ 1965, 193, 195 = NJW 1965, 1484; vgl. auch Diester Rechtsprechung S. 13.

also beim Ersterwerb vor Invollzugsetzung der Wohnungseigentümergemeinschaft (Gründungsstadium), spricht man statt dessen kollektiv von der werdenden *„Gemeinschaft"* und von Mitgliedern derselben[318]. Zum Teil ist auch von *„Wohnungsanwärtern"* die Rede[319]. Andere Autoren, auch solche, welche die herrschende differenzierende Meinung teilen, übernehmen diese terminologische Gegenüberstellung nicht oder halten sie zumindest nicht konsequent durch. Für sie kann die werdende Wohnungseigentümergemeinschaft weiterhin aus werdenden Wohnungseigentümern bestehen[320]. Hierdurch wird einer weiteren Begriffsverwirrung, diesmal auf Subjektsebene, Tür und Tor geöffnet.

Eine Stellungnahme zur richtigen Begriffswahl kann an dieser Stelle nur eingeschränkt erfolgen. Ob der terminologischen Unterscheidung überhaupt eine materiellrechtlich gerechtfertigte Differenzierung zugrunde liegt, ist Gegenstand der anschließenden Untersuchung. Allerdings kann bereits Folgendes festgehalten werden: Die Gegenüberstellung des werdenden Eigentümers einerseits und der werdenden Gemeinschaft (bestehend aus Wohnungsanwärtern) andererseits hat die terminologische Klarheit eher gemindert als gefördert. Einen zu Beginn der Diskussion einheitlich verwandten Terminus *pro* antizipierte WEG-Anwendung will man nur noch für Sachverhalte benutzen, bei denen *contra* antizipierte WEG-Anwendung entschieden wird. Eine solche Begriffsentwicklung ist sicherlich als unvorteilhaft zu bewerten.

Trotzdem wäre sie zu unterstützen, wenn in dem Übergang auf eine kollektive Perspektive („Gemeinschaft") anstelle einer rein individuellen Betrachtungsweise („Eigentümer") ein materiellrechtlicher Sinn enthalten ist. Sollten es gerade kollektive Interessen sein, die eine vorzeitige Anwendung des WEG stützen, wäre die terminologische Abgrenzung zu rein subjektiven Interessen berechtigt. Auch diese Frage wird Gegenstand der nun folgenden Untersuchung sein.

Um in ihrem Rahmen eine Begriffsverwirrung zu vermeiden, soll der Terminus „werdender Wohnungseigentümer", für den eine antizipierte WEG-Anwendung abgelehnt wird, mit dem Zusatz „im engeren Sinne (i. e. S.)" versehen werden. Soweit der Terminus neutral benutzt wird, um die Annäherung an die künftige Rechtsstellung zu umschreiben – also insbesondere auch innerhalb der werdenden Gemeinschaft mit vorzeitiger Anwendung des WEG –, heißt es einfach „werdender Wohnungseigentümer". Erst wenn die materiellrechtlichen Hintergründe geklärt sind, findet eine endgültige Begriffszuordnung im Schlußteil (C.) statt.

---

318 Coester NJW 1990, 3184, 3185

319 Bornheimer S. 48; Becker S. 142; Deckert WE 1989, 34; Drasdo ZMR 1995, 145; Wenzel FachV 2 (1997), 28 unter Berufung auf BGH NJW 1974, 1140, 1141

320 Staudinger/Bub § 25 Rdn. 104, 114; Brych/Pause Rdn. 435; Weitnauer JZ 1985, 927, 932

III. Die objektiven Voraussetzungen (= Anwendungsbereich)

Zunächst sollen die objektiven Voraussetzungen für die Vorverlagerung bzw. Einschränkung der Rechte und Pflichten nach dem WEG ermittelt werden, also diejenigen äußeren Umstände, die nicht in der Person des werdenden Wohnungseigentümers liegen, sondern von diesem unabhängig den Anwendungsbereich der antizipierten WEG-Anwendung umschreiben.

1. Die Begründungsart und die Erwerbssituation (fünf Fallgruppen)

Die erste Weichenstellung ergibt sich daraus, wie das betreffende Wohnungseigentumsrecht, dem sich der werdende Wohnungseigentümer annähert, begründet bzw. erworben wird. Die Begründung der Wohnungseigentumsrechte geschieht durch Teilungsvertrag (§ 3) oder durch einseitige Teilungserklärung (§ 8). Daran schließen sich sehr unterschiedliche Erwerbssituationen an:
Bei der praktisch bedeutsameren Vorratsteilung (§ 8) wird der teilende Eigentümer mit der Anlegung der Wohnungsgrundbücher zum ersten eingetragenen Wohnungseigentümer. Als werdende Wohnungseigentümer kommen daher eigentlich nur die Erwerber dieser einseitig begründeten Wohnungseigentumsrechte in Betracht. Wer allerdings die Anlegung der Wohnungsgrundbücher nicht als zwingende Voraussetzung für die antizipierte Anwendung des WEG ansieht, muß ggf. auch den teilenden Eigentümer selbst als werdenden Wohnungseigentümer behandeln. Ist noch keiner der Erwerber im Wohnungsgrundbuch eingetragen und somit keine (Zweipersonen-)Gemeinschaft entstanden, finden die Erwerbsakte im sog. *Gründungsstadium* der Wohnungseigentümergemeinschaft statt. Nach Entstehung der (echten) Gemeinschaft kann man demgegenüber vom *Gemeinschaftsstadium* sprechen.
Eine davon zu trennende Frage ist, ob das betreffende Wohnungseigentumsrecht erstmalig vom Teilenden veräußert wird (*Ersterwerb*) oder ob ein Zwischenerwerber das Wohnungseigentum weiterveräußert (*Zweiterwerb*). Über die Ersterwerbsakte werden die vom teilenden Alleineigentümer begründeten Wohnungseigentumsrechte erstmalig an die Mitglieder der künftigen Wohnungseigentümergemeinschaft verteilt (Mitgliederzuwachs). Ein Zweiterwerb führt dagegen lediglich zu einem Mitgliedswechsel. Bei der Vorratsteilung können demnach *drei* Erwerbssituationen unterschieden werden: Ersterwerbsakte vor und nach der Gemeinschaftsgründung sowie Zweiterwerbsakte. Letztere kann es begrifflich nur nach der Gemeinschaftsgründung, nicht im Gründungsstadium geben. Denn die Weiterveräußerung des Wohnungseigentums setzt die vorherige Eintragung des Ersterwerbers und somit die Entstehung der (Zweipersonen-)Gemeinschaft zwingend voraus.
Beim Teilungsvertrag (§ 3) fällt die Begründung der Wohnungseigentumsrechte zwangsläufig mit der Entstehung der Wohnungseigentümergemeinschaft zusammen. Somit kommen Erwerbsakte hier nur im Gemeinschaftsstadium vor, nicht wie bei der Vorratsteilung auch im Gründungsstadium. Die Abgrenzung von Ersterwerb und Zweiterwerb spielt ebenfalls keine Rolle, da der im (Wohnungs-)Grundbuch angelegte Mitgliederbestand mit dem Vollzug des Begründungsvertrages bereits komplett vor-

handen ist. Zu unterscheiden sind somit nur *zwei* Situationen: der Begründungsakt und der anschließende Erwerbsakt. Letzterer hat mit dem Zweiterwerb nach der Vorratsteilung gemein, daß es in beiden Fällen lediglich um einen Mitgliedswechsel geht. Will man die obigen Begründungs- und Erwerbsakte ordnen, sind daher folgende Fallgruppen zu trennen:

Fallgruppe 1:	Die Begründung von Wohnungseigentum gemäß § 3	} Grün-
Fallgruppe 2:	Der Ersterwerb vom Alleinbegründer gemäß § 8	} dungs-
	a) vor Gründung der Eigentümergemeinschaft	} stadium
	b) nach Gründung der Eigentümergemeinschaft	} Ge-
Fallgruppe 3:	Der sonstige Erwerb nach der Gemeinschaftsgründung	} mein-
	a) Erwerbsakte nach vollzogenem Teilungsvertrag (§ 3)	} schafts-
	b) Zweiterwerbsakte nach vollzogener Vorratsteilung (§ 8)	} stadium

a) Die Chronologie der Rechtsprechung und Literatur

Soweit es um die Begründungsarten und Erwerbssituationen geht, hat sich in der Rechtsprechung und Literatur ein klassischer Anwendungsbereich der antizipierten WEG-Anwendung entwickelt. Es handelt sich um den Ersterwerb im Gründungsstadium einer (durch einseitige Teilungserklärung gemäß § 8 entstehenden) Wohnungseigentümergemeinschaft. In dieser Fallgruppe 2a ist der Begriff der *werdenden Wohnungseigentümergemeinschaft* geprägt worden. Für den übrigen (Zweit-)Erwerb lehnt die heute herrschende Rechtsansicht im Anschluß an den BGH die Rechtsfigur des *werdenden Wohnungseigentümers (i. e. S.)* ab. In bezug auf den Begründungsakt durch Teilungsvertrag ergingen nur sehr vereinzelte Gerichtsentscheidungen. Hier ist es vor allem das Schrifttum, das – überwiegend positiv – Stellung bezogen hat. Es lassen sich vier Phasen unterscheiden, über die sich die herrschende Rechtsansicht entwickelt hat:

1. Phase (1957-1976): hauptsächlich Ersterwerb im Gründungsstadium
(Fallgruppe 2a = klassischer Anwendungsbereich)
2. Phase (1977-1985): auch Erwerb im Gemeinschaftsstadium (Fallgruppen 2b und 3)
und Begründung durch Teilungsvertrag (Fallgruppe 1)
3. Phase (1985-1989): kein Erwerb im Gemeinschaftsstadium mehr
(Fallgruppen 2b und 3 entfallen)
4. Phase (1990-heute): weiterhin Ersterwerb im Gründungsstadium (Fallgruppe 2a)

aa) Die 1. Phase (1957 bis 1976): hauptsächlich Ersterwerb im Gründungsstadium

In den ersten 20 Jahren der Diskussion sahen fast alle Gerichte und die meisten Autoren ein Bedürfnis für die antizipierte Anwendung des WEG nur in den Fällen des Ersterwerbs (§ 8) im Gründungsstadium (Fallgruppe 2a). Es ist daher gerechtfertigt, von einem klassischen Anwendungsbereich zu sprechen.

aaa) Die Rechtsprechung

Bereits die Entscheidung des *AG Hamburg* vom 30.1.59[321] bejahte eine analoge Anwendung des WEG auf Personen, welche die von einem Bauträger gemäß § 8 begründeten und erstmalig veräußerten Wohnungseigentumsrechte erwarben, ohne daß bereits einer von ihnen neben dem teilenden Bauträger im Grundbuch eingetragen war. Zwar ging es nur um die Anwendbarkeit der Zuständigkeitsvorschrift des § 43, das AG sprach sich aber generell für eine vorzeitige Geltung derjenigen Rechte aus, „die nicht gerade aus dem Eigentum als solchem fließen". Zur Begründung hieß es, daß bereits vor Eintragung des Wohnungseigentums „eine Ordnung der Verhältnisse der Wohnungskäufer, die die Wohnungen bezogen hätten, nach den Bestimmungen des WEG geboten" sei, und zudem auch die dem materiellen Recht zur Wirksamkeit verhelfenden Verfahrensvorschriften entsprechend anwendbar seien.
Bestätigt wurde dieser Beschluß vom *LG Hamburg*[322] und mittelbar vom *OLG Hamburg*[323], welches am 4.2.63 einen anderen Fall mit dem Hinweis auf den „zu Recht" ergangenen Beschluß des AG Hamburg dahingehend entschied, daß das Wohnungseigentumsgericht bereits gemäß § 43 Abs. 1 Nr. 2 zuständig sei, weil für den materiell einschlägigen Bereich der Rechnungslegung das WEG analog anzuwenden sei. Der Grundsatz der Kontinuität der Verwaltungsführung gebiete eine einheitliche Beurteilungsweise, unabhängig davon, ob die Wohnungseigentümer bereits eingetragen seien oder nicht. Allerdings betonte der Senat, daß die vorzeitige Anwendung des WEG sachlich auf den Bereich der Rechnungslegung beschränkt sei[324]. Im übrigen widersprach er ausdrücklich dem früheren Beschluß eines anderen Senats[325], der am 30.7.59 eine analoge Anwendung des § 43 mit dem Hinweis auf „seinen klaren Wortlaut" generell abgelehnt hatte. Diese negative Entscheidung des OLG Hamburg betraf jedoch eine durch Teilungsvertrag (§ 3) begründete Wohnungseigentümergemeinschaft, auch wenn aufgrund der Begründung kein anderes Ergebnis für den Fall einer Vorratsteilung zu erwarten gewesen wäre[326].

---

[321] AG Hamburg v. 30.1.1959 – 102 Abs. 2 Wo 2/59 = NJW 1959, 1638, 1639 (siehe auch Fn. 277)

[322] LG Hamburg v. 11.3.59 – 10 T 16/59, erwähnt in DB 1960, 175.

[323] OLG Hamburg v. 4.2.63 – 4 U 195/62 = NJW 1963, 818, 819

[324] Dagegen Diester Rechtsprechung S. 15: „Eine solche Einengung erscheint nicht sachlich begründet."

[325] OLG Hamburg v. 30.7.59 – 2 W 32/59 = NJW 1960, 296, 297

[326] Ebenso allgemein lehnte das LG Bad Kreuznach am 30.6.61 (ZMR 1962, 90) eine Anwendung des § 43 vor der Grundbucheintragung ab.

Befürwortet wurde die Anwendung der WEG-Vorschriften im Falle der Begründung nach § 3 vom *LG Berlin*. In seinem Urteil vom 21.12.61 legte es dar[327]: „Denn die Bestimmungen des WEG sind, soweit das im Hinblick auf die während der Bauzeit gegebene rechtliche Situation, insbesondere im Hinblick auf das etwa noch nicht vorhandene volle Sondereigentum, möglich ist, bereits im Stadium der Entwicklung der Gemeinschaft zur Wohnungseigentümergemeinschaft anwendbar, sofern die Gemeinschafter ihre Rechtsbeziehungen untereinander nicht erkennbar anders gestalten wollten. Das ergibt sich aus der bereits in diesem Vorstadium bestehenden Notwendigkeit, das mit fortschreitender Entwicklung des Baues allmählich erwachsende gemeinschaftliche Eigentum dem Zweck und dem Sinn des WEG entsprechend zu verwalten." Unklar bleibt, ob das LG Berlin die vorzeitige Anwendung der WEG-Normen auf eine gesetzliche Vorverlagerung oder nur auf eine Vorverlagerung kraft rechtsgeschäftlicher Vereinbarung stützen wollte. Für ersteres spricht, daß das LG Berlin einen Widerspruch zum OLG Hamburg vom 30.7.59 sah und ihn damit rechtfertigte, „daß die Anwendbarkeit der reinen Zuständigkeitsvorschrift des § 43 unter Umständen einer anderen Beurteilung unterliegen kann als die der genannten teilweise frei vereinbarten materiellrechtlichen Vorschriften". Für letzteres spricht die Aussage: „Die Kammer legt die Vereinbarungen vom 13.1.59 dahin aus, daß die Parteien ihre Beziehungen auch bereits in diesem Vorstadium der Begründung ihres Wohnungseigentums den Bestimmungen des WEG insoweit unterwerfen wollten, als daß rechtlich möglich war und dem gemeinsamen Zweck entsprach."

Im Jahre 1963 erging eine interessante Entscheidung des *Bundesgerichtshofes* („Bierschwemme")[328] zum klassischen Anwendungsbereich: Eine Ersterwerberin verlangte vom Wohnungsbauunternehmen, den Betrieb eines Bierausschanks im Gebäude zu verhindern. Der *5. Zivilsenat* des BGH erkannte keinen Ermessensfehler der Vorinstanz, welche das Wohnungsunternehmen aufgrund des ungeschriebenen Inhalts des Erwerbsvertrages zum Einschreiten verurteilt hatte, weil den „Sondereigentums-Anwärtern zunächst jede Möglichkeit gefehlt habe, ihre Beziehungen zu den künftigen Miteigentumsgenossen selbst zu gestalten und zu beeinflussen". Die höchstrichterliche Rechtsprechung löste diese Unzulänglichkeit somit über eine vermieterähnliche Handlungspflicht. Nicht angesprochen wurde die Alternative, die Mitwirkungsrechte der künftigen Wohnungseigentümer aufgrund einer antizipierten Anwendung des WEG vorzuverlagern, insbesondere durch die Stellung eines Antrags gemäß § 43 Abs. 1 Nr. 1 (analog) unmittelbar gegen den störenden Miterwerber[329].

Zur Vorverlagerung äußerte sich der BGH erst 1965, indem sein *7. Zivilsenat* die vorzeitige Anwendbarkeit des WEG, im konkreten Fall der §§ 43 ff., allerdings ausdrück-

[327] LG Berlin v. 21.12.61 – 52 S 188/61 = JR 1962, 221, 222 (siehe auch Fn. 205)

[328] BGH v. 15.11.63 – V ZR 160/61 = DWW 1964, 89, 90

[329] Erst Diester hat dies in Rechtsprechung S. 17 vorgeschlagen.

lich offen ließ[330]. Er beschloß, daß Wohnungseigentümer, die vor Rechtshängigkeit aus der Wohnungseigentümergemeinschaft ausscheiden, nicht Beteiligte eines Verfahrens nach § 43 WEG seien. Der klagende Erwerber aber hatte seine Anwartschaft auf das Wohnungseigentum bereits vor Rechtshängigkeit verloren und war damit in jedem Falle aus der Wohnungseigentümergemeinschaft, „falls er ihr jemals angehört hat", wieder ausgeschieden.
Im Jahre 1967 schließlich mußte wiederum der *5. Zivilsenat* des BGH klären, ob das in einer noch nicht vollzogenen Teilungserklärung vorgesehene Zustimmungserfordernis bereits Wirkung entfaltet. Er lehnte dies mit dem Hinweis ab, daß die Inhaltsbestimmung vor der Anlegung der Wohnungsgrundbücher noch nicht gemäß § 12 wirksam sein könne, da noch kein Wohnungseigentum entstanden sei[331]. Nur wenige Monate später entschied das *OLG Hamm*[332] mit der gleichen Begründung einen Fall, bei dem die noch nicht vollzogene Teilungserklärung von einer Erbengemeinschaft abgegeben worden war. Das OLG Hamm verneinte eine analoge Anwendung des § 10 Abs. 3, da vor der Anlegung der Wohnungsgrundbücher gefaßte Beschlüsse nicht solche der Wohnungseigentümergemeinschaft, sondern der Erbengemeinschaft seien. Die antizipierte Anwendung des WEG scheiterte also in beiden Fällen nicht am fehlenden Bedürfnis im Gründungsstadium, sondern an der weiteren objektiven Voraussetzung des grundbuchlichen Vollzugs der Teilungserklärung. Dazu soll später Stellung genommen werden (siehe unten B III 2).

Mit dem Bedürfnis nach einer vorzeitigen Anwendung des WEG befaßte sich dagegen eingehend das *BayObLG*. Bereits in zwei früheren Entscheidungen hatte es eine Vorwirkung des WEG auf Ersterwerber zugelassen, diese jedoch mit rechtsgeschäftlichen Konstruktionen begründet: Im Beschluß vom 12.3.57 hatte es in dem Abschluß der Erwerbsverträge eine Vereinbarung im Sinne des § 10 Abs. 1 S. 2 erkannt, mit der Rechte und Pflichten im Hinblick auf die noch ausstehende Gebäudeerrichtung geregelt wurden, und zwar bereits für das Gründungsstadium[333]. Am 12.5.65 hatte es die Zuständigkeit des Wohnungseigentumsgerichts aufgrund der Verfahrensstandschaft

[330] BGH v. 14.6.65 – VII ZR 160/63 = BGHZ 44, 43, 44 f. = NJW 1965, 1763 = ZMR 1965, 306 = LM § 43 WEG Nr. 1 mit Anm. Rietschel

[331] BGH v. 19.5.67 – V ZR 24/66 = ZMR 1967, 360, 361

[332] OLG Hamm v. 6.12.67 – 15 W 499/67 = OLGZ 1968, 89, 91 = DNotZ 1968, 489 = MDR 1968, 413

[333] BayObLG v. 12.3.57 – 2 Z 176-178/56 = BayObLGZ 1957, 95, 100 f. = NJW 1957, 753: „Indem sie sich gleichzeitig mit dem Erwerb des Wohnungseigentums gegenseitig verpflichteten ... zu errichten sowie die Kosten ... zu übernehmen und auf ein gemeinsames Konto einzubezahlen ... indem sie ferner für die Abstimmung ... eine Bestimmung trafen, haben sie in Ergänzung der Vorschriften des WEG ihr Verhältnis als Wohnungseigentümer unter dem speziellen Gesichtspunkt des gemeinsamen Bauens geregelt, und zwar, soweit sich die Wohnungseigentümergemeinschaft bei Abschluß der Vereinbarungen im Hinblick auf den erst nachfolgenden Vollzug der Urkunden im Grundbuch erst in der Entwicklung befunden hat, bereits als Vorwirkung der Wohnungseigentümergemeinschaft."

einer Ersterwerberin für die Baugesellschaft angenommen[334]. Bemerkenswerterweise ging die künftige Wohnungseigentümerin gegen einen bereits eingetragenen Mitwohnungseigentümer vor, das heißt nach der Gründung der Wohnungseigentümergemeinschaft. Hierzu äußerte sich das BayObLG wie folgt[335]: „Ebenso wie ein „gewordener" Raumeigentümer bei Vorratsteilung gegenüber dem ursprünglichen Grundstückseigentümer als verbleibendem Miteigentümer aus einer verbindlich angesetzten Gemeinschaftsordnung bis zur Übertragung aller Miteigentumsanteile berechtigt und verpflichtet bleibt, so kann er das auch gegenüber einem „werdenden" Raumeigentümer bereits sein."
Erst in dem Beschluß vom 13.9.68 stützte das BayObLG die Vorwirkung auf die gesetzliche Lösung der analogen Anwendung des WEG und führte für den klassischen Anwendungsbereich unter Berufung auf *Diester* grundlegend aus[336]: „Da bis zum Eintrag der Wohnungseigentumsrechte in das Grundbuch oft ein längerer Zeitraum vergeht, ist es im Interesse der einheitlichen Beurteilung der Beziehungen der werdenden Wohnungseigentümer untereinander und der Verwaltung des Anwesens geboten, diese Verhältnisse von einem möglichst frühen Zeitpunkt an nach den Grundsätzen und Regeln des WEG zu vollziehen ... Auch die im vorliegenden Fall gegebenen besonderen Umstände lassen die analoge Anwendung der Bestimmungen des WEG hier geboten erscheinen ... es würde dem Sinn und Zweck des WEG widersprechen, die Beteiligten zur Schlichtung von Streitigkeiten auf den Prozeßweg zu verweisen ... Das Anwartschaftsrecht der werdenden Wohnungseigentümer ist deshalb im vorliegenden Fall dem Raumeigentum gleichzusetzen ...." Hieran wird deutlich, daß das BayObLG wie bereits das AG Hamburg zwar von der Vorschrift des § 43 ausging, die antizipierte Anwendung aber grundsätzlich auf alle Vorschriften des WEG ausdehnen wollte.

Hingegen konzentrierte sich das *Kammergericht Berlin* in seiner ersten Stellungnahme vom 4.11.69[337] auf die Verfahrensvorschriften. Die Antragsteller waren noch nicht als Wohnungseigentümer eingetragen. Weil sie im Gegensatz zu den anderen Beteiligten bestimmte Vertragsbedingungen des teilenden (§ 8) Bauträgers abgelehnt hatten,

---

[334] BayObLG v. 12.5.65 – 2 Z 338/64 = BayObLGZ 1965, 193, 199 = OLGZ 1966, 76 (LS) = NJW 1965, 1484, 1485: „Unter solchen Umständen erscheint die Baugesellschaft nur noch als formeller Träger des Teileigentums. Die Antragstellerin hat bereits ein eigenes berechtigtes Interesse, jedenfalls Ansprüche auf Unterlassung von Einwirkungen auf ihre Nutzungsrechte geltend zu machen. Die Rechtsstellung, die ihr von der Baugesellschaft bereits eingeräumt wurde, hat auch die Ermächtigung zum Inhalt, Rechte, die sich aus der Gemeinschaft der Raumeigentümer untereinander ergeben, schon vor Übertragung des Raumeigentums im eigenen Namen aus fremdem Recht geltend zu machen ... hat die Baugesellschaft ihre Abwehrrechte auch noch ausdrücklich an die Antragstellerin übertragen. Somit ist die Antragstellerin zur Antragstellung nach § 43 I Nr. 1 WEG zumindest aus diesem Grunde einer Verfahrensgeschäftsführung („Prozeßstandschaft") berechtigt."

[335] BayObLG v. 12.5.65 – 2 Z 338/64 = BayObLGZ 1965, 193, 200

[336] BayObLG v. 13.9.68 – 2 Z 22/68 = BayObLGZ 1968, 233, 236 ff. = NJW 1969, 161; vgl. Diester Rechtsprechung S. 13 f. und 88 f.

[337] KG v. 4.11.69 – 1 W 2265/69 = OLGZ 1970, 198 = NJW 1970, 330 (siehe auch Fn. 277)

wurde ihnen die Teilnahme an der ersten Eigentümerversammlung verwehrt. Aus dem Beschluß des KG ist vor allem der amtliche Leitsatz zu den subjektiven Voraussetzungen bekannt geworden: „Die Antragsberechtigung werdender Wohnungseigentümer im Verfahren nach § 43 WEG hängt nicht vom Grade der Sicherung ihres zukünftigen Eigentumserwerbs, sondern von dem Umfang ihrer tatsächlichen Eingliederung in die Wohnungseigentümergemeinschaft ab."

Bis heute unerkannt blieb aber die Bedeutung der Entscheidung hinsichtlich der objektiven Voraussetzungen. Denn das KG unterschied – wenn auch versteckt – erstmalig zwischen dem Gründungsstadium und dem Gemeinschaftsstadium[338]: „Es ist jedoch ... in Rechtsprechung ... und im Schrifttum ... anerkannt, daß es dem Sinn des Gesetzes nicht gerecht wird, wenn ... das dem Wohnungseigentümer in § 43 I WEG eingeräumte Recht, eine gerichtliche Entscheidung im Verfahren der freiwilligen Gerichtsbarkeit zu beantragen, von seiner Eintragung als Wohnungseigentümer im Grundbuch abhängig gemacht wird. Dieser jetzt fast einhelligen Ansicht ist zuzustimmen, wobei es nicht entscheidend ist, ob man den Begriff des Wohnungseigentümers im Sinne des § 43 WEG erweitert ... oder die Vorschrift analog auf Fälle anwendet, *in denen eine eigentliche Wohnungseigentümergemeinschaft noch nicht besteht oder doch der Antragsteller noch nicht als Wohnungseigentümer eingetragen ist*[339]. Häufig besteht – wie auch im vorliegenden Fall – schon erhebliche Zeit vor der grundbuchlichen Eintragung eine der eigentlichen Wohnungseigentümergemeinschaft entsprechende tatsächliche Gemeinschaft der Wohnungseigentumsanwärter ... *Die Vorteile des Verfahrens der freiwilligen Gerichtsbarkeit fallen gerade für die Zeit der Entstehung der Wohnungseigentümergemeinschaft, in der es darum geht, schnell und unkompliziert die Bedingungen für eine gedeihliche Entwicklung der Gemeinschaft zu schaffen, besonders ins Gewicht.*"

Ist diese Aussage noch auf das Gründungsstadium bezogen, wird aus den weiteren Erläuterungen deutlich, daß es sich bei den Antragstellern um Ersterwerber im Gemeinschaftsstadium handelte[340]: „Dieser Rechtsstellung der Antragsteller kann der Rechtsschutz nicht versagt werden. Um ihn zu erlangen, müßten sie ansonsten das Zivilprozeßgericht anrufen. Das hätte zur Folge, daß über dieselbe Angelegenheit, z. B. die Gültigkeit eines Beschlusses über die anteilsmäßige Verpflichtung zur Lasten- und Kostentragung, *soweit das Verhältnis der bereits eingetragenen Wohnungseigentümer zueinander in Frage steht, im Verfahren nach § 43 WEG, soweit die werdenden Wohnungseigentümer betroffen werden, dagegen im Zivilprozeßverfahren zu entscheiden wäre.* Das widerspräche dem Sinne des Gesetzes, das gerade darauf abzielt, in dem elastischeren Verfahren nach §§ 43 ff. WEG eine für alle Beteiligten verbindliche einheitliche Regelung herbeizuführen. *Die Interessen der bereits eingetragenen Wohnungseigentümer stehen der analogen Anwendung der §§ 43 ff. WEG auf werdende Wohnungseigentümer, die zwar noch keinen gesicherten Anspruch auf Erwerb des*

[338] KG OLGZ 1970, 198, 201 f.

[339] Hervorhebungen durch den Verfasser.

[340] KG OLGZ 1970, 198, 203

Wohnungseigentums haben, aber bereits tatsächlich in die Wohnungseigentümergemeinschaft eingegliedert sind, nicht entgegen. Wenn das Gesetz in § 43 WEG den Kreis der Antragsberechtigten und Beteiligten auf die Wohnungseigentümer bzw. den Verwalter beschränkt und nur i. F. d. I Nr. 3 auch Dritten ein Antragsrecht einräumt, so soll damit verhindert werden, daß sich Außenstehende in die internen Angelegenheiten der Wohnungseigentümergemeinschaft einmischen. Als ein außenstehender Dritter kann aber nicht angesehen werden, wer aufgrund eines mit dem Eigentümer im Hinblick auf den späteren Erwerb von Wohnungseigentum geschlossenen Nutzungsvertrages die ETW bezogen hat und insbesondere hinsichtlich der Pflichten die Stellung eines Mitglieds der Gemeinschaft tatsächlich innehat."
Bezüglich der Stellung des Bauträgers deutete das KG eine Einschränkung seiner Rechtspositionen an: „Eine dahingehende Befürchtung könnte im Gegenteil gerade bei einer Vorratsteilung nach § 8 WEG gegenüber dem früheren Grundstückseigentümer begründet sein, der mangels förmlicher Übertragung noch Träger mehrerer Wohnungseigentumsrechte innerhalb derselben Gemeinschaft ist, ohne jedoch tatsächlich der Wohnungseigentümergemeinschaft anzugehören und das mit dem Wohnungseigentum verbundene wirtschaftliche Risiko selbst voll zu tragen, zumal wenn er gleichzeitig auch noch Verwalter ist."

Erwähnung verdient weiterhin der Beschluß des *LG Wuppertal* vom 30.5.72[341], da auch hier Ersterwerbern nach Gründung der Wohnungseigentümergemeinschaft ein Mitwirkungsrecht des WEG, nämlich das Stimmrecht gemäß § 25 Abs. 2, vorzeitig zugestanden wurde. Allerdings stützte das Landgericht die Vorverlagerung nicht auf eine Analogie, sondern wie bereits das BayObLG vom 12.5.65 auf eine rechtsgeschäftliche Ermächtigung durch den veräußernden Bauträger.

Einen neuen Ansatz zur Begründung der Antragsberechtigung noch nicht eingetragener Wohnungskäufer entwickelte, begrenzte und verwarf zu Recht[342] wieder das *BayObLG* in drei dicht aufeinander folgenden Beschlüssen: Im ersten heißt es[343]: „Denn die Vorschrift des § 43 WEG ist, indem sie den Besonderheiten des Zusammenlebens der Wohnungseigentümer in einer Hausgemeinschaft durch ein von vermeidbaren Förmlichkeiten befreites und maßgeblich dem billigen Ermessen unterworfenes Verfahren Rechnung trägt ... sachbezogen und nicht durch die Person der Beteiligten bestimmt. Im Rahmen dieser Sachbezogenheit ... ist § 43 WEG weit auszulegen und im Zweifel anwendbar ... Dementsprechend ist im Verfahren der freiwilligen Gerichtsbarkeit auch gegenüber noch nicht im Grundbuch eingetragenen Käufern einer ETW... zu entscheiden, wenn nur der Streitgegenstand gemeinschaftsbezogen ist." Mit diesem Beschluß setzte sich das BayObLG zwar in Widerspruch zur Entscheidung des BGH vom 14.6.65. Der BGH hielt es aber inzwischen immerhin für möglich, daß ein

---

341 LG Wuppertal v. 30.5.72 – 6 T 433/70 = Rpfleger 1972, 451, 452

342 Siehe oben S. 87.

343 BayObLG v. 3.5.72 – 2 Z 7/72 = BayObLGZ 1972, 161, 163 = NJW 1972, 1377

abberufener Verwalter noch gemäß § 43 Abs. 1 Nr. 2 in Anspruch genommen werden könne[344].

In seinem zweiten Beschluß zur generellen Auslegung des § 43 schränkte das BayObLG ein[345]: „Allerdings ist § 43 WEG hinsichtlich des Personenkreises der Verfahrensbeteiligten nicht engherzig auszulegen, wenn nur eine rechtlich bedeutsame Beziehung des Antragstellers zur Gemeinschaft der Wohnungseigentümer bereits oder noch besteht. Solche Beziehungen bestehen jedoch nicht gegenüber einem bloßen Kaufinteressenten. Es mag sein, daß die Vertragsverhandlungen gewisse Rechtsbeziehungen zwischen dem Kauf- und dem Verkaufsinteressenten begründen; ein rechtlicher Bezug zur Eigentümergemeinschaft – und hierauf allein kommt es bei § 43 WEG an – wird damit noch nicht begründet."

Schließlich gab das BayObLG die rein sachbezogene Auslegung des § 43 zumindest teilweise wieder auf und kehrte auf die Linie des BGH zurück[346]: „Anders als § 43 Abs. 1 Nr. 2 WEG (Rechtsbeziehungen der Wohnungseigentümer zum Verwalter) ist die Zuweisungsnorm des § 43 Abs. 1 Nr. 1 sach- und personenbezogen; sie greift daher nicht ein, wo der Anspruch sich zwar aus dem Gemeinschaftsverhältnis ergibt, der Antragsgegner aber nicht (mehr) Mitglied der Gemeinschaft ist."

In dieselbe Zeit fallen zwei ablehnende Entscheidungen des *BGH* innerhalb des klassischen Anwendungsbereichs, allerdings nur zu Einzelfragen. Am 30.6.72 erging sein erstes – negatives – Urteil über die vorzeitige Anwendbarkeit des WEG. Nachdem der 7. Zivilsenat am 14.6.65 (BGHZ 44, 43) die Frage noch offen lassen konnte, verneinte der *5. Zivilsenat* nun eine Anwendung der §§ 18, 19 vor der Grundbucheintragung des pflichtverletzenden Wohnungseigentümers[347]: „Für die Grenzziehung zwischen dem gesetzlichen Rücktrittsrecht des Wohnungseigentumsveräußerers (PVV) ... und dem gesetzlichen Weiterveräußerungsanspruch der übrigen Wohnungseigentümer (Entziehung nach § 18 WEG) wird zweckmäßig auf den Zeitpunkt des dinglichen Erwerbs des Wohnungseigentums (durch Einigung und Grundbucheintrag, §§ 3, 8 WEG, 873, 925 BGB) abgestellt." Jedoch beschränkte sich der BGH ausdrücklich auf diese materiellrechtlichen Vorschriften. Ohne auf die Differenzierung des KG zwischen Gründungs- und Gemeinschaftsstadium einzugehen, formulierte er allgemein: „Nach dem Gesagten kommt es auch nicht mehr darauf an, inwieweit sonst Bestimmungen des WEG über die Wohnungseigentümergemeinschaft entsprechend anwendbar sind auf Erwerber, denen das Wohnungseigentum erst schuldrechtlich und noch nicht dinglich zugeordnet ist." Dabei wies der BGH zu Recht darauf hin, daß die „zur Anwendbarkeit von Vorschriften des WEG bereits in diesem sogenannten Vorstadium herangezogenen Belegstellen aus Rechtsprechung und Schrifttum größtenteils nicht die Anwend-

---

[344] BGH v. 5.6.72 – VII ZR 35/70 = BGHZ 59, 58, 63 f. = NJW 1972, 1318

[345] BayObLG v. 4.1.73 – 2 Z 73/72 = BayObLGZ 1973, 1, 6 f. = ZMR 1973, 205

[346] BayObLG v. 29.1.75 – 2 Z 63/74 = Rpfleger 1975, 245

[347] BGH v. 30.6.72 – V ZR 118/70 = BGHZ 59, 104, 106 = NJW 1972, 1667 = WuM 1973, 254; aA BPM/Bärmann 2. Auflage (1973) Einl. Rdn. 191

barkeit des materiellen Rechts nach §§ 10 ff. WEG betreffen, sondern das Verfahrensrecht, nämlich die §§ 43 ff. WEG". Daher geht *Hägele*[348] zu weit, wenn er bereits in dieser Entscheidung eine generelle Tendenz des BGH gegen die antizipierte Anwendbarkeit des WEG entdecken will. Bemerkenswert ist, daß der BGH – wie schon das BayObLG vom 12.3.57 und das LG Berlin vom 21.12.61 – Vereinbarungen für möglich hielt, mit denen Rechte und Pflichten nach dem WEG originär begründet werden, er jedoch gleichzeitig ihre Grenzen andeutete[349]: „Diese „Bestimmungen" selbst gehen zwar von dem Fall einer schon bestehenden Wohnungseigentümergemeinschaft aus, der hier mangels Grundbuchvollzugs von Aufteilung und Veräußerung noch nicht gegeben ist, und regeln demgemäß die Rechte und Pflichten im Verhältnis der einzelnen Wohnungseigentümer zueinander. Aber hinsichtlich der Bezugnahme auf sie im Kaufvertrag liegt die Auslegung nahe, daß bis zum Zustandekommen einer solchen Wohnungseigentümergemeinschaft, im sog. Vorstadium, die entsprechenden Rechte und Pflichten im Verhältnis zwischen dem verkaufenden Grundstückseigentümer und dem Käufer gelten sollen, *mindestens so lange, als die Kläger den einzigen Wohnungseigentumskäufer darstellen.*"
1974 lehnte der *5. Zivilsenat des BGH*[350] das Bestehen einer werdenden Gemeinschaft aufgrund der im konkreten Fall gegebenen Besonderheit ab, daß „die Beklagten nicht daran interessiert sind, eine Gemeinschaft mit den anderen zu vollziehen. Sie haben nicht nur die Wohnung bisher nicht (etwa durch Vermieten) genutzt; sie sind vielmehr darüber hinaus an der Feststellung interessiert, daß sie keine Bindungen hinsichtlich der Wohnung haben. Unter diesen Umständen ist es nicht gerechtfertigt, sie als Mitglieder einer werdenden Wohnungseigentümergemeinschaft zu behandeln."

Im selben Jahr bestätigte das *BayObLG* erneut die Möglichkeit einer werdenden Wohnungseigentümergemeinschaft im klassischen Anwendungsbereich[351]: „Solange nach der Vorratsteilung (§ 8 WEG) vom Eigentümer des Gesamtgrundstücks noch kein Wohnungseigentum an Dritte übertragen wurde, repräsentiert er allein die künftige Wohnungseigentümergemeinschaft und kann er allein durch einseitige Erklärung eine in der ebenfalls einseitigen Teilungserklärung enthaltene „Vereinbarung" ... abändern. Diese einseitige Normsetzungsbefugnis des ursprünglichen Eigentümers (i. d. R. des Bauträgers) entfällt, sobald nach der Veräußerung auch nur eines Wohnungseigentums an einen Dritten eine Gemeinschaft (§§ 741 ff., 1008 BGB) entstanden ist, die – so vorliegend – jedenfalls nach Anlegung der Wohnungsgrundbücher und Vormerkung der Auflassungsempfänger in diesen eine faktische Wohnungseigentümergemeinschaft i. S. d. WEG darstellt."

---

[348] Hägele S. 20

[349] BGHZ 59, 104, 108. Hervorhebung durch den Verfasser.

[350] BGH v. 5.4.74 – V ZR 177/72 = NJW 1974, 1140 = ZMR 1975, 85

[351] BayObLG v. 8.5.74 – 2 Z 17/74 = BayObLGZ 1974, 217, 219 = ZMR 1975, 251

Am 4.7.74 ergänzte das BayObLG[352]: „Vor Anlegung der Wohnungsgrundbücher und Inbesitznahme von Wohnungen auf Grund eines rechtlich gesicherten Erwerbsrechts gibt es keine faktische Wohnungseigentümergemeinschaft, die den Veräußerer in seiner Verfügungsfreiheit beeinträchtigen könnte. Ebenso wie der Veräußerer seine Teilungserklärung zurücknehmen kann (§ 31 GBO), kann er sie auch noch einseitig ändern." Auffällig ist, daß das BayObLG die alleinige Normsetzungsbefugnis hier als Teil der noch bestehenden „Verfügungsfreiheit" des teilenden Eigentümers bezeichnet. Dies wäre – im technischen Sinne – nur dann zutreffend gewesen, wenn sich die einseitige Änderung auf die sachenrechtliche Grundlage der Wohnungseigentümergemeinschaft (= Teilungserklärung i. e. S.) bezogen hätte. Im vorliegenden Fall handelte es sich aber um die Bestellung eines Verwalters, das heißt um eine Frage der Verwaltung[353] und somit der Verwaltungsbefugnis.
Zu Unrecht berief sich das BayObLG deshalb auf diese Begründung, als es in einem weiteren Beschluß vom 22.7.75 um die Abveräußerung eines Grundstücksteils ging[354].

Schließlich bejahte das *OLG Frankfurt* 1976 die Passivlegitimation eines Ersterwerbers vor seiner Eintragung im Wohnungsgrundbuch[355]: Es sei seit langem anerkannt, „daß die Rechtsstellung eines Beteiligten für das Verfahren nach § 43 nicht nur von der Eintragung als Wohnungseigentümer im Grundbuch abhängt, sondern – analog – auch schon in einem Vorstadium gegeben sein kann, dann nämlich, wenn die Beteiligten zueinander in Beziehungen stehen, die denen von Wohnungseigentümern zueinander bzw. von Verwalter und Wohnungseigentümern wirtschaftlich im wesentlichen gleichstehen oder – anders ausgedrückt – die Rechtsstellung der „werdenden Wohnungseigentümer" sich bereits der eines Eigentümers weitgehend angenähert hat". Aus den Entscheidungsgründen ist nicht ersichtlich, ob zur fraglichen Zeit bereits eine Wohnungseigentümergemeinschaft bestand.

Zusammengefaßt betrifft die Rechtsprechung der Jahre 1959 bis 1976 hauptsächlich Ersterwerber im Gründungsstadium einer gemäß § 8 entstehenden Wohnungseigentümergemeinschaft (Fallgruppe 2a). Die einzige Ausnahme in bezug auf die *gesetzliche Vorverlagerung* der Rechte und Pflichten nach dem WEG ist die Entscheidung des KG vom 4.11.69. Seinem Beschluß lag ein Erwerb im Gemeinschaftsstadium zugrunde. Zwei Entscheidungen (BayObLG vom 12.5.65 und LG Wuppertal vom 30.5.72) sehen die Vorverlagerung von Rechten im Gemeinschaftsstadium aufgrund einer Ermächti-

---

352 BayObLG v. 4.7.74 – 2 Z 16/74 = BayObLGZ 1974, 275, 282 = NJW 1974, 2134 = DNotZ 1975, 97

353 BPM/Merle § 26 Rdn. 37

354 BayObLG v. 22.7.75 – 2 Z 13/75 = ZMR 1977, 82, 83: „Der Verkäufer von Wohnungseigentum verliert seine Verfügungsbefugnis über das als Gemeinschaftseigentum verkaufte Grundstück erst, wenn die Teilungserklärung durch Anlegung der Wohnungsgrundbücher vollzogen (§ 7 WEG) und zumindest eine Wohnung veräußert ist (BayObLGZ 74, 275, 282 = NJW 74, 2134 = MDR 74, 1020 = DNotZ 75, 97 = Rpfleger 74, 360)."

355 OLG Frankfurt a. M. v. 26.4.76 – 20 W 856/75 = Rpfleger 1976, 253

gung des Veräußerers vor, das heißt aufgrund einer *rechtsgeschäftlichen Lösung*. Auch beim einzigen positiven Urteil zum Begründungsakt nach § 3 (LG Berlin vom 21.12. 61) handelt es sich daher nur um eine unechte Ausnahme, da es auf den Teilungsvertrag (i. w. S.) gestützt wird. Schließlich geht das BayObLG am 3.5.72 und am 4.1.73 für die Antragsberechtigung künftiger Wohnungseigentümer unzutreffend davon aus, daß sie über eine *„sachbezogene Auslegung"* des § 43 erzielt werden könne. Diese drei methodischen Ansätze sind streng zu unterscheiden[356].
Im Mittelpunkt der meisten Entscheidungen stehen die Verfahrensvorschriften (§§ 43 ff.), während die Vorwirkung des materiellen Rechts zumeist nur angedeutet wird. Der BGH lehnt in dieser Phase eine vorzeitige Anwendung der §§ 18, 19 ab, läßt die Frage aber hinsichtlich der übrigen WEG-Normen ausdrücklich offen.

bbb) Das Schrifttum

Die erste Stellungnahme zum Untersuchungsgegenstand stammt von *Herold*, aus dem Jahre 1957[357]: Vor dem Hintergrund der „mitunter erheblichen Verzögerungen" bei der Eintragung der Erwerber von Eigentumswohnungen sei „aus rechtlichen und tatsächlichen Erwägungen" anzunehmen, daß „auch die noch nicht im Grundbuch eingetragenen Eigenwohner, sofern sie „ihre" Wohnungen schon in Besitz genommen haben, grundsätzlich dieselben Rechte und Pflichten im Rahmen der Wohnungseigentümergemeinschaft für sich in Anspruch nehmen wie die bereits eingetragenen Wohnungseigentümer". Zur dogmatischen Begründung führt Herold aus: „Das Verhältnis der Wohnungseigentümer untereinander stellt ... eine Gemeinschaft i. S. d. §§ 741 ff. BGB dar ... Fragt man sich, in welchem Zeitpunkt diese Gemeinschaft zur Entstehung gelangt, so ergibt sich aus § 741 BGB, daß hierzu keineswegs der Erwerb des vollen Eigentumsrechtes an den Eigentumswohnungen erforderlich ist ... Nach herrschender Meinung gilt als „Recht" i. S. d. § 741 BGB sogar der Besitz ... Auf die Gemeinschaft der Wohnungseigentümer bzw. Eigenwohner angewandt, ergibt das, daß diese Gemeinschaft bereits mit der Besitzerlangung der Eigenwohner an ihren Wohnungen (als Teilen des Gebäudes), spätestens also mit dem Beziehen der Wohnungen zur Entstehung gelangt." Wie bereits erläutert[358], genügt dieser methodische Ansatz nicht. Denn das WEG knüpft seine Rechte und Pflichten nicht an irgendein Recht i. S. d. § 741 BGB, sondern ausdrücklich an das Wohnungseigentum als besonders ausgestaltetes Miteigentum an Gebäude und Grundstück[359]. Herolds Ansicht führt vielleicht zu einer „Besitzgemeinschaft", nicht aber zu einer Gemeinschaft nach dem WEG.

---

[356] Das versäumen Diester Rechtsfragen Rdn. 82; Bielefeld DWE 1986, 105, 107; Seuß FS Bärmann und Weitnauer (1990), 599, 611.

[357] Herold BlGBW 1957, 52, der zu Unrecht die Aussage von Weitnauer/Wirths 2. Auflage (1955) § 8 Anm. 4 und § 23 Anm. 26, der Erwerber trete „mit der Vollendung des Erwerbs" in die Gemeinschaft ein, für seine Meinung in Anspruch nimmt. Die Vollendung des Wohnungseigentumserwerbs setzt ja gerade die Eintragung im (Wohnungs-)Grundbuch voraus.

[358] Siehe oben Fn. 272.

[359] Storck S. 172

Bärmann bezieht widersprüchlich Stellung: Einerseits betont er[360], daß die Wohnungseigentümergemeinschaft im Falle des § 3 mit der Eintragung des Sondereigentums und im Falle des § 8 „nach Maßgabe der in der Person des Erwerbers und des früheren Alleineigentümers nunmehr bestehenden Wohnungseigentumsrechte“ entstehe. Andererseits führt er aus[361]: „Mit dem Eintritt der dinglichen Bindung i. S. d. § 873 Abs. 2 BGB, sogar schon mit der Bindung an den in der Form des § 313 BGB abgeschlossenen schuldrechtlichen Vertrag entsteht auch die spezifische Wohnungseigentümergemeinschaft i. S. der §§ 10 ff., nicht erst mit der vollen Eintragung aller Wohnungseigentumsrechte. Auf diese Gemeinschaft sind sodann schon die §§ 10 ff. und nicht mehr §§ 741 ff. BGB anzuwenden; so auch im Stadium des Aufbaus des Gebäudes.“ Mit der „spezifischen Wohnungseigentümergemeinschaft“ meint Bärmann wohl die antizipierte Wirkung des WEG[362].

Richtig aufmerksam auf das neue Problem wurde die Literatur anläßlich des negativen Beschlusses des OLG Hamburg vom 30.7.59, der heftig kritisiert wurde[363]. Eine Arbeitstagung des Bundesjustizministeriums am 30.5.1961 empfahl – *Weitnauer* folgend – die Anwendung des WEG vor der Eintragung des Wohnungseigentümers[364]. Auch die übrigen Literaturbeiträge in den 60er und 70er Jahren stehen der Rechtsprechung zur antizipierten Anwendbarkeit des WEG fast einhellig positiv gegenüber. Allein *Westermann*[365] nimmt anfangs eine zurückhaltende Position ein. Gestritten wird vornehmlich darüber, welche Annäherungsmerkmale (= subjektiven Voraussetzungen) des Interessenten für notwendig zu erachten sind, um ihn mit dem Wohnungseigentümer gleichzustellen.

---

360 Bärmann WEG 1. Auflage (1958) § 3 Anm. II, S. 250; Anm. III, S. 255; § 8 Anm. V, S. 324

361 Bärmann WEG 1. Auflage (1958) § 10 Vorbemerkung, S. 338; § 18 Anm. I, S. 502 f.

362 Vgl. seine zum Thema der faktischen (= fehlerhaften) Gesellschaft getroffene Aussage in Bärmann WEG 1. Auflage (1958) Einl. Anm. IV, S. 157: „Mit der rechtlichen Entstehung des Wohnungseigentums ist gemäß § 11 WEG die Unauflösbarkeit der Wohnungseigentümergemeinschaft eingetreten, antizipiert schon durch die Bindung nach § 873 Abs. 2 BGB, bzw. sogar schon nach § 313 BGB.“

363 Vgl. die Nachweise in BayObLGZ 1968, 233, 236.

364 Vgl. dazu Diester NJW 1961, 1329, 1332 und Rechtsprechung S. 14.

365 Erman/H. Westermann 4. Auflage (1967) § 43 Anm. 1: „Zweifelhaft und streitig, ob Verfahren auch schon vor Eintragung des Erwerbers des Wohnungseigentums, das wäre aus praktischen Gründen zu begrüßen, ist aber im Gesetz nicht vorgesehen.“ Bereits in der 5. Auflage (1972) fährt er aber an gleicher Stelle fort: „Bedeutsamer als dieser Wortlaut sollte für die Abgrenzung sein, ob die Beteiligten schon in die für die Wohnungseigentümergemeinschaft typische tatsächliche Gemeinschaft eingetreten sind und ob folglich der besondere Befriedungszweck des § 43 die Anwendbarkeit des FGG-Verfahrens fordert.“

Dabei befassen sich einige Stimmen nur mit dem klassischen Anwendungsbereich des Ersterwerbs (§ 8) im Gründungsstadium, und dort insbesondere mit dem Erwerb vom Bauträger. Dazu gehören *Weitnauer*[366] und *Röll*[367]. Letzterer fordert, vor allem im Hinblick auf den steckengebliebenen Bau: „Zum Schutze der Käufer, welche Eigentumswohnungen vom Bauträger erwerben, ist eine Geltung der Bestimmungen des Wohnungseigentumsgesetzes in einem möglichst frühen Zeitpunkt anzustreben ... die Aufbauphase ist für die Wohnungseigentümergemeinschaft die gefährlichste Zeit."

Andere Autoren sehen das Bedürfnis für eine vorzeitige Anwendung des WEG generell im Gründungsstadium einer Wohnungseigentümergemeinschaft, unabhängig von der Begründungsart und ihren praktischen Umsetzungsformen.
Ring[368] stellt im Anschluß an Bärmann allein auf die Bindungswirkung des dinglichen oder schuldrechtlichen Vertrages ab.
Diester führt 1967 grundlegend aus[369]: „Bei dem von vielen Wohnungsunternehmen angewandten Verfahren vergehen nicht selten mehrere Jahre nach Bezug der Wohnungen, bis die Anwärter als Wohnungseigentümer in den Wohnungsgrundbüchern eingetragen werden ... Der lange zeitliche Zwischenraum zwischen der tatsächlichen Begründung der Wohnungseigentümergemeinschaft und dem rechtlichen Vollzug durch Auflassung und Eintragung der Erwerber in die Wohnungsgrundbücher läßt es aber immer mehr als geboten erscheinen, daß sich das Zusammenleben der werdenden Wohnungseigentümer sowie das Verhältnis der Erwerber und zukünftigen Wohnungseigentümer untereinander schon von einem möglichst frühen Zeitpunkt ab nach den Grundsätzen und Regeln des WEG vollzieht ... Die Darstellung ... bedarf noch der Ergänzung durch die Feststellung, daß eine Wohnungseigentümergemeinschaft ohne Rücksicht auf die Fertigstellung des Gebäudes in jedem Falle rechtlich schon dann entsteht, wenn die Wohnungseigentümer als solche in den Wohnungsgrundbüchern eingetragen sind. Dann sind also die §§ 43 ff. nicht analog, sondern unmittelbar anzuwenden." Eines Analogieschlusses bedarf es also laut Diester allenfalls im Gründungsstadium.
Ähnlich wird das Bedürfnis zwei Jahre später von *Degenhart* umschrieben, versehen mit einem Hinweis auf die ähnliche Problematik der Vorgesellschaft[370]: „Da oft Jahre

---

366 Weitnauer/Weitnauer 3. (1969) und 4. Auflage (1972) § 3 Rdn. 6g, § 43 Rdn. 4c-4e

367 Röll Teilungserklärung (1975) S. 42 f.

368 Staudinger/Ring 11. Auflage (1963) § 10 Rdn. 6 f.: „Im Falle des § 3 entsteht die Gemeinschaft mit dem Abschluß des Vertrages. Das kann bereits vor der Eintragung des Wohnungseigentums (Teileigentums) im Grundbuch ... der Fall sein ... Nach § 8 entsteht sie erst mit der Übertragung eines Wohnungseigentumsrechts an einen anderen durch Vertrag ... Auch in diesem Fall richtet sich das Rechtsverhältnis der Vertragspartner bereits mit Eintritt der bindenden Wirkung des Vertrages (nicht erst mit der Eintragung im Grundbuch) nach den Vorschriften der §§ 10 ff."

369 Diester Rechtsprechung S. 13 und 18. Hierauf stützte sich das BayObLG in seinem Beschluß vom 13.9.68 (siehe oben Fn. 336).

370 Palandt/Degenhart 28. Auflage (1969) Überblick v WEG Anm. 2 E b aa

zwischen der tatsächlichen Begründung der Gemeinschaft der künftigen Wohnungseigentümer und deren Eintragung im Wohnungsgrundbuch liegen, besteht für die Zwischenzeit im Hinblick auf die gleiche Interessenlage dringendes praktisches Bedürfnis, die werdende den Regeln der fertigen Wohnungseigentümergemeinschaft zu unterstellen, soweit sich nicht aus der geringeren Publizität der Gemeinschaft der noch nicht eingetragenen Anwärter anderes ergibt; vgl. etwa die Behandlung der Gründervereinigungen vor Eintragung ins Handelsregister."
Allein auf das Gründungsstadium beziehen sich wohl auch *Bärmann*[371], *Baur*[372], *Pritsch*[373] und *Rietschel*[374]. Hingegen befürworten *Clasen*[375], *Pfennig* und *Duske*[376] die vorzeitige Anwendung des WEG offenbar auf jeden Wohnungseigentumserwerber, auch im Gemeinschaftsstadium.

Nur wenige Autoren differenzieren nach der Begründungsart. So unterscheidet *Kapellmann* ausdrücklich zwischen der Vorratsteilung (§ 8) und der Begründung durch Teilungsvertrag (§ 3)[377]: „Hier ist das anders. Bei der Begründung von Wohnungseigentum nach § 3 entsteht das Sondereigentum im Zusammenwirken der Beteiligten ... Das endgültige Ziel der Begründung des Sondereigentums kann von Anfang an nur gemeinschaftlich und mit Zustimmung aller erreicht werden." Kapellmann zieht daraus jedoch keine Konsequenzen für das Bedürfnis nach einer vorzeitigen Anwendung des WEG, sondern fordert lediglich andere Annäherungsmerkmale, indem er beim Teilungsvertrag (§ 3) den Wohnungsbesitz als subjektive Voraussetzung nicht für erforderlich hält.

---

[371] BPM/Bärmann 2. Auflage (1973) Einl. Rdn. 190: „Die Wohnungseigentümergemeinschaft vor Eintragung ist eine „Vorgemeinschaft", die aber weitestgehend schon §§ 10 ff. bzw. der Vereinbarung unterliegt."

[372] Soergel/Baur 10. Auflage (1968) § 43 Rdn. 8

[373] RGRK/Pritsch 11. Auflage (1970) § 43 Anm. 3: „Ebenso wird als Raumeigentümer behandelt werden müssen, wer nach Abschluß des Begründungsvertrages und Einigung über die Einräumung des Wohnungseigentums die Wohnräume bezogen hat, auch wenn er noch nicht als Wohnungseigentümer im Grundbuch eingetragen ist."

[374] Rietschel Anm. zu BGH v. 14.6.65 – VII ZR 160/63 = LM § 43 Nr. 1: „Jedenfalls dann, wenn wie hier, der Beklagte die Wohnung bereits jahrelang in Benutzung gehabt hat, kann es auf die oft von äußeren Zufälligkeiten abhängige Eintragung nicht entscheidend ankommen. Leben die Wohnungseigentümer de facto schon in Gemeinschaft zusammen, dann ist die Interessenlage die gleiche, ob sie nun schon im Grundbuch eingetragen sind oder nicht."

[375] Clasen BlGBW 1966, 229, 230: „Eigentümer und Anwartschaftsberechtigter gleichen sich in ihrer Rechtsstellung derart an, daß bei dem Anwartschaftsberechtigten von einer eigentümerähnlichen Position gesprochen werden kann, die es rechtfertigt, ihn rechtlich wie einen Eigentümer zu behandeln."

[376] Pfennig/Duske ZMR 1976, 289

[377] Kapellmann MDR 1969, 620, 622

Zu demselben Ergebnis gelangt *Merle*[378]. Er spricht sich außerdem in einer gemeinsamen Stellungnahme mit *Trautmann* für eine einheitlich sach- *und* personenbezogene Auslegung des § 43 aus[379].
Trautmann ist es auch, der die erste eingehende Untersuchung der antizipierten WEG-Anwendung vornimmt. In seiner Dissertation aus dem Jahre 1973 beschränkt er das Problem, unabhängig von der Begründungsart, auf das Gründungsstadium und verweist auf die dortigen Eintragungsverzögerungen[380]. Seiner Meinung nach genügt der Hinweis auf ein praktisches Bedürfnis gerade nicht; vielmehr will er das WEG vorzeitig anwenden, wenn „vor der Eintragung ein Rechtsgebilde besteht, das seiner rechtlichen Struktur nach der eingetragenen Eigentümergemeinschaft entspricht", und soweit „der Gesetzgeber die Grundbucheintragung nicht als unabdingbare Voraussetzung für die Anwendung des WEG angesehen hat"[381]. Hierfür erläutert er eingehend das Auseinanderfallen der Wohnungseigentümergemeinschaft in zwei Gemeinschaften – eine Rechtsgemeinschaft in bezug auf das gemeinschaftlich zugeordnete Eigentum sowie eine faktische Gemeinschaft in bezug auf das Sondereigentum[382]. Anschließend untersucht er die rechtlichen und faktischen Entwicklungsstadien, die der Eigentumsanwärter in bezug auf das Wohnungseigentumsrecht durchläuft[383]. Als wesentlich befindet er[384]: „Sobald die Entstehung der Wohnungseigentümergemeinschaft rechtlich gesichert ist und faktisch die Eingliederung der Eigentumsanwärter in die Gemeinschaft durch Inbesitznahme der Wohnungen erfolgt ist, können Vorgemeinschaft und vollzogene Gemeinschaft rechtlich gleich bewertet werden." Dafür läßt Trautmann die Anwartschaftsrechte der Interessenten in bezug auf die Rechtsgemeinschaft (Gemeinschaftseigentum) sowie die Wohnungsübergabe in bezug auf die faktische Gemeinschaft (Sondereigentum) für die Vergleichbarkeit mit der Eigentümergemeinschaft und damit für die vorzeitige Anwendung des WEG genügen[385].

Anders verfährt *Hägele* zwei Jahre später. Er zeigt auf[386], daß weder die Besitzschutzregeln, die vermieterähnliche Pflicht zum Einschreiten aus dem Bierschwemmenfall, die Ermächtigung durch den Veräußerer noch eine Drittwirkung der Erwerbsverträge die Beziehungen der werdenden Wohnungseigentümer interessengerecht regeln können: es gehe um mehr als nur eine einstweilige possessorische Friedensregelung, um mehr als eine bloße Mietergemeinschaft und um mehr, als aus der Stellung des Veräußerers oder aus den Erwerbsverträgen hergeleitet werden könne (etwa die Verteilung

---

[378] BPM/Merle 2. Auflage (1973) vor § 43 Rdn. 6

[379] Merle/Trautmann NJW 1973, 118, 121

[380] Trautmann S. 101 f.

[381] Trautmann S. 115, 142

[382] Trautmann S. 126 ff., 139 ff.

[383] Trautmann S. 142 ff.

[384] Trautmann S. 165

[385] Trautmann S. 151 ff.

[386] Hägele S. 6 ff.

des Verwaltungsvermögens und die erforderliche Willensbildung der Gemeinschaft auch gegen den Veräußerer). Anschließend zieht er zutreffend eine Parallele zur Vorgesellschaft[387]. Wie Trautmann liefert er eine gespaltene Betrachtung der Wohnungseigentümergemeinschaft: Seiner Ansicht nach besteht sie aus einer Verfügungsgemeinschaft, die im wesentlichen den Regeln der schlichten Rechtsgemeinschaft nach dem BGB unterliegt, sowie einer vom WEG körperschaftlich ausgestalteten Verwaltungs- und Nutzungsgemeinschaft[388]. Auch Hägele ordnet jeder Begründungsart bestimmte subjektive Voraussetzungen zu[389]. Weiterhin behandelt er die Anwendbarkeit bestimmter WEG-Vorschriften, die über das Gemeinschaftsverhältnis hinaus Bedeutung haben[390]. Anders als Trautmann beschränkt sich Hägele somit nicht nur auf die Vergleichbarkeit der werdenden und eingetragenen Eigentümer anhand von Annäherungsmerkmalen, sondern erläutert zumindest ansatzweise, welche wertenden Überlegungen eine Anwendung des WEG erforderlich machen. Allerdings bezieht Hägele das Bedürfnis ebenfalls ausschließlich auf die Zeit vor der Gründung der Wohnungseigentümergemeinschaft.

Zusammenfassend ist festzustellen, daß der Anwendungsbereich für die vorzeitige Anwendung des WEG in der frühen Literatur sehr unterschiedlich beurteilt wird. Während einige Autoren vom klassischen Anwendungsbereich des Gründungsstadiums bei der Vorratsteilung (§ 8) ausgehen und das Problem insbesondere auf die praktische Umsetzungsform des Bauträgerkaufs beziehen, sehen andere die antizipierte Anwendbarkeit ausdrücklich auch für die Begründung durch Teilungsvertrag (§ 3) vor. Clasen, Pfennig und Duske beschränken den Anwendungsbereich nicht auf das Gründungsstadium, sondern wollen allgemein jeden Anwärter mit einem eingetragenen Wohnungseigentümer gleichsetzen. Eine Differenzierung zwischen dem Gründungsstadium und dem Gemeinschaftsstadium, wie sie das KG am 4.11.69 angedeutet hat, findet sich an keiner Stelle.

---

[387] Hägele S. 34 ff.

[388] Hägele S. 41 ff., 49

[389] Hägele S. 55 ff.

[390] Hägele S. 69 ff.

bb) Die 2. Phase (1977 bis 1985): auch Erwerb im Gemeinschaftsstadium und Begründung nach § 3

Wohl nicht zuletzt aufgrund der allgemeinen Stellungnahmen in der Literatur begann die Rechtsprechung Ende der 70er Jahre, den Anwendungsbereich endgültig über das Gründungsstadium hinaus zu erweitern, was die Literatur erst mit einiger Verzögerung kommentierte.

aaa) Die Rechtsprechung

Am Anfang dieser neuen Entwicklung steht der Beschluß des *OLG Karlsruhe* vom 20.12.77[391], dem folgender Sachverhalt zugrunde lag: Der Antragsgegner und seine Frau hatten eine Eigentumswohnung gekauft und bezogen, wurden aber wegen Nichtzahlung des Kaufpreises zur Räumung der Wohnung verurteilt. Aus den Entscheidungsgründen ist nicht erkennbar, ob es sich um einen Erst- oder Zweiterwerb handelte, jedenfalls aber war die Wohnungseigentümergemeinschaft bereits entstanden. Die Verwalterin der Wohnanlage verlangte vom Antragsgegner die Zahlung von zwischenzeitlich aufgelaufenem Wohngeld. Das Amtsgericht hatte dem Antrag der Verwalterin im Verfahren der freiwilligen Gerichtsbarkeit entsprochen, das Landgericht ihn mit der Begründung zurückgewiesen, § 16 scheide als Anspruchsgrundlage aus, da der Antragsgegner weder Wohnungseigentümer sei noch die Grundsätze der faktischen Wohnungseigentümergemeinschaft Anwendung fänden, „wenn sich endgültig herausstellt, daß ein Anwärter nicht Wohnungseigentümer werden kann".

Das OLG Karlsruhe folgte dieser Begründung nicht: „Der Antragsgegner muß sich für die Zeit, während der er im Besitz der zu einer Wohnungseigentumsgemeinschaft gehörenden Wohneinheit war, im Verhältnis zu den Wohnungseigentümern wie der Beteiligte an einer faktisch entstandenen Wohnungseigentumsgemeinschaft behandeln lassen. Eine solche faktische Gemeinschaft liegt vor, wenn eine rechtlich gesicherte Anwartschaft auf den dinglichen Erwerb besteht, die Wohnungen bezogen oder in Besitz genommen sind, die Beteiligten untereinander in Beziehungen stehen, die denen von Wohnungseigentümern gleichkommen und damit die Wohnungseigentumsgemeinschaft faktisch in Vollzug gesetzt ist ... Der Antragsgegner gehörte somit jedenfalls faktisch zur Gemeinschaft der Wohnungseigentümer. Daraus waren für ihn die mit einer solchen Beteiligung an einer Gemeinschaft verbundenen Pflichten und für die Wohnungseigentümer gegen ihn die entsprechenden Rechte nach dem WEG erwachsen. Diese faktisch einmal entstandene Beteiligung an der Gemeinschaft konnte aber nicht – wie das Landgericht annimmt – schon dadurch wieder entfallen, daß wegen des später erfolgten Kaufrücktritts die zuvor gegebene Erwartung des Vollzugs im Grundbuch wieder wegfiel. Nachdem mit dem Einzug des Antragsgegners in die Wohnung als Käufer des Wohnungseigentums das Interesse an einer geordneten Gemeinschaftsbeziehung zwischen ihm und den Wohnungseigentümern nach den Regeln

[391] OLG Karlsruhe v. 20.12.77 – 3 W 8/77 = OLGZ 1978, 177

für eine Wohnungseigentümergemeinschaft entstanden war, kann die Grundlage für dieses Gemeinschaftsverhältnis erst durch den Auszug wieder entfallen ...."
Ob die letzteren Ausführungen zum Wegfall des Status „Werdender Wohnungseigentümer" zutreffend sind, soll erst an späterer Stelle[392] entschieden werden. Hier interessiert vornehmlich, daß das OLG Karlsruhe es für möglich hielt, einen noch nicht eingetragenen Erwerber an einer bereits entstandenen Wohnungseigentümergemeinschaft zu beteiligen: Es stellt ausdrücklich die faktische Beteiligung an einer Wohnungseigentümergemeinschaft (= Gemeinschaftsstadium) mit der Beteiligung an einer faktischen Wohnungseigentümergemeinschaft (= Gründungsstadium) gleich.

Zu demselben Ergebnis gelangte nur neun Tage später das *OLG Köln*[393] in seinem Leitsatz: „Die Wohnungseigentümergemeinschaft kann gegen einen noch nicht zum Grundbuch eingetragenen Erwerber von Wohnungseigentumsanteilen Ansprüche im Verfahren nach § 43 WEG zumindest dann geltend machen, wenn dessen Kaufverträge bindend und für ihn entsprechende Auflassungsvormerkungen eingetragen sind und wenn er sich faktisch in die Wohnungseigentümergemeinschaft eingegliedert hat." Es bestätigte diese Einschätzung am 4.12.1980 für eine Erwerberin, die bereits 14 Jahre lang als Vormerkungsberechtigte eingetragen war, und ergänzte[394]: „Jedenfalls ist es treuwidrig, wenn sich die Antragsgegnerin zum Schaden der übrigen Wohnungseigentümer auf die fehlende Eintragung ihres Eigentums im Grundbuch beruft, nachdem sie sich länger als ein Jahrzehnt als Eigentümerin geriert und als solche hat in Anspruch nehmen lassen." Letztere Begründung erscheint bedenklich, da ein treuwidriges Verhalten im Sinne des § 242 BGB das Bestehen eines Schuldverhältnisses voraussetzt. Ob ein solches in Form des Gemeinschaftsverhältnisses nach dem WEG bereits zwischen den Wohnungserwerbern (antizipiert) existierte, war aber gerade fraglich.

Das *OLG Stuttgart* erkannte die neuartige Konstruktion der „faktischen Beteiligung bzw. Eingliederung" in eine echte Wohnungseigentümergemeinschaft ebenfalls an, allerdings zunächst nur beiläufig anläßlich eines Ersterwerbs im Gründungsstadium[395]: „Das Eigentum entsteht mit der Eintragung im Grundbuch (§§ 4 WEG, 873 BGB). Gleich zu behandeln sind die Fälle, in denen der Inhaber einer Eigentumswohnung diese mit wirksamem, notariell beurkundeten Kaufvertrag erworben und die Wohnung übergeben hat ... In den erwähnten Fällen der Inbesitznahme macht es keinen Unterschied, ob der Erwerber faktisches Mitglied einer schon entstandenen Eigentümergemeinschaft oder Mitglied einer faktischen, also im Werden befindlichen Eigentümergemeinschaft (vgl. z. B. BayObLGZ 74, 275, 281 = NJW 74, 2134) wird."

---

392 Siehe unten B V 1 a.

393 OLG Köln v. 29.12.77 – 16 Wx 124/77 = OLGZ 1978, 151

394 OLG Köln v. 4.12.80 – 16 Wx 123/89 = MDR 1981, 408

395 OLG Stuttgart v. 24.11.78 – 8 W 351/78 = OLGZ 1979, 34, 35 f.

Entsprechend bestätigte das OLG Stuttgart diese Rechtsansicht kurz darauf für einen Erwerb im Gemeinschaftsstadium[396].

Ebenfalls zu einem Erwerb im Gemeinschaftsstadium äußerte sich das *Kammergericht Berlin* am 8.5.79. Es hielt einen Ersterwerber nach der Gemeinschaftsgründung für stimmberechtigt, stützte die Vorverlagerung seines Stimmrechts aber – in Fortführung der Entscheidungen des BayObLG vom 12.5.65 und des LG Wuppertal vom 30.5.72 – auf eine Ermächtigung des Veräußerers[397]: „Ist das Wohnungseigentumsrecht dem Erwerber aufgelassen und der Eigentumsverschaffungsanspruch durch Vormerkung gesichert, so ist der Erwerber regelmäßig als ermächtigt anzusehen, das mit dem Wohnungseigentum verbundene Stimmrecht bereits vor seiner Eintragung als Eigentümer im Grundbuch auszuüben [Leitsatz] ... Diese Rechtsposition ist so verdinglicht, daß sie als genügende Grundlage für eine Ermächtigung ... angesehen werden kann. Diese Ermächtigung ist in dem Kaufvertrag dadurch erklärt worden, daß bereits mit dem 1.1.1978 die Nutzungen auf die Käuferin übergehen sollten. Nach § 100 BGB sind Nutzungen unter anderem die Vorteile, welche der Gebrauch der Sache oder des Rechts gewährt. Unter diesem Gesichtspunkt wird man das Stimmrecht als „Gebrauchsvorteil" des veräußerten Wohnungseigentums ansehen können ... Jedenfalls lassen sich hieraus Anhaltspunkte für die Auslegung der rechtsgeschäftlichen Vereinbarung, nach der die „Nutzungen" übergehen, in der Richtung gewinnen, daß damit auch die Ermächtigung zur Ausübung des Stimmrechts gemeint ist. Es bedarf hier keiner Entscheidung, ob auch ohne Vereinbarung eines Nutzungsübergangs – etwa stillschweigend – von einer Ermächtigung ausgegangen werden kann."
Bemerkenswert ist dieser Beschluß zum einen deshalb, weil das KG die bis dato von der Rechtsprechung herausgearbeiteten subjektiven Voraussetzungen einer gesetzlichen Vorverlagerung nun ausdrücklich für eine rechtsgeschäftliche Vorverlagerung und darüber hinaus für eine Hilfslösung über § 242 BGB fruchtbar machte[398]: „Jedenfalls muß der Antragsteller sich aufgrund des Kaufvertrages (Übergang der Nutzungen) nach Treu und Glauben (§ 242 BGB) so behandeln lassen, als hätte [der Erwerber] schon ein eigenes Stimmrecht erworben. Auch die anderen Wohnungseigentümer müssen dies gegen sich gelten lassen, da sie ... damit rechnen müssen, daß ein Dritter eines dieser Rechte erwirbt ... Weder Antragsteller noch andere Wohnungseigentümer werden beeinträchtigt, wenn diese Folge bereits vor dem endgültigen Eigentumserwerb, aber nach Begründung der Anwartschaft, eintritt ... Entscheidend bleibt, daß die Rechtsstellung der Erwerberin aufgrund der Auflassung und der Eigentumsverschaffungsvormerkung bereits so stark ist, daß diese Stellung in bezug auf das Stimmrecht wirtschaftlich dem Vollrecht gleichzuachten ist."

---

[396] OLG Stuttgart v. 27.6.80 – 8 W 268/80 = MDR 1980, 937

[397] KG v. 8.5.79 – 1 W 4151/78 = OLGZ 1979, 290, 293 = MDR 1979, 937 = Rpfleger 1979, 316

[398] KG OLGZ 1979, 290, 295

Zum anderen befaßte sich das KG ausdrücklich mit dem Folgeproblem der Verdoppelung von Rechtspositionen (hier des Kopfstimmrechts) und erachtete sie im konkreten Fall für zulässig[399]: „Der Ermächtigung zur eigenen Stimmrechtsausübung steht es nicht entgegen, wenn der Veräußerer aufgrund seiner Teilungserklärung mehrere nicht durch Unterteilung eines Wohnungseigentums gewonnene Wohnungseigentumsrechte innehat und die Ermächtigung zu einer Stimmrechtsmehrung führt [Leitsatz] ... Wenn davon ausgegangen wird, die Erwerberin könne im Wege der Ermächtigung das zu der ihr verkauften und überlassenen ETW gehörige Stimmrecht vor dem endgültigen Eigentumserwerb im eigenen Namen ausüben, gehören zu den rechtlich noch in der Hand des Antragstellers befindlichen Wohnungseigentumsrechten statt einer nun zwei Stimmen."

Zur Verdoppelung der Rechtspositionen bezog kurz darauf auch das *LG Krefeld* Stellung[400]: „Aus den zur Frage der faktischen Gemeinschaft ergangenen Entscheidungen und in der Literatur erfolgten Äußerungen kann indessen nicht gefolgert werden, daß der Veräußerer in dem Umfang von seiner Lastentragungspflicht frei wird, wie der Erwerber zur Lastentragung verpflichtet wird ... Es kann den übrigen Wohnungseigentümern nicht angesonnen werden, vor der Geltendmachung der Bewirtschaftungskosten in jedem Falle die Rechtslage daraufhin zu überprüfen, ob der jeweilige Erwerber bereits „faktisch" Mitglied der Wohnungseigentümergemeinschaft ist oder ob Mitglied der Gemeinschaft nach wie vor ausschließlich der eingetragene Eigentümer ist. Die Gemeinschaft muß vielmehr die Möglichkeit haben, sich ohne weiteres an den eingetragenen Eigentümer zu halten – wie dies § 16 Abs. 2 WEG auch ohne irgendeine Einschränkung vorsieht."

Anders entschied das *BayObLG* im Beschluß vom 10.2.81[401], dem die Aufteilung (§ 8) eines Altbaus durch den späteren Antragsgegner zugrunde lag. Es ließ die Frage nach der Entstehung einer werdenden Wohnungseigentümergemeinschaft mit folgender Begründung offen: „Bei der im Zeitpunkt der Beschlußfassung in der Entstehung begriffenen Wohnungseigentümergemeinschaft kann – wenn man die Erwerber der Wohnungen bereits als (werdende) Wohnungseigentümer ansieht – nicht zugleich auch noch der Antragsgegner für dieselben Wohnungen als Wohnungseigentümer behandelt werden, dem im Wege der gemeinschaftlichen Verwaltung Lasten auferlegt werden können. Denn an der Stelle des Antragsgegners standen in diesem Fall die werdenden Wohnungseigentümer ... Der Beschluß vom 10.8.78 könnte deshalb auch dann, wenn er rechtswirksam zustande gekommen sein sollte, dem Antragsgegner nicht die hier geltend gemachte Verpflichtung auferlegen." Im Gegensatz zum KG nach der rechtsgeschäftlichen Vorverlagerung des Stimmrechts und zum LG Krefeld nach der gesetzlichen Vorverlagerung der anteiligen Lasten- und Kostentragung beließ es das

[399] KG OLGZ 1979, 290, 294

[400] LG Krefeld v. 27.6.79 – 1 T 54/79 = ZMR 1980, 189, 190

[401] BayObLG v. 10.2.81 – 2 Z 12/80 = WEM 1981, 37

BayObLG mithin nicht bei einer Verdoppelung der Rechte und Pflichten, sondern ging von einer Verdrängung des eingetragenen Wohnungseigentümers durch den werdenden Wohnungseigentümer aus.
Im kurz darauf ergangenen Beschluß vom 27.2.81 traf das BayObLG weitere wichtige Aussagen[402]: Zunächst mußte es sich mit der Auffassung des vorinstanzlichen *Landgerichts München I* auseinandersetzen, welches am 20.2.80 die Antragsbefugnis des Erwerbers auf eine Ermächtigung durch den Veräußerer gestützt und bezüglich der gesetzlichen Vorverlagerung entgegen den OLGen Karlsruhe, Köln und Stuttgart entschieden hatte[403]: *„Die in Rechtsprechung und Literatur für das faktische Wohnungseigentum entwickelten Grundsätze können für die Frage des Ausscheidens und Neueintritts eines Miteigentümers aus einer bestehenden bzw. in eine bestehende Wohnungseigentümergemeinschaft nicht herangezogen werden. Das Institut der faktischen Wohnungseigentümergemeinschaft dient dazu, den Käufer einer Eigentumswohnung möglichst frühzeitig in die zu bildende Gemeinschaft einzugliedern und ihn somit auch gegenüber dem bisherigen Grundstückseigentümer und Verkäufer besser abzusichern. Für das Ausscheiden und den Neueintritt eines Miteigentümers besteht ein entsprechendes sachliches Bedürfnis nicht."*
Das BayObLG ignorierte diese Differenzierung und verwies allgemein darauf, „daß der Antragstellerin in der Eigentümerversammlung – unabhängig von der Vollmacht ihrer Rechtsvorgänger – als werdender und sogar auch schon wirtschaftlicher Eigentümerin ihrer Wohnung bereits ein eigenes Stimmrecht (§ 25 WEG) jedenfalls in den sie berührenden Angelegenheiten – zustand". Zudem bestätigte es den Beschluß vom 10.2.81 zur Verdrängung des Veräußerers aus seiner Rechtsposition (hier des Stimmrechts) und erkannte einen funktionalen Zusammenhang zwischen dem Stimmrecht und dem Anfechtungsrecht gemäß § 43 Abs. 1 Nr. 4: „Aus dem eigenen, das Stimmrecht der bisherigen Eigentümer insoweit verdrängenden Stimmrecht der Antragstellerin folgt auf Grund der gegebenen Interessenlage und des verfestigten Anwartschaftsrechts der Antragstellerin vernünftigerweise und zwangsläufig auch ein eigenes Recht zur Anfechtung jedenfalls von Eigentümerbeschlüssen, zu deren Gegenstand die Antragstellerin stimmberechtigt war."

Auf Vorlage des OLG Düsseldorf, welches sich durch den Beschluß des BayObLG vom 10.2.81 an einer Entscheidung gehindert sah, bezog der *7. Zivilsenat* des BGH am 24.3.83 zu folgendem Sachverhalt Stellung: Der Antragsgegner hatte durch Vorratsteilung (§ 8) Wohnungseigentum geschaffen und war immer noch eingetragener Eigentümer zweier Wohnungen, die er aber bereits vorgemerkten Erwerbern zur Nutzung überlassen hatte. Trotzdem sollte er auf Antrag des Verwalters weiterhin Wohngeld bezahlen. Der BGH entsprach diesem Verlangen[404]: „Abweichend von der ge-

---

[402] BayObLG v. 27.2.81 – 2 Z 23/80 = BayObLGZ 1981, 50 = ZMR 1981, 249, 250 (siehe auch Fn. 309)

[403] LG München I v. 20.2.80 – 1 T 15742/79. Hervorhebung durch den Verfasser.

[404] BGH v. 24.3.83 – VII ZB 28/82 = BGHZ 87, 138, 140 f. = NJW 1983, 1615 = DNotZ 1984, 32

setzlichen Regelung werden in Rechtsprechung und Schrifttum als Wohnungseigentümer i. S. d. § 16 II WEG auch die „werdenden" oder „faktischen" oder „wirtschaftlichen" Wohnungseigentümer angesehen, die das Sondereigentum aufgrund eines Erwerbsvertrages nach Übergabe und Inbesitznahme bereits nutzen, im Grundbuch aber noch nicht als Wohnungseigentümer eingetragen sind (vgl. OLG Frankfurt Rpfleger 76, 253, OLG Karlsruhe OLGZ 78, 177; OLG Köln OLGZ 78, 151; OLG Stuttgart OLGZ 79, 34 ...) ... Der Senat hält den im Grundbuch eingetragenen Wohnungseigentümer für verpflichtet, bis zur Umschreibung des Eigentums zugunsten des Erwerbers die Lasten und Kosten gemäß § 16 Abs. 2 WEG zu tragen. Dabei kann offenbleiben, inwieweit der im Grundbuch noch nicht eingetragene Erwerber des Wohnungseigentums nach der in Rechtsprechung und Schrifttum vertretenen Auffassung zur „werdenden" Eigentümergemeinschaft (vgl. BGH NJW 1965, 1763; 1974, 1140; vgl. auch BayObLGZ 1974, 217; 1981, 50, 54) in entsprechender Anwendung des § 16 II WEG für Lasten und Kosten aufzukommen hat. Eine solche Haftung des „werdenden" Eigentümers würde jedenfalls nicht die Haftung des im Grundbuch noch als Wohnungseigentümer eingetragenen Veräußerers beseitigen."

Der BGH verneinte also nicht die antizipierte Anwendbarkeit des WEG, sondern die – einerseits vom LG Krefeld abgelehnte und andererseits vom BayObLG befürwortete – Verdrängung des Veräußerers aus seinen Rechten und Pflichten. Auffällig an dieser Entscheidung ist, daß der BGH – anders als die OLGe Karlsruhe, Köln und Stuttgart sowie das LG München I – nicht zwischen der faktischen Beteiligung an der Gemeinschaft und der Beteiligung an der faktischen Gemeinschaft differenziert. Terminologisch gebraucht er die Begriffe „werdende Gemeinschaft" und „werdender Eigentümer" mit derselben Bedeutung. Das zeigt sich u.a. daran, daß er die Entscheidung des OLG Stuttgart (= Ersterwerb im Gründungsstadium) unter dem Stichwort „werdender/faktischer/wirtschaftlicher Eigentümer" und die Entscheidung BayObLGZ 1981, 50 (= Gemeinschaftsstadium) unter dem Stichwort „werdende Gemeinschaft" anführt. Ebenso allgemein ist die weitere Begründung: „Das im Gesetz nicht vorgesehene „faktische" Wohnungseigentum darf nicht ohne weiteres an die Stelle des im Grundbuch eingetragenen „wirklichen" Wohnungseigentums treten. Auch darf die Funktion des Grundbuchs, Auskunft über den Inhaber des Wohnungseigentums zu geben, nicht eingeschränkt, der Grundsatz, daß der Erwerb des Wohnungseigentums untrennbar mit der Eintragung im Grundbuch verbunden ist, nicht aufgegeben werden ... Vor allem erfordert die Rechtssicherheit, daß der eingetragene Wohnungseigentümer ... weiterhin gemäß § 16 II WEG verpflichtet bleibt. Der Eintragung im Grundbuch können die anderen Wohnungseigentümer entnehmen, wer Wohnungseigentümer und damit Träger der mit dem Wohnungseigentum verbundenen Pflichten ist. Demgegenüber lassen sich der bei einer Veräußerung nach Ansicht des BayObLG an die Stelle des eingetragenen Wohnungseigentümers tretende „werdende" Wohnungseigentümer sowie der Umfang seiner Haftung unter Umständen nur schwer ermitteln." Hier bestätigte der BGH die Überlegungen des LG Krefeld.

Da der BGH die Frage nach der Anerkennung werdender Wohnungseigentümer offen gelassen hatte, waren das *OLG Karlsruhe*[405] und das *OLG München*[406] im folgenden Jahr nicht gehindert, die vorzeitige Anwendung des WEG (§ 43 bzw. § 16 Abs. 2) auf Erwerber im Gemeinschaftsstadium zu beschließen.

Was die Verdrängung des Veräußerers aus seinen Rechtspositionen angeht, mußte sich das *BayObLG* am 21.12.84 dem Urteil des BGH fügen. In dem konkreten Fall war die Wohnungseigentümergemeinschaft bereits entstanden und es ging um die Beitragspflicht eines Zweiterwerbers. Das BayObLG entschied[407]: „Insoweit ist der Antragsgegner demnach faktisch als Mitglied der Wohnungseigentümergemeinschaft anzusehen und in entsprechender Anwendung des § 16 II WEG zur Mittragung der gemeinschaftlichen Lasten und Kosten verpflichtet ... Die Haftung des Rechtsvorgängers bleibt hiervon unberührt (BGH NJW 1983, 1615/1616)." Das BayObLG bestätigte somit einmal mehr die Erweiterung des Anwendungsbereichs auf den Erwerb im Gemeinschaftsstadium, gab aber – gezwungenermaßen – seine Ansicht zur Verdrängung des Veräußerers auf.
Einen Erwerb im Gründungsstadium betraf hingegen der Beschluß des BayObLG vom 11.9.85. Hier vermied es die Begriffe „werdender Eigentümer" bzw. „werdende Gemeinschaft", sondern formulierte allgemein[408]: „Obwohl die Beteiligten (Antragstellerin und Antragsgegnerin) noch nicht im Wohnungsgrundbuch als Wohnungseigentümer eingetragen sind, haben sie eine Rechtsstellung erlangt, die es rechtfertigt, die §§ 43 ff. WEG anzuwenden." Materiellrechtlich bejahte das BayObLG einen Beseitigungsanspruch gemäß §§ 15 Abs. 3, 14 Nr. 1, 22 Abs. 1 i. V. m. § 1004 BGB.
Ein weiteres Mal äußerte sich das BayObLG am 14.11.85[409]. Während das vorinstanzliche Landgericht den Ersterwerber „nach den Grundsätzen der faktischen Gemeinschaft der Wohnungseigentumsanwärter" zur Wohngeldzahlung anhielt, gebrauchte das BayObLG wieder den Ausdruck: „Bei dieser Sachlage ist die Antragsgegnerin faktisch als Mitglied der Wohnungseigentümergemeinschaft anzusehen und in entsprechender Anwendung des § 16 Abs. 2 zur Mittragung der gemeinschaftlichen Lasten und Kosten verpflichtet." Ob es sich tatsächlich um einen Ersterwerb im Gründungsstadium (in diese Richtung das Landgericht: „faktische Gemeinschaft") oder im Gemeinschaftsstadium (in diese Richtung das BayObLG: „faktisches Mitglied der Gemeinschaft") handelte, ist aus der Entscheidungsbegründung nicht ersichtlich. Jedenfalls beweist die widersprüchliche Formulierung, daß sich die Rechtsprechung der auf die OLGe Karlsruhe, Köln und Stuttgart sowie das LG München I zurückgehenden Differenzierung zumindest terminologisch nicht immer bewußt war.

---

[405] OLG Karlsruhe v. 18.5.84 – 11 W 4/84 = OLGZ 1985, 392

[406] OLG München v. 17.7.84 – 9 U 1866/84 = NJW 1986, 139 (LS)

[407] BayObLG v. 21.12.84 – 2 Z 9/84 = WE 1986, 98 = WuM 1986, 158 (LS)

[408] BayObLG v. 11.9.85 – 2 Z 63/85 = NJW-RR 1986, 178 = WE 1986, 137 = ZMR 1985, 420 = WuM 1986, 158

[409] BayObLG v. 14.11.85 – 2 Z 41/85 = WE 1986, 98

In eine andere Richtung – nämlich die Begründung gemäß § 3 – dehnten das *LG Freiburg* und das *LG Nürnberg-Fürth* den Anwendungsbereich der vorzeitigen WEG-Anwendung aus. Während das LG Berlin am 21.12.61 die Vorverlagerung noch auf den Teilungsvertrag (i. w. S.) gestützt hatte, bejahte das *LG Freiburg*[410] nun erstmalig die analoge Anwendung des WEG für eine nach § 3 entstehende Wohnungseigentümergemeinschaft. Der beschwerdeführende Antragsteller hatte seine Wohnung von dem Mitglied einer Bauherrengemeinschaft erworben, deren Teilungsvertrag am 25.5.76 grundbuchlich vollzogen wurde. Er beantragte die Ungültigerklärung eines Eigentümerbeschlusses vom 14.2.76 wegen Fehlens der erforderlichen Einstimmigkeit. Das Landgericht begründete: „Der Beschwerdeführer war von Anfang an antragsberechtigt i. S. d. § 43 I Nr. 4, obwohl er zur Zeit der Antragstellung mangels Grundbucheintragung noch nicht Wohnungseigentümer im Rechtssinne war. Er wohnte jedoch bereits in der von ihm erworbenen Wohnung und war damit in die – sogenannte faktische – Eigentümergemeinschaft eingegliedert ... Das AG hat zu Recht die Anwendung der materiellrechtlichen Vorschriften des WEG im vorliegenden Verfahren bejaht. Da das Gebäude bereits errichtet und der Vertrag zur Einräumung des Sondereigentums nach § 3 von den Miteigentümern abgeschlossen war und seit 10.2.76 beim GBA zum Vollzug vorlag, bestand im Zeitpunkt der Beschlußfassung am 14.2.76 eine faktische Eigentümergemeinschaft, was die Anwendbarkeit der jedenfalls vorliegend zu prüfenden materiellrechtlichen Vorschriften des WEG rechtfertigt."
Das LG Freiburg nahm also eine antizipierte Eigentümergemeinschaft der Bauherren an und entschied, daß der Antragsteller sich aufgrund des Erwerbs von einem der Bauherren in diese Gemeinschaft eingegliedert hatte. Strenggenommen beantwortete es damit zugleich die Frage, ob die Rechtsstellung als Mitglied einer werdenden Wohnungseigentümergemeinschaft im Gründungsstadium übertragen werden kann[411].
Das *LG Nürnberg-Fürth* gelangte im Falle einer Bauherrengemeinschaft ebenfalls zur Anerkennung einer werdenden Gemeinschaft, sei es auf gesetzlicher oder rechtsgeschäftlicher Basis[412].

Schließlich bleibt noch ein Beschluß des *OLG Frankfurt* zum klassischen Anwendungsbereich zu erwähnen, der sich ablehnend mit der Konstruktion der Einpersonengemeinschaft befaßt[413]: „Selbst wenn die Beteiligte ... auch ohne Auflassungsvormerkung die Stellung einer werdenden Eigentümerin erlangt hätte, wäre sie damit, weil sie alle Eigentumswohnungen erwerben sollte, faktisch an die Stelle des teilenden Eigentümers, ihres Ehemannes, getreten. Damit ist aber noch keine faktische Eigentümergemeinschaft entstanden, die Beschlüsse nach § 23 WEG fassen kann, weil dazu min-

---

410 LG Freiburg v. 2.8.78 – 4 T 49/77 = ZMR 1979, 382

411 Siehe dazu unten B V 1 b.

412 Unklar LG Nürnberg-Fürth v. 21.3.85 – 1 O 4928/84 = ZMR 1985, 347, 348: „Die zwischen den Parteien getroffenen Vereinbarungen erlauben es, das Bestehen einer ... faktischen Wohnungseigentümergemeinschaft anzunehmen."

413 OLG Frankfurt a. M. v. 21.6.85 – 20 W 145/85 = OLGZ 1986, 40, 41

destens ein weiterer Wohnungseigentümer gehört, damit von einer Gemeinschaft gesprochen werden kann ... Wenn jetzt die Beteiligte als „Alleineigentümerin" mit allen Anteilen einstimmig Beschlüsse faßt, dann sind diese nicht einmal nur nichtig, sondern stellen sich, weil es an einem Mehrheitsbeschluß der Gemeinschaft i. S. d. § 23 WEG fehlt, als ein sog. juristisches Nihil dar."

Faßt man die Rechtsprechung der zweiten Phase zusammen, so betrifft sie mittlerweile die antizipierte Anwendung aller wesentlichen materiellrechtlichen (§§ 16 Abs. 2, 25 Abs. 2) und verfahrensrechtlichen (§§ 43 ff.) Vorschriften des WEG. Zudem sind zwei Erweiterungen des Anwendungsbereichs festzustellen. Zum einen werden im Falle der Vorratsteilung (§ 8) zunehmend Erwerber nach Gründung der Wohnungseigentümergemeinschaft vorzeitig dem WEG unterstellt, wie es bereits das KG am 4.11.69 beschlossen hatte. Die OLGe Karlsruhe, Köln und Stuttgart stellen die faktische Beteiligung an der Gemeinschaft (= Gemeinschaftsstadium) ausdrücklich der Beteiligung an der faktischen Gemeinschaft (= Gründungsstadium) gleich. Dagegen spricht sich das LG München I mit der Begründung aus, beim bloßen Mitgliedswechsel bestehe im Gegensatz zum Gründungsstadium kein Bedürfnis, den Erwerber gegenüber dem bisherigen Grundstückseigentümer abzusichern. Jedoch hat sich diese Unterscheidung weder sachlich noch terminologisch durchgesetzt. Überwiegend hat es den Anschein, als gehe die Rechtsprechung, insbesondere der BGH, von einer einheitlichen Fragestellung aus. Die Begriffe Ersterwerb und Zweiterwerb sucht man vergebens. Auch die Frage, ob die Wohnungseigentümergemeinschaft bereits entstanden ist, wird in vielen Entscheidungen nicht explizit beantwortet. Zum anderen bejahen zwei Landgerichte erstmals die analoge Anwendung des WEG im Falle des Teilungsvertrages (§ 3).
Außerdem wird das Problem der Verdoppelung von Rechtspositionen behandelt. Das KG vom 8.5.79 stützt die Vorverlagerung des Stimmrechts auf eine – unter den zur gesetzlichen Vorverlagerung herausgearbeiteten subjektiven Voraussetzungen – regelmäßig anzunehmende Ermächtigung durch den Veräußerer und gelangt zu einer zulässigen Stimmrechtsvermehrung. Der BGH lehnt am 24.3.83 die vom BayObLG befürwortete Verdrängung des Veräußerers hinsichtlich der Beitragspflicht nach § 16 Abs. 2 ab.
Das OLG Frankfurt fordert schließlich am 21.6.85 für die Entstehung einer werdenden Wohnungseigentümergemeinschaft mindestens zwei Mitglieder (= Zweipersonengemeinschaft).

bbb) Das Schrifttum

In der Literatur bleibt die endgültige Ausdehnung des Anwendungsbereichs auf das Gemeinschaftsstadium durch die OLGe Karlsruhe, Köln und Stuttgart aus den Jahren 1977/78 zunächst unbemerkt[414]: *Bärmann*[415] sieht „im Falle der Begründung nach § 8 oder auch bei den Bauherrenmodellen" generell ein „ungewisses Vorbereitungsstadium"[416]. *Belz*[417] erklärt allgemein: „Zur Wohnungseigentümergemeinschaft zählt auch der Erwerber eines Wohnungseigentumsrechts, dem an diesem ein Anwartschaftsrecht und damit eine einseitig nicht mehr entziehbare Rechtsposition zusteht, ebenso aber auch ein aufgrund Kaufs nur schuldrechtlich Berechtigter, sofern ihm an der Wohnung bereits der Besitz eingeräumt ist." *Röll* stellt immerhin fest[418]: „Dem Verkauf durch den Bauträger ist die Veräußerung durch einen sonstigen Wohnungseigentümer gleichzusetzen." Beim ersteren sieht er ein dringendes Bedürfnis, den Käufer wie einen echten Eigentümer zu behandeln, um die Lasten- und Kostentragung an die Regelungen im Kaufvertrag (Erwerbsverhältnis) anzupassen, die alleinige Entscheidungsmacht des Bauträgers zu beenden und dem Verwalter das Durchsehen der Wohnungsgrundbücher zu ersparen; beim Weiterverkauf seien die Probleme die gleichen[419].

Die erste – auch terminologische – Differenzierung zwischen dem Gründungs- und dem Gemeinschaftsstadium im Schrifttum stammt von *Bassenge*, und zwar aus dem Jahre 1982[420], immerhin mehr als vier Jahre nach dem Beschluß des OLG Karlsruhe vom 20.12.77: „Schon vor rechtlicher Entstehung der Gemeinschaft sind die Vorschriften über das Innenverhältnis der Eigentümer (§§ 10-29) und das Verfahren (§§ 43 ff.) anwendbar, sobald eine werdende (faktische) Gemeinschaft entstanden ist ... Von der werdenden Gemeinschaft ist der werdende (faktische) Wohnungseigentümer zu unterscheiden ... Auch in dem Verhältnis zwischen den wirklichen Eigentümern einer schon entstandenen Gemeinschaft und einem werdenden Wohnungseigentümer gelten §§ 10-29, §§ 43 ff."

Hingegen unterscheidet *Weitnauer*[421] zunächst weder sachlich noch terminologisch. Er will die Grundsätze der „faktischen Wohnungseigentümergemeinschaft" auf die Be-

---

414 Es finden sich zu dieser Frage keine Beiträge in den Kommentaren von Soergel/Baur 11. Auflage (1978); Erman/H.Ganten 7. Auflage (1981); Weitnauer 6. Auflage (1982) sowie BPM 3. Auflage (1980) und 4. Auflage (1983).

415 BPM/Bärmann 4. Auflage (1980) Einl. Rdn. 664

416 Bärmann Erwerberhaftung S. 68 f.

417 Belz Handbuch 2. Auflage (1982), Kapitel XI 9, S. 197

418 Münch.Komm./Röll 1. Auflage (1981) § 5 Rdn. 37

419 Röll immo-telex (Thema des Monats Juli) 1983, 1, 6 f.

420 Palandt/Bassenge 41. Auflage (1982) Überblick v WEG Anm. 2d aa gegenüber bb. Sie hat sich bis zur heutigen Auflage gehalten.

421 Weitnauer/Weitnauer 6. Auflage (1982) § 3 Rdn. 6k

ziehungen der „werdenden Wohnungseigentümer“ anwenden, und zwar – unter Berufung auf das BayObLG vom 27.2.81 – sowohl, „wenn die Gemeinschaft als solche noch im „Werden“ ist, sich also im Anfangsstadium befindet, als auch dann, wenn ein Erwerber in eine bereits vollwirksam entstandene Gemeinschaft eintritt“.
Augustin[422] benutzt die Begriffe ebenfalls als Umschreibung desselben allgemeinen Problems: „Rechtsprechung und Literatur halten es daher für gerechtfertigt, den „werdenden“ Raumeigentümer schon vor seiner Eintragung im Wohnungsgrundbuch rechtlich wie einen wirklichen Raumeigentümer zu behandeln, auf die rechtlichen Beziehungen der „werdenden“, eine „faktische Gemeinschaft“ bildenden Raumeigentümer die Regeln des WEG (§§ 10 ff.) anzuwenden.“
Genauso wenig differenzieren die *Anmerkungen des Schrifttums*[423] zur Entscheidung des BGH vom 24.3.83. Wie der BGH beziehen sie sich auf die einheitlich verstandene Rechtsfigur des werdenden bzw. faktischen Wohnungseigentümers oder benutzen den verallgemeinernden Terminus des „werdenden“ oder „faktischen“ Wohnungseigentums[424]. Zu Unrecht befürchten einige Autoren, daß sich der BGH von dieser Rechtsfigur distanzieren oder sie in Frage stellen wolle[425]. Denn der BGH ließ die Frage nach einer Beitragspflicht des werdenden Wohnungseigentümers ausdrücklich offen. Allerdings entsprach die vom BGH abgelehnte Auffassung des BayObLG zur Verdrängung des faktisch ausgeschiedenen Veräußerers aus seinen Rechtspositionen der bisherigen Verwaltungspraxis, wonach nur noch der Erwerber zu Eigentümerversammlungen geladen und für die Wohngeldzahlung in Anspruch genommen wurde[426]. Entsprechend sollten das Stimmrecht und die Beteiligtenfähigkeit im WEG-Verfahren allein dem Erwerber zustehen[427]. Einige Stimmen halten deshalb nach wie vor die Alleinhaftung des Erwerbers für angemessen[428]. Der faktische Eigentümer sei vom Verwalter leichter zu ermitteln als der wahre Eigentümer, die rein sachenrechtliche Argumentation des BGH könne nicht überzeugen[429]. Nach der überwiegenden Meinung ist aber die Konsequenz der Gesamtschuld von Veräußerer und Erwerber sachgerecht im Interesse der

---

[422] RGRK/Augustin (1983) § 8 Rdn. 36

[423] Röll NJW 1983, 1616 f.; Deckert ZfBR 1983, 163 ff.; Stürner/Weber JZ 1983, 619; Kahlen BlGBW 1983, 168; Bielefeld DWE 1983, 36 f.; Wellkamp MDR 1983, 1016; H. Müller PiG 17 (1985), 173, 179; Moritz JZ 1985, 216 ff.; Bärmann Erwerberhaftung S. 28

[424] BGHZ 87, 138, 143; Stürner/Weber JZ 1983, 619, 620

[425] Stürner/Weber a. a. O.; Deckert a. a. O.; Wellkamp a. a. O.

[426] Deckert ZfBR 1983, 163, 165, 167; Bielefeld a. a. O.; Röll immo-telex (Thema des Monats Juli) 1983, 1, 5

[427] RGRK/Augustin § 25 Rdn. 16; Belz Handbuch 2. Auflage (1982), Kapitel VII 9.16, S. 131, Kapitel XI 9, S. 197

[428] Wellkamp a. a. O.; Kahlen a. a. O.

[429] Kahlen a. a. O.; Röll NJW 1983, 1616

Wohnungseigentümergemeinschaft, auch wenn Folgeprobleme für das Stimmrecht gesehen werden[430].
Ausgehend von seinem unzutreffenden methodischen Ansatz der faktischen (= fehlerhaften) Gesellschaft bezieht *Finger* das Problem der analogen Anwendung des WEG ausschließlich auf das Gründungsstadium[431].

Die Bassengesche Unterscheidung von Gründungsstadium (= werdende Gemeinschaft) und Gemeinschaftsstadium (= werdender Eigentümer) wird erst wieder durch *Weitnauer, Strunz* und *Sauren* ins Bewußtsein gerückt:
Im Rahmen der Fischener Gespräche von 1984 erklärt *Weitnauer*[432] entgegen seinem zwei Jahre früheren Kommentar: „... im Fall des § 8 WEG muß mindestens ein durch die Teilung gebildetes Wohnungseigentum auf den Erwerber sachenrechtlich übertragen sein, es ist also Auflassung und Eintragung im Grundbuch erforderlich. Namentlich letztere nimmt im Falle des Erwerbs vom Bauträger oft erhebliche Zeit in Anspruch; es kann sein, daß, obwohl bereits die Übergabe an den Erwerber stattgefunden hat, der sachenrechtliche Vollzug sich verzögert, die Erwerber aber bereits so zusammenleben, wie wenn sie rechtlich Wohnungseigentümer wären. Für dieses Zwischenstadium, nicht auch für den Fall der Veräußerung eines Wohnungseigentums nach vollwirksamer Entstehung der Wohnungseigentümergemeinschaft, hat sich das Bedürfnis herausgestellt, sie auch in bezug auf ihre Rechte und Pflichten so zu behandeln. Dies hat zur Anerkennung der Rechtsfigur der werdenden Wohnungseigentümergemeinschaft geführt ...."
Noch deutlicher differenziert *Strunz*[433]: „Für den ... Fall einer werdenden Eigentümergemeinschaft, die bereits faktisch besteht, ohne daß deren einzelne Mitglieder bereits als Eigentümer im Grundbuch auch eingetragen sind, enthält das geltende Recht jedoch ebensowenig eine bestimmte Regelung wie für den Fall, daß ein noch nicht im Grundbuch eingetragener Erwerber mit all den Rechten und auch Pflichten eines Eigentümers in eine bereits voll wirksame Gemeinschaft tritt. Aus bestimmten praktischen Erwägungen ist es heute allgemein anerkannt, daß auch diesen werdenden Eigentümern unter gewissen Voraussetzungen die Rechte des WEG und damit auch das Stimmrecht und das Anfechtungsrecht zustehen ...." Eine werdende Eigentümergemeinschaft hält Strunz sowohl im Falle des Teilungsvertrages (§ 3) als auch im Falle der Vorratsteilung (§ 8) für möglich. Anschließend hebt er hervor: „Von dieser Fallkonstellation zu unterscheiden ist der Eintritt des Erwerbers einer Eigentumswohnung in eine bereits voll wirksam entstandene Wohnungsgemeinschaft. In diesem Fall geht es nämlich nicht darum, ab wann diese Rechte von dem Veräußerer auf den Erwerber

---

430 Palandt/Bassenge 41. Auflage (1982) § 16 Anm. 5b und § 25 Anm. 2a; Stürner/Weber JZ 1983, 619, 620; Bärmann Erwerberhaftung S. 28; H. Müller PiG 17 (1985), 173, 179; Sauren JZ 1985, 261, 263

431 AK-BGB/Finger § 1 Rdn. 47; Finger BauR 1984, 108, 109

432 Weitnauer PiG 17 (1985), 39, 48

433 Strunz BlGBW 1985, 78, 79

übergehen." Anders als Weitnauer will Strunz im Ergebnis beide Fallgruppen gleich behandeln. Denn er gesteht dem „werdenden Eigentümer auch bereits ein eigenes, nicht vom Veräußerer abgeleitetes Stimmrecht" zu und gibt ihm gemäß § 43 analog „zwangsläufig auch ein eigenes Recht zur Anfechtung jedenfalls von Eigentümerbeschlüssen, zu deren Gegenstand der künftige Wohnungseigentümer auch stimmberechtigt war".
Ohne derartige Erläuterungen zur Unterscheidung von Gründungs- und Gemeinschaftsstadium wirft *Sauren* in einer Fußnote[434] Finger vor, nicht zwischen werdender Wohnungseigentümergemeinschaft und werdendem Wohnungseigentümer zu unterscheiden. Sauren bezieht sich in seiner Stellungnahme nur auf letzteren, will ihn zusammen mit dem Veräußerer gesamtschuldnerisch zur Wohngeldzahlung verpflichten und ihn trotz gewisser Bedenken analog § 25 Abs. 2 zur einheitlichen Stimmausübung berechtigen[435].

Im selben Jahr macht *Weitnauer* noch zweimal[436] deutlich, daß er das Bedürfnis für eine vorzeitige Anwendung des WEG nur im Gründungsstadium einer von einem Bauträger (§ 8) ins Leben gerufenen Gemeinschaft anerkennt. Er spricht insoweit von der „echten werdenden Wohnungseigentümergemeinschaft"[437]. Zudem erweitert er ihren Anwendungsbereich wie folgt[438]: „Eine ähnliche Lage ist auch bei Bauherrenmodellen denkbar, aber, soweit ersichtlich, in der Rechtsprechung nicht in Erscheinung getreten." Weitnauer spricht sich also zum einen für eine unterschiedliche Behandlung des Gründungsstadiums und des Gemeinschaftsstadiums aus. Beim Gründungsstadium bezieht er sich weniger auf die dogmatisch verschiedenen Begründungsarten (§ 8 bzw. § 3), als vielmehr auf ihre praktischen Umsetzungsformen (Bauträgerkauf bzw. Bauherrenmodell). Zum anderen hält er die werdende Gemeinschaft nun ausdrücklich auch beim Teilungsvertrag (§ 3) für möglich. Dabei scheint er übersehen zu haben, daß die LGe Freiburg und Nürnberg-Fürth zwischenzeitlich den Anwendungsbereich bereits in diesem Sinne erweitert hatten.
Allgemein wird die Ausdehnung der antizipierten Anwendung des WEG auf eine gemäß § 3 gegründete Wohnungseigentümergemeinschaft jetzt explizit von der herrschenden Rechtsansicht mitgetragen, wenn auch – den Beiträgen von Kapellmann, Trautmann und Hägele folgend – unter teils abweichenden subjektiven Voraussetzungen[439].

---

434 Sauren Rpfleger 1985, 261 Fn. 1

435 Sauren Rpfleger 1985, 261, 263

436 Weitnauer ZfBR 1985, 183, 184; JZ 1985, 927, 932

437 Weitnauer JZ 1985, 927, 935

438 Weitnauer JZ 1985, 927, 932

439 Soergel/Baur 11. Auflage (1978) § 10 Rdn. 4; BPM/Bärmann 4. Auflage (1980) Einl. Rdn. 664; Weitnauer/Weitnauer 6. Auflage (1982) § 43 Rdn. 41; Palandt/Bassenge 41. Auflage (1982) Überblick v WEG Anm. 2d aa; RGRK/Augustin (1983) § 8 Rdn. 37; BPM/Pick 5. Auflage (1983) § 3 Rdn. 84; BPM/Merle 5. Auflage (1983) vor § 43 Rdn. 6

Anderer Auffassung ist allein *Röll*[440]: „Nicht zu einer faktischen Gemeinschaft kommt es bei einer Aufteilung durch Miteigentümer nach §§ 3, 4; in diesem Falle entsteht die Wohnungseigentümergemeinschaft mit der Anlegung der Wohnungsgrundbücher." Weniger deutlich formuliert er an anderer Stelle[441]: „Anders ist es, wenn die Teilung durch Vertrag der Miteigentümer durchgeführt wird (§ 3 Abs. 1) ... Aber auch hier ist die Anlegung der Wohnungsgrundbücher bzw. die Stellung der Anträge hierzu stets Voraussetzung für die Anwendbarkeit der FGG-Vorschriften."

Während die Literatur der zweiten Phase demnach die Erweiterung des Anwendungsbereichs auf die Fälle des Teilungsvertrages (§ 3) mittlerweile überwiegend und ausdrücklich befürwortet, ist sie hinsichtlich der Ausdehnung auf das Gemeinschaftsstadium zurückhaltender. Die meisten Autoren gehen offensichtlich von einer einheitlichen Fragestellung vor und nach der Gründung der Wohnungseigentümergemeinschaft aus. Ein differenziertes Problembewußtsein findet sich zwar 1982 ansatzweise bei Bassenge und Weitnauer, es setzt sich jedoch weder beim BGH noch im Schrifttum durch. Erst 1984/85 greifen Weitnauer, Strunz und Sauren die Unterscheidung von Gründungsstadium und Gemeinschaftsstadium wieder auf. Dabei ist Strunz der einzige, der näher auf die Unterschiede zwischen beiden Stadien hinweist, allein Weitnauer lehnt nun die ausdehnende Anwendung über die „echte werdende Wohnungseigentümergemeinschaft" hinaus ab. Hinsichtlich der Verdrängungsproblematik wird das Urteil des BGH vom 24.3.83 mit der Konsequenz gesamtschuldnerischer Haftung von Veräußerer und Erwerber trotz teils heftiger Kritik mehrheitlich akzeptiert.

[440] Münch.Komm./Röll 1. Auflage (1981) § 5 Rdn. 37

[441] Münch.Komm./Röll 1. Auflage (1981) § 43 Rdn. 11

cc) Die 3. Phase (1985 bis 1989): kein Erwerb im Gemeinschaftsstadium mehr

Die in der Literatur 1984/85 geäußerten Zweifel an der Erweiterung des Anwendungsbereichs auf Erwerbsakte nach Gründung der Wohnungseigentümergemeinschaft wurden in der dritten Phase durch gerichtliche Entscheidungen bestätigt. War die Rechtsprechung in der zweiten Phase vor allem von den Oberlandesgerichten in Karlsruhe, Köln und Stuttgart sowie vom BayObLG geprägt worden, rückte jetzt das Kammergericht Berlin mit vier Vorlageschlüssen an den BGH in den Mittelpunkt. Die hierdurch veranlaßte Rückbesinnung auf den klassischen Anwendungsbereich wurde in der Literatur sehr kontrovers aufgenommen.

aaa) Die Rechtsprechung

Anläßlich eines Zweiterwerbs nach vollzogener Vorratsteilung (§ 8) entschied das *KG* am 23.12.85[442]: „Die Frage, ob der Käufer, der nach vollwirksamer Entstehung der Wohnungseigentümergemeinschaft eine ETW erwirbt, schon vor Vollendung seines sachenrechtlichen Erwerbs als „werdender" Wohnungseigentümer faktisch die Stellung eines Wohnungseigentümers haben kann, wird dem BGH zur Entscheidung vorgelegt ... An einer eigenen Entscheidung ... sieht sich der Senat jedoch gehindert, weil er von Rechtsbeschwerdeentscheidungen des BayObLG (Z 68, 233 = NJW 69, 191; Z 74, 217 ff.; 275 ff.; Z 81, 50 ff.; ZMR 85, 420), des OLG Frankfurt a. M. (Rpfleger 76, 253), des OLG Karlsruhe (Z 78, 177 = Die Justiz 78, 169), des OLG Köln (Z 78, 151; MDR 81, 408) und des OLG Stuttgart (Z 79, 34) abweichen würde."
Obwohl das KG also den Vorlagegegenstand ausdrücklich auf Erwerbsakte *nach* der Entstehung der Wohnungseigentümergemeinschaft beschränkte, ordnete es unverständlicherweise der divergierenden Rechtsprechung auch die Entscheidungen des BayObLG Z 68, 233 (13.8.69), Z 74, 217 (8.5.74), Z 74, 275 (4.7.74), ZMR 85, 420 (11.9.85) und des OLG Stuttgart OLGZ 79, 34 (24.11.78) zu, die jeweils anläßlich eines Erwerbs im Gründungsstadium ergangen waren. Es hielt somit seine eigene Differenzierung zwischen Gründungs- und Gemeinschaftsstadium nicht konsequent durch und ging offenbar von einer einheitlichen Problematik aus.
Bedenklich ist es auch, wenn das KG *seine* Auffassung von der automatischen Verdrängung des Veräußerers den aufgeführten Beschlüssen unterstellt: „Die vorgenannten OLG-Entscheidungen wirken sich in ihrer Konsequenz dahin aus, daß der bisherige faktisch aus der Wohnungseigentümergemeinschaft ausgeschiedene Wohnungseigentümer, an dessen Stelle der Käufer des Wohnungseigentumsanteils getreten ist, schon vor Eigentumsumschreibung nicht mehr die im WEG geregelten und im Verfahren nach § 43 WEG zu klärenden Rechte und Pflichten haben soll (z. B. in der Eigentümerversammlung) und die Ansprüche der Gemeinschaft gegen ihn folgerichtig gegen einen rechtlich außerhalb der Gemeinschaft stehenden Dritten gerichtet und vor dem Prozeßgericht geltend zu machen wären." Eine solche Verdrängung war in Wirk-

---

[442] KG v. 23.12.85 – 24 W 5239/84 = WE 1986, 101 = NJW-RR 1986, 444 = ZMR 1986, 132 = WuM 1986, 159 = Rpfleger 1986, 113

lichkeit nur in den gerade nicht erwähnten Beschlüssen des BayObLG vom 10.2.81 und 27.2.81 befürwortet worden.

Positiv zu bewerten sind hingegen die eingehenden methodischen Ausführungen des KG, in denen es wie *Bassenge* und *Sauren* auch terminologisch zwischen werdender Wohnungseigentümergemeinschaft und werdendem Wohnungseigentümer differenziert. So erklärt es zunächst: „Welche Grundsätze bei einer im Gründungsstadium befindlichen „werdenden“ Wohnungseigentümergemeinschaft vor der Eintragung aller Eigentümer und vor Fertigstellung der Wohnanlage gelten, bedarf hier keiner weiteren Erörterung.“ Soweit das Gründungsstadium „vor der Eintragung aller Eigentümer“ liegen soll, ist das KG ungenau. Offenbar meint es die Eintragung aller *zur Entstehung der echten Wohnungseigentümergemeinschaft notwendigen* – zwei – Wohnungseigentümer.

Anschließend fährt das KG fort: „Jedenfalls wenn die Entstehungsvoraussetzungen der Gemeinschaft erfüllt sind und es sich lediglich um die Frage der Einzelnachfolge in die Rechte eines Wohnungseigentümers handelt, besteht nach Auffassung des Senats bei Berücksichtigung des Willens des Gesetzgebers, wie er im Wortlaut des WEG zum Ausdruck kommt, keine Möglichkeit und bei Beachtung der Grundsätze der richterlichen Rechtsfortbildung, die sich an die Regelungsabsicht und die immanente Teleologie des Gesetzes gebunden hält und sich im Falle einer zulässigen Gesetzesergänzung an Bedürfnissen des Rechtsverkehrs auszurichten hat, auch kein Anlaß zur Konstruktion der Rechtsfigur des „werdenden Wohnungseigentümers“.“

Wie *Strunz* hebt also auch das KG hervor, daß es im Gemeinschaftsstadium um eine Einzelnachfolge in die Rechte eines (veräußernden) Wohnungseigentümers geht. Hinsichtlich der Methodik vertieft das KG: „Der Wortlaut des WEG stellt für die Eintragung der Wohnungseigentümergemeinschaft auf die Eintragung des Eigentümers im Wohnungsgrundbuch ab ... Dieser systematische Zusammenhang des Gesetzes läßt nicht erkennen, daß der Gesetzgeber an andere Voraussetzungen für die Entstehung der Wohnungseigentümergemeinschaft gedacht hat; aus ihm wird vielmehr die Regelungsabsicht deutlich, die Entstehung der Gemeinschaft und die damit verbundenen Rechte und Pflichten der einzelnen Wohnungseigentümer an die Eintragung des Wohnungseigentümers im Grundbuch zu knüpfen. Aber auch eine „Gesetzeslücke“, die im Rahmen des ursprünglichen Plans, der Teleologie des Gesetzes selbst, durch gesetzesimmanente Rechtsfortbildung zu schließen wäre ..., ist nicht feststellbar. Das WEG will ersichtlich für einen bestimmten Lebensbereich, nämlich für die Gemeinschaft der eingetragenen Wohnungseigentümer, eine umfassende und vollständige Regelung treffen und hat damit den häufigen Fall eines Weiterverkaufs des Wohnungseigentums mit Besitzaufgabe schon vor Eigentumsumschreibung erkennbar dahin geregelt, daß es bis zur Eintragung des Käufers für die sich aus dem Gesetz ergebenden Rechte und Pflichten des Wohnungseigentümers allein auf die dingliche Zuordnung ankommt. Die Neuschaffung der Rechtsfigur des „werdenden“ Wohnungseigentümers ist somit – jedenfalls soweit es sich um die Einzelnachfolge in die Rechte eines Wohnungseigentümers handelt – nicht zulässig, weil das Gesetz in dieser Hinsicht eben nicht lückenhaft ist ... Allerdings kann eine Abweichung vom Gesetzeswortlaut durch gesetzes-

übersteigende Rechtsfortbildung auch dann in Betracht kommen, wenn ein unabweisbares Bedürfnis des Rechtsverkehrs dies erfordert ..., wenn also die geschriebene Norm die ihr vom Gesetzgeber zugedachte vernünftige Funktion nicht erfüllen kann und zur praktikablen Umsetzung der Wertvorstellungen des Gesetzgebers eine Ergänzung oder Korrektur des geschriebenen Gesetzes unumgänglich ist. Diese Voraussetzungen sind hier im Fall des Verkaufs von Wohnungseigentum mit Besitzübergabe schon vor der Eigentumsumschreibung nicht erfüllt; insbesondere erfordern die berechtigten Belange keines Beteiligten eine solche Korrektur: Dem bisherigen Wohnungseigentümer ist zuzumuten, noch bis zur Umschreibung des Eigentums alle Pflichten gegenüber der Gemeinschaft zu tragen, selbst wenn er im Kaufvertrag schon vorfristig Nutzungen und Lasten auf den Erwerber übertragen hat. Er kann eine Vertragsgestaltung wählen und darauf hinwirken, daß die Übergangszeit nicht zu lange andauert. Dem Käufer von Wohnungseigentum ist zuzumuten, daß er in der Übergangszeit bis zur Umschreibung noch kein Stimmrecht (§ 25 II WEG) hat, da die Möglichkeit einer Übertragung des Stimmrechts oder der Ermächtigung zur Ausübung des Stimmrechts seitens des noch eingetragenen Wohnungseigentümers besteht und damit den Interessen des Käufers in gleicher Weise gedient ist. Der Wohnungseigentümergemeinschaft ist zuzumuten, daß sie sich wegen ihrer Ansprüche allein an den bisher noch eingetragenen Eigentümer hält, der als Träger der mit dem Wohnungseigentum verbundenen Rechte und Pflichten auch zuverlässig aus dem Grundbuch feststellbar ist. Dies bietet der Gemeinschaft außerdem eine gewisse Sicherheit durch Zugriffsmöglichkeiten auf das Wohnungseigentumsrecht und etwaige Mieteinnahmen daraus. Im Falle der Bejahung der Rechtsfigur des „werdenden" Wohnungseigentümers läßt sich demgegenüber im Einzelfall mitunter nicht sicher feststellen, ob nach dem Verkauf von Wohnungseigentum mit dem noch nicht eingetragenen Käufer eine „faktische" Wohnungseigentümergemeinschaft besteht, wie gerade die in der Rechtsprechung und im Schrifttum umstrittene Frage zeigt, welches Kriterium für die Annahme eines „werdenden" Wohnungseigentümers maßgebend sein soll."
Leider impliziert das KG auch in diesem Zusammenhang seine eigene Auffassung der bisherigen Rechtsprechung: „Die von anderen OLGen in den angeführten Entscheidungen vertretene gesetzesübersteigende Rechtsfortbildung (Rechtsfigur eines werdenden Wohnungseigentümers) ist dagegen weder methodisch zulässig noch in ihren Auswirkungen überhaupt wünschenswert." Wie bereits an anderer Stelle nachgewiesen[443], ist dies nur *eine* mögliche Interpretation der Methodik dieser Gerichte.

Am 11.12.86 wies der *5. Zivilsenat des BGH* den Vorlagebeschluß des KG mangels divergierender Rechtsprechung zurück[444]. Zunächst differenzierte er zutreffend zwischen dem Gründungs- und dem Gemeinschaftsstadium: „Damit entfällt eine Vorlagepflicht aufgrund aller Entscheidungen, welche die analoge Anwendung des § 43 WEG nur für die Eigentümergemeinschaft im Gründungsstadium („werdende" Eigentümer-

[443] Siehe oben S. 88.

[444] BGH v. 11.12.86 – V ZB 5/86 = NJW-RR 1987, 1036

gemeinschaft) behandelt. Dies betrifft BayObLG Z 68, 233; 74, 217, 275; NJW-RR 86, 178." Schließlich sah der BGH auch insoweit nicht dieselbe Rechtsfrage betroffen, als die vom KG angeführten Entscheidungen teils den werdenden Eigentümer, teils den ausgeschiedenen Eigentümer und jeweils verschiedene WEG-Normen (§§ 16 Abs. 2, 25 Abs. 2, 43 ff.) betrafen. Offenbar erkannte der Senat keinen hinreichenden Zusammenhang, der ihn zu einer einheitlichen Stellungnahme gezwungen hätte.

Hatte das *KG* am 23.12.85 die Rechtsfigur des werdenden Wohnungseigentümers nach Gründung der Wohnungseigentümergemeinschaft abgelehnt, so übertrug es – bewußt oder unbewußt – die Begründung dieses Beschlusses am 2.3.87 auf das Gründungsstadium[445]: „Darüber hinaus ist der Senat der Auffassung, daß die hier in der Teilungserklärung festgelegte Bestellungszeit notwendigerweise erst mit der Eintragung des Wohnungseigentums der ersten Erwerber im Grundbuch (§ 4 Abs. 1 WEG) beginnen konnte, weil eine „faktische" Wohnungseigentümergemeinschaft nicht anerkannt werden kann. Hierzu wird auf den Beschluß des Senats vom 23.12.85 Bezug genommen ...."

Für das Gemeinschaftsstadium bestätigte das KG seinen ersten Vorlagebeschluß ausdrücklich am 1.4.87[446] und in drei weiteren Vorlagebeschlüssen an den BGH. Da es mit seiner generell ablehnenden Vorlage gescheitert war, bezog sich das KG zwar nun jeweils auf die konkrete Rechtsposition, verwies aber zur Begründung nach wie vor auf seine grundlegende Entscheidung vom 23.12.85.

So verneinte der zweite Vorlagebeschluß vom 15.2.88 das Stimmrecht eines Erwerbers in der Versammlung einer bereits gegründeten Wohnungseigentümergemeinschaft. Dabei hielt das KG entgegen seiner früheren Stellungnahme vom 8.5.79 die Verdoppelung des (Kopf-)Stimmrechts aufgrund einer Ermächtigung des Veräußerers für unzulässig[447]: „Zutreffend hat das LG entschieden, daß die Erwerber von Wohnungseigentum, für die lediglich eine Eigentumsverschaffungsvormerkung im Grundbuch eingetragen ist, kein eigenes Stimmrecht in Wohnungseigentümerversammlungen haben. Denn das Stimmrecht steht dem „werdenden Wohnungseigentümer" nicht zu. Sofern ... das in § 25 Abs. 2 Satz 1 festgelegte Stimmrecht nach Köpfen gilt, kann der noch im Wohnungsgrundbuch eingetragene Veräußerer dem Erwerber ein eigenes zusätzliches Stimmrecht auch nicht auf dem Wege einer Ausübungsermächtigung verschaffen. Denn das würde zu einer unzulässigen Vervielfachung des Stimmrechts führen. Die Rechtsklarheit gebietet es, daß die Rechte eines Wohnungseigentümers nur demjenigen zustehen, der im Wohnungsgrundbuch als solcher eingetragen ist."

---

[445] KG v. 2.3.87 – 24 W 4028/86 = ZMR 1987, 277, 278

[446] KG v. 1.4.87 – 24 W 5239/84 = NJW-RR 1987, 841 = ZMR 1987, 346 = WuM 1988, 189 = MDR 1987, 675

[447] KG v. 15.2.88 – 24 W 3582/87 = WE 1988, 91 = NJW 1988, 1408 (LS) = ZMR 1988, 271

In seinem dritten Vorlagebeschluß vom 20.4.88 erklärte das KG in bezug auf § 43[448]: „Die Verfahrenszuständigkeit wird also ausschließlich durch die Sachbezogenheit bestimmt ... Soweit der Gesetzgeber in § 43 WEG die Begriffe „Wohnungseigentümer" und „Verwalter" verwendet, soll damit nach Meinung des Senats die Sachbezogenheit lediglich näher verdeutlicht, nicht aber die Zuweisung ... davon abhängig gemacht werden, daß der Berechtigte oder Verpflichtete im Zeitpunkt der Einleitung des Verfahrens noch Wohnungseigentümer oder Verwalter ist. Es genügt, daß der Berechtigte oder Verpflichtete einmal Mitglied der Wohnungseigentümergemeinschaft war oder das Verwalteramt einmal inne hatte und sich hieraus Rechte und Pflichten ergeben, über die zwischen den Beteiligten Streit besteht. Das für die Verfahrenszuständigkeit nach § 43 WEG allein ausschlaggebende Kriterium der Sachbezogenheit hat den Senat gerade veranlaßt, die Rechtsfigur des „werdenden Wohnungseigentümers" abzulehnen mit der Folge, daß für Streitigkeiten zwischen einem Käufer von Wohnungseigentum, auf den nach dem Kaufvertrag Lasten und Nutzen übergegangen sind, für den aber lediglich eine Eigentumsverschaffungsvormerkung im Wohnungsgrundbuch eingetragen ist, und einem eingetragenen Wohnungseigentümer der Rechtsweg zu den Gerichten der freiwilligen Gerichtsbarkeit nicht gegeben ist ...."[449]
Am 15.6.88 erging der vierte Vorlagebeschluß des KG[450], diesmal zur anteiligen Lasten- und Kostentragungspflicht (§ 16 Abs. 2) eines Erwerbers im Gemeinschaftsstadium. Wieder bezog sich das KG zur Begründung auf seinen Beschluß vom 23.12.85.

In Opposition zum KG hielt das *BayObLG* an der vorzeitigen Anwendung des WEG auf Erwerber sowohl im Gründungsstadium als auch im Gemeinschaftsstadium fest[451]. Nachdem es bereits die einseitige Normsetzungsbefugnis (Beschluß vom 8.5.74) und Verfügungsbefugnis (Beschluß vom 22.7.75) des teilenden Eigentümers mit der Entstehung der werdenden Gemeinschaft hatte enden lassen, entschied es nun entspre-

---

[448] KG v. 20.4.88 – 24 W 4878/87 = NJW-RR 1988, 842 = ZMR 1988, 313 = DWE 1988, 103, 104 (siehe auch Fn. 279); aA BGHZ 44, 43, 44 f.; BayObLG Rpfleger 1975, 245; OLG Hamm OLGZ 1982, 20 und OLG Köln OLGZ 1984, 399, 401

[449] Der Inhalt dieser Aussage ist auf den ersten Blick widersprüchlich: Scheint das KG im ersten Halbsatz wie bereits das BayObLG am 3.5.72 (siehe oben Fn. 343) noch davon auszugehen, daß bei einer sachbezogenen Auslegung des § 43 keine Notwendigkeit für eine antizipierte Anwendung der verfahrensrechtlichen Vorschriften des WEG besteht, so bestätigt es im zweiten Halbsatz trotzdem die Folge, daß für Streitigkeiten zwischen künftigen und eingetragenen Wohnungseigentümern der Rechtsweg nicht vor das Wohnungseigentumsgericht führt. Letzteres macht nur dann Sinn, wenn das KG hier allein die antizipierte Anwendung des § 43 aufgrund der mit der Rechtsfigur des werdenden Wohnungseigentümers verbundenen Rechtsfortbildung ablehnt, nicht aber jene aufgrund der eingangs befürworteten sachbezogenen Auslegung.

[450] KG v. 15.6.88 – 24 W 5594/87 = WE 1988, 169 = DWE 1988, 138

[451] BayObLG v. 27.3.86 – 2 Z 109/85 = NJW-RR 1986, 954 (Gemeinschaftsstadium), v. 5.3.87 – 2 Z 111/86 = BayObLGZ 1987, 78 = NJW-RR 1987, 717 = WuM 1988, 177 (Gründungsstadium) und v. 9.6.88 – 2 Z 12/88 = ZMR 1988, 349 = WuM 1988, 332 = DWE 1988, 142 = WE 1989, 62 (Gemeinschaftsstadium)

chend zu der Vornahme von baulichen Veränderungen[452]: „... ein Beseitigungsanspruch besteht, wenn die Antragsgegnerin den Erweiterungsbau nach dem Zeitpunkt errichtet hat, in dem sie nicht mehr als alleinige Inhaberin aller Wohnungseinheiten über das Bauwerk verfügen konnte; das ist ... der Tag, an dem die faktische Wohnungseigentümergemeinschaft entstanden ist."
Wie bereits am 4.7.74 benutzte das BayObLG auch hier den Begriff der „Verfügung". Genau betrachtet stellt eine bauliche Veränderung jedoch lediglich eine tatsächliche Verfügung dar, und diese ist Gegenstand der (nicht ordnungsmäßigen) Verwaltung des gemeinschaftlichen Eigentums.

Auch die *OLGe Köln*[453] und *Düsseldorf*[454] sprachen den Erwerbern von Wohnungseigentum noch nach der Gründung der Gemeinschaft vorzeitig die Antragsberechtigung gemäß § 43 zu. Dabei zeigt die Begründung des OLG Köln, daß es von einer einheitlichen Problematik ausging: „An der Antragsberechtigung allerdings fehlt es ... den Antragstellern auch insoweit nicht, als diese noch nicht als Eigentümer im Wohnungsgrundbuch eingetragen sind. Denn es ist allgemein anerkannt, daß die Rechtsstellung eines Beteiligten für das Verfahren nach § 43 WEG nicht nur von seiner Grundbucheintragung abhängt, sondern im Vorstadium auch dann schon gegeben sein kann, wenn die Beteiligten zueinander in Beziehungen getreten sind, die denen von Wohnungseigentümern wirtschaftlich im wesentlichen gleichstehen. Eine dementsprechende Stellung als „werdende Wohnungseigentümer" in einer faktischen Gemeinschaft haben Beteiligte jedenfalls erlangt, wenn ihnen das Wohnungseigentum rechtswirksam verkauft worden ist und sie die Wohnung bereits in Besitz genommen haben."

In der Folgezeit nahm *der 5. Zivilsenat des BGH* zu den aufgeworfenen Fragen Stellung und betonte wie bereits im Beschluß vom 24.3.83 die Bedeutung der Grundbucheintragung:
Am 24.11.88 entschied der BGH aufgrund der dritten Vorlage des KG über die sachbezogene Auslegung des § 43, indem er seine bisherige Differenzierung beibehielt: Er bejahte die sachbezogene Auslegung weiterhin für § 43 Abs. 1 Nr. 2[455], erteilte ihr aber für § 43 Abs. 1 Nr. 1 eine Absage[456]: „Deutlich überwiegende oder gar zwingende Gründe für eine Abkehr von BGHZ 44, 43 sind im Vorlagebeschluß nicht aufgezeigt und auch nicht ersichtlich." Zu § 43 Abs. 1 Nr. 4 äußerte er sich nicht. Hier hatte zwischenzeitlich das *BayObLG* eine sachbezogene Auslegung angenommen[457].

---

[452] BayObLGZ 1987, 78, 81

[453] OLG Köln v. 16.11.87 – 16 Wx 91/87 = DWE 1988, 24, 25

[454] OLG Düsseldorf v. 5.10.88 – 3 Wx 378/88 = DWE 1989, 80 (LS)

[455] BGHZ 59, 58, 63 f. (siehe oben Fn. 344)

[456] BGH v. 24.11.88 – V ZB 11/88 = BGHZ 106, 34, 37 ff. = NJW 1989, 714 = ZMR 1989, 152

[457] BayObLG v. 4.9.86 – 2 Z 82/86 = BayObLGZ 1986, 348, 351 = ZMR 1987, 66 (siehe auch Fn. 280)

Eine Woche später entsprach der *BGH*[458] dem zweiten Vorlagebeschluß des KG vom 15.2.88. „Es geht hier allein um die Frage, ob derjenige, der bei voll eingerichteter Gemeinschaft im Wege der Einzelnachfolge eine Wohnung erwirbt, vor Umschreibung im Wohnungsgrundbuch unter bestimmten Voraussetzungen schon ein Stimmrecht hat ... Der Senat folgt im Ergebnis der Auffassung des vorlegenden KG. Ein Stimmrecht des Wohnungsanwärters wird – wenn auch über unterschiedliche rechtstechnische Ansätze – im wesentlichen mit der faktischen Eingliederung in die Wohnungseigentümergemeinschaft und mit wirtschaftlichen Interessen begründet. Der Senat hält dies nicht für überzeugend. Der Veräußerer einer ETW ist bis zur Eigentumsumschreibung im Grundbuch rechtlich Mitglied der Wohnungseigentümergemeinschaft ... Aus dieser Mitgliedschaft folgt zwangsläufig das Stimmrecht als Mitverwaltungsrecht i. S. d. § 20 I WEG. Es kann nicht allgemein ausgeschlossen werden (vgl. BGH 99, 90, 94). Der Veräußerer hat mithin, solange er noch Wohnungseigentümer ist, ein Stimmrecht, das durch ein Stimmrecht des Wohnungsanwärters nicht verdrängt werden kann. Das Stimmrecht muß schon aus praktischen Erwägungen an formale Kriterien gebunden sein. Auch insoweit kann die Funktion des Grundbuchs, Auskunft über den Inhaber des Wohnungseigentums zu geben, nicht eingeschränkt werden und der Grundsatz nicht aufgegeben werden, daß der Erwerb des Wohnungseigentums untrennbar mit der Eintragung im Grundbuch verbunden ist (vgl. BGHZ 87, 138, 145). Für den Zeitpunkt einer Eigentümerversammlung läßt sich für alle Beteiligten mit der gebotenen Klarheit die Stimmberechtigung aus dem Grundbuch entnehmen. Die Voraussetzungen für die Annahme eines „werdenden Eigentümers", die zudem in Literatur und Rechtsprechung nach wie vor umstritten sind, lassen sich nur schwer feststellen. Die gelegentlich geäußerte Auffassung, der Verwalter könne leichter den „faktischen" Eigentümer als den eingetragenen Wohnungseigentümer ermitteln (vgl. etwa Röll NJW 83, 1616; Wellkamp MDR 83, 1016), hält der Senat nicht für zutreffend."
Der BGH hob somit die Bedeutung der Grundbucheintragung als wesentliches formelles Element des Wohnungseigentumsrechts hervor. Außerdem wies er auf die Folgeprobleme einer gesetzlichen Stimmrechtsvorverlagerung hin: „Das Stimmrecht kann zwischen dem Wohnungseigentümer und dem Wohnungsanwärter auch nicht danach aufgeteilt werden, wessen Angelegenheiten berührt sind. Eine solche Trennung nach dem Abstimmungsgegenstand stößt auf unüberwindbare praktische Schwierigkeiten und läßt sich nicht vereinbaren mit der Notwendigkeit, das Stimmrecht an klare Voraussetzungen zu binden. Eine einheitliche Ausübung des Stimmrechts durch Wohnungseigentümer und Wohnungsanwärter in analoger Anwendung des § 25 II 2 WEG scheidet ebenfalls aus. Anders als möglicherweise im Falle der Teilung eines Wohnungseigentums in mehrere selbständige WE-Rechte, für den der Senat eine analoge Anwendung des § 25 II 2 WEG erwogen hat (vgl. BGHZ 49, 250, 257; 73, 150, 155), liegt eine der Bruchteilsgemeinschaft vergleichbare übereinstimmende Interessenlage zwischen dem eingetragenen Eigentümer und dem Wohnungsanwärter nicht vor ... Der

[458] BGH v. 1.12.88 – V ZB 6/88 = BGHZ 106, 113, 117 ff. = NJW 1989, 1087 = WE 1989, 48 = ZMR 1989, 154 = WuM 1989, 453 = DNotZ 1989, 422 = BB 1989, 321 (LS) = DB 1989, 524 = Rpfleger 1989, 150

Wohnungsanwärter kann auch nicht ein eigenes selbständiges Stimmrecht neben dem eingetragenen Wohnungseigentümer haben. Dies verbietet sich schon deshalb, weil sonst zu Lasten der übrigen Wohnungseigentümer eine unzulässige Verdoppelung des Stimmrechts einträte (BGHZ 73, 150, 155).“
Schließlich wandte sich der BGH gegen eine rechtsgeschäftliche Vorverlagerung des Kopfstimmrechts. „Mit einer solchen Ermächtigung wäre hier aber schon deshalb nichts gewonnen, weil sie nicht dazu führen darf, daß sich das Stimmrecht des Veräußerers in unzulässiger Weise vervielfacht. Es gilt das sogenannte Kopfstimmrecht, d. h. jeder Wohnungseigentümer hat ohne Rücksicht auf die Anzahl der von ihm gehaltenen WE-Rechte nur eine Stimme (§ 25 II 2 WEG, BGHZ 49, 250, 256) ... Mehr als diese eine Stimme kann der Veräußerer nicht zu Lasten der übrigen Eigentümer anderen zur Ausübung überlassen. Richtig ist zwar, daß die Anzahl der Abstimmungsberechtigten wachsen kann, wenn ein Wohnungseigentümer mehrere ihm gehörende WE-Rechte an verschiedene Erwerber veräußert und diese dann auch als Eigentümer im Grundbuch eingetragen werden (worauf das KG a.a.O. abhebt). Vor dieser Umschreibung ist die Zahl der abstimmungsberechtigten Miteigentümer aber noch nicht angewachsen und ein Wohnungseigentümer kann sie im Wege einer Stimmrechtsermächtigung auch nicht erweitern. Für die praktisch häufiger vorkommenden Gemeinschaften, in denen das Stimmrecht nach Köpfen durch ein Stimmrecht nach Anteilen oder nach Wohnungseinheiten (WE-Rechte) ersetzt ist, kann zwar im Wege einer Ermächtigung zur Stimmrechtsausübung auch nicht die Zahl der Stimmen vermehrt werden. Es ist aber grundsätzlich zulässig, daß der Veräußerer den Erwerber entsprechend den gekauften Anteilen oder der Wohnungseinheit zur Stimmabgabe im eigenen Namen ermächtigt und so sein anteils- oder objektgebundenes Stimmrecht aufteilt. Eine unzulässige Vervielfachung des Stimmrechts ist damit nicht verbunden. Für einen weiten Bereich des WE-Rechts entfällt damit auch das Bedürfnis, allein aus der faktischen Eingliederung des Wohnungsanwärters und dessen wirtschaftlichen Interessen noch vor der Eigentumsumschreibung ein Stimmrecht abzuleiten.“

Das *OLG Saarbrücken*[459] zog aus der BGH-Rechtsprechung die Konsequenz, daß dem „werdenden Wohnungseigentümer kraft Einzelrechtsnachfolge“ dann auch nicht das Antrags- bzw. Anfechtungsrecht gemäß den §§ 43 Abs. 1 Nr. 4, 23 Abs. 4 als „Ausfluß des Stimmrechts des Wohnungseigentümers“ zustehen könne.

Demgegenüber hielt das *BayObLG* aus Vertrauensschutzgründen für bereits anhängige Verfahren am Rechtsweg des werdenden Wohnungseigentümers zu den Wohnungseigentumsgerichten fest[460]. Es wies außerdem darauf hin, seine Rechtsauffassung zur werdenden Wohnungseigentümergemeinschaft im Gründungsstadium nicht geändert zu haben[461].

---

[459] OLG Saarbrücken v. 17.2.89 – 5 W 31/88 (nicht veröffentlicht)

[460] BayObLG v. 23.2.89 – 2 Z 66/88 = WuM 1989, 349 (LS)

[461] BayObLG v. 8.3.89 – 2 Z 13/88 = WuM 1989, 351

Das *LG Frankfurt*[462] folgerte aus der Entscheidung des BGH, daß der künftige Wohnungseigentümer auch keiner Beitragspflicht unterliege, denn „anderenfalls hätte dieser die von der Eigentümergemeinschaft getroffenen Entscheidungen finanziell mitzutragen, ohne auf den Entscheidungsprozeß selbst Einfluß nehmen zu können. Eine derartige Erweiterung der Rechte des „werdenden" Eigentümers durch die Einräumung eines eigenen Stimmrechts hat der BGH in seinem Beschluß vom 1.12.88 jedoch ausdrücklich abgelehnt. Auf dieser Grundlage erscheint es nicht gerechtfertigt, den „werdenden" Wohnungseigentümer einseitig nur mit Pflichten zu belasten."

Tatsächlich gelangte der *BGH* am 18.5.89 aufgrund der vierten Vorlage des KG vom 15.6.88 zu diesem Schluß, wiederum beschränkt auf die „voll eingerichtete Gemeinschaft"[463]: „Daraus ergibt sich nunmehr folgerichtig, daß der „werdende" Eigentümer auch nicht in entsprechender Anwendung von § 16 II WEG für Verbindlichkeiten haftet, die noch vor seinem Eigentumserwerb begründet worden und fällig geworden sind, und zwar erst durch Beschluß einer Eigentümerversammlung, in der er kein eigenes Stimmrecht hatte ... Es besteht im vorliegenden Fall auch kein Bedürfnis für eine analoge Anwendung von § 16 II WEG ... Veräußerer und Erwerber haben es jederzeit in der Hand, durch einen Schuldbeitritt im Wege eines echten Vertrages zugunsten eines Dritten eine Mithaftung des Erwerbers zu begründen. Der Veräußerer kann notfalls auch seinen Freistellungsanspruch gegen den Erwerber an die übrigen Wohnungseigentümer abtreten, so daß diese den Erwerber unmittelbar in Anspruch nehmen können. Damit fehlt aber jedes Bedürfnis, den Geltungsbereich des § 16 II WEG in Widerspruch zu den dargelegten Leitgedanken auszudehnen."

Schließlich folgte das *BayObLG* dieser Rechtsauffassung[464]: „Der Senat hält an seiner bisherigen Rechtsprechung nicht mehr fest und schließt sich nunmehr der Auffassung des BGH an, daß eine entsprechende Anwendung von Vorschriften des WEG auf den noch nicht im Grundbuch eingetragenen Erwerber einer ETW in einer voll eingerichteten Gemeinschaft nicht zwingend erforderlich ist und insbesondere eine analoge Anwendung von § 16 II nicht in Betracht kommt. Dabei kann hier offen bleiben, ob die Wohnungseigentümergemeinschaft während des maßgebenden Zeitraums vom 1.4. bis 15.6.1983 rechtlich bereits bestanden hat, oder ob sie erst durch die Eintragung der Antragsgegnerin im Grundbuch existent wurde. Denn jedenfalls für eine entsprechende Anwendung des § 16 II WEG bestünde auch in diesem Fall im Hinblick auf die in den Kaufverträgen enthaltenen Vereinbarungen über die Zahlung der Bewirtschaftungskosten kein Bedürfnis ... Eine Verpflichtung der Antragsgegnerin zur Zahlung der hier geltend gemachten Wohngeldansprüche ergibt sich auch nicht daraus,

[462] LG Frankfurt a. M. v. 18.4.89 – 2/8 S 404/88 = WuM 1989, 450

[463] BGH v. 18.5.89 – V ZB 14/88 = BGHZ 107, 285, 288 = NJW 1989, 2697 = WE 1989, 196 = ZMR 1989, 434 = WuM 1989, 52 = DWE 1989, 172 = BB 1989, 2070 = DB 1989, 2325 = MDR 1989, 981= DNotZ 1990, 371

[464] BayObLG v. 9.8.89 – 2 Z 144/86 = BayObLGZ 1989, 351, 353 f. = WE 1990, 217 = NJW-RR 1990, 81

daß sie im Kaufvertrag vom 15.1.81 in alle Rechte und Pflichten aus der Teilungserklärung und der Gemeinschaftsordnung eingetreten ist und sich verpflichtet hat, vom Zeitpunkt der Abnahme an die auf sie treffenden Bewirtschaftungskosten und das Verwalterentgelt zu bezahlen. In diesen Vertragsbestimmungen ist lediglich eine der Verkäuferin gegenüber wirkende Erfüllungsübernahme (§ 329 BGB), nicht jedoch ein Schuldbeitritt durch einen echten Vertrag zugunsten Dritter (§ 328 BGB) zu sehen ... Ein Anspruch der Antragsteller gegen die Antragsgegnerin kann aus diesen Vereinbarungen daher nicht abgeleitet werden."
Bemerkenswert an dieser Begründung ist die Aussage des BayObLG, selbst im Falle einer noch nicht gegründeten Wohnungseigentümergemeinschaft, das heißt im Gründungsstadium, kein Bedürfnis für eine Analogie zu sehen. Denn hier deutet sich – vorübergehend – eine gänzliche Abkehr von der antizipierten Anwendung des WEG an.

Zusammengefaßt ergehen in der dritten Phase nur Beschlüsse zur Vorratsteilung (§ 8). Das KG verneint am 23.12.85 grundlegend und umfassend eine antizipierte Anwendung des WEG auf den Zweiterwerber im Gemeinschaftsstadium, für den es nur um eine Einzelnachfolge in die Rechte eines (eingetragenen) Wohnungseigentümers gehe. Nach Zurückweisung dieses ersten Vorlagebeschlusses durch den BGH deutet das KG am 2.3.87 eine Übertragung dieser Grundsätze auf das Gründungsstadium an. Für das Gemeinschaftsstadium bestätigt es seine Rechtsauffassung – gesondert zu jeder Rechtsposition (Stimmrecht, Antragsrecht gemäß § 43, Beitragspflicht) – in weiteren, diesmal erfolgreichen Vorlagen an den BGH, ohne daß jeweils erkennbar ist, ob es sich um einen Ersterwerb vom teilenden Eigentümer oder um einen Zweiterwerb handelt. Der BGH lehnt allerdings die vom KG befürwortete rein sachbezogene Auslegung des § 43 Abs. 1 Nr. 1 ab. Das BayObLG schließt sich gezwungenermaßen der BGH-Rechtsprechung an.

bbb) Das Schrifttum

Nachdem die Literatur die Erweiterung des Anwendungsbereichs auf das Gemeinschaftsstadium in der zweiten Phase größtenteils nicht zur Kenntnis genommen hat, läßt sich die entgegengesetzte Rechtsprechung in der dritten Phase nicht mehr übersehen. Daher finden sich nun verstärkt differenzierende Ansichten, die allerdings nicht immer an der sachlichen Unterscheidung zwischen Gründungs- und Gemeinschaftsstadium einerseits und der auf *Bassenge* zurückgehenden terminologischen Unterscheidung zwischen werdender Gemeinschaft und werdendem Eigentümer (i. e. S.) andererseits festhalten, sondern neue Begriffe und Gegenüberstellungen vorschlagen.

Bärmann[465] will das WEG im Falle des Teilungsvertrages (§ 3) nach wie vor bereits mit dessen Beurkundung antizipiert zur Anwendung kommen lassen, die faktische Wohnungseigentümergemeinschaft erübrige sich daher. Hingegen seien im Falle der Teilungserklärung (§ 8) weitere Voraussetzungen erforderlich, und man könne von einem „werdenden Wohnungseigentümer" sprechen. Es fehle eine gesetzliche Regelung „für den Zustand bis zur endgültigen Fertigstellung der Räume vollkommen. Hier konnte nur die gesetzesübersteigende Rechtsfortbildung eingreifen ...." Weshalb Bärmann nicht auf die Zeit vor der Gründung der Gemeinschaft, sondern auf die Zeit vor der Gebäudeerrichtung abstellt, bleibt unklar.

Weitnauer differenziert weiterhin nach der Gründung der Wohnungseigentümergemeinschaft, führt aber zur Abgrenzung neue Begriffe ein[466]: Unter der Überschrift „Anlaufzeit" erläutert er, die werdende Wohnungseigentümergemeinschaft sei am Falle der Bauträgererwerbs entwickelt worden. Doch auch bei der Begründung nach § 3 WEG sei ein ähnliches Anlauf- oder Zwischenstadium denkbar. Unter der Überschrift „(spätere) Einzelrechtsnachfolge" bezweifelt Weitnauer, „daß es glücklich war, den richtigen Gedanken der werdenden Wohnungseigentümergemeinschaft" auf Fälle zu übertragen, „in denen ein einzelnes Wohnungseigentum nach vollständig und rechtlich in Vollzug gesetzter Wohnungseigentümergemeinschaft veräußert" werde. Deshalb halte er die Gründe, mit denen das KG die Anwendbarkeit auf Fälle des Zweiterwerbs verneine, für überzeugend.
Sowohl das KG als auch Weitnauer selbst haben diesen Begriff des „Zweiterwerbs" in der zweiten Phase jedoch nicht benutzt, vielmehr von einer Einzelnachfolge in eine bereits bestehende Wohnungseigentümergemeinschaft gesprochen (= Erwerb im Gemeinschaftsstadium). Offenbar versucht Weitnauer jetzt, zur Vereinfachung die verkürzenden Termini „Anlaufstadium" und „Zweiterwerb" gegenüber zu stellen. Die

---

465 Bärmann Wohnungseigentümergemeinschaft S. 219 f. Ebenso BPM/Pick 6. Auflage (1987) § 3 Rdn. 84.

466 Weitnauer WE 1986, 92, 93. Ähnlich in PiG 25 (1987), 213, 214 und in Weitnauer/ Weitnauer 7. Auflage (1988) § 10 Anh. Rdn. 3, 6

Begriffe „werdende Gemeinschaft“ und „werdender Eigentümer“ hingegen benutzt er mit einheitlicher Bedeutung[467].

Der Terminus „Anlaufstadium“ ist eindeutig und sachgerecht. Dabei knüpft Weitnauer das Gründungsstadium nach wie vor nicht an die dogmatisch unterschiedlichen Begründungsarten (§§ 3, 8), sondern an ihre praktischen Umsetzungsformen[468].

Der Begriff des „Zweiterwerbs“ ist in seiner Bedeutung unklar: Im herkömmlichen Sinne (= Zweiterwerb i. e. S.) meint er – im Gegensatz zum Ersterwerb – jeden Folgeerwerb, der sich nicht von einem Wohnungseigentumsbegründer ableitet[469]. Allerdings will Weitnauer die vorzeitige Anwendung des WEG ausdrücklich auf das Gründungsstadium beschränken[470]: „Die faktische Wohnungseigentümergemeinschaft endigt mit der Entstehung der rechtlichen Wohnungseigentümergemeinschaft.“ Dies wiederum ist nach dem von Weitnauer geteilten Zweipersonenverständnis der Fall, wenn „nach Begründung von Wohnungseigentum durch Teilungserklärung des Eigentümers gemäß § 8 WEG mindestens ein Wohnungseigentumsrecht an einen Erwerber durch Auflassung und Eintragung im Grundbuch veräußert worden ist“[471]. Von diesem Standpunkt aus ist der Terminus „Zweiterwerb“ in Abgrenzung zum „Anlaufstadium“ aber entweder ungenügend oder mißverständlich und daher abzulehnen:

Ungenügend ist er, wenn Weitnauer dem „Anlaufstadium“ die Zweiterwerbsakte im herkömmlichen, engeren Sinne gegenüber stellen will, denn dann bleibt die Frage nach den Ersterwerbsakten im Gemeinschaftsstadium unbeantwortet.

Mißverständlich ist er, wenn Weitnauer unter den „Zweiterwerb“ nunmehr in einem weiteren Sinne jeden Erwerb nach der Gemeinschaftsgründung fassen will, denn dann fallen hierunter auch Ersterwerbsakte. Setzt Weitnauer also vielleicht den „Zweiterwerb“ (i. w. S.) mit dem „Gemeinschaftsstadium“ gleich, scheint er an anderer Stelle den „Ersterwerb“ mit dem „Anlaufstadium“ gleichsetzen zu wollen[472]: „Die Anlaufphase dauert, bis der letzte Wohnungseigentümer im Grundbuch eingetragen ist.“ Diese Aussage ist wohl wie diejenige des KG vom 23.12.85 im Sinne des Zweipersonenverständnisses dahingehend zu interpretieren, daß die zur Gemeinschaftsgründung mindestens *notwendigen zwei* Eigentümer gemeint sind[473].

Auch der vereinfachende Terminus „(spätere) Einzelrechtsnachfolge“ ist mißverständlich. Er knüpft offenbar an die Formulierung des KG vom 23.12.85 an, wonach es im Gemeinschaftsstadium nur um die „Einzelnachfolge in die Rechte eines Wohnungseigentümers“ gehe. Nicht gemeint sein kann das Begriffspaar „Einzelrechtsnachfolge –

---

[467] Vgl. Weitnauer/Weitnauer 7. Auflage (1988) § 10 Anh. Rdn. 7 ff.

[468] Weitnauer/Weitnauer 7. Auflage (1988) § 10 Anh. Rdn. 3 (Erwerb vom Bauträger) und Rdn. 4 (Bauherrenmodell)

[469] Siehe oben S. 30. In diesem Sinne betraf die Entscheidung des KG v. 23.12.85 tatsächlich einen Zweiterwerb.

[470] Weitnauer/Weitnauer 7. Auflage (1988) § 10 Anh. Rdn. 9; Weitnauer WE 1986, 92, 95

[471] Weitnauer WE 1986, 92

[472] Weitnauer WE 1988, 3, 4

[473] Das verkennt Lotz-Störmer S. 33 Fn. 31.

Gesamtrechtsnachfolge". Denn in diesem Sinne ist *jeder* rechtsgeschäftliche Erwerb von Wohnungseigentum eine Einzelrechtsnachfolge. Außerdem soll sich die „Einzelnachfolge" ja nicht auf das erworbene Wohnungseigentumsrecht selbst, sondern auf die daraus resultierenden Rechte des Wohnungseigentümers beziehen. Weitnauer scheint den Terminus aber dahingehend prägen zu wollen, daß er die Veräußerung eines *einzelnen* Wohnungseigentums nach der Gemeinschaftsgründung beschreibt[474]. Diese Interpretation kann ebenfalls nicht überzeugen. Beim Erwerb von Wohnungseigentum geht es immer um die Veräußerung einzelner Wohnungseigentumsrechte. Ihre Anzahl hat mit der Gemeinschaftsgründung nichts zu tun: es finden nicht etwa zwangsläufig mehr Veräußerungen im Gründungsstadium statt als im Gemeinschaftsstadium.
Weitnauers neu entwickelte Begriffe des „Zweiterwerbs" (i. w. S.) und der „Einzelrechtsnachfolge" sind daher zur verkürzenden terminologischen Abgrenzung insgesamt ungeeignet.

Gleichwohl werden sie von *Seuß* übernommen, der die Figur des werdenden Wohnungseigentümers im Gründungsstadium für unerläßlich hält[475]. Denn sonst „wäre der Bauträger gezwungen, die Verwaltung wie eine Mietwohnanlage zu betreiben und von den Nutzern der Eigentumswohnung eine Nutzungsentschädigung zu verlangen". Es sei ihm nicht zuzumuten, „eine Eigenverwaltung auf unbestimmte Zeit in Gang zu setzen", während die „werdenden Wohnungseigentümer in diesem Stadium weder Einfluß auf die Verwaltung noch die Möglichkeit hätten, eine gemeinsame Willensbildung zur Entscheidung über notwendige, gemeinsame Maßnahmen bei Mängeln am gemeinschaftlichen Eigentum herbeizuführen". Die Eigentumsumschreibung erfolge erst zwei Monate bis zwei Jahre nach der Bezugsfertigkeit.
Demgegenüber nimmt Seuß bei der „Einzelrechtsnachfolge" nur eine Verzögerung von einem bis sechs Monaten an[476]. Doch auch hier liege die vorzeitige Einbindung des Erwerbers in die Gemeinschaft im Interesse aller Beteiligten; eine vertragliche Regelung hänge einerseits vom Wollen der Vertragsparteien ab und sei von der Gemeinschaft nicht immer durchsetzbar. Zwar wäre es „sicher nicht gerechtfertigt, wegen der Einzelrechtsnachfolge den Status des faktischen Wohnungseigentümers zu begründen. Da er aber vorhanden ist, sollte er auch auf die Fälle der Einzelrechtsnachfolge ebenfalls angewandt werden." Der Unterschied zur werdenden Gemeinschaft bestehe nur darin, daß bei jener eine Mehrzahl und bei der Einzelrechtsnachfolge nur ein einzelner als werdender Wohnungseigentümer vorhanden sei.

---

[474] So ausdrücklich Weitnauer FS Korbion (1986), 463, 472: „Keinesfalls sollten und dürfen die Grundsätze der werdenden Wohnungseigentümergemeinschaft auf Fälle übertragen werden, in denen bei bereits in Vollzug getretener Wohnungseigentümergemeinschaft ein einzelner Eigentumswechsel stattfindet."

[475] Seuß ZfgWBay 1986, 516 f.

[476] Seuß ZfgWBay 1986, 519 f.

Merle bestätigt die Differenzierung des KG[477]: „Ist Wohnungseigentum durch Eintragung im Grundbuch begründet und damit die Wohnungseigentümergemeinschaft entstanden, so ist für Streitigkeiten zwischen den im Grundbuch eingetragenen Wohnungseigentümern und einem Sondernachfolger (Käufer) vor der Eigentumsumschreibung im Grundbuch das Verfahren der freiwilligen Gerichtsbarkeit gemäß § 43 nicht zulässig ....“

Ohne auf die Rechtsprechung des KG einzugehen und ohne jegliche Differenzierung befürwortet *Meier*[478] eine anteilige Lasten- und Kostentragungspflicht (§ 16 Abs. 2) des „werdenden“ neben dem eingetragenen Wohnungseigentümer.

Horst Müller stellt hinsichtlich des Bauherrenmodells (§ 3) fest[479]: „Die „Wohnungseigentümergemeinschaft als solche entsteht bereits mit Errichtung der Teilungserklärung und Stellung des Antrags auf ihre Eintragung im Grundbuch, unabhängig vom Bautenstand ... Unerheblich ist demnach auch, ob die Grundstückskäufer schon als Wohnungseigentümer im Grundbuch eingetragen sind.“ Unklar bleibt, ob Müller mit der Gemeinschaft „als solcher“ die werdende oder die echte Gemeinschaft meint[480].

Bader kennzeichnet allgemein jede „Phase des fließenden Übergangs“ beim vertraglichen Eigentumswechsel mit dem Begriff des „werdenden Eigentümers“ und stellt fest, die Rechtsprechung habe insoweit Rechtsfortbildung neben dem Gesetz, möglicherweise sogar gegen das Gesetz betrieben[481]. Speziell zum Stimmrecht führt Bader aus[482]: Eine Vorverlagerung des Stimmrechts müsse konsequenterweise zu einer Verdrängung des Veräußerers führen, da eine (analoge) Anwendung des § 25 Abs. 2 ausscheide. Betrachte man den Erwerber als Wohnungseigentümer, „dann steht ihm das Eigentum nicht gemeinsam mit dem Verkäufer zu, sondern ausschließlich“. Allerdings bezweifelt Bader, daß der Veräußerer keinen Bezug mehr zur Gemeinschaft hat. Insbesondere beim „ersten Abverkauf durch den Bauträger“ hafte dieser der Gemeinschaft zunächst für alle Einheiten auf Wohngeld und jedem Erwerber für Mängelfreiheit. Demgegenüber sei eine gesetzliche Vorverlagerung des Stimmrechts nicht erforderlich, soweit Erwerber und Bauträger einstimmig votierten oder eine Stimmrechtsvertretung „kraft einer Fiktion oder kraft einer Anscheinsvollmacht“ vorliege. Es gehe

---

[477] BPM/Merle 6. Auflage (1987) vor § 43 Rdn. 1

[478] Meier ZMR 1987, 85, 86. In Fn. 3 stützt er sich dabei zu Unrecht auf die Entscheidung des BGH vom 24.3.83.

[479] H. Müller FS Seuß I (1987), 211, 214

[480] Der Vergleich mit H. Müller Praktische Fragen 3. Auflage (1999) Rdn. 26 spricht eher für letzteres. Auch Lotz-Strömer S. 45 Fn. 105 versteht ihn so.

[481] Bader PiG 25 (1987), 67, 73 f. Nach Larenz/Canaris Methodenlehre S. 252 findet eine zulässige gesetzesimmanente Rechtsfortbildung „praeter legem“, eine gesetzesübersteigende Rechtsfortbildung „extra legem“ statt. Eine unzulässige Rechtsfortbildung erfolgt hingegen „contra legem“.

[482] Bader PiG 25 (1987), 67, 85 ff.

daher nur um die „verhältnismäßig seltenen Fälle, in denen der Bauträger mit der ganzen übrigen Gemeinschaft im Clinch liegt und sich weigert, das Stimmrecht zu übertragen". Hier genüge es, wenn die Rechtsprechung dem künftigen Wohnungseigentümer ein Beschlußanfechtungsrecht einräume, schließlich gestehe das BayObLG ein solches auch dem ausgeschiedenen Verkäufer zu. Bader meint also, daß die Ersterwerber vor der Majorität des Bauträgers ausreichend dadurch geschützt sind, daß man ihnen das nachträgliche Recht auf richterliche Entscheidung gemäß § 43 Abs. 1 Nr. 4 gibt, und daß sie daher kein eigenes Stimmrecht benötigen.

Wie Weitnauer will *Bielefeld*[483] die Rechtsprechung des KG nicht verallgemeinern und benutzt zur Abgrenzung die Begriffe des „Zweiterwerbs" und der „echten werdenden Gemeinschaft": „Auch die bisher herrschende Meinung hinsichtlich der Anwendung der Vorschriften des WEG auf die „faktische Gemeinschaft" im Sinne der erstmalig entstehenden, also der echten „werdenden Gemeinschaft", wird durch die Entscheidung des Kammergerichts vom 23. Dezember 1985 nicht tangiert."

Dagegen befürchten *Friedrich Schmidt, Deckert, Ganten, Röll* und *Sauren* ein generelles Ende der Rechtsfigur des werdenden Wohnungseigentümers (i. w. S.).
So meint *Friedrich Schmidt*[484], „daß das KG auch bei Ersterwerb vom Bauträger keine faktische Gemeinschaft anerkennt". Er beschreibt die Entwicklung der Rechtsprechung so: „Während früher die Problematik die Käufer von Bauträgern betraf, die ... so faktisch die erste Eigentümergemeinschaft bildeten, hat sie sich jetzt besonders auf die Fälle verlagert, in denen später eine Wohnung verkauft wird ... Wer hier philologisch-dogmatisch argumentiert, kann die faktische Gemeinschaft auch nicht beim Ersterwerb vom Bauträger zulassen und würde damit die Käufer unter Umständen viele Monate oder gar Jahre rechtlos machen zugunsten des Alleineigentümers „Bauträger"." Wie Weitnauer knüpft Schmidt also an die praktische Erscheinungsform des Bauträgerkaufs an. In einem weiteren Beitrag[485] liefert er eine (auch terminologisch) neue Differenzierung: Er benutzt den Begriff „Zwischenstadium" allgemein für den Zeitraum zwischen Erwerbsvertragsabschluß und Eigentumsumschreibung, unterscheidet dann aber zwischen dem „werdenden Wohnungseigentümer" beim Bauträgerkauf und dem „erwerbenden Wohnungseigentümer". Diese Abgrenzung überzeugt nicht, da auch der vom Bauträger Kaufende Wohnungseigentum *erwirbt*. Es verwundert daher nicht, daß Schmidt selbst die Übergänge für „fließend" und eine saubere Trennung der beiden Fallgruppen für „fragwürdig" hält. Er will deshalb eine einheitliche Lösung[486]: „Die faktische Situation erfordert in beiden Fällen auch rechtliche Anerkennung, zumal beide Situationen nicht eindeutig voneinander getrennt werden können."

---

[483] Bielefeld DWE 1986, 105, 108, der im übrigen den Beschluß des OLG Karlsruhe vom 20.12.77 zu Unrecht dem Gründungsstadium zuordnet (S. 107).

[484] F. Schmidt WE 1987, 171

[485] F. Schmidt PiG 27 (1988), 253, 255 f.

[486] F. Schmidt PiG 27 (1988), 253, 259

Deckert glaubt[487], daß der BGH am 1.12.88 „nur den Zweiterwerbsfall, also die Einzelrechtsnachfolge in einer bereits rechtlich entstandenen und in Vollzug gesetzten Gemeinschaft angesprochen hat. Die auch heute noch überwiegend anerkannte „werdende/faktische Gemeinschaft" in der Entstehungsphase einer Anlage (Aufbaugemeinschaft) ist also (bisher) noch nicht in Frage gestellt ... auch wenn für mich nunmehr kein wesentlicher rechtlicher Unterschied mehr erkennbar ist ...." Entsprechend folgert Deckert später[488]: „Wird vom BGH nunmehr streng formalistisch auf die Grundbucheintragung abgestellt, muß dies sicher auch für die Anfangsphase einer entstehenden Gemeinschaft gelten." Deckert unterscheidet zwar[489]: Im Vorstadium zur rechtlichen Entstehung einer Wohnungseigentümergemeinschaft spreche man von einer „werdenden" Gemeinschaft, daneben gebe es Sondernachfolge (Zweiterwerb). Dann aber benutzt er den Begriff des werdenden Eigentümers sowohl für die Begründer nach § 3 als auch für die „Nachfolgeerwerber" des nach § 8 teilenden Alleineigentümers. In der Sache weist er auf die besondere Bedeutung der werdenden Gemeinschaft bei der Bauträgerinsolvenz hin: „So müßte man schon beim „steckengebliebenen Bau" ... von einer faktischen Gemeinschaft sprechen, deren Mitglieder (Eigentumsanwärter) als sog. werdende Eigentümer Aufbau-(Fertigbau-)Verpflichtungen hätten."

Ohne Differenzierung behandelt *Ganten*[490] das „werdende Wohnungseigentum" und die „Vorwirkung des späteren Gemeinschaftsrechtes". Es sei vorauszusehen, „daß der Entfaltungsraum für eine „faktische Gemeinschaft" in der Rechtsprechung immer geringer wird".

Röll äußert sich 1986 noch optimistisch und ansatzweise differenziert: „Die faktische Gemeinschaft ist beim Erwerb einer einzelnen Wohnung in einer bereits bestehenden Gemeinschaft notwendig und sinnvoll. Unverzichtbar ist diese Institution aber beim Erwerb vom Bauträger ... Es wäre weltfremd, wollte man alle Entscheidungen, aber auch die Kostentragung dem Bauträger überlassen, der sich dann auf Grund schuldrechtlicher Bestimmungen im Kaufvertrag wieder an den Erwerbern schadlos halten müßte[491]. Die faktische Gemeinschaft bietet die sachgerechteste Aufteilung der Kosten; sie wird sich durchsetzen[492]." Wie Weitnauer, Seuß und Schmidt argumentiert Röll mit dem Bauträgerkauf und verlangt eine frühzeitige Verteilung der Entscheidungsgewalt und der Kostentragung. Wie Deckert sieht er eine besondere Situation beim steckengebliebenen Bau und verzichtet hier für die Eingliederung des werdenden Wohnungseigentümers sogar ausnahmsweise auf den Wohnungsbesitz[493]: „Wird aber

[487] Deckert WE 1989, 34

[488] Deckert ETW (Stand: April 1989), Gruppe 2/S. 862

[489] Deckert ETW (Stand: Oktober 1989), Gruppe 4/S. 6 ff.

[490] Erman/H. Ganten 8. Auflage (1989) § 2 Rdn. 7

[491] Röll Rpfleger 1986, 169, 170

[492] Röll DNotZ 1986, 130, 133

[493] Münch.Komm./Röll 2. Auflage (1986) § 5 Rdn. 37b

die Eigentumswohnanlage von der Eigentümergemeinschaft gebaut oder fertiggestellt, so entsteht die Eigentümergemeinschaft schon vor der Bezugsfertigkeit." Nach wie vor sieht Röll jedoch kein Bedürfnis im Falle des Teilungsvertrages (§ 3). Für den Erwerb im Gemeinschaftsstadium führt er hingegen ausdrücklich aus[494]: „Lastenübergang bei Sonderrechtsnachfolge ist im WEG nicht ausdrücklich geregelt. Auch hier gelten die Grundsätze der faktischen Gemeinschaft und zwar sowohl bei der Veräußerung seitens des Bauträgers als auch bei einem späteren Weiterverkauf. Das entspricht der Wirklichkeit."

Rölls optimistische Einschätzung ändert sich nach dem Beschluß des BGH vom 1.12.88. In seiner Anmerkung[495] glaubt er an das „Ende der faktischen Gemeinschaft auch in anderen Fällen".

Sauren[496] betont die „notwendige Unterscheidung" zwischen werdender Gemeinschaft und werdendem Eigentümer: So handele es sich bei dem Fall des Erwerbs vom Bauträger zumeist um das Problem der werdenden Eigentümergemeinschaft. Trotzdem will Sauren weiterhin auch die „Einzelnachfolge" vorzeitig dem WEG unterwerfen. Hingegen behandelt er nach dem Beschluß des BGH vom 1.12.88 nur noch das Gründungsstadium, meint aber auch hier[497]: „Der BGH (NJW 1989, 1087) stellt wohl alles entscheidend auf die Eintragung ab."

Im Rahmen der Fischener Gespräche Ende 1989 bringt Sauren einen neuen Ansatz[498]: Zunächst bezieht er die ablehnende BGH-Rechtsprechung nur auf den Zweiterwerb (i. w. S.), das heißt auf die Zeit nach der Entstehung der Wohnungseigentümergemeinschaft. Sauren will daraus die Konsequenz ziehen, daß alle Mitglieder der werdenden Gemeinschaft hierdurch ihre Rechte verlieren, ein seiner Meinung nach „untragbares Ergebnis"[499]. Daher vertritt er nun die Auffassung, im Bereich der Kostentragung und des Stimmrechts gebe es überhaupt kein Bedürfnis für eine analoge Anwendung des WEG: „So kann der „Bauträger mit den Erwerbern im Kaufvertrag bereits die Geltung der WEG-Regeln vereinbaren. Eine solche Vereinbarung kann auch stillschweigend getroffen werden, indem alle Beteiligten die WEG-Regeln anwenden bzw. ihnen folgen und so den Willen zum Ausdruck bringen, sich gegenseitig so zu behandeln, wie wenn sie Wohnungseigentümer wären." Hingegen befürwortet Sauren eine analoge Anwendung der WEG-Regeln für die Gerichtszuständigkeit, weil darüber keine Vereinbarungen möglich seien: „Denn wer das System des WEG's benutzt, muß auch die Kontrollmöglichkeiten des WEG's erhalten."

---

[494] Münch.Komm./Röll 2. Auflage (1986) § 16 Rdn. 24

[495] Röll NJW 1989, 1070

[496] Sauren Rpfleger 1986, 171 in Erwiderung zu Röll Rpfleger 1986, 169

[497] Sauren WEG 1. Auflage (1989) Einf v § 1 Anm. 5 c

[498] Sauren PiG 32 (1991), 195 ff.

[499] Sauren PiG 32 (1991), 195, 199 unter Verweis auf einen Vortrag Baders vor dem BFW

Bassenge[500] sieht demgegenüber nach wie vor ein Bedürfnis für die werdende Gemeinschaft und bezieht die ablehnende Rechtsprechung des BGH allein auf die Rechtsfigur des werdenden Wohnungseigentümers (i. e. S.).

Auch *Stürner* meint[501]: „Die Entscheidung ist auf die „werdende Wohnungseigentümergemeinschaft" nicht übertragbar. Die Bedenken, die der BGH insoweit äußert (Verdoppelung des Stimmrechts, Rechtsklarheit durch Abstellen auf formelle Kriterien), greifen bei der „werdenden Wohnungseigentümergemeinschaft" nicht durch; es geht hier nicht um die Frage, wer ist Wohnungseigentümer, sondern darum, welche Rechtsregeln Anwendung finden sollen."
Hier versucht Stürner einen Unterschied zwischen dem Gründungsstadium und dem Gemeinschaftsstadium herauszuarbeiten, was ihm jedoch nicht überzeugend gelingt. Denn für die Frage, welche Regeln auf die werdende Gemeinschaft Anwendung finden sollen, ist ja gerade zu beantworten, wer Wohnungseigentümer im Sinne des WEG ist. Im übrigen hält es Stürner[502] – ausdrücklich gegen das KG und den BGH – für unerheblich, „ob der Anwärter in eine bestehende oder erst im Entstehen begriffene Gemeinschaft eintritt ... Es ist aber auch methodisch sinnvoll und legitim, die Rechtsregeln dieser Übergangszeit unter einer einheitlichen dogmatischen Figur zusammenzufassen und einander dabei inhaltlich anzugleichen, um Zufallskasuistik zu vermeiden." Außerdem gebe es auch bei der Begründung von Wohnungseigentum nach § 3 „werdendes Wohnungseigentum"[503]. Stürner ist somit daran gelegen, an einer einheitlichen Rechtsfigur des werdenden Wohnungseigentümers (i. w. S.) festzuhalten, die den gesamten Anwendungsbereich abdeckt.

In der dritten Phase beschäftigen sich schließlich zwei Dissertationen mit dem Problem der werdenden Wohnungseigentümergemeinschaft:
Ringe äußert sich 1988 – seinem Thema „Bauherrengemeinschaft" entsprechend – nur zum Gründungsstadium[504]: „Die Heranziehung des WEG kann nicht von dem zufälligen Augenblick der Grundbucheintragung abhängen. Es wäre für die zukünftigen Wohnungseigentümer unzumutbar, wenn das WEG erst ab Eintragung ins Grundbuch anzuwenden wäre ... Die Frage der analogen Anwendung des WEG tritt aber gleichermaßen auf, wenn die künftigen Wohnungseigentümer das Wohnungseigentum nach § 3 WEG begründen ... Die Bauherrengemeinschaft im Kölner Modell ist keine Gesellschaft bürgerlichen Rechts, sondern eine (werdende) Wohnungseigentümergemeinschaft."

---

[500] Palandt/Bassenge 49. Auflage (1990) Überblick v WEG Anm. 2d bb

[501] Soergel/Stürner § 10 Rdn. 5

[502] Soergel/Stürner § 10 Rdn. 2

[503] Soergel/Stürner § 10 Rdn. 4

[504] Ringe S. 50 f., 162

Storck differenziert 1989[505]: Bei einer im „Werden“ befindlichen (faktischen) Wohnungseigentümergemeinschaft werde an die rein tatsächliche Betätigung von Personen angeknüpft, welche in der Zukunft von einem Bauträger Eigentumswohnungen erwerben wollen, während bei dem Erwerb aus zweiter Hand dieses Wohnungseigentum bereits bestehe. „Was die mit dem Wohnungseigentum jeweils untrennbar verbundenen Rechte und Pflichten angeht, beispielsweise die Innehabung eines Stimmrechts, so kann diese Position gerade nicht übertragbar sein, weshalb sich in dem Zusammenhang – anders als bei der „faktischen Wohnungseigentümergemeinschaft“ – die Frage nach einer etwaigen Analogiefähigkeit dieser Vorschriften in der Form nicht stellen kann. Es kommt hier vielmehr darauf an, ob und inwieweit der Veräußerer gewisse Ausübungsbefugnisse auf den Erwerber übertragen kann.“
Die eingangs zitierte Prämisse kann in der genannten Differenzierung nicht überzeugen. Denn auch Ersterwerber erwerben vom teilenden Bauträger bereits bestehendes Wohnungseigentum, soweit nur die Wohnungsgrundbücher schon angelegt sind. Storcks Folgerung aber ist bemerkenswert: Sie schließt aus der einheitlichen Rechtsnatur des Wohnungseigentums und dem daraus resultierenden Verbot der Abspaltung einzelner Rechtspositionen, daß eine analoge Vorverlagerung eben dieser Rechte und Pflichten bedenklich sei.
Strenggenommen geht es jedoch bei der Vorverlagerung von Rechtspositionen aufgrund der Annäherung eines Erwerbers an sein Wohnungseigentumsrecht gerade nicht um die Abspaltung einzelner Rechte und Pflichten aus diesem eingetragenen Wohnungseigentum. Vielmehr stellt sich primär die Frage, ob die jeweilige Rechtsposition bereits aus dem „werdenden Wohnungseigentum“ antizipiert und parallel zu der entsprechenden Rechtsposition aus dem eingetragenen Wohnungseigentum denkbar ist, insbesondere dann, wenn beide in Konkurrenz zueinander stehen. Nur wenn in diesem Falle ausnahmsweise eine Reduzierung des eingetragenen Wohnungseigentums erforderlich wird, kommt es im Ergebnis zu einem Zustand, welcher der Abspaltung entspricht. Allerdings ist er nicht die Folge einer derivativen Übertragung, sondern einer originären Begründung der Rechtsposition in der Person des werdenden Wohnungseigentümers i. V. m. einer gleichzeitigen Reduktion in der Person des eingetragenen Wohnungseigentümers.

Zusammengefaßt herrschte im Schrifttum der dritten Phase die Befürchtung, die Entscheidungen des KG und des BGH könnten zu einer völligen Aufgabe der antizipierten WEG-Anwendung durch die Rechtsprechung führen. Man erkennt weder ein eindeutiges Abgrenzungskriterium noch eine hinreichende Rechtfertigung für eine differenzierte Lösung. Andere Autoren betonen, die restriktiven Gerichtsbeschlüsse seien auf das Gründungsstadium der Wohnungseigentümergemeinschaft nicht übertragbar. Stürner stellt sich sogar ausdrücklich gegen den BGH.
Die auffälligste Entwicklung in der Literatur ist jedoch die terminologische Verselbständigung des Problems. Für das Gründungsstadium finden sich mittlerweile die Be-

[505] Storck S. 169

griffe „Entstehungsphase“, „Vorstadium“, „Anlaufphase/-zeit/-stadium“ oder „Zwischenstadium“. Letzteres wird teils auf die ausstehende Entstehung der Wohnungseigentümergemeinschaft, teils aber auch auf die Annäherung des einzelnen Wohnungseigentümers bezogen. Der Terminus des „werdenden Wohnungseigentümers“ wird zum Teil für den Ersterwerb vom Bauträger verwendet und dem „erwerbenden Wohnungseigentümer“ gegenüber gestellt. Zum Teil wird er (i. e. S.) gerade für den von der restriktiven Rechtsprechung betroffenen Erwerb im Gemeinschaftsstadium gebraucht. Meist bezeichnet er aber die vorzeitige Anwendung des WEG im allgemeinen. Entsprechend steht auch die „werdende Wohnungseigentümergemeinschaft“ teils für die Gesamtproblematik, teils nur für das Gründungsstadium (dann auch „echte werdende Wohnungseigentümergemeinschaft“ genannt).
Für den Erwerb im Gemeinschaftsstadium werden die Begriffe „Einzelnachfolge“ bzw. „Einzelrechtsnachfolge“, „Sondernachfolge“ und „Anwartschaft“ benutzt, die jedoch ebensogut einen Erwerb im Gemeinschaftsstadium umschreiben könnten und daher für eine trennscharfe Abgrenzung nicht geeignet sind.
Noch kritischer ist das auf Weitnauer zurückgehende, erweiterte Verständnis des Zweiterwerbs zu betrachten. Im Gegensatz zu der üblichen Unterscheidung vom Ersterwerb (= Wohnungseigentumserwerb vom Begründer; dagegen Zweiterwerb = Wohnungseigentumserwerb vom Zwischenerwerber) soll der Zweiterwerb nun den Wohnungseigentumserwerb in einer bereits eingerichteten bzw. entstandenen Wohnungseigentümergemeinschaft bezeichnen. Diese Begriffserweiterung ist nicht nur mißverständlich, sondern auch überflüssig. Zum einen wird hierdurch die herkömmliche Unterscheidung von Ersterwerb und Zweiterwerb verwischt. Zum anderen ist der Begriff des Erwerbs in einer entstandenen Wohnungseigentümergemeinschaft (= Erwerb im Gemeinschaftsstadium) bereits hinreichend bestimmt und aussagekräftig.

dd) Die 4. Phase (1990 bis heute): weiterhin Ersterwerb im Gründungsstadium

Die oben genannten Befürchtungen erwiesen sich als unbegründet, als die Rechtsprechung die analoge Anwendung des WEG für den klassischen Anwendungsbereich des Gründungsstadiums einer gemäß § 8 entstehenden Wohnungseigentümergemeinschaft bestätigte. Die Literatur stimmte dem ganz überwiegend zu. Erst in den späten 90er Jahren kam wieder Bewegung in die Diskussion, als einzelne Gerichte und Autoren den Anwendungsbereich erneut in Frage stellten.

aaa) Die Rechtsprechung

Die vierte Phase begann mit einem Grundsatzurteil des BayObLG, welches das Rechtsinstitut der werdenden Wohnungseigentümergemeinschaft für Ersterwerbsfälle im Gründungsstadium aufrecht erhielt. Danach folgten drei gerichtliche Ansätze, den klassischen Anwendungsbereich zu modifizieren oder ihn gänzlich aufzugeben, welche sich aber nicht durchsetzen konnten.

(1) BayObLG vom 11.4.90: Bestätigung für den Ersterwerb im Gründungsstadium

Grundlegend für die bis heute herrschende Lehre von der werdenden Wohnungseigentümergemeinschaft ist der Beschluß des *BayObLG* vom 11.4.90[506], dem folgender Sachverhalt zugrunde lag: Der frühere Alleineigentümer eines Grundstücks hatte gemäß § 8 Wohnungseigentum begründet und bereits mehrere Wohnungen an Ersterwerber verkauft. Zu diesen gehörten auch die Antragsteller, die vor dem Wohnungseigentumsgericht gemäß § 43 Abs. 1 Nr. 4 die Ungültigkeitserklärung eines Eigentümerbeschlusses begehrten. Sie waren noch nicht als Wohnungseigentümer eingetragen, hatten ihre Wohnung aber bereits bezogen und waren durch eine Auflassungsvormerkung gesichert. Zwar hielten sowohl das vorinstanzliche LG Augsburg als auch das BayObLG den Antrag für unbegründet, hinsichtlich der Zulässigkeit aber vertraten sie unterschiedliche Rechtsansichten:

Das *LG Augsburg*[507] wollte die §§ 43 ff. analog anwenden, da die neuere höchstrichterliche Rechtsprechung ausdrücklich auf den Fall der Einzelnachfolge bei einer voll eingerichteten Gemeinschaft beschränkt worden sei, es sich hier aber um einen Ersterwerb vom Bauträger handele. Offenbar ging das LG davon aus, daß die Wohnungseigentümergemeinschaft erst dann „voll eingerichtet" im Sinne dieser Rechtsprechung sei, wenn alle Ersterwerber im Wohnungsgrundbuch eingetragen sind. Jedoch war diese Annahme in Wirklichkeit nicht mit den betreffenden Entscheidungen des KG und des BGH zu vereinbaren. Die Vorlagebeschlüsse des KG vom 15.2 und 15.6.88, auf die der BGH mit seinen Entscheidungen vom 1.12.88 und 18.5.89 reagierte, verwiesen in ihren Begründungen ausdrücklich auf den ersten Vorlagebeschluß des KG

[506] BayObLG v. 11.4.90 – BR 2 Z 7/90 = BayObLGZ 1990, 101 = NJW 1990, 3216 = WuM 1990, 617 = WE 1991, 203

[507] LG Augsburg v. 19.12.89 – 7 T 1590/89

vom 23.12.85. Dieser wiederum hatte den Erwerb „nach vollwirksamer Entstehung der Wohnungseigentümergemeinschaft" bzw. „wenn die Entstehungsvoraussetzungen der Gemeinschaft erfüllt sind ... die Frage der Einzelnachfolge" zur Vorlage gemacht. Allerdings hatte das KG durch das Zitat von Urteilen zum Gründungsstadium und die Aussage, jenes dauere bis zur Eintragung „aller" Wohnungseigentümer, selbst für Unklarheit gesorgt[508]. Anschließend hatte der BGH die Vorlage des KG dahingehend umformuliert, daß er anstelle von einer „vollwirksam entstandenen" Gemeinschaft von einer „voll eingerichteten" Gemeinschaft sprach. Diese Abweichung wäre nur dann von Bedeutung gewesen, wenn der BGH die Vorlage des KG als eine einheitliche, von der Gemeinschaftsentstehung unabhängige Problematik verstanden und zu lösen gesucht hätte. In seinem Beschluß vom 11.12.86 aber hatte der BGH deutlich gemacht, daß die Differenzierung zwischen dem Gründungsstadium und der Einzelnachfolge nach Entstehung der Gemeinschaft für ihn sehr wichtig war.

Zutreffend stellte das *BayObLG* daher am 11.4.90 fest: „Von einer rechtlich voll eingerichteten und in Vollzug gesetzten Wohnungseigentümergemeinschaft kann demgegenüber erst ab dem Zeitpunkt gesprochen werden, in dem die Wohnungsgrundbücher angelegt und mindestens zwei Wohnungseigentümer eingetragen sind." Darüber hinaus nahm es unter Berufung auf Weitnauer an, daß damit gleichzeitig die werdende Wohnungseigentümergemeinschaft ende. Für diese bestehe „unverändert ein erhebliches praktisches Bedürfnis ... bereits die Vorschriften des WEG entsprechend anzuwenden und insbesondere den Rechtsweg zu den Wohnungseigentumsgerichten zu eröffnen. Bei der werdenden Wohnungseigentümergemeinschaft geht es um die Frage, ob die Vorschriften des WEG auf sie überhaupt anzuwenden sind, während es beim Erwerb nach rechtlicher Entstehung der Gemeinschaft nur darum geht, ob diese für die Gemeinschaft geltenden Vorschriften auch bereits auf den noch nicht eingetragenen Erwerber anzuwenden sind." Entgegen den Ausführungen *Baders* und *Saurens* entschied das BayObLG außerdem, das Ende der werdenden Gemeinschaft habe „nicht zwingend zur Folge, daß ihre bisherigen Mitglieder die ihnen bereits eingeräumten Rechte und Pflichten als Wohnungseigentümer verlieren und erst wieder mit ihrer Eintragung im Grundbuch erlangen. Ein derartiger Wechsel der rechtlichen Befugnisse und damit in der Person der für die Gemeinschaft maßgebenden Mitglieder dient nicht der Kontinuität und einer ordnungsmäßigen Verwaltung. Der Senat ist deshalb der Auffassung, daß mit dem rechtlichen Entstehen der Eigentümergemeinschaft auf die bisherigen Mitglieder der werdenden Wohnungseigentümergemeinschaft, soweit sie nicht durch Eintragung im Grundbuch zu Volleigentümern geworden sind, die Vorschriften des WEG weiterhin entsprechend anzuwenden sind. Damit werden die mit einem vorübergehenden Verlust der Rechtsstellung als Wohnungseigentümer verbundenen Unzuträglichkeiten vermieden. Die Wohnungseigentümergemeinschaft setzt sich dann aus Volleigentümern und werdenden Wohnungseigentümern zusammen. Auf den Sondernachfolger eines eingetragenen Wohnungseigentümers können bis zu

---

[508] Siehe oben S. 128 f.

seiner Eintragung im Grundbuch jedoch die Vorschriften des WEG auch nicht entsprechend angewendet werden. Das gleiche gilt für denjenigen, der Rechtsnachfolger eines werdenden Wohnungseigentümers nach rechtlicher Invollzugsetzung der Gemeinschaft wird. Denn andernfalls würde der Rechtsnachfolger des werdenden Wohnungseigentümers eine stärkere Rechtsstellung erlangen als der eines eingetragenen Wohnungseigentümers."

Die Begründung des BayObLG bedarf an mehreren Stellen der Erläuterung: Soweit das BayObLG die analoge Anwendung des WEG auf den „Sonder-/ Rechtsnachfolger eines eingetragenen Wohnungseigentümers" verneint, muß die nicht erwähnte Ausnahme bedacht werden, daß nach der Anlegung der Wohnungsgrundbücher – wie im konkret entschiedenen Fall – auch der Ersterwerber im Gründungsstadium von einem eingetragenen Wohnungseigentümer, nämlich dem gemäß § 8 teilenden Eigentümer, erwirbt. Das BayObLG meint also hier nur den Sondernachfolger eines Erst- oder Zweiterwerbers (i. e. S.), nicht jedoch den Sondernachfolger (= Ersterwerber) des früheren Alleineigentümers. Die Ersterwerber sollen ja gerade als Mitglieder der werdenden Gemeinschaft anerkannt werden. Dies ändert sich aber nach Auffassung des BayObLG dann, wenn einer von ihnen neben dem teilenden Eigentümer eingetragen wird. Ab diesem Zeitpunkt soll es keine Rolle mehr spielen, ob der (veräußernde) eingetragene Wohnungseigentümer der Alleinbegründer ist oder ein weiterveräußernder Erwerber. In jedem Fall soll eine vorzeitige Anwendung des WEG ausscheiden.

Weiterhin muß geklärt werden, wen das BayObLG unter dem „Rechtsnachfolger eines werdenden Wohnungseigentümers" (= Ersterwerbers) versteht. Nicht gemeint sein kann die Rechtsnachfolge *in das Wohnungseigentum*, denn dieses steht nach wie vor dem teilenden Eigentümer als Erstveräußerer zu. Würde das Wohnungseigentum zwischenzeitlich vom weiterveräußernden Ersterwerber erworben, wäre dieser ja gerade kein werdender Wohnungseigentümer mehr. Aus diesem Grunde gibt es auch keinen Zweiterwerb (i. e. S.) im Gründungsstadium. Es kann sich also nur um die Nachfolge *in die Rechtsstellung des werdenden Wohnungseigentümers* handeln, das heißt um die Übertragbarkeit derselben. Diese Frage wird folglich vom BayObLG für das Gemeinschaftsstadium verneint.

Schließlich hängt die antizipierte Anwendung des WEG nach Ansicht des BayObLG davon ab, ob der Ersterwerber vor oder nach Entstehung der Wohnungseigentümergemeinschaft „erwirbt". Auch hier kann es nicht um den vollendeten Erwerb gehen – denn dann wäre eine Analogie nicht erforderlich –, sondern nur um den gesicherten Erwerb durch die Erfüllung der subjektiven Annäherungsmerkmale (insbesondere die Erlangung von Auflassungsvormerkung und Wohnungsbesitz).

In weiteren Beschlüssen[509] bestätigte das BayObLG für das Stimmrecht gemäß § 25 Abs. 2 und das Antragsrecht gemäß § 43 Abs. 1 die Abgrenzung zwischen der werdenden und der rechtlich in Vollzug gesetzten Gemeinschaft. Dabei hielt es die termi-

---

[509] BayObLG v. 10.1.91 – BR 2 Z 152/90 = WuM 1991, 215; v. 19.6.97 – 2 Z 35/97 = ZMR 1998, 174

nologische Unterscheidung von „Mitgliedern der werdenden Gemeinschaft“ und „werdenden Wohnungseigentümern“ (i. e. S.) allerdings nicht immer konsequent durch[510].

Im Jahre 1992 ergingen zwei Entscheidungen des *OLG Frankfurt* zum werdenden Wohnungseigentümer (i. e. S.) im Gemeinschaftsstadium: Zunächst entschied es[511], daß aus dessen fehlenden Stimmrecht nicht zwingend folge, „daß dem in der Anfechtungsfrist des § 23 IV WEG dann eingetragenen Wohnungseigentümer auch kein Beschlußanfechtungsrecht zukommt“. Zwar sei es richtig, daß Stimm- und Anfechtungsrecht miteinander verbunden seien und regelmäßig dem betroffenen Eigentümer allein zustünden. Jedoch seien auch in anderen Fällen Stimm- und Anfechtungsrecht nicht untrennbar verbunden, wie etwa bei der Beschlußanfechtung durch den Verwalter oder durch einen gemäß § 25 Abs. 5 vom Stimmrecht ausgeschlossenen Eigentümer. „Auch die Folgerung, daß in einem Fall wie dem vorliegenden Veräußerer und Erwerber (zeitlich nacheinander) anfechtungsberechtigt sein können, steht dem Antragsrecht des Erwerbers nicht entgegen, zumal dann nicht, wenn die Beschlußgegenstände – wie hier – beide betreffen.“ Nach Auffassung des OLG Frankfurt kann dem werdenden Wohnungseigentümer (i. e. S.) also das Antragsrecht gemäß den §§ 43 Abs. 1 Nr. 4, 23 Abs. 4 nicht versagt werden, soweit er noch innerhalb der Beschlußanfechtungsfrist zum eingetragenen Wohnungseigentümer wird.
Am 27.8.92 entschied das OLG Frankfurt[512], daß die Grundsätze über die Geltendmachung eines selbständigen Vorschußanspruchs wegen Mängeln am Gemeinschaftseigentum auch auf einen werdenden Wohnungseigentümer (i. e. S.) Anwendung fänden. „Denn der selbständige Vorschußanspruch erwächst gerade nicht aus der Mitgliedschaft in der Eigentümergemeinschaft, sondern hat seinen Rechtsgrund allein im Erwerbsvertrag der Parteien.“
Für das Gründungsstadium bestätigte das OLG Frankfurt die Lehre von der werdenden Gemeinschaft im Hinblick auf die anteilige Lasten- und Kostentragung gemäß § 16 Abs. 2[513].

---

[510] Vgl. BayObLG v. 4.1.96 – BR 2 Z 130/195 = WE 1996, 473 („Das Wesen der *werdenden Wohnungseigentümergemeinschaft* besteht darin, daß die *werdenden Wohnungseigentümer* bereits vor ihrer Eintragung im Grundbuch wie Wohnungseigentümer behandelt werden.“) und BayObLG v. 9.10.97 – 2 Z 86/97 = WE 1998, 157 = ZMR 1998, 101 = WuM 1998, 178 = FGPrax 1998, 17 („Das *Mitglied einer vor rechtlichen Invollzugsetzung bestehenden werdenden Wohnungseigentümergemeinschaft,* (dessen Übereignungsanspruch durch eine Vormerkung gesichert ist und auf den Besitz, Nutzungen, Lasten und Gefahr übergegangen sind), hat in entsprechender Anwendung des § 43 I WEG ein Antragsrecht und in der Eigentümerversammlung ein eigenes Stimmrecht ... Dieses kann der noch im Grundbuch eingetragene Veräußerer nicht widerrufen, da es sich nicht um ein abgeleitetes Objekt- oder Anteilsstimmrecht, sondern um ein eigenes Stimmrecht des *werdenden Wohnungseigentümers* handelt.“).

[511] OLG Frankfurt a. M. v. 14.4.92 – 20 W 202/91 = OLGZ 1992, 439 = ZMR 1992, 311

[512] OLG Frankfurt a. M. v. 27.8.92 – 3 U 165/91 = NJW-RR 1993, 339

[513] OLG Frankfurt a. M. v. 25.4.97 – 20 W 433/96 = DWE 1998, 43 = ZMR 1997, 609

Auch das *OLG Hamm* erkannte die weitgehende antizipierte Anwendung des WEG im Gründungsstadium an, betonte aber eine Ausnahme[514]: „Auf diese werdende Wohnungseigentümergemeinschaft werden einem dringenden praktischen Bedürfnis folgend die Vorschriften über das Gemeinschaftsverhältnis der Wohnungseigentümer bereits weitgehend angewandt. Dies betrifft insbesondere die gemeinschaftliche Lasten- und Kostentragung (§ 16 WEG), die Willensbildung in der Gemeinschaft (§§ 21 ff. WEG) und das gerichtliche Verfahren in Wohnungseigentumssachen (§ 43 WEG). Eine Anwendung des § 12 WEG auf die werdende Wohnungseigentümergemeinschaft kommt jedoch nicht in Betracht."

Das *KG* ließ die Frage nach der antizipierten Anwendbarkeit des WEG im Gründungsstadium ausdrücklich offen[515].
Für das Gemeinschaftsstadium bestätigte es seine Entscheidung vom 8.5.79, regelmäßig die Vorverlagerung des Stimmrechts aufgrund einer Ermächtigung des Veräußerers anzunehmen, diesmal allerdings nur für das Objekt- oder Anteilsstimmrecht. Das KG wies darauf hin, daß der BGH am 1.12.88 eine Vermehrung der Stimmrechte beim Kopfprinzip (§ 25 Abs. 2 S. 1) nicht zugelassen habe[516]. „Damit ist ebenso nachdrücklich, wie ein eigenes Stimmrecht des Wohnungsanwärters abgelehnt wird, für ein abgeleitetes Objekt- oder Anteilsstimmrecht Bahn geschaffen worden. Dem darf nicht durch überspannte Anforderungen an das Vorhandensein einer Ausübungsermächtigung begegnet werden. Zweifellos kann der Veräußerer, der bis zur Umschreibung des Wohnungseigentums das Stimmrecht ausüben will, sich dies vorbehalten. Ein derartiger Vorbehalt muß jedoch festgestellt werden."
In bezug auf den Umfang einer solchen Ermächtigung ging das KG noch über seinen Beschluß vom 8.5.79 hinaus: „Ist der im Grundbuch abgesicherte Wohnungsanwärter bis zu einem erkennbaren Widerruf des Veräußerers materiellrechtlich ermächtigt, das Stimmrecht des Veräußerers auszuüben, ist damit verfahrensrechtlich auch die Möglichkeit eröffnet, zumindest in Verfahrensstandschaft das Beschlußanfechtungsverfahren gemäß § 23 IV WEG durchzuführen. Entspricht die Ermächtigung zur Stimmrechtsausübung der Interessenlage von Eigentümergemeinschaft, Veräußerer und Erwerber, muß dieser auch verfahrensrechtlich in der Lage sein, vermeintliche Mängel von Eigentümerbeschlüssen gerichtlich klären zu lassen."
Das KG schloß sich allerdings dem Beschluß des OLG Frankfurt vom 14.4.92 an, daß das Anfechtungsrecht nicht zwingend dem Stimmrecht folge; es sei vielmehr „jeweils nach der Rechts- und Interessenlage festzustellen, ob der materiellrechtlichen Befugnis auch verfahrensrechtliche Berechtigungen folgen". Der Senat verkenne nicht, daß sich daraus eine Verdoppelung der Stimm- und Anfechtungsberechtigten ergeben könne: „Das ist jedoch die normale Folge, wenn Rechtsmacht übertragbar ist und von dieser

---

[514] OLG Hamm v. 7.4.94 – 15 W 26/94 = NJW-RR 1994, 975

[515] KG v. 25.8.93 – 24 W 3788/93 = OLGZ 1994, 279, 281 = NJW-RR 1994, 208

[516] KG v. 20.7.94 – 24 W 3942/94 = ZMR 1994, 524 = WuM 1994, 714 = NJW-RR 1995, 147 = DWE 1995, 31 = FGPrax 1995, 28 = WE 1995, 119

Möglichkeit Gebrauch gemacht wird. Neben dem Rechtsinhaber steht ein Bevollmächtigter oder Ermächtigter, der auch ein gerichtliches Verfahren einleiten kann. Bei einem konkreten Interessengegensatz hat der Rechtsinhaber die Befugnis, die Kompetenz wieder an sich zu ziehen." In neueren Beschlüssen hat das KG die Verpflichtung eines Erwerbers im Gemeinschaftsstadium gemäß § 14[517] und dessen Beitragspflicht gemäß § 16 Abs. 2 ebenfalls abgelehnt[518].

Beschäftigten sich die bisherigen Entscheidungen vornehmlich mit den Mitwirkungsrechten der §§ 25 Abs. 2, 43 Abs. 1 sowie der Beitragspflicht gemäß § 16 Abs. 2, rückte nun die Bedeutung der werdenden Gemeinschaft auf zwei weiteren Gebieten in den Vordergrund. Es geht jeweils um das Ende der Alleinherrschaft des gemäß § 8 teilenden Eigentümers, sobald sich die werdende Gemeinschaft etabliert:
Der erste Bereich ist die bauliche Ausgestaltung der Wohnanlage: Wie schon am 5.3.87 entschied das *BayObLG* in mehreren Beschlüssen[519], daß von den Bauplänen abweichende Maßnahmen des Bauträgers erst nach Entstehung einer (werdenden) Gemeinschaft unzulässige bauliche Veränderungen i. S. d. § 22 Abs. 1 darstellen könnten, da sie vorher „keinen Eingriff in fremdes Miteigentum oder in fremde Rechte" bildeten, vielmehr der Bauträger bis zu diesem Zeitpunkt die „alleinige Verfügungsbefugnis" habe und folglich auch kein Störer i. S. d. §§ 1004 Abs. 1 BGB, 15 Abs. 3 BGB sein könne.
Dieser Rechtsprechung schlossen sich in der Folgezeit die *OLGe Frankfurt*[520], *Hamm*[521], *Schleswig*[522] und *Köln*[523] an. Bemerkenswert ist, daß anstelle des Begriffs

[517] KG v. 19.4.00 – 24 W 1808/00 = ZMR 2000, 559 = WuM 2000, 368

[518] KG v. 28.2.01 – 24 W 6976/00 = WuM 2001, 353

[519] BayObLG v. 4.1.91 – BR 2 Z 102/90 = WuM 1991, 210, 211; v. 18.7.91 – BR 2 Z 97/91 = DWE 1991, 163; v. 5.11.93 – BR 2 Z 83/93 = ZMR 1994, 126 = NJW-RR 1994, 276; v. 7.9.94 – 2 Z 65/94 = NJW-RR 1995, 653 = WuM 1994, 640 = WE 1995, 282. Stimmen die durch Auflassungsvormerkung gesicherten künftigen Wohnungseigentümer im übrigen vor Entstehung einer (werdenden) Gemeinschaft – aber nach Erstellung der Teilungserklärung mit Gemeinschaftsordnung – einer beabsichtigten baulichen Veränderung durch einen künftigen Wohnungseigentümer zu, so sind sie daran als spätere Wohnungseigentümer gebunden (BayObLG NJW-RR 1995, 653).

[520] OLG Frankfurt a. M. v. 14.12.92 – 20 W 182/91 = OLGZ 1993, 299 = ZMR 1993, 125: „Dann nämlich kann der Bauträger als nicht mehr alleiniger Inhaber aller Sondereigentumseinheiten nicht mehr einseitig über das Bauwerk verfügen."

[521] OLG Hamm v. 21.6.93 – 15 W 386/92 = DWE 1994, 43 (LS): „Bis zur Teilung gemäß § 8 WEG ist der teilende Eigentümer Alleineigentümer und kann das Grundstück baulich ausgestalten, wie er es will. Auch nach der Teilung ändert sich hieran nichts, solange der teilende Eigentümer die alleinige *Herrschaftsmacht* über jedes Sondereigentum und das damit verbundene Gemeinschaftseigentum hat." Ebenso OLG Hamm v. 21.7.97 – 15 W 482/96 = NZM 1998, 199.

[522] OLG Schleswig v. 7.10.93 – 2 W 52/91 = DWE 1994, 38 = WE 1994, 87

[523] OLG Köln v. 27.8.97 – 16 Wx 86, 97 = NJW-RR 1998, 518: „Losgelöst von der Eigentumsanlage verliert der ursprüngliche Eigentümer und Bauträger seine *Gestaltungsbefugnis*

der „Verfügungsbefugnis" nunmehr auch die Begriffe der alleinigen „Herrschaftsmacht" (OLG Hamm) oder „Gestaltungsbefugnis" (OLG Köln) verwendet werden. Richtigerweise handelt es sich bei der baulichen Gestaltung der Wohnanlage um eine Maßnahme der tatsächlichen Verwaltung und somit um eine Frage der Verwaltungsbefugnis über die Gesamtheit der Wohnungseigentumsrechte. Dieses materielle Verwaltungsrecht steht nach der Entstehung der (werdenden) Wohnungseigentümergemeinschaft der Gesamtheit ihrer Mitglieder zu.

Der zweite Bereich, in dem die Alleinherrschaft des teilenden Eigentümers mit den Entscheidungskompetenzen der (werdenden) Wohnungseigentümergemeinschaft kollidiert, ist die Befugnis zur Ausgestaltung der Teilungserklärung samt Gemeinschaftsordnung: Am 24.6.93 bestätigte das BayObLG[524] seinen Beschluß vom 8.5.74, wonach die einseitige Normsetzungsbefugnis des teilenden Eigentümers jedenfalls durch die Entstehung der werdenden Gemeinschaft beendet werde. Es machte jedoch gleichzeitig auf zwei grundbuchrechtliche Folgeprobleme aufmerksam, die sich aus der Beweismittelbeschränkung im Eintragungsverfahren (§ 29 GBO) ergeben:
Zum einen beschloß es nun[525], daß der Alleineigentümer die Befugnis zur einseitigen Änderung der Teilungserklärung bereits mit der Eintragung einer Auflassungsvormerkung für den ersten Erwerber eines Wohnungseigentums verliere und ab diesem Zeitpunkt die Zustimmung der Vormerkungsberechtigten erforderlich sei. Zur Begründung hieß es[526]: „Mit Anlegung der Wohnungsgrundbücher und Eintragung einer Auflas-

---

jedoch ab dem Zeitpunkt, zu dem die Erwerber zu einer faktischen Eigentümergemeinschaft verbunden sind ... Mit diesem Stichtag ist die *Befugnis zur Bestimmung der äußeren Gestaltung* des Gebäudes nach den Grundsätzen des § 22 I WEG der Eigentümergemeinschaft zugefallen."

[524] BayObLG v. 24.6.93 – 2 Z BR 56/93 = BayObLGZ 1993, 259 = NJW-RR 1993, 1362 = WuM 1993, 692

[525] Zwar hatte schon der Beschluß vom 8.5.74 (siehe oben Fn. 351) in seinem Leitsatz nur die „Zustimmung des im Wohnungsgrundbuch vorgemerkten Auflassungsempfängers" und nicht etwa die Erfüllung der sonstigen subjektiven Voraussetzungen gefordert. Diese verkürzte Formulierung hatte sich jedoch eher zufällig ergeben, weil das BayObLG die strittige Frage nach der notwendigen Anlegung der Wohnungsgrundbücher offenlassen wollte und deshalb „jedenfalls nach Anlegung der Wohnungsgrundbücher und Vormerkung der Auflassungsempfänger in diesen eine faktische Wohnungseigentümergemeinschaft" bejahte (BayObLGZ 1974, 217, 219). Im übrigen kam der Leitsatz nur beiläufig zustande, da es im Verfahren allein um die Zustimmung der Grundpfandrechtsgläubiger ging.

[526] BayObLGZ 1993, 259, 261 f. Bestätigt durch BayObLG v. 30.10.97 – BR 2 Z 55/97 = WuM 1998, 235, 236; v. 15.10.98 – BR 2 Z 42/98 = BayObLGZ 1998, 255 = ZMR 1999, 115 = DNotZ 1999, 667 und v. 29.10.98 – BR 2 Z 148/98 = BayObLGZ 1998, 275, 277 (allerdings mit der Einschränkung: „Dies gilt aber nicht, wenn zugleich mit der Anlegung der Wohnungsgrundbücher eine Auflassungsvormerkung eingetragen wird, für die Bestimmungen, die der teilende Grundstückseigentümer erstmals gemäß §§ 5 IV, 8 II 1, 10 I 2 WEG zum Inhalt des Sondereigentums gemacht hat. Denn die Vormerkung kann mit dinglicher Wirkung den Anspruch auf Übertragung des Wohnungseigentums nur mit dem Inhalt sichern, den dieser bei seiner Begründung erhalten hat.").

sungsvormerkung für den ersten Erwerber eines Wohnungseigentums kann, obwohl Eigentümer aller Wohnungseigentumsrechte noch der teilende Grundstückseigentümer ist, eine faktische Wohnungseigentümergemeinschaft entstanden sein, wenn außerdem Besitz, Nutzungen, Lasten und Gefahr auf den Erwerber übergegangen sind. Das Bestehen einer faktischen Wohnungseigentümergemeinschaft kann aber nicht Voraussetzung für die gegenüber dem Grundbuchamt erforderliche Zustimmung des Berechtigten einer Auflassungsvormerkung für eine Änderung der Teilungserklärung samt Gemeinschaftsordnung sein, weil dem Grundbuchamt in dem durch die Beweismittelbeschränkung geprägten Eintragungsverfahren (vgl. § 29 GBO) die Voraussetzungen für den Übergang von Besitz, Gefahren, Lasten und Nutzungen in aller Regel nicht nachgewiesen werden können. Abgestellt werden kann daher nur auf die Eintragung einer Auflassungsvormerkung. Insoweit schränkt der Senat seine bisherige Rechtsprechung ein. Wird die Zustimmung der Berechtigten einer Auflassungsvormerkung verlangt, so entspricht dies nicht der gesetzlichen Regel, wonach vormerkungswidrige Verfügungen ohne Zustimmung des Vormerkungsberechtigten eingetragen werden können, weil der Vormerkungsberechtigte sich sein Recht nach § 888 BGB verschaffen muß. An diesem Grundsatz kann hier ausnahmsweise nicht festgehalten werden. Bliebe es dem einzelnen Vormerkungsberechtigten überlassen, eine vormerkungswidrige Änderung der Gemeinschaftsordnung rückgängig zu machen, könnte er dies nur für sich, nicht aber für andere Vormerkungsberechtigte erreichen, die ... ihre Rechte aus der Vormerkung nicht geltend machen wollen. Dies hätte wiederum zur Folge, daß die Gemeinschaftsordnung nicht einheitlich im Verhältnis aller künftigen Wohnungseigentümer zueinander gälte, also im Grundbuch nicht als Inhalt des Sondereigentums aller Wohnungseigentumsrechte eingetragen werden könnte. In aller Regel kann eine Wohnungseigentümergemeinschaft aber nur funktionieren, wenn die Regelungen der Gemeinschaftsordnung wegen ihres satzungsähnlichen Charakters für alle Wohnungseigentümer einheitlich gelten." Das BayObLG begnügte sich also im Rahmen des Eintragungsverfahrens mit der *potentiellen* Entstehung einer werdenden Wohnungseigentümergemeinschaft. Weiterhin sah es die vormerkungswidrige Änderung der Teilungserklärung wegen der einheitlichen Rechtsnatur der Gemeinschaft nicht nur als relativ unwirksam an (vgl. § 883 Abs. 2 BGB), sondern begründete eine Grundbuchsperre mit der Folge absoluter Unwirksamkeit.
Zum anderen setzte sich das BayObLG mit der im Grundbuchverfahren erforderlichen Bestimmtheit von Teilungserklärungsänderungsvollmachten auseinander. Laut dem BayObLG[527] müssen sie zu einem „zweifelsfreien und eindeutigen" Auslegungsergebnis führen; die Benutzung unbestimmter Begriffe sei aufgrund der Beschränkung des Grundbuchamtes auf den Urkundsbeweis (§ 29 GBO) bedenklich.

[527] BayObLGZ 1993, 259, 263 f. = DNotZ 1994, 233, 236 mit kritischer Anm. Röll. Bestätigt und ergänzt durch BayObLG v. 25.8.94 – BR 2 Z 80/94 = BayObLGZ 1994, 244; v. 18.10.94 – BR 2 Z 55/94 = BayObLGZ 1994, 302 = WuM 1994, 708 = ZMR 1995, 38; v. 19.10.95 – BR 2 Z 99/95 = WE 1996, 155 = DNotZ 1996, 297 = WuM 1996, 485

Dem schloß sich das *OLG Frankfurt* an und ergänzte in bezug auf die inhaltliche Zulässigkeit[528]: „Sofern die Prüfung, wie insbesondere eine solche anhand des § 242 BGB, eine wertende Beurteilung unter Berücksichtigung aller Umstände erfordert, ist das Grundbuchamt dazu wegen der Beweismittelbeschränkung im Eintragungsverfahren in der Regel nicht in der Lage; alsdann muß es die rechtliche Beurteilung der Wirksamkeit einer Vereinbarung dem FGG-Richter im Verfahren nach § 43 WEG überlassen."
Schließlich entschied das BayObLG[529], daß die in der Teilungserklärung dem Grundstückseigentümer eingeräumte Befugnis zur Bestellung des ersten Verwalters grundsätzlich mit dem Entstehen einer werdenden Wohnungseigentümergemeinschaft ende.

Wurde die werdende Gemeinschaft im Bereich der Vorratsteilung (§ 8) somit vor allem von dem BayObLG aufrecht erhalten, sah es für diese Rechtsfigur im Falle der Begründung durch Teilungsvertrag (§ 3) regelmäßig kein Bedürfnis. *Andere Gerichte*[530] hatten zuvor weniger streng geurteilt.
Grundlegend ist der Beschluß des *BayObLG* vom 23.1.92[531]: „Eine werdende Wohnungseigentümergemeinschaft entsteht grundsätzlich nur bei einer Teilung des Grundstücks nach § 8 WEG durch den Alleineigentümer, weil bei diesem Verfahren die Erwerber in der Regel nicht sogleich als Wohnungseigentümer im Grundbuch eingetragen, sondern nur durch eine Vormerkung gesichert werden. Anders ist es bei einer Begründung von Wohnungseigentum durch Miteigentümer in Form eines Begründungsvertrages nach § 3 WEG. Hier werden nach Vorlage des Teilungsvertrages an das Grundbuchamt in Verbindung mit einem Eintragungsantrag sämtliche Miteigentümer sogleich als Wohnungseigentümer ins Grundbuch eingetragen. In diesem Fall ist für eine werdende Wohnungseigentümergemeinschaft grundsätzlich kein Raum."
Das BayObLG bestätigte diese Entscheidung in den Folgejahren[532], obwohl es zwischenzeitlich festgestellt hatte, daß sich auch Bauherrengemeinschaften entsprechend den WEG-Regeln verhalten könnten, bevor eine (echte) Wohnungseigentümergemeinschaft entstanden sei[533]: „Das geschieht zwar bei der Begründung von Wohnungsei-

---

[528] OLG Frankfurt a. M. v. 2.3.98 – 20 W 54/98 = WuM 1998, 303, 305 = NJW-RR 1998, 1707

[529] BayObLG v. 3.3.94 – 2 Z BR 142/93 = NJW-RR 1994, 784 = ZMR 1994, 483. Zustimmend OLG Düsseldorf v. 14.2.01 – 3 Wx 450/00 = ZMR 2001, 650, 651.

[530] So hielten die LGe München I und II als Vorinstanzen zu den Beschlüssen des BayObLG v. 11.4.91 – AR 2 Z 110/90 = BayObLGZ 1991, 150, 151 = NJW-RR 1991, 977 bzw. v. 6.6.91 – AR 2 Z 44/91 = NJW-RR 1991, 1358 eine werdende Wohnungseigentümergemeinschaft von Bauherren für möglich. Das OLG Hamburg v. 28.8.91 – 2 Wx 15/90 = ZMR 1992, 170 ließ die Frage anläßlich eines Bauherrenmodells offen.

[531] BayObLG v. 23.1.92 – AR 2 Z 110/91 = NJW-RR 1992, 597, 598 = WuM 1992, 204

[532] BayObLG v. 17.7.97 – 2 Z BR 25/97 = WE 1998, 149 und v. 20.4.00 – 2 Z BR 22/00 = ZMR 2000, 623. Zustimmend KG v. 17.1.01 – 24 W 2065/00 = WuM 2001, 352, 353 = ZMR 2001, 656, 657.

[533] BayObLG v. 24.6.93 – 2 Z BR 49/93 = WuM 1993, 701

gentum nach § 3 WEG anders als bei der Vorratsteilung nach § 8 WEG nicht in Etappen, sondern erst mit der Eintragung des Begründungsvertrages in das Grundbuch ... Doch auch hier besteht in vielen Fällen vorher schon eine schlichte Miteigentümergemeinschaft nach §§ 741 ff. BGB oder eine Bauherrengemeinschaft in der Form der Gesellschaft nach §§ 705 ff. BGB, die in aller Regel im Verhältnis zwischen den Miteigentümern nach den an sich noch nicht anwendbaren Vorschriften des WEG lebt. In solchen Fällen ist es zumindest sehr schwierig, die Zahlungen und Aufwendungen, die die Miteigentümer oder die Bauherren betreffen, eindeutig von denen zu trennen, die die Wohnungseigentümergemeinschaft treffen ... Denn es ist so gut wie nie vorher abzusehen, wann die Wohnungsgrundbücher angelegt werden und damit Wohnungseigentum entsteht."

Zusammengefaßt erkennt die Rechtsprechung des BayObLG ein Bedürfnis für die antizipierte Anwendung des WEG zwar nicht im Falle des Teilungsvertrages (§ 3), aber weiterhin im Falle der Vorratsteilung (§ 8) an, insbesondere wenn es um die Beendigung der Alleinherrschaft des teilenden Eigentümers hinsichtlich der baulichen Gestaltung der Wohnanlage und der rechtlichen Gestaltung des Gemeinschaftsverhältnisses geht. Insoweit hat das BayObLG die Lehre von der werdenden Wohnungseigentümergemeinschaft geprägt, allerdings nur bis zur Gründung der echten Gemeinschaft durch die Eintragung des ersten Ersterwerbers im Wohnungsgrundbuch. Die bis dahin dem WEG unterfallenden Mitglieder der werdenden Gemeinschaft sollen aber ihre Rechte und Pflichten nach dem WEG behalten.
Demgegenüber ergingen in der vierten Phase einzelne Gerichtsentscheidungen, die den Anwendungsbereich der antizipierten WEG-Anwendung anders beurteilten.

(2) LG Ellwangen vom 10.1.96: auch Ersterwerb im Gemeinschaftsstadium

Vor dem *LG Ellwangen* nahmen sich Ersterwerber untereinander auf Wohngeldzahlung in Anspruch. Ob bereits eine echte Zweipersonengemeinschaft bestand, war streitig. Unabhängig davon erklärte das LG Ellwangen die Vorschriften der §§ 10-29, 43 ff. für anwendbar[534]: „Dies gilt zumindest dann, wenn eine echte werdende (faktische) Gemeinschaft besteht, in der noch keiner der Erwerber als Wohnungseigentümer eingetragen ist ... Ob dies auch zutreffend ist für Fälle, in denen Wohnungseigentümer teilweise schon eingetragen sind, ist jedoch streitig (vgl. einerseits *Coester*, NJW 1990, 3185 und andererseits BayObLG NJW 1990, 3217). Die Kammer schließt sich der Meinung von *Coester* an, da nicht einsichtig ist, weshalb die Eintragung eines Eigentümers im Grundbuch die Rechtslage dahin ändern soll, daß danach eine werdende (faktische) Gemeinschaft nicht mehr besteht. Die Entscheidungen des BGH (Z 106, 113; 107, 285) betreffen ersichtlich nicht Fälle der werdenden Gemeinschaft, sondern solche, bei denen Eigentümer einer vollständig in Vollzug gesetzten Gemeinschaft einzelne Wohnungen an Dritte verkauft haben und diese noch nicht im Grundbuch als Eigentümer eingetragen sind."

---

[534] LG Ellwangen v. 10.1.96 – 5 T 54/95 = NJW-RR 1996, 973

Daran ist richtig, daß der BGH keine Entscheidung über das Gründungsstadium getroffen hatte. Allerdings verkannte das LG Ellwangen, daß der BGH – den Vorlagen des KG folgend – seine ablehnende Haltung für jeglichen Erwerb im Gemeinschaftsstadium eingenommen hatte.

An diese BGH-Auffassung fühlte sich offenbar auch das *OLG Zweibrücken* nicht gebunden[535]: Es differenzierte zwischen dem „Zweiterwerb" einerseits und der „Situation des Ersterwerbers nach Begründung von Wohnungseigentum durch Teilung des Grundstücks nach § 8 WEG" andererseits. In diesem Fall der werdenden Wohnungseigentümergemeinschaft seien unter bestimmten Voraussetzungen die Vorschriften des WEG schon vor Eintragung des Erwerbers anzuwenden. Ob die werdende Wohnungseigentümergemeinschaft bereits dann ende, wenn der erste Erwerber als Wohnungseigentümer im Grundbuch eingetragen wird oder ob von einer „voll eingerichteten Gemeinschaft" erst mit Eintragung des letzten Ersterwerbers auszugehen sei, könne aber im vorliegenden Fall mangels angelegter Wohnungsgrundbücher dahinstehen.

Hingegen nahm das *OLG Köln* in konsequenter Umsetzung der BGH-Rechtsprechung das Ende der werdenden Wohnungseigentümergemeinschaft mit ihrer rechtlichen Invollzugsetzung an[536], folgte also insoweit dem BayObLG. Abweichend ließ es darüber hinaus das bisherige Mitglied der werdenden Gemeinschaft nun nicht mehr analog § 16 Abs. 2 im Rahmen der echten Gemeinschaft haften. „Dies hat seinen Grund darin, daß der „werdende" Wohnungseigentümer einer bereits in Vollzug gesetzten Wohnungseigentümergemeinschaft bei der Begründung dieser Verbindlichkeiten nicht mitwirken kann, weil er in der Eigentümerversammlung noch kein Stimmrecht hat (BGHZ 106, 110) und weil er ohne seine Mitwirkung zustande gekommene Beschlüsse auch nicht anfechten kann." Wie *Bader* und *Sauren* ging das OLG Köln also offenbar davon aus, daß die Rechte und Pflichten des ehemaligen Mitglieds der (beendeten) werdenden Wohnungseigentümergemeinschaft nicht über die Invollzugsetzung der echten Gemeinschaft hinaus fortwirken könnten.
Dieser Auffassung hat jüngst das *LG Krefeld*[537] ausdrücklich widersprochen.

[535] OLG Zweibrücken v. 8.12.98 – 3 W 217/98 = NZM 1999, 322 = ZMR 1999, 358 = FGPrax 1999, 50

[536] OLG Köln v. 28.1.99 – 16 Wx 3/99 = NJW-RR 1999, 959 = NZM 1999, 765 = WuM 1999, 642: „Aus dem Umstand, daß noch nicht alle, die nach den Vorstellungen der ursprünglichen Veräußerer einmal Eigentümer einer Wohnungseigentumseinheit werden sollten, Wohnungseigentümer geworden sind, folgt nicht, daß es sich bei der Wohnungseigentumsgemeinschaft immer noch um eine sog. „faktische" oder „werdende" Wohnungseigentümergemeinschaft handelt."

[537] LG Krefeld v. 6.9.01 – 6 T 234/01 = WE 2002, Heft 1, S. 7

(3) LG Wuppertal vom 2.10.96 und OLG Düsseldorf vom 2.2.98: auch Zweiterwerb im Gemeinschaftsstadium

In den Jahren 1997/98 ergingen zwei Beschlüsse des *OLG Düsseldorf* zum Zweiterwerb (i. e. S.), jeweils auf Vorlage des *LG Wuppertal.*

Im ersten Fall war eine Zweiterwerberin (i. e. S.) bereits eingezogen und vorgemerkt, als die Eigentümergemeinschaft eine Hausordnung mit Tierhaltungsverbot beschloß. Weil die Erwerberin unter anderem an der Haltung zweier Haustiere festhielt, verweigerte der Verwalter die nach der Gemeinschaftsordnung erforderliche Zustimmung gemäß § 12 Abs. 1. Die Veräußerer beantragten daher, den Verwalter zur Zustimmung zu verpflichten. Das LG Wuppertal kam dem am 2.10.96 mit folgender Begründung nach[538]: „Spätestens mit Erlangung der Stellung eines werdenden Wohnungseigentümers durch Eintragung der Auflassungsvormerkung kann die Zeugin betreffend die Frage der Tierhaltung nicht anders gestellt werden als ein sonstiger Wohnungseigentümer, der bisher den an ihn gestellten Anforderungen nachgekommen ist und es unterläßt, einem nunmehr gefaßten Mehrheitsbeschluß Folge zu leisten. Dann aber ist sie auf Befolgung in Anspruch zu nehmen." An anderer Stelle hielt das LG Wuppertal sogar eine Beitragspflicht der Erwerberin für denkbar: „... seit Eintragung der Auflassungsvormerkung hat sie die Stellung eines sogenannten werdenden (faktischen) Wohnungseigentümers inne und könnte als solcher zur Zahlung verpflichtet sein."

Das OLG Düsseldorf hätte nun die Möglichkeit gehabt, diesen Erwägungen mit dem Hinweis auf die bereits entstandene (echte) Wohnungseigentümergemeinschaft entgegenzutreten. Statt dessen verneinte es die vom LG angenommene Vorwirkung mit dem zutreffenden Argument, daß der vorgemerkte Anspruch aufgrund der im konkreten Fall fehlenden Verwalterzustimmung (schwebend) unwirksam sei[539].

Im zweiten Fall hatten die Beteiligten zu 3 (B3) ihr Grundstück gemäß § 8 in vier Einheiten geteilt. Sie selbst waren noch Eigentümer der Wohnung Nr. 2. Die Einheit Nr. 4 war in den Wohnungsgrundbüchern für B4, die Einheiten Nr. 1 und Nr. 3 für B5 eingetragen. Es existierte also bereits eine (echte) Wohnungseigentümergemeinschaft. B5 veräußerte die Wohnung Nr. 1 an B1 und die Wohnung Nr. 3 an B2 weiter. Beide Zweiterwerber (i. e. S.) zogen ein und erhielten Auflassungsvormerkungen. In einer gerichtlich erzwungenen Eigentümerversammlung beantragten sie insbesondere die Abberufung des bisherigen Verwalters (B6), scheiterten jedoch an der Stimmenmajorität der B3. Daher zogen B1 und B2 vor das Wohnungseigentumsgericht (vgl. §§ 43 Abs. 1, 21 Abs. 4, 26 Abs. 1). Das LG Wuppertal hielt die Regeln der werdenden Eigentümergemeinschaft für anwendbar.

Das OLG Düsseldorf bestätigte[540], daß sich die rechtliche Auseinandersetzung der Beteiligten um die Abberufung des B6 „als eine Streitigkeit innerhalb einer werdenden

---

538 LG Wuppertal v. 2.10.96 – 6 T 123/96 (nicht veröffentlicht)

539 OLG Düsseldorf v. 5.5.97 – 3 Wx 459/96 = WuM 1997, 387, 388 = WE 1997, 422 = DWE 1997, 174 = ZMR 1998, 45

540 OLG Düsseldorf v. 2.2.98 – 3 Wx 345/97 = NZM 1998, 517 = WE 1998, 230 = ZMR 1998, 449 = NJW-RR 1999, 163

(faktischen) Wohnungseigentümergemeinschaft darstellt, für die die freiwillige Gerichtsbarkeit zuständig ist (BayObLGZ 1990, 101 = NJW 1990, 3216 ...).“ Obwohl es sich somit ausdrücklich auf die Rechtsprechung des BayObLG berief, bejahte das OLG Düsseldorf trotzdem die Anwendung des WEG auf einen nicht eingetragenen (Zweit-)Erwerber im Gemeinschaftsstadium. Offenbar war dem Senat nicht bewußt, daß das BayObLG neben der Erfüllung bestimmter subjektiver Voraussetzungen vor allem verlangt hatte, daß noch keine (echte) Gemeinschaft entstanden sein dürfe. Das zeigt sich auch in der weiteren Begründung des OLG Düsseldorf: „Eine werdende Wohnungseigentümergemeinschaft liegt vor, wenn sich ihre Rechtsstellung der einer rechtlich in Vollzug gesetzten bereits weitgehend angenähert hat. Diese Beurteilung setzt neben einem gültigen Erwerbsvertrag und der Besitzerlangung des Erwerbers dessen grundbuchliche Sicherung zum Beispiel durch eine Vormerkung voraus.“ Hier vermischt der Senat auf eine in der Rechtsprechung neuartige Weise die Invollzugsetzung des Kollektivs „Wohnungseigentümergemeinschaft“ mit der Rechtsstellung des einzelnen (werdenden) Wohnungseigentümers. Letztlich argumentiert das OLG Düsseldorf allein mit der Erfüllung der subjektiven Voraussetzungen (Annäherungsmerkmale) durch den Erwerber.

Es bleibt festzuhalten, daß das LG Wuppertal und das OLG Düsseldorf – bewußt oder unbewußt – die vorzeitige Anwendung des WEG erneut auf Zweiterwerber (i. e. S.) im Gemeinschaftsstadium ausgedehnt haben, wie es die Rechtsprechung schon in der zweiten Phase (1977-1985) getan hatte.

(4) OLG Saarbrücken vom 27.2.98: kein Ersterwerb im Gründungsstadium mehr

Die in den letzten Jahren wichtigste obergerichtliche Entscheidung zur werdenden Wohnungseigentümergemeinschaft traf das *OLG Saarbrücken* über folgenden Sachverhalt: Die antragstellenden Ersterwerber waren bereits im Wohnungsgrundbuch vorgemerkt sowie im Besitz der Wohnung. Nachdem bereits einige andere Erwerber als Wohnungseigentümer im Grundbuch eingetragen worden waren, fand eine Eigentümerversammlung statt, zu der die Antragsteller nicht geladen wurden. Sie wollten daher die in der Versammlung gefaßten Beschlüsse gemäß den §§ 43 Abs. 1 Nr. 4, 23 Abs. 4 anfechten. Während das AG diesem Antrag entsprochen hatte, wiesen das LG und das OLG Saarbrücken ihn zurück mit der Begründung, aufgrund der besonderen Vereinbarung im Kaufvertrag sei noch kein Nutzungsübergang erfolgt, der für die Gleichstellung mit einem eingetragenen Wohnungseigentümer erforderlich sei. Doch das OLG Saarbrücken beließ es nicht bei diesem Hinweis auf eine fehlende subjektive Voraussetzung.

Vielmehr stellte es in einem obiter dictum die differenzierende Rechtsprechung des BayObLG zur werdenden Gemeinschaft und damit die antizipierte Anwendung des WEG insgesamt in Frage[541]: „Der Senat hält es für zweifelhaft, ob diese Unterscheidung gerechtfertigt ist. Es spricht nach Auffassung des Senats einiges dafür, auch

[541] OLG Saarbrücken v. 27.2.98 – 5 W 252/97-85 = WE 1998, 314 = NJW-RR 1998, 1094 = ZMR 1998, 595 = FGPrax 1998, 97 = DNotZ 1999, 217 (siehe auch Fn. 262)

demjenigen, der Wohnungseigentum von dem teilenden Alleineigentümer erwirbt, ein eigenes Antragsrecht erst ab dem Zeitpunkt zuzugestehen, zu dem er als Wohnungseigentümer im Grundbuch eingetragen ist ... Dagegen, diesem Erwerber bereits vor diesem Zeitpunkt unter bestimmten Voraussetzungen ein eigenes Antragsrecht einzuräumen, sprechen die gleichen Gründe, die der BGH ... zum Erwerb von Wohnungseigentum im Wege der Einzelnachfolge angeführt hat. Auch in diesem Fall muß das Antragsrecht nach § 43 WEG aus Gründen der Rechtssicherheit an formale Kriterien gebunden sein ... Denn auch hier kann sich der Erwerber von dem Veräußerer ermächtigen lassen, dessen Antragsrecht im eigenen Namen im Verfahren nach § 43 WEG auszuüben ... Den dagegen denkbaren Einwand, daß die Vorschriften des WEG, und damit auch § 43 WEG, überhaupt nicht anwendbar seien, solange nicht außer dem teilenden Alleineigentümer ein weiterer Wohnungseigentümer vorhanden und damit die Wohnungseigentümergemeinschaft entstanden sei ..., hält der Senat nicht für überzeugend. Das gilt schon für den Ausgangspunkt, der einem solchen Einwand zugrunde liegt."
Hier meint das OLG Saarland das herrschende Zweipersonenverständnis der Wohnungseigentümergemeinschaft. „Die Entstehung einer Wohnungseigentümergemeinschaft darüber hinaus davon abhängig zu machen, daß noch eine andere Person als der ursprüngliche Alleineigentümer einen Anteil von diesem erwirbt, hält der Senat zumindest nicht für zwingend. Es folgt nicht ohne weiteres daraus, daß das WEG die Existenz einer Wohnungseigentümer-Versammlung (§ 23 WEG) vorsieht. Auch bei der Gesellschaft mit beschränkter Haftung gibt es eine Gesellschafterversammlung auch dann, wenn sich sämtliche Geschäftsanteile in einer Hand befinden (§ 48 Abs. 3 GmbHG) ... Unabhängig davon ... wird lediglich durch die Konstruktion einer faktischen Wohnungseigentümergemeinschaft fingiert, daß bereits zu diesem Zeitpunkt eine Wohnungseigentümergemeinschaft, die aus mehreren Personen besteht, vorhanden ist. Diese Konstruktion hat zudem ... den Nachteil, daß die faktische Wohnungseigentümergemeinschaft dann enden soll, wenn der erste Erwerber als Wohnungseigentümer im Grundbuch eingetragen wird, mit der Folge, daß diejenigen Erwerber, die danach die Rechtsstellung eines faktischen Wohnungseigentümers erwerben, kein Antragsrecht mehr haben sollen ... Das kann zu zufälligen und der Sache nach nicht gerechtfertigten Ergebnissen führen. Solche Ergebnisse würden bei der hier von dem Senat favorisierten Auffassung vermieden. Jeder, der Wohnungseigentum von dem teilenden Alleineigentümer erwirbt, könnte sich von diesem ermächtigen lassen, das Antragsrecht (und das Stimmrecht in der Wohnungseigentümer-Versammlung) auszuüben. Diese Ermächtigung würde dann für jeden Erwerber fortbestehen, bis er im Grundbuch als Wohnungseigentümer eingetragen wird und dadurch ein eigenes Antragsrecht (und ein eigenes Stimmrecht) erwirbt."
Das OLG Saarbrücken verneinte also das Bedürfnis für eine gesetzliche Vorverlagerung des Stimm- und Antragsrechts (§§ 25 Abs. 2, 43 Abs. 1), indem es eine Einpersonen-Wohnungseigentümergemeinschaft des Veräußerers anerkannte, welcher folglich jeden Ersterwerber rechtsgeschäftlich zur Ausübung seines Stimm- bzw. Antragsrechts ermächtigen könnte.

In der Folgezeit ergingen Entscheidungen der OLGe *Karlsruhe*[542], *Zweibrücken*[543], *Köln*[544], *Hamm*[545] und *Jena*[546], die entgegen dem obiter dictum des OLG Saarbrücken die bisherige Rechtsprechung zur werdenden Wohnungseigentümergemeinschaft fortsetzten.
Allein das *OLG Hamm* setzte sich eingehend mit der Entscheidung des OLG Saarbrücken auseinander[547]. Nicht zuletzt deshalb sind seine Ausführungen die ersten in der jahrzehntelangen Rechtsprechung zur werdenden Wohnungseigentümergemeinschaft, die das Bedürfnis nach einer vorzeitigen Anwendung des WEG differenziert und detailliert betrachten: „Diese Begründung [des BGH vom 1.12.88] kann jedoch nicht ohne weiteres auf das Stadium der werdenden Wohnungseigentümergemeinschaft vor ihrer rechtlichen Invollzugsetzung übertragen werden, weil dem dringenden praktischen Bedürfnis der entsprechenden Anwendung zentraler Vorschriften des WEG in diesem Stadium der Entstehung der Wohnungseigentümergemeinschaft der Vorrang einzuräumen ist ... Dieses Stadium kann sich – wie gerade der vorliegende Fall anschaulich zeigt – über viele Jahre erstrecken, wenn sich die Eigentumsumschreibung auf die einzelnen Erwerber aufgrund der mit dem Bauträger geschlossenen schuldrechtlichen Verträge wegen rechtlicher Auseinandersetzungen über Gewährleistungsansprüche hinauszögert. In dieser Phase wird nach rechtlicher Sicherung des jeweiligen Erwerbsanspruchs und Nutzungsüberlassung durch den Bauträger die Eigentümergemeinschaft von den Erwerbern tatsächlich praktiziert. Es fallen gemeinschaftliche Kosten und Lasten an, die von den Nutzungsberechtigten notwendig gemeinschaftlich getragen werden müssen. Die schuldrechtlichen Erwerbsverträge können dafür keine geeignete Grundlage geben, da sie nur den Nutzungsübergang auf den jeweiligen Erwerber, nicht jedoch die Frage regeln können, in welchem Verhältnis zueinander die künftigen Wohnungseigentümer die gemeinschaftlichen Kosten und Lasten zu tragen haben. Mit der Besitzübergabe des Objekts wollen die Erwerber eine gemeinschaftliche Nutzung ausüben, wie sie der Regelung der Teilungserklärung und den gesetzlichen Vorschriften entspricht. Ebenso dringend ist das praktische Bedürfnis, in diesem Stadium eine gemeinschaftliche Verwaltung im Hinblick auf die ordnungsmäßige erstmalige Herstellung des gemeinschaftlichen Eigentums (§ 21 Abs. 5 Nr. 2) führen zu können, insbesondere also im Hinblick auf die Geltendmachung etwaiger Gewährleistungsansprüche gegen den Bauträger. Diese Ansprüche können ihrer Art nach nur teilweise von dem einzelnen Erwerber geltend gemacht werden (BGH

---

[542] OLG Karlsruhe v. 16.7.98 – 11 Wx 38/98 = WE 1998, 500

[543] OLG Zweibrücken ZMR 1999, 358 (siehe oben Fn. 535)

[544] OLG Köln v. 28.1.99 (siehe oben Fn. 536) und v. 16.4.99 – 16 Wx 8/99 = WuM 1999, 709 = ZfIR 1999, 601

[545] OLG Hamm v. 19.10.99 – 15 W 217/99 = ZMR 2000, 128; v. 27.1.00 – 15 W 318/99 = WuM 2000, 319

[546] OLG Jena v. 12.6.01 – 6 W 177/01 = WuM 2001, 504

[547] Bemerkenswert ist, daß die entscheidenden Erwägungen bereits im ersten Beschluß vom 19.10.99 geäußert wurden, aber erst dem zweiten Beschluß vom 27.1.00, welcher sie wiederholte, eine Einpersonenproblematik zugrunde lag.

NJW 1998, 2967 = ZMR 1998, 641). Auch soweit der einzelne Erwerber zur Geltendmachung von Gewährleistungsansprüchen berechtigt ist (insbesondere also hinsichtlich des Anspruchs auf Nachbesserung), besteht ein dringendes Bedürfnis, Einzelheiten durch mehrheitliche Beschlußfassung regeln zu können. Die praktizierte Gemeinschaft benötigt deshalb einen Handlungsrahmen, der nur durch eine entsprechende Anwendung der §§ 21 ff. gewonnen werden kann. Die gegenteilige Auffassung des OLG Saarbrücken ... widerspricht dem gesetzlichen Leitbild der Wohnungseigentümergemeinschaft als einer Gemeinschaft, die notwendig aus mehreren Personen bestehen muß. Die Wohnungseigentümergemeinschaft ist keine juristische Person, die nach dem Vorbild der GmbH auch von einem Alleingesellschafter gebildet werden könnte. Der aufgezeigte Weg einer mittelbaren Mitwirkung der Erwerber ist zudem angesichts der Widerruflichkeit einer solchen Ermächtigung und seiner Undurchführbarkeit bei einer Stimmrechtsausgestaltung entsprechend dem gesetzlichen Kopfprinzip (§ 25 Abs. 2 Satz 1 WEG) nicht hinreichend praktikabel."
Zu einer Vorlage an den BGH war das OLG Hamm nicht verpflichtet, da die Entscheidung des OLG Saarbrücken nicht auf seiner abweichenden Rechtsansicht beruhte.

bbb) Das Schrifttum

In der Literatur traf die Aufrechterhaltung der werdenden Wohnungseigentümergemeinschaft durch das BayObLG auf breite Zustimmung.
Am positivsten äußert sich *Seuß*[548]: „Die Entscheidung des BayObLG ist so klar und im Grunde so einfach, daß sie überrascht. Sie löst alle praktischen Probleme, weil sowohl der Verwalter als auch die Wohnungseigentümer mit ihr gut leben können." Allerdings stelle das BayObLG allein auf das „erhebliche praktische Bedürfnis" ab, auf eine rechtsdogmatische Begründung habe es offenbar verzichtet.
Zu Recht bemängelt Seuß außerdem die gängige Terminologie, insbesondere die Begriffe „Zweiterwerb" und „Einzelnachfolge"[549]. Er stellt dem „Vorstadium" statt dessen die „Anwartschaft" des einzelnen erwerbenden Wohnungseigentümers gegenüber. Zur Abgrenzung führt er aus[550]: Im Vorstadium der noch nicht in Vollzug gesetzten Gemeinschaft sei die vorzeitige Anwendung nach wie vor unerläßlich, und zwar unabhängig von der Begründungsart. Die Mitglieder dieser Gemeinschaft müßten die Rechte und Pflichten der §§ 13, 14, 16 Abs. 2 haben, ebenso Stimmrechte, einen Verwalter und die Möglichkeit, gegenseitige Ansprüche wirksam und schnell geltend zu machen. Alle künftigen Wohnungseigentümer würden daher mit den Rechten und Pflichten der Wohnungseigentümer insgesamt ausgestattet. Demgegenüber besäßen bei der Anwartschaft bereits alle Wohnungseigentümer diese Eigenschaft. Das bereits vorher vorhandene Recht Wohnungseigentum werde hier nur – nahtlos – übertragen. Die Anwartschaft berühre demnach rechtlich die übrigen Wohnungseigentümer nicht. Daher hält Seuß die restriktive Rechtsprechung für rechtlich einwandfrei, meint aber

---

[548] Seuß FS Bärmann und Weitnauer (1990), 599, 619 f.

[549] Seuß FS Bärmann und Weitnauer (1990), 599, 603 ff.

[550] Seuß FS Bärmann und Weitnauer (1990), 599, 609 f.

trotzdem[551], daß eine „faktische Wohnungseigentümerstellung für den Wohnungsanwärter in der Einzelnachfolge sowohl für die Verwaltungspraxis wie auch für die Stellung der Wohnungseigentümer vorteilhafter und zweckmäßiger gewesen wäre". Leider wird bei Seuß' Unterscheidung zwischen dem Vorstadium und der Anwartschaft nicht deutlich, wer mit „allen (künftigen) Wohnungseigentümern" gemeint ist. Meint er damit (alle) Ersterwerber, wird nicht ersichtlich, ob und weshalb nach dem Vorstadium, das heißt mit der Gründung der echten Gemeinschaft, etwas anderes gelten soll.

Auch *Bärmann*[552] glaubt, mit der Lösung des BayObLG könne die Praxis „gut leben". Er sieht unverständlicherweise das Bedürfnis für eine antizipierte Anwendung des WEG weiterhin in der „ausdrücklichen Zulassung der Begründung von Wohnungseigentum an erst noch zu errichtendem Gebäude" begründet, verneint es aber im Falle des Teilungsvertrages.

Coester und *Deckert* hingegen geht die Entscheidung des BayObLG nicht weit genug; sie wollen die vorzeitige Anwendung des WEG auf jeden Ersterwerber ausdehnen. Wie das LG Augsburg meint *Coester*[553] allerdings zu Unrecht, die Gemeinschaft sei erst mit Eintragung des letzten Ersterwerbers „voll eingerichtet" i. S. d. BGH-Beschlusses vom 1.12.88. Jedenfalls erscheint ihm eine unterschiedliche Behandlung der Ersterwerber, je nach Entstehung der echten Gemeinschaft, ungerechtfertigt. Zur Abgrenzung gegenüber dem Zweiterwerb (i. e. S.) führt Coester aus: „Wird bei einer bestehenden Wohnungseigentümergemeinschaft eine Einheit veräußert, entstehen hinsichtlich der Stimmberechtigung von Alt- und Neuinhaber Abgrenzungsprobleme – hier geht es um Rechtsklarheit und um die Vermeidung von Stimmrechtsverdoppelung (bei beiderseitigem Stimmrecht). Beim Kauf vom Bauträger geht es demgegenüber darum, die bereits vormerkungsberechtigten und eingezogenen Erwerber möglichst frühzeitig als handlungsfähige Rechtsgemeinschaft im Sinne des Wohnungseigentumsgesetzes zu etablieren, um ihnen gemeinsame Interessenwahrung gegenüber Bauträger und Verwaltung zu ermöglichen ... Würde auch beim Ersterwerb vom Bauträger entscheidend auf die Eigentumseintragung abgestellt, so wäre dadurch dem Bauträger die Möglichkeit eröffnet, durch Verzögerung der Eintragung der Käufer alle wesentlichen Fragen einseitig in seinem Interesse zu regeln. Zu diesen Fragen gehört vor allem auch die Abnahme des Gemeinschaftseigentums, die in Teilungserklärung oder Kaufverträgen häufig dem mit dem Bauträger identischen Verwalter zugewiesen wird ... es ist Aufgabe des Rechts, hier Mißbrauch zu verhindern und nicht auf Wohlverhalten des Bauträgers zu vertrauen."

---

[551] Seuß FS Bärmann und Weitnauer (1990), 599, 617

[552] Bärmann Kurzlehrbuch Rdn. 311, 314

[553] Coester NJW 1990, 3184, 3185

Wie Sauren und anders als das BayObLG geht Coester im übrigen davon aus, daß mit der Gemeinschaftsgründung die Mitglieder der werdenden Gemeinschaft ihre vorzeitigen Rechte und Pflichten verlieren.

Deckert[554] verdeutlicht ebenfalls das „erhebliche Bedürfnis“ für die werdende Gemeinschaft im Gründungsstadium am Musterbeispiel des Bauträgerkaufs, allerdings nicht nur aus der Sicht der Käufer: „In dieser Zeit müßte bei fehlender Anerkennung der werdenden Gemeinschaft und werdender Ersterwerber ein Bauträger allein „für die Gemeinschaft“ die Bewirtschaftungskosten der gesamten Wohnanlage sozusagen im Vorschußwege finanzieren und anteilige Beträge den Erwerbern allein aufgrund interner Regelung in den notariellen Ersterwerbungsverträgen zum Ausgleich in Rechnung stellen. Die Ersterwerber selbst könnten in den Anfangsjahren ... nicht selbst verantwortlich in Wohnungseigentümerversammlungen über ihre Belange bestimmen, obwohl sie die Anlage nutzen und im Innenverhältnis zum Bauträger-Verkäufer auch die Lasten und Kosten der Gesamtbewirtschaftung zu tragen haben.“
Nach Deckerts Ansicht ist an der Entscheidung des BayObLG bedauerlich, „daß die Phase der werdenden Eigentümergemeinschaft auf den Zeitpunkt der Eintragung des zweiten Eigentümers in das Grundbuch beschränkt wurde, mit Invollzugsetzung der Gemeinschaft also endet ... Warum hat das BayObLG in einer in Vollzug gesetzten Wohnungseigentümergemeinschaft nicht auch den Erstkäufer vom Bauträger in die Gruppe der werdenden Eigentümer eingereiht ...?“ Die Antwort dürfte im Beschluß des BGH v. 1.12.88 liegen.

Während Coester und Deckert somit die Begriffe „Ersterwerb“ und „Zweiterwerb“ im herkömmlichen, engeren Sinne verstehen, setzt *Jennißen* sie in seiner Dissertation zur Beitragspflicht beim Eigentümerwechsel mit dem Gründungsstadium bzw. mit dem Gemeinschaftsstadium gleich[555]: Bei der werdenden Wohnungseigentümergemeinschaft handele es sich um den Fall des Ersterwerbs, das heißt der Entstehungsphase der Eigentümergemeinschaft schlechthin. Dieses Rechtsinstitut könne auf den Zweiterwerb, das heißt auf den Erwerb einer Wohnung in einer bereits bestehenden Gemeinschaft, nicht angewendet werden. Das Bedürfnis des Rechtsverkehrs zur Fortschreibung der WEG-Regeln auf werdende Wohnungseigentümer sei nicht mit der Fortschreibung für werdende Wohnungseigentümergemeinschaften vergleichbar: „Bei der werdenden Wohnungseigentümergemeinschaft ist durch Rechtsfortbildung zu klären, ob die Gemeinschaft als solche bereits entstanden ist. Beim „werdenden Wohnungseigentümer“ ist hingegen zu fragen, ob der einzelne Erwerber bereits der Gemeinschaft angehört oder nicht. Es geht somit nicht um die elementare Frage der grundsätzlichen Anwendbarkeit der WEG-Regeln und um die Existenz einer Gemeinschaft. Beim „werdenden Wohnungseigentümer“ gilt es, die Mitglieder einer bereits bestehenden Gemeinschaft zu identifizieren und zu entscheiden, ob der Veräußerer noch oder der

554 Deckert WE 1990, 151, 152
555 Jennißen S. 58 ff.

nicht eingetragene Erwerber schon Mitglied einer bestehenden Eigentümergemeinschaft ist. Während bei der werdenden Gemeinschaft ohne Rechtsfortbildung die WEG-Regeln nicht anwendbar wären, ist die Anwendbarkeit dieses Gesetzes beim Zweiterwerb innerhalb einer bereits bestehenden Gemeinschaft unzweifelhaft gegeben. Zwischen beiden Instituten liegen somit elementare Unterschiede. Diese Unterschiede widersprechen einer Gleichstellung der werdenden Wohnungseigentümergemeinschaft mit dem „werdenden Wohnungseigentümer". Aus der Lehre der werdenden Wohnungseigentümergemeinschaft folgt kein Bedürfnis, auch das Institut des werdenden Wohnungseigentümers fortzubilden."

Diesen Ausführungen schließt sich *Lotz-Störmer* zwei Jahre später für das Stimmrecht an. Auch sie stellt der Gründungsphase (Ersterwerb) die Phase des Zweiterwerbs (i. w. S.) gegenüber[556], „in der nach voll wirksamer Entstehung der Gemeinschaft Wohnungseigentum an Sondernachfolger veräußert wird". Zwar sei auch hier eine ähnliche Argumentation wie in den Fällen des Ersterwerbs denkbar, doch sei die Interessenlage bei genauerer Betrachtung eine andere[557]: „Mit der „vorgezogenen" Anwendung auf die gesamte (Gründungs-)Gemeinschaft sollte eine einheitliche Beurteilung der Beziehungen mehrerer im Grundbuch noch nicht eingetragener Wohnungseigentumsanwärter zueinander ermöglicht werden; demgegenüber geht es nunmehr ausschließlich um die Klärung der Rechte eines einzelnen Wohnungseigentümernachfolgers, und zwar gegebenenfalls unter Beschränkung bzw. Verdrängung der Rechte des Veräußerers. Die Funktions- und Verwaltungsfähigkeit der Gemeinschaft steht hier – anders als in der Entstehungsphase der Gemeinschaft – in keiner Weise in Frage. Der in eine voll wirksame Gemeinschaft eintretende Erwerber nimmt also eine andere Stellung ein als derjenige, der in eine werdende Gemeinschaft eintritt bzw. diese mitbegründet ... Gegen ein „vorzeitiges" Stimmrecht des Zweiterwerbers unter auch nur teilweiser Verdrängung aus dessen (Stimm-)Rechtsposition spricht insbesondere die Funktion des Grundbuchs."
Auffällig ist, daß Lotz-Störmer die Verdoppelungs-/Verdrängungsproblematik einerseits und die Grundbuchfunktion andererseits nur im Falle des Zweiterwerbs i. w. S., das heißt im Gemeinschaftsstadium, als bedenkenswert erachtet, während sie beide Aspekte im Falle des Ersterwerbs nicht erwähnt.

Ähnlich verfahren *Bornheimer* und *Becker*, die sich in ihren Dissertationen jeweils nur mit dem Erwerb im Gemeinschaftsstadium beschäftigen.
Nach *Bornheimer*[558] ist nicht anzunehmen, daß der Gesetzgeber den häufigen Fall der Weiterveräußerung übersehen hat. Vielmehr solle hier ausschließlich die dingliche Zuordnung maßgebend sein. Nur diese Auffassung trage die Funktion des Grundbuchs, verläßliche Auskunft über die Wohnungseigentümerposition und die damit ver-

[556] Lotz-Störmer S. 30
[557] Lotz-Störmer S. 48 f.
[558] Bornheimer S. 50 ff.

bundenen Rechte zu geben. Es entspreche dem gesetzgeberischen Plan, das Stimmrecht ausschließlich an das formale Kriterium der Grundbucheintragung zu knüpfen. Eine Analogie gemäß § 25 Abs. 2 S. 1 oder S. 2 scheide daher aus. Auch für eine gesetzesübersteigende Rechtsfortbildung bestehe kein unabweisbares Bedürfnis, da Bevollmächtigungen möglich seien. Vertretungsbeschränkungen in der Gemeinschaftsordnung könnten im Wege der Auslegung korrigiert werden, beim Kopfprinzip helfe eine Stimmrechtsbindung. Es müsse infolgedessen dem Gesetzgeber vorbehalten bleiben, durch eine Gesetzesänderung ein Stimmrecht des Wohnungsanwärters zu normieren.

Becker[559] behandelt in seiner Arbeit das Teilnahmerecht des Wohnungsanwärters an der Eigentümerversammlung. Hier gelte der Grundsatz, daß derjenige, der für Lasten und Kosten des gemeinschaftlichen Eigentums haftet, zwingend auch ein Recht auf Beteiligung an der gemeinschaftlichen Willensbildung in der Versammlung hat („keine Haftung ohne Herrschaft"). Ein das mitgliedschaftliche Teilnahmerecht des eingetragenen Wohnungseigentümers verdrängendes Teilnahmerecht des Wohnungsanwärters sei somit abzulehnen. Gegen ein konkurrierendes Teilnahmerecht spreche, daß damit durch die Veräußerung von Wohnungseigentum zeitweilig eine Verdoppelung von Mitgliedschaftsrechten eintrete, indem bezüglich eines Wohnungseigentums sowohl der noch im Grundbuch eingetragene Veräußerer als auch der noch nicht eingetragene Erwerber durch aktive Teilnahme an der Versammlung Einfluß auf die Willensbildung der Wohnungseigentümer ausüben könnten. Grundsätzlich stehe dem Zweiterwerber (i. w. S.) vor seiner Eigentumsumschreibung daher weder ein verdrängendes noch ein konkurrierendes mitgliedschaftliches Teilnahmerecht zu. Allerdings gebe es folgenden funktionalen Zusammenhang zwischen dem Beschlußanfechtungsrecht der §§ 43 Abs. 1 Nr. 4, 23 Abs. 4 und dem Teilnahmerecht: Nach dem aus Art. 14 Abs. 1 GG herzuleitenden Gebot des effektiven Rechtsschutzes gegen fehlerhafte Beschlüsse habe der nachträglich zur Beschlußanfechtung Berechtigte auch stets das Recht, zuvor in der beschließenden Versammlung anwesend zu sein. Becker gelangt hieraus zu dem Ergebnis[560], daß dem Wohnungsanwärter vor seiner Eintragung bereits das Recht zustehe, in der beschließenden Versammlung anwesend zu sein und auf diese Weise im Hinblick auf ein späteres Beschlußanfechtungsrecht als eingetragener Wohnungseigentümer nach § 43 Abs. 1 Nr. 4 WEG Fehler der Beschlußfassung zu erkennen. „Eine derartige Vorwirkung der Mitgliedschaft setzt allerdings voraus, daß von Rechts wegen die Möglichkeit besteht, daß der Wohnungsanwärter noch innerhalb der Monatsfrist des § 23 Abs. 4 S. 2 WEG durch Eintragung im Grundbuch Wohnungseigentum erwirbt. Diese Voraussetzung ist erfüllt, wenn zum Zeitpunkt der Versammlung bereits der Antrag auf Eintragung beim Grundbuchamt gestellt worden ist. Dem Wohnungsanwärter kann also nur dann die Anwesenheit in der Versammlung untersagt werden, wenn er die Antragstellung nicht nachzuweisen vermag."

---

[559] Becker S. 144 ff.

[560] Becker S. 154 ff.

Zu Recht weist Becker im übrigen darauf hin, daß eine Ermächtigung zur Stimmrechtsausübung regelmäßig auch die Ermächtigung zur Ausübung des Teilnahmerechts enthält.
Zur Vermeidung einer unzulässigen Verdoppelung von Mitgliedschaftsrechten fordert er darüber hinaus[561]: „Da der veräußernde Wohnungseigentümer regelmäßig kein Interesse an der Teilnahme an der Versammlung hat, ist die Ausübungsermächtigung stets zugleich als Ausübungsverzicht durch den Veräußerer auszulegen."

Unterstützt wird die Rechtsprechung des BayObLG zur werdenden Wohnungseigentümergemeinschaft einerseits und das weitere Verständnis des Zweiterwerbs andererseits auch von *Merle*, *Hauger* und *Lüke* in den beiden großen WEG-Kommentaren Bärmanns bzw. Weitnauers:
Merle differenziert zunächst[562] „zwischen der Anlaufphase, das heißt der erstmaligen Begründung von Wohnungseigentum, und dem sog. Zweiterwerb, das heißt der Einzelrechtsnachfolge in ein bereits bestehendes Wohnungseigentum, etwa aufgrund eines Kaufvertrages“. In der Anlaufphase hält er die antizipierte Anwendung sowohl bei der Begründung gemäß § 3 als auch bei der Vorratsteilung (§ 8) für möglich. Unter den Oberbegriff der Einzelrechtsnachfolge faßt er dann[563] aber sowohl den Zweiterwerb „von einem im Grundbuch eingetragenen Wohnungseigentümer“[564] als auch den Ersterwerb vom teilenden Eigentümer (Bauträger), „denn nach Entstehung der Wohnungseigentümergemeinschaft ist auch der teilende Eigentümer Mitglied dieser Gemeinschaft“. Hier macht Merle zutreffend deutlich, daß unter den Zweiterwerb (i. w. S.) sowohl Fälle des Zweiterwerbs (i. e. S.) als auch des Ersterwerbs fallen.
Allerdings ist seine Definition des Zweiterwerbs (i. e. S.) ungenau. Denn auch der Alleinbegründer gemäß § 8 ist nach Anlegung der Wohnungsgrundbücher ein „im Grundbuch eingetragener Wohnungseigentümer“.
Weiterhin kritisiert Merle die Vertragslösung des OLG Saarbrücken und arbeitet folgenden Unterschied zwischen der Gründungssituation und späteren Erwerbsfällen heraus[565]: „Mit der erstmaligen Veräußerung von Wohnungseigentum durch den teilenden Alleineigentümer entsteht erstmals ein Gemeinschaftsverhältnis zwischen dem veräußernden Alleineigentümer und dem Erwerber. Soweit die Vorschriften des WEG auf dieses Gemeinschaftsverhältnis Anwendung finden, haben Veräußerer *und* Erwerber als Beteiligte des Gemeinschaftsverhältnisses ein Antragsrecht nach § 43. Dies ist der Unterschied zu den Fällen der Einzelrechtsnachfolge bei bestehender Gemeinschaft, in denen zweifelhaft ist, ob dem Veräußerer *oder* dem Erwerber ein Antragsrecht zusteht. Nur in den letztgenannten Fällen verlangt die Rechtssicherheit, auf das formale Kriterium der Grundbucheintragung abzustellen.“

---

[561] Becker S. 158 unter Berufung auf Drasdo ZMR 1995, 145, 146 (in Fn. 94)

[562] Merle PiG 41 (1993), 131, 140; BPM/Merle § 25 Rdn. 9a und vor § 43 Rdn. 1 ff.

[563] Merle PiG 41 (1993), 131, 145; WE 1998, 160

[564] Ebenso Wellkamp Rechtshandbuch Rdn. 183.

[565] BPM/Merle vor § 43 Rdn. 6a

Diese Differenzierung kann nicht überzeugen. Richtig ist, daß eine antizipierte Anwendung des WEG auf Wohnungseigentumserwerber zu einer Verdoppelung von Rechtspositionen führt, mithin Veräußerer und Erwerber auch antragsberechtigt i. S. d. § 43 sind. Dabei handelt es sich jedoch um ein Folgeproblem. Primär zweifelhaft ist nicht, ob dem Veräußerer *oder* dem Erwerber das Antragsrecht zustehen soll, sondern ob der Erwerber *überhaupt* antragsberechtigt sein soll. Erst sekundär ist dann die Frage zu beantworten, ob eine Verdrängung des Veräußerers aus seiner Rechtsposition notwendig ist. Beide Fragen, die primäre und die sekundäre, stellen sich aber bei *jeder* vorzeitigen Anwendung des WEG, im Gründungs- wie im Gemeinschaftsstadium gleichermaßen. Entsprechend ist auch die Grundbuchfunktion generell und nicht nur bei der „Einzelrechtsnachfolge" zu beachten.

Auch *Hauger* und *Lüke*[566] übernehmen die Terminologie und Differenzierung Weitnauers und halten die vorzeitige Anwendung des WEG allein im „Anlaufstadium", nicht beim Zweiterwerb (i. w. S.) für möglich. Bemerkenswert ist, daß *Lüke* die ablehnende Haltung des BayObLG für den Fall des Teilungsvertrages (§ 3) zwar als Grundsatz befürwortet, gegen eine Anwendung der Regeln der werdenden Wohnungseigentümergemeinschaft auf Bauherrenmodelle aber trotzdem keine Bedenken erhebt[567].

Ein Bedürfnis für die vorzeitige Anwendung des WEG beim Teilungsvertrag (§ 3) hält auch *Wenzel* für denkbar[568]. Das entscheidende Abgrenzungskriterium sieht er wie das BayObLG in der rechtlichen Invollzugsetzung der (echten) Wohnungseigentümergemeinschaft. Insoweit sei aber die terminologische Differenzierung zwischen „Ersterwerb" und „Zweiterwerb" nicht hilfreich, da die Rechtsprechung des BGH nur den Erwerb von Wohnungseigentum in einer rechtlich entstandenen Eigentümergemeinschaft und insoweit eben auch den Ersterwerb vom Bauträger betreffe[569]. Wenzel will statt dessen dem werdenden Wohnungseigentümer (i. e. S.) den „Wohnungsanwärter" gegenüber stellen[570].
In der Sache glaubt er[571], die Gründe des BGH für eine Ablehnung des werdenden Wohnungseigentümers (i. e. S.) ließen sich „bei formaler Betrachtungsweise zwar

566 Weitnauer/Lüke § 10 Anh. Rdn. 1 ff.; Weitnauer/Hauger § 16 Rdn. 48

567 Weitnauer/Lüke § 10 Anh. Rdn. 3 f.

568 Wenzel FachV 2 (1997), 28, 34

569 Wenzel FachV 2 (1997), 28, 38

570 Wenzel FachV 2 (1997), 28

571 Wenzel FachV 2 (1997), 28, 30 ff. An anderer Stelle folgt er *Stürners* (siehe oben S. 145) unzureichendem Differenzierungsansatz und erläutert: „Während es bei dem Problem des „werdenden" Eigentümers darum geht, wer in einer bereits bestehenden Eigentümergemeinschaft bei einem Eigentümerwechsel stimmberechtigt ist sowie für die Kosten und Lasten aufzukommen hat, steht bei der „faktischen" oder „werdenden" Eigentümergemeinschaft die Frage im Vordergrund, welche Rechtsregeln auf den oder die Eigentumsanwärter bis zur Eintragung von mindestens einem Eigentumsanwärter (Käufer) ... Anwendung finden." (Staudinger/Wenzel § 43 Rdn. 8)

auch auf den Erwerb vor Invollzugsetzung der Eigentümergemeinschaft übernehmen, wären hier jedoch nicht tragfähig. Denn hier geht es nicht in erster Linie um die Rechtsklarheit bei der Abgrenzung der Rechte und Pflichten zwischen teilendem Eigentümer und erstem Wohnungsanwärter, sondern um die Sicherung der Funktionsfähigkeit der Wohnungseigentümergemeinschaft und um die Beschränkung der Rechte des teilenden Eigentümers vor der Grundbucheintragung des ersten Anwärters ... Sonst könnte der Bauträger durch Verzögerung der Eintragung der Erwerber alle wesentlichen Angelegenheiten, insbesondere die Ausführung und Abnahme des Gemeinschaftseigentums, allein in seinem Interesse entscheiden. Hiergegen ist ein Anwärter nur dann wirksam geschützt, wenn schon vor der Eintragung in das Grundbuch die materiellrechtlichen Regeln und die Verfahrensvorschriften des WEG entsprechende Anwendung finden und damit die Befugnis des teilenden Eigentümers zur einseitigen Normsetzung in der Teilungserklärung endet. Denn es gibt sonst keine gesetzliche Regelung, welche die rechtlichen Verhältnisse einer „Vor-Eigentümergemeinschaft" sachgerecht erfassen würde. Die Vorschriften über die Bruchteilsgemeinschaft kommen entweder nur bei einer Begründung von Wohnungseigentum durch Vereinbarung (§ 3) in Betracht oder setzen voraus, daß der Käufer wenigstens als Miteigentümer in das Grundbuch eingetragen ist. Die Bestimmungen über die BGB-Gesellschaft können nur auf die Bauherrengemeinschaft Anwendung finden. Beide Regelungszusammenhänge erfassen aber nur einen Teil der in Betracht kommenden Erwerbskonstellationen; außerdem tragen sie auch nicht den besonderen Interessen der späteren Eigentümergemeinschaft Rechnung."
Daß eine antizipierte Anwendung des WEG nach Invollzugsetzung der Wohnungseigentümergemeinschaft nicht mehr möglich sein soll, begründet Wenzel so: „Die werdende Gemeinschaft besteht aus allen Wohnungsanwärtern, welche die genannten Voraussetzungen erfüllen ... Dies ist allerdings nur solange möglich, als die „werdende" Gemeinschaft als solche auch besteht und nicht mit der Entstehung der endgültig errichteten Gemeinschaft durch Eintragung auch nur eines Wohnungsanwärters aufgehört hat zu existieren ... Denn insoweit geht es nicht mehr um die Sicherung der Funktionsfähigkeit der Eigentümergemeinschaft, so daß für eine antizipierte Anwendung des WEG kein Bedürfnis besteht."

Für die herrschende Differenzierung zwischen dem Gründungsstadium und dem Gemeinschaftsstadium plädieren außerdem *Pause*[572], *Niedenführ*[573], *Bub, Rapp, Kreuzer*[574], *Belz*[575], *Horst Müller*[576] und *Wellkamp*[577] .

---

[572] Brych/Pause Rdn. 453 ff.

[573] Niedenführ/Schulze § 16 Rdn. 46, vor §§ 43 ff. Rdn. 102 und § 43 Rdn. 19

[574] Staudinger/Rapp § 8 Rdn. 26; Staudinger/Kreuzer § 10 Rdn. 9, 12; Staudinger/Bub § 23 Rdn. 91 f. und § 25 Rdn. 104 ff.

[575] Belz Handbuch 3. Auflage (1996) Rdn. 24, 210

[576] H. Müller Praktische Fragen 3. Auflage (1999) Rdn. 26, 292

[577] Wellkamp Rechtshandbuch Rdn. 841 ff., 881

Bub[578] will terminologisch zwischen dem „werdenden Wohnungseigentümer" und dem „Erwerber von Wohnungseigentum nach Entstehen der Wohnungseigentümergemeinschaft" unterscheiden, also die Bezeichnung „werdender Wohnungseigentümer" gerade nicht mehr auf die ausgeschlossenen Zweiterwerbsfälle i. w. S. beziehen. Dies bedeutet eine weitere, zur Verwirrung beitragende Neubesetzung der Begriffe.
Rapp, Kreuzer und *Belz* betonen, daß eine werdende Wohnungseigentümergemeinschaft im Falle der vertraglichen Begründung von Wohnungseigentum (§ 3) grundsätzlich nicht entstehe[579].
Weniger eindeutig äußert sich *Pick*[580]. Im Falle des § 3 soll die Wohnungseigentümergemeinschaft im Augenblick des verbindlichen Vertragsabschlusses entstehen und keine Notwendigkeit bestehen, „eine andersgeartete Gemeinschaft vorzuschalten". Er möchte wohl dahinstehen lassen, ob die Gemeinschaft eine echte oder werdende, mithin die Anwendung des WEG eine direkte oder analoge ist[581]. Im Falle des § 8 vermeidet Pick den Begriff des „Zweiterwerbs" und läßt unter Berufung auf das OLG Zweibrücken vom 8.12.98 offen, ob sich beim „Ersterwerb" noch nach Eintragung eines Erwerbers als Eigentümer die Beziehungen der künftigen Wohnungseigentümer nach den Grundsätzen der werdenden Wohnungseigentümergemeinschaft bestimmen. Offensichtlich geht Pick davon aus, daß das Abstellen auf die Entstehung der echten Wohnungseigentümergemeinschaft, wie vom BayObLG postuliert, nicht zwingend ist.

Weitaus deutlicher in der Kritik am BayObLG werden *Röll*, *Friedrich Schmidt*, *Sauren* und *Belz*.
So erläutert *Röll*[582]: Da das Wohnungseigentum in eine sachenrechtliche und in eine gemeinschaftsrechtliche Komponente zerfalle, sei es nicht sachgerecht, wenn man letztere allein nach sachenrechtlichen Grundsätzen behandele und nur auf den Eigentumsübergang abhebe. Die Grundbucheintragung hänge von vielen Zufälligkeiten ab und könne lange auf sich warten lassen. „Sachgerecht war die frühere h. M., die auf den Besitzübergang abstellte. Dann wurde mit Verbraucherkosten derjenige belastet, der tatsächlich verbrauchte, hatte derjenige das Stimmrecht, um dessen Belange es ging. Die gesetzliche Regelung war so fast immer im Einklang mit den Bestimmungen des Kaufvertrages, für den Rechtsfrieden ein nicht zu unterschätzender Gesichtspunkt." Entsprechend kritisiert Röll, daß sich die Ansicht des BayObLG zwar im Rahmen der Rechtsprechung des BGH halte. Es komme aber zu „Zufallsergebnissen, die aus der Interessenlage nicht hergeleitet werden können. Es ist erfreulich, wenn das BayObLG den Bauträgerfall wenigstens teilweise den Grundsätzen der faktischen

[578] Staudinger/Bub § 23 Rdn. 91 f. und § 25 Rdn. 104 ff. bzw. 114 ff.
[579] Staudinger/Rapp § 3 Rdn. 41; Staudinger/Kreuzer § 10 Rdn. 11; Belz Handbuch 3. Auflage (1996) Rdn. 24
[580] BPM/Pick Einl. Rdn. 41
[581] BPM/Pick § 3 Rdn. 84: „Allerdings ist der Streit insofern müßig, als eine weitgehend analoge Anwendung des WEG angemessen ist."
[582] Röll DNotZ 1993, 315, 318 ff. Ebenso in Münch.Komm. § 16 Rdn. 24.

Gemeinschaft unterstellt. Damit wird aber das Problem nicht gelöst. Besser wäre es, den Bauträgerfall überhaupt aus der sachenrechtlich bezogenen Rechtsprechung des BGH auszuklammern. Am besten wäre es jedoch, wenn der BGH zur früheren h. M. zurückkehren würde."
Nach Rölls Meinung soll also nicht anhand der Entstehung der echten Gemeinschaft, sondern allenfalls danach differenziert werden, ob es sich um einen „Bauträgerfall" oder eine spätere „Einzelveräußerung" handelt. Er bevorzugt jedoch eine Rückkehr zur Rechtsprechung der zweiten Phase (1977-1985).

Ähnlich äußert sich *Friedrich Schmidt*, der ebenfalls auf die „Unwägbarkeiten und Zufälligkeiten" der jetzigen Lösung hinweist[583].

Nach *Sauren*[584] zeigt „allein die Kompliziertheit und das ausschlaggebende Kriterium der Zufälligkeit der Eintragung ins Grundbuch", daß der Lösung des BayObLG nicht zu folgen ist. Ein Grund für die unterschiedliche Behandlung der Ersterwerber sei nicht erkennbar, weshalb sie auch von Coester und dem LG Ellwangen zu Recht abgelehnt werde. Anders als die Genannten zieht Sauren aber daraus nicht die Konsequenz, das WEG auf alle Ersterwerber oder wie Röll auf jeden Bauträgerkauf oder gar jeden Wohnungseigentumserwerb anzuwenden, sondern er verneint nach wie vor – und nunmehr unter Berufung auf das OLG Saarbrücken vom 27.2.98 – grundsätzlich das Bedürfnis für eine erweiternde Anwendung. Es sei vielmehr ausreichend, wenn auf „die bindende Einreichung des Antrages beim Grundbuchamt auf Eigentumsumschreibung des ersten Erwerbers" abgestellt werde. Wie diese vorverlagerte Gemeinschaftsentstehung methodisch zu erreichen ist, beantwortet Sauren allerdings nicht.

Auch *Belz* lehnt nunmehr jegliche antizipierte Anwendung des WEG ab[585]: Mit dem Institut der werdenden Wohnungseigentümergemeinschaft in ihrer heutigen Ausgestaltung sei es der Rechtsprechung nicht gelungen, „die nach dem WEG offenen Fragen einheitlich, gerecht und zufriedenstellend zu beantworten und dadurch den Beweis zu erbringen, daß sich die Stellung der Mitglieder in der Gründergemeinschaft durch analoge Anwendung des WEG lösen läßt ... An einer die Analogie des WEG rechtfertigenden Gesetzeslücke jedoch fehlt es. Denn der gesetzgeberische Wille ging erkennbar dahin, die vorhandene Lücke durch Heranziehung bereits vorgegebener Normen zu schließen. Dafür bietet sich insbesondere das Schuldrecht an." Belz weist erstens auf die Möglichkeit von Einmannbeschlüssen und Vollmachten hin. Zweitens könne zugleich mit der Beurkundung des Erwerbsvertrages ein entsprechender Gesellschaftsvertrag nach §§ 705 ff. BGB zu dessen Bestandteil gemacht werden. Drittens sei der Erwerbsvertrag dafür geeignet, die Individualinteressen der Vertragspartner besonders zu berücksichtigen. Im übrigen hätten sich die Risiken beim Kauf einer Eigen-

---

[583] Bärmann-Seuß/F. Schmidt Rdn. A 120, 122

[584] Sauren WEG vor § 1 Rdn. 14

[585] Belz FS Merle (2000), 51, 63 f., 73

tumswohnung vom teilenden Eigentümer seit den 60er und 70er Jahren zugunsten des Käufers gewandelt.
Ausführlich kritisiert Belz die herrschende Lehre von der werdenden Wohnungseigentümergemeinschaft. Sie benachteilige die Interessen des teilenden Wohnungseigentümers einseitig, indem sie ihm im Gründungsstadium die Rechte und Pflichten nach dem WEG zugunsten des Mitglieds der werdenden Wohnungseigentümergemeinschaft vorenthalte[586]. Belz wendet sich vor allem gegen die Differenzierung zwischen Zweiterwerbern (i. w. S.) und Mitgliedern der werdenden Wohnungseigentümergemeinschaft[587]: „Dem ersten werden unter Respektierung der BGH-Rechtsprechung Rechte und Pflichten eines Wohnungseigentümers vor Eigentumserwerb ab-, dem letzteren zugesprochen ... Dieser Widerspruch ist um so weniger überzeugend, als es für die Vergleichbarkeit nicht so sehr auf die beiden, mangels Rechtsunfähigkeit handlungsunfähigen Gemeinschaften, als vielmehr auf ihre rechtsfähigen Mitglieder ankommt. Sie können schließlich die Träger von Rechten und Pflichten nach dem WEG sein. Es scheint, als würden Unterschiede betont, um an der werdenden Wohnungseigentümergemeinschaft festhalten zu können – mit der Folge einer unterschiedlichen Behandlung der beiden Gemeinschaften und ihrer Mitglieder." Die Bedeutung des Grundbuchs sei im Falle eines Mitglieds der werdenden Wohnungseigentümergemeinschaft nicht geringer als im Verhältnis Zweitveräußerer – werdender Wohnungseigentümer (i. e. S.)[588]. Die Uneinigkeit über das Ende der werdenden Wohnungseigentümergemeinschaft (Eintragung des ersten oder des letzten Ersterwerbers) und seine Folgen für die bisherigen Mitglieder (Wegfall oder Behalten des Status) führe zu einer erhöhten Rechtsunsicherheit[589]. Dem teilenden Eigentümer dürfe es zudem nicht schwer fallen, ggf. die Eintragung eines ersten, ihm vertrauten Erwerbers vorzuziehen[590]. Schließlich stelle die Grundbuchsperre für vormerkungswidrige Teilungserklärungsänderungen eine „Verletzung zentraler sachenrechtlicher Normen" dar[591].

Für die Rechtsprechung des BayObLG zur werdenden Wohnungseigentümergemeinschaft und gegen ihre Ablehnung durch das OLG Saarbrücken argumentieren *Dekkert*[592] und *Blank*[593]: Die Vertragslösung des OLG Saarbrücken könne nicht überzeugen. Laut *Blank* spricht die Eindeutigkeit der Eigentümerverhältnisse nur bei einer bestehenden Gemeinschaft dagegen, den Käufer ohne vertragliche Ermächtigung mitwirken zu lassen.

---

586 Belz FS Merle (2000), 51, 64
587 Belz FS Merle (2000), 51, 66
588 Belz FS Merle (2000), 51, 67
589 Belz FS Merle (2000), 51, 69 f.
590 Belz FS Merle (2000), 51, 71
591 Belz FS Merle (2000), 51, 72
592 Deckert WE 1998, 320
593 Blank DNotZ 1999, 222, 223

Zusammengefaßt unterstützt die Literatur überwiegend die anhand der Gemeinschaftsentstehung differenzierende Rechtsprechung des BayObLG. Für die Abgrenzung zum Gründungsstadium hat sich der Begriff des Zweiterwerbs (i. w. S.) durchgesetzt. Er soll im Anschluß an Weitnauer den Wohnungserwerb bei bestehender Wohnungseigentümergemeinschaft (Jennißen, Lotz-Störmer, Hauger, Lüke, Horst Müller, Niedenführ) bzw. den Erwerb von einem eingetragenen Wohnungseigentümer (Merle, Wellkamp) bzw. die Einzelrechtsnachfolge in ein bereits bestehendes Wohnungseigentum (Merle) bezeichnen. Zu Recht wird diese ungenaue Terminologie von Seuß und Wenzel kritisiert.
Unter Berufung auf das OLG Zweibrücken hält Pick das Abstellen auf die Gemeinschaftsgründung nicht für zwingend. Coester und Deckert wollen die antizipierte Anwendung des WEG auf jeden Ersterwerb ausdehnen, unabhängig von der Entstehung der echten Gemeinschaft. Auch Röll, Friedrich Schmidt, Sauren und Belz bemängeln die Zufallsergebnisse des BayObLG. Während Röll und Friedrich Schmidt sich deshalb für eine Rückkehr zur Rechtsprechung der zweiten Phase einsetzen, lehnen Sauren und Belz eine erweiternde Anwendung des WEG grundsätzlich ab. Letzterer hält die werdende Wohnungseigentümergemeinschaft aufgrund der vielfältigen Folgeprobleme und Streitigkeiten für ungeeignet, die „offenen Fragen" des WEG in einer der Rechtssicherheit und praktischen Anwendbarkeit gemäßen Weise zu beantworten.
Im Falle der vertraglichen Begründung von Wohnungseigentum (§ 3) spricht sich die Lehre noch überwiegend für die Möglichkeit einer werdenden Wohnungseigentümergemeinschaft aus[594].

ee) Zusammenfassung

Die Chronologie der Rechtsprechung und Literatur zur vorzeitigen Anwendung des WEG zeigt, daß der Schwerpunkt auf der Begründung von Wohnungseigentum durch einseitige Teilungserklärung (§ 8) liegt. Hier ist folgende Entwicklung zu verzeichnen: In der ersten Phase wird die Vorwirkung des WEG von der Rechtsprechung auf den Ersterwerb im Gründungsstadium (Fallgruppe 2a) beschränkt. Die einzige Ausnahme ist der Beschluß des KG vom 4.11.69, bei dem es sich um einen Ersterwerb im Gemeinschaftsstadium (Fallgruppe 2b) handelt. Entscheidend ist demnach immer das Vorliegen eines Ersterwerbs. Das Bedürfnis für die vorzeitige Anwendung des WEG auf den künftigen Wohnungseigentümer wird in diesen Anfangsjahren neutral umschrieben: es gehe materiellrechtlich um die Ermöglichung und die Kontinuität einer gemeinschaftlichen Verwaltung nach den Regeln des WEG und um die Bereitstellung des schnellen und einheitlichen Verfahrens der §§ 43 ff.[595].

---

594 BPM/Merle vor § 43 Rdn. 8; BPM/Pick § 3 Rdn. 84; Palandt/Bassenge Überblick v WEG Rdn. 6; Wenzel FachV 2 (1997), 28, 34 und in Staudinger § 43 Rdn. 8; Seuß FS Bärmann und Weitnauer (1990), 599, 602; unklar Weitnauer/Lüke § 10 Anh. Rdn. 3 f.; aA Staudinger/Rapp § 3 Rdn. 41; Staudinger/Kreuzer § 10 Rdn. 11; Belz Handbuch Rdn. 24; Röll DNotZ 1993, 315, 316

595 Insoweit grundlegend KG OLGZ 1970, 198, 200 f.

Auffällig ist der allmähliche Wechsel von einer individuellen Sicht des einzelnen Erwerbers hin zu einer kollektiven Perspektive. So sind die ersten Stellungnahmen im Schrifttum wie auch die Entscheidungsgründe des AG Hamburg vom 30.1.59, des OLG Hamburg vom 4.2.63 und des BayObLG vom 13.9.68 auf die Zeit vor der Eintragung „des Wohnungseigentums“ bzw. „des Wohnungseigentümers“ bezogen und die gleichsam noch ausstehende Entstehung der Wohnungseigentümergemeinschaft eher beiläufig erwähnt[596]. Die Vorwirkung des WEG wird somit zwar mit kollektiven Interessen, aber jeweils individuell für den noch nicht eingetragenen Wohnungseigentümer begründet.

Der nächste Schritt, nämlich die Annahme eines kollektiven Rechtsgebildes, der werdenden Wohnungseigentümergemeinschaft, erfolgt erst mit den Ausführungen *Diesters, Weitnauers* und *Degenharts*, die auf die Problemstellungen der Vorgesellschaft[597] und der mit Mängeln im Gründungsvertrag behafteten „faktischen“ (= fehlerhaften) Gesellschaft[598] verweisen. Danach spricht der BGH (am 30.6.72) von einem „Vorstadium“ der Wohnungseigentümergemeinschaft und das BayObLG (am 8.5. und 4.7.74) von der Entstehung und der Mitgliedschaft in einer „faktischen Wohnungseigentümergemeinschaft“.

Hier, am Ende der ersten Phase, wird das Bedürfnis nicht mehr neutral formuliert, sondern zu Lasten des teilenden Alleineigentümers (Bauträgers): es gehe um das Ende der alleinigen Normsetzungs- und Verwaltungsbefugnis (BayObLG), um die Ermöglichung einer gemeinschaftlichen Willensbildung auch gegen den Veräußerer (*Hägele*) und um den Schutz der Wohnungskäufer (*Röll*).

In der zweiten Phase entspricht die Rechtsprechung den Beiträgen von *Clasen*, *Pfennig* und *Duske*, indem sie zunächst unbemerkt vom Schrifttum den Anwendungsbereich endgültig auf das Gemeinschaftsstadium (Fallgruppe 2b) erweitert. Die Mitgliedschaft in der faktischen Wohnungseigentümergemeinschaft wird der faktischen Beteiligung an der (echten) Wohnungseigentümergemeinschaft gleichgestellt. Ob ein Ersterwerb vom Wohnungseigentumsbegründer oder ein Zweiterwerb (i. e. S.) vorliegt, spielt bei diesen Entscheidungen daher ebensowenig eine Rolle wie die Frage, ob eine (echte) Wohnungseigentümergemeinschaft bereits entstanden ist. Mit anderen Worten tritt die kollektive Betrachtungsweise wieder in den Hintergrund, und es kommt allein auf den einzelnen Erwerber und seine Annäherung an das Wohnungseigentum an. Lediglich das LG München I versucht am 20.2.80 eine materielle Differenzierung: Das Institut der werdenden Wohnungseigentümergemeinschaft diene der frühzeitigen Eingliede-

---

[596] Vgl. AG Hamburg NJW 1959, 1638; OLG Hamburg NJW 1960, 296, 297; BayObLGZ 1968, 233, 236; Herold BlGBW 1957, 52; Diester NJW 1961, 1329, 1332. Das KG OLGZ 1970, 198, 201 ff. schwankt zwischen der (individuellen) vorzeitigen Anwendung der §§ 43 ff. WEG auf den „werdenden Wohnungseigentümer“ und der (kollektiven) Gleichstellung der „eigentlichen“ Wohnungseigentümergemeinschaft mit einer „tatsächlichen“.

[597] Palandt/Degenhart 28. Auflage (1969) Überblick v WEG Anm. 2 E b aa

[598] Weitnauer/Weitnauer 4. Auflage (1972) § 43 Rdn. 4e; Diester Rechtsfragen (1974) Rdn. 86

rung des Ersterwerbers und seiner Absicherung gegenüber dem bisherigen Grundstückseigentümer, ein solches sachliches Bedürfnis bestehe bei einem späteren Miteigentümerwechsel nicht.
Die Literatur reagiert auf die Erweiterung des Anwendungsbereichs stark verzögert und zunächst lediglich mit einer terminologischen Unterscheidung (*Bassenge*). *Strunz* sieht zwar einen sachlichen Unterschied darin, daß es im Gemeinschaftsstadium allein um den Übergang der Rechte und Pflichten vom Veräußerer auf den Erwerber gehe, zieht daraus jedoch im Ergebnis keine Konsequenzen. In der Anwendbarkeit des WEG unterscheidet vielmehr allein *Weitnauer*, der bei einer bereits entstandenen Gemeinschaft kein Bedürfnis erkennt.

Eine verbreitet differenzierte Betrachtung des Problems ergibt sich erst in der dritten und vierten Phase. Am 23.12.85 verneint das KG in einem Vorlagebeschluß die vorzeitige Anwendung des WEG auf einen Zweiterwerber (i. e. S.) mit Zumutbarkeitserwägungen und einem Hinweis auf die Grundbuchfunktion. Anstatt jedoch eine individuelle Abgrenzung danach vorzunehmen, ob der jeweilige künftige Wohnungseigentümer Ersterwerber oder Zweiterwerber (i. e. S.) ist, knüpft das KG erneut an das kollektive Kriterium der Entstehung der echten Wohnungseigentümergemeinschaft an. Jedenfalls im Gemeinschaftsstadium (Fallgruppe 2b) soll für eine Rechtsfortbildung kein Bedürfnis mehr bestehen, so daß bei der Vorratsteilung nur der klassische Anwendungsbereich (Fallgruppe 2a) übrig bleibt. Anläßlich dieser Entscheidung stellt *Weitnauer* dem Gründungsstadium die Begriffe „Zweiterwerb" bzw. „spätere Einzelrechtsnachfolge" gegenüber. Beide Begriffe sind ungenau, setzen sich jedoch in der Folgezeit durch: Auch wenn es sich nicht um einen Zweiterwerb i. e. S. (Fallgruppe 3b) handelt, verwendet das Schrifttum für das Gemeinschaftsstadium zunehmend den Terminus „Zweiterwerb" (i. w. S.), der somit die Fallgruppen 2b und 3b umfaßt. Obwohl sich das KG in dieser ersten Vorlage an den BGH auf alle Erwerbsakte – einschließlich Ersterwerbsfälle – im Gemeinschaftsstadium bezieht, führt es unter den divergierenden Entscheidungen auch einige zum Gründungsstadium auf.
Eine solche einheitliche Beurteilung der Problematik wird vom BGH jedoch abgelehnt. Erst nach weiteren, spezieller gefaßten Vorlagen folgt der BGH dem KG mit der zu Mißverständnissen führenden Beschränkung auf die „voll eingerichtete Wohnungseigentümergemeinschaft".
Zutreffend wird diese Formulierung vom BayObLG am 4.11.90 mit der entstandenen (Zweipersonen-)Wohnungseigentümergemeinschaft gleichgesetzt. Hier findet das BayObLG eine auf breite Zustimmung stoßende Zwischenlösung, mit der es die kollektive Betrachtungsweise des KG und des BGH nunmehr positiv ergänzt: Bis zur Gemeinschaftsgründung soll es weiterhin eine werdende Wohnungseigentümergemeinschaft geben. Die antizipierte Anwendung des WEG wird also von der Mitgliedschaft in dem Rechtsgebilde „werdende Wohnungseigentümergemeinschaft" abhängig gemacht, welche als Vorgemeinschaft der echten Gemeinschaft vorausgeht. Allerdings vermeidet das BayObLG die von *Coester* und *Sauren* zu Recht als unzumutbar eingeschätzte Konsequenz, mit dem Ende der werdenden Gemeinschaft verlören ihre ehe-

maligen Mitglieder auch die entsprechenden Rechte und Pflichten. Vielmehr soll die Wohnungseigentümergemeinschaft vorübergehend aus werdenden und eingetragenen Wohnungseigentümern bestehen. Die Verbindung zwischen der Mitgliedschaft in der werdenden und jener in der echten Wohnungseigentümergemeinschaft ergibt sich also nicht über eine Identität der Kollektive (wie bei der Vorgesellschaft), sondern über eine auf Zweckmäßigkeitserwägungen beruhende Hilfslösung, die auf die Individualität der künftigen Wohnungseigentümer zurückgreift: Wer einmal unter die antizipierte Anwendung des WEG gefallen ist, soll dies auch weiterhin tun.
Zwar begrüßt die Praxis die Aufrechterhaltung der werdenden Wohnungseigentümergemeinschaft für die Fallgruppe 2b. Es bleibt jedoch die Kritik an der Zufallsabhängigkeit der Ergebnisse und ihrer mangelhaften dogmatischen Begründung durch das BayObLG. Das Bedürfnis für eine vorzeitige Anwendung des WEG wird teils neutral (Etablierung einer handlungs- bzw. funktionsfähigen Gemeinschaft[599]), teils gegen den teilenden Eigentümer (Schutz der Wohnungskäufer durch Beschränkung der Alleinherrschaft[600]), teils aber auch zu seinen Gunsten formuliert (Vermeidung von Vorschußfinanzierung und Eigenverwaltung auf unbestimmte Zeit[601]).
Inwieweit sich an diesem Bedürfnis allein aufgrund der Entstehung der echten Wohnungseigentümergemeinschaft etwas ändert, wird in der Rechtsprechung und Literatur nicht beantwortet. Vielmehr wird die Differenzierung zumeist mit der eher formellen Erwägung gerechtfertigt, daß es bei der werdenden Gemeinschaft um die Anwendung des WEG überhaupt gehe. Bei einem späteren Erwerb handele es sich demgegenüber nur um eine Einzelnachfolge in die Rechtsposition eines veräußernden Wohnungseigentümers, und es sei allein fraglich, wer Mitglied der Wohnungseigentümergemeinschaft ist[602]. Mit einem solchen Mitgliedswechsel entstünden Verdoppelungsprobleme und Abgrenzungsfragen, so daß die Prinzipien der Rechtsklarheit und Rechtssicherheit hier die besondere Beachtung der Grundbuchfunktion verlangten[603].
Daß es der herrschenden Lehre zur werdenden Wohnungseigentümergemeinschaft bisher nicht gelungen ist, ihre Differenzierung anhand der Gemeinschaftsgründung überzeugend zu begründen, läßt sich daran erkennen, daß in den späten 90er Jahren einige Autoren und Gerichte abweichend Stellung bezogen haben. Nicht zuletzt aufgrund der falsch interpretierten BGH-Formel der „voll eingerichteten Gemeinschaft" will eine Ansicht die Abgrenzung anhand der herkömmlichen Unterscheidung von

---

599 Coester NJW 1990, 3184, 3185; Seuß FS Bärmann und Weitnauer (1990), 599, 608 f.; Wenzel FachV 2 (1997), 28, 30; OLG Hamm ZMR 2000, 128, 130 und WuM 2000, 319, 320

600 Röll immo-telex (Thema des Monats Juli) 1983, 1, 7; F. Schmidt WE 1987, 171; Bader PiG 25 (1987), 67, 86; Deckert WE 1990, 151, 152

601 Seuß ZfgWBay 1986, 516, 517; Deckert a. a. O.

602 KG NJW-RR 1986, 444; BayObLGZ 1990, 101, 105; Strunz BlGBW 1985, 78, 79; Soergel/Stürner § 10 Rdn. 5; Jennißen S. 60; Lotz-Störmer S. 49

603 KG NJW-RR 1986, 444; BPM/Merle vor § 43 Rdn. 6a; Lotz-Störmer S. 49; Weitnauer PiG 25 (1987), 213, 217; Coester NJW 1990, 3184, 3185; Blank DNotZ 1999, 222, 223

Ersterwerb und Zweiterwerb (i. e. S.) vornehmen[604]. Andere Stimmen tendieren zu einer erneuten Ausdehnung des Anwendungsbereichs auf jeden Erwerbsakt[605]. Teilweise wird die antizipierte Anwendung des WEG grundsätzlich abgelehnt[606].

Hinsichtlich der vertraglichen (§ 3) Begründung von Wohnungseigentum (Fallgruppen 1 und 3a) sind die Stellungnahmen der Rechtsprechung und Literatur zur vorzeitigen Anwendbarkeit des WEG weitaus seltener. Die früh ergangenen Entscheidungen des OLG Hamburg vom 30.7.59 und des LG Berlin vom 21.12.61 sind hier zu vernachlässigen, weil sie die Vorwirkung des WEG entweder generell ablehnen oder auf rechtsgeschäftliche Konstruktionen stützen. Eine gesetzliche Vorverlagerung der Rechte und Pflichten eines Wohnungseigentümers wird vielmehr erstmalig vom LG Freiburg angenommen. Die überwiegende Literatur unterscheidet anfänglich nicht nach der Begründungsart. Später erkennt sie auch beim Teilungsvertrag (§ 3) ausdrücklich das Bedürfnis für eine vorzeitige Anwendung des WEG an, allerdings unter teils abweichenden subjektiven Voraussetzungen[607]. Das BayObLG und ein Teil der Literatur sehen hingegen ein solches Bedürfnis nicht[608].

Abschließend sei noch darauf hingewiesen, daß manche Autoren (vor allem *Weitnauer, Friedrich Schmidt* und *Röll*) nicht zwischen den dogmatisch unterschiedlichen Begründungsarten des Teilungsvertrages (§ 3) und der einseitigen Teilungserklärung (§ 8) unterscheiden, sondern vor allem mit den Situationen der Wohnungskäufer innerhalb der praktischen Umsetzungsformen des Bauherrenmodells (§ 3) bzw. des Bauträgerkaufs (§ 8) argumentieren.

---

[604] LG Ellwangen NJW-RR 1996, 973; Coester NJW 1990, 3184, 3185; Deckert WE 1990, 151, 152; offengelassen von OLG Zweibrücken ZMR 1999, 358, 359; BPM/Pick Einl. Rdn. 41, § 3 Rdn. 84.

[605] Soergel/Stürner § 10 Rdn. 2; Röll DNotZ 1986, 130, 133; DNotZ 1993, 315, 320 und in Münch.Komm. § 16 Rdn. 24; F. Schmidt WE 1987, 171, 172 und in PiG 27 (1988), 253, 255 f.; vgl. auch LG Wuppertal v. 2.10.96 – 6 T 123/96 und OLG Düsseldorf NJW-RR 1999, 163 (siehe oben Fn. 540).

[606] OLG Saarbrücken NJW-RR 1998, 1094. In diese Richtung bereits Bader PiG 25 (1987), 67, 85 ff.; Sauren PiG 32 (1991), 195, 198 ff.; ders. in WEG vor § 1 Rdn. 14; Belz FS Merle (2000) S. 51, 73.

[607] BPM/Merle vor § 43 Rdn. 8; BPM/Pick § 3 Rdn. 84; Palandt/Bassenge Überblick v WEG Rdn. 6; Wenzel FachV 2 (1997), 28, 34 und in Staudinger § 43 Rdn. 8; Soergel/Stürner § 10 Rdn. 4; RGRK/Augustin § 8 Rdn. 37; Hägele S. 65 ff.; Trautmann S. 151 f.; Ringe S. 53 ff.; Kapellmann MDR 1969, 620, 622 f.; Strunz BlGBW 1985, 78, 79; Weitnauer WE 1986, 92, 93; Seuß FS Bärmann und Weitnauer (1990), 599, 602; im Ergebnis auch Bärmann Wohnungseigentümergemeinschaft S. 219 f.; unklar Weitnauer/Lüke § 10 Anh. Rdn. 3 f.

[608] BayObLG NJW-RR 1992, 597; WE 1998, 149; Staudinger/Rapp § 3 Rdn. 41; Staudinger/Kreuzer § 10 Rdn. 11; Bärmann/Pick § 3 Rdn. 33; Belz Handbuch Rdn. 24; Röll DNotZ 1993, 315, 316

b) Stellungnahme

Das Problem des werdenden Wohnungseigentümers und der werdenden Wohnungseigentümergemeinschaft steht und fällt mit der Ausrichtung des WEG am grundbuchrechtlichen Eintragungsprinzip. Einerseits findet der Ruf nach einer antizipierten Anwendung des WEG hier seinen Ausgangspunkt: Die Trägheit des formstrengen Grundbuchsystems trifft auf das Bedürfnis nach einer möglichst flexiblen Erfassung des fluktuierenden Mitgliederbestandes einer Wohnungseigentümergemeinschaft. Andererseits muß jede Abweichung vom Eintragungsprinzip dessen Zielsetzung berücksichtigen: Mit der Koppelung des Wohnungseigentums an das Registerverfahren hat der Gesetzgeber dem Bedürfnis des Rechtsverkehrs nach Publizität, Rechtsklarheit und Rechtssicherheit in dem höchstmöglichen Maße Rechnung getragen. Das sachenrechtlich orientierte (formelle) Bedürfnis nach Rechtssicherheit begrenzt somit das schuldrechtlich orientierte (materielle) Bedürfnis, jeweils die Personen gemeinschaftlich zu berechtigen oder zu verpflichten, wie es den beteiligten Interessen am ehesten gerecht wird.

Die Diskrepanz zwischen dynamischem Gemeinschaftsrecht und starrem Grundbuchrecht ist im Wohnungseigentumsrecht besonders groß, weil nicht etwa eine Eintragung des Kollektivs „Wohnungseigentümergemeinschaft“ als Grundstücksinhaberin notwendig ist, sondern jede Veränderung im Mitgliederbestand eine individuelle Umschreibung in den Wohnungsgrundbüchern erforderlich macht (individuelles Eintragungsprinzip). Dabei erfolgt jede Umschreibung mit einer gewissen zeitlichen Verzögerung, abhängig von der Arbeit des Grundbuchamtes, aber losgelöst von der tatsächlichen und wirtschaftlichen Eingliederung des künftigen Wohnungseigentümers. Dieser erhält die Rechte und Pflichten nach dem WEG erst zu einem Zeitpunkt, in dem er nach Laienverständnis längst „Wohnungseigentümer“ ist.

Allein diese Abweichung kann aber nicht genügen, um die Entscheidung des Gesetzgebers für das Grundbuchsystem zu mißachten und einseitig den Vorstellungen der Praxis zu entsprechen[609]. Wie der BGH[610] zu Recht betont, ist es die Funktion des Grundbuchs, allen Beteiligten eine klare Auskunft darüber zu geben, wer Inhaber des Wohnungseigentums einschließlich der damit verbundenen mitgliedschaftlichen Rechte und Pflichten ist.

Zutreffend weist das OLG Saarbrücken[611] darauf hin, daß diese „formalen Kriterien“ bei *jedem* Erwerb von Wohnungseigentum zu beachten sind. Mit anderen Worten ist das formelle Bedürfnis als stets gleich hohe, unbewegliche Grenze anzusetzen. Nicht sachgerecht ist es deshalb, die Grundbuchfunktion nur einseitig im Falle des Erwerbs

[609] So aber Soergel/Stürner § 10 Rdn. 2; H. Müller FS Seuß I (1987), 211, 214; Röll NJW 1983, 1616 und insbesondere F. Schmidt WE 1987, 171, 172, der die Eigentumsumschreibung als „ungeeignetstes Kriterium“ bezeichnet und nur auf den Besitzübergang abstellt.

[610] BGHZ 106, 113, 119

[611] OLG Saarbrücken NJW-RR 1998, 1094

im Gemeinschaftsstadium (Fallgruppen 2b und 3) hervorzuheben[612]. Die Verdoppelung von Rechtspositionen und die Frage, inwieweit eine Verdrängung des Veräußerers aus seinen Rechten und Pflichten erforderlich wird, hängen ebenfalls nicht davon ab, ob die echte Wohnungseigentümergemeinschaft schon begründet ist bzw. ob ein Ersterwerb oder ein Zweiterwerb vorliegt. Vielmehr handelt es sich um ein Folgeproblem jeder antizipierten Anwendung des WEG auf einen Wohnungseigentumserwerber. Es ist somit unzulässig, die Verdoppelungsproblematik und das Bedürfnis nach grundbuchrechtlicher Rechtssicherheit als Kriterium oder Rechtfertigung der Abgrenzung zu gebrauchen.
Die Differenzierung zwischen Gründungs- und Gemeinschaftsstadium läßt sich auch nicht darauf stützen, daß die werdende Gemeinschaft die vorzeitige Anwendung des WEG überhaupt betreffe, der werdende Wohnungseigentümer (i. e. S.) hingegen nur die Anwendbarkeit in bezug auf einen einzelnen Wohnungseigentümer[613]. Die antizipierte Anwendung des WEG geht *immer* nur den jeweiligen Begründer oder Erwerber von Wohnungseigentum an. Sowohl bei der werdenden Gemeinschaft als auch bei einem Erwerb nach Entstehung der echten Gemeinschaft soll das WEG vorzeitig auf einzelne Personen angewendet werden. Im übrigen ist das WEG auch schon vor der Entstehung der (Zweipersonen-)Gemeinschaft in gewissen Teilen anwendbar[614]. Daß die mitgliedschaftlichen Rechte und Pflichten erst dann Geltung erlangen können, wenn neben dem eingetragenen Alleinbegründer der erste Ersterwerber die erforderlichen Annäherungsmerkmale aufweist, mag richtig sein. Diese Besonderheit ist dann aber eine Folge des Zweipersonenverständnisses, welches auch für die Vorwirkung des WEG zu beachten ist.

Die Rechtfertigung für eine differenzierte Lösung ist vielmehr allein in dem materiellen Bedürfnis nach einer vorzeitigen Anwendung des WEG zu suchen. Wenn nach dem oben Gesagten das formelle Bedürfnis nach Rechtssicherheit in allen Erwerbsfällen eine feste Größe darstellt, kann die differenzierte Behandlung des werdenden Wohnungseigentümers (i. w. S.) nur noch von der Größe des materiellen Bedürfnisses abhängen: Je stärker schutzwürdige Interessen der künftigen Wohnungseigentümer

---

[612] So aber BPM/Merle vor § 43 Rdn. 6a; Jennißen S. 56; Blank DNotZ 1999, 222, 223. Besonders augenfällig wird dieser Widerspruch bei Lotz-Störmer S. 41, 49: Während sie für das Gründungsstadium dem Erfordernis der Auflassungsvormerkung entgegenhält, daß einem klaren Abgrenzungskriterium „auch durch den Nachweis eines rechtswirksamen, notariell beurkundeten Erwerbsvertrages genüge getan wird" (S. 41), spreche gegen ein vorzeitiges Stimmrecht des Zweiterwerbers (i. w. S.) „insbesondere die Funktion des Grundbuchs" (S. 49).

[613] Insoweit zutreffend Belz FS Merle (2000) S. 51, 66 f.

[614] Etwa kann der Alleinbegründer eine Gemeinschaftsordnung erlassen und sogar einen Erstverwalter bestellen, dessen Amt aber erst mit der Entstehung der werdenden Gemeinschaft beginnt (BPM/Merle § 26 Rdn. 31, 43). Nicht anwendbar sind nur die Vorschriften, die das Vorhandensein zweier Wohnungseigentümer voraussetzen. Zu einer noch umfangreicheren Anwendbarkeit des WEG gelangen die Befürworter einer Einpersonen-Wohnungseigentümergemeinschaft.

eine Vorverlagerung der Rechte und Pflichten des WEG verlangen, desto weniger vermag das formelle Eintragungsprinzip ihnen entgegenzustehen. Ergeben sich diese schutzwürdigen Interessen aus der gesetzesimmanenten Teleologie des WEG, ist seine vorzeitige, analoge Anwendung anzunehmen.
Ergibt sich eine solche Notwendigkeit hingegen erst aus den Wertungen der Gesamtrechtsordnung und einem schlichtweg unabweisbaren praktischen Bedürfnis, folgt die antizipierte Anwendung des WEG aus einer gesetzesübersteigenden Rechtsfortbildung. Entsprechendes gilt für die Frage, ob neben der antizipierten Zuweisung der Rechte und Pflichten an den künftigen Wohnungseigentümer eine gleichzeitige Einschränkung des bisherigen Wohnungseigentümers in seinen Rechtspositionen vorzunehmen ist, um untragbare Konkurrenzen zu verhindern.

Für das materielle Bedürfnis nach einer vorzeitigen Anwendung des WEG von Bedeutung sind insbesondere die Alternativen einer rechtsgeschäftlichen Vorverlagerung der Rechte und Pflichten (sog. „Vertragslösungen"). Eine gesetzliche Vorverlagerung der Rechtspositionen nach dem WEG ist nicht erforderlich, wenn die rechtsgeschäftlichen Konstruktionen ausreichend effektiv sind. Dabei gibt es grundsätzlich zwei Möglichkeiten:
Einerseits können die künftigen Wohnungseigentümer Verträge schließen, mit denen sie losgelöst von den Grundbucheintragungen und unabhängig von der Gemeinschaftsentstehung die Geltung des WEG für ihre Rechtsbeziehungen vereinbaren. Auf diese Weise begründen sie untereinander originär die Rechte und Pflichten nach dem WEG. Man kann daher von einer *originären Lösung* sprechen.
Andererseits können die bereits eingetragenen Wohnungseigentümer ihre Rechte und Pflichten aus dem WEG auf die künftigen Wohnungseigentümer übertragen. Da diese ihre Rechtsstellung somit von den eingetragenen Wohnungseigentümern (insbesondere dem Bauträger) ableiten, soll diese Möglichkeit als *derivative Lösung* bezeichnet werden.

Das materielle Bedürfnis für eine antizipierte Anwendung des WEG ist möglicherweise von den unterschiedlichen Begründungs- und Erwerbssituationen abhängig. Die überwiegende Rechtsprechung und die Literatur differenziert zunächst nach den dogmatischen Begründungsarten (Teilungsvertrag – Teilungserklärung), vereinzelt aber auch nach den praktischen Umsetzungsformen (Bauherrenmodell – Bauträgerkauf). Insbesondere wird die Unverzichtbarkeit des werdenden Wohnungseigentümers häufig mit dem Schutz der Wohnungskäufer vor dem übermächtigen Bauträger begründet. Auf das Bauherrenmodell wird die Argumentation dann entweder übertragen oder eine Übertragung gerade abgelehnt. Sicherlich erleichtert es eine praktische Sicht der Dinge, besonders typische Schieflagen herauszuarbeiten. So ist der Erwerb vom Bauträger nach wie vor die häufigste Form des Wohnungseigentumserwerbs. Doch die Argumentation mit den praktischen Umsetzungsformen hat zwei Nachteile:
Zum einen kann man auf diese Weise das Bedürfnis in atypischen Situationen nicht bewerten. An den Musterbeispielen des Bauträgerkaufs bzw. des Bauherrenmodells

werden zwar u. U. allgemeine Wertungen leichter erkennbar. Die rein tatsächliche Perspektive kann aber auch dazu führen, von den für die Rechtsfortbildung entscheidenden Wertungen abzulenken oder sie gar zu verfälschen.
Zum anderen ist jede an der Praxis orientierte Lösung nur schwer mit dem im Wohnungseigentumsrecht verankerten Eintragungsprinzip und dem formellen Bedürfnis nach Rechtssicherheit in Einklang zu bringen. Aus dem Grundbuch ist nicht ersichtlich, ob es sich um einen Bauträgerkauf, eine Bauherrengemeinschaft, einen Rückzugsfall, einen Auseinandersetzungsfall oder um eine noch andersartige Erwerbssituation handelt. Gerade aufgrund der vielfältigen praktischen Erscheinungsformen von Wohnungseigentum ergibt sich die Notwendigkeit, die differenzierte Vorwirkung des WEG an klare, aus dem Grundbuch erkennbare Voraussetzungen zu knüpfen. Das gilt für die objektiven Voraussetzungen des Anwendungsbereichs ebenso wie für die subjektiven Voraussetzungen (Annäherungsmerkmale) des werdenden Eigentümers. Angesichts der im Wohnungseigentumsrecht besonders zu achtenden Prinzipien der Rechtsklarheit und der Rechtssicherheit ist daher jede Argumentation allein anhand praktischer Bedürfnisse bedenklich.
Das materielle Bedürfnis für die Vorwirkung des WEG muß vielmehr aus seinen rechtstheoretischen Grundlagen heraus entwickelt werden. Primär ist daher eine nach den dogmatischen Begründungsarten von Teilungsvertrag (§ 3) und Teilungserklärung (§ 8) getrennte Untersuchung vorzunehmen.

Wenn Wohnungseigentum mittels einseitiger Teilungserklärung (§ 8) begründet worden ist, soll nach fast einhelliger Meinung weiter danach differenziert werden, ob es sich um einen Ersterwerb vom Alleinbegründer (Fallgruppen 2a und 2b) oder um einen Zweiterwerb i. e. S. (Fallgruppe 3b) von einem Erwerber handelt. Nur Ersterwerber sollen an der Vorwirkung des WEG teilhaben. Es wird daher zu prüfen sein, warum gerade Ersterwerber schützenswerte Interessen an der Vorverlagerung der Rechte und Pflichten nach dem WEG haben sollen.

Die herrschende Rechtsprechung und Literatur geht aber noch über diese individuelle, auf den einzelnen Erwerber abstellende, Betrachtung hinaus: Sie will nur solche Ersterwerber vorzeitig unter das WEG fassen, die vor der Gründung der echten Wohnungseigentümergemeinschaft die subjektiven Annäherungsmerkmale erfüllt haben (Fallgruppe 2a). Ersterwerber im Gemeinschaftsstadium (Fallgruppe 2b), oft mißverständlich ebenfalls als Zweiterwerber (i. w. S.) bezeichnet, sollen nicht von der Vorwirkung betroffen sein. Die individuell ausgerichtete Vorwirkung des WEG wird auf diese Weise durch ein kollektives und vom einzelnen Erwerber unabhängiges Kriterium eingeschränkt. Die Gemeinschaftsgründung aufgrund der Grundbucheintragung des ersten Ersterwerbers entscheidet über die antizipierte Anwendbarkeit des WEG auf alle übrigen Ersterwerber. Die Gründung der echten Wohnungseigentümergemeinschaft läßt sich demnach als weitere objektive Voraussetzung der Vorwirkung des WEG verstehen: Ob die jeweilige Person vorzeitig unter das WEG fällt, soll nicht nur davon abhängen, wie das betreffende Wohnungseigentumsrecht begründet wurde

(Vorratsteilung gemäß 8 oder Teilungsvertrag gemäß § 3), und wer es jetzt veräußert (Ersterwerb vom Begründer oder Zweiterwerb vom Zwischenerwerber), sondern auch davon, ob die echte Wohnungseigentümergemeinschaft schon entstanden ist (Gründungsstadium oder Gemeinschaftsstadium).

Nach alledem ergibt sich folgender Aufbau der weiteren Untersuchung: Getrennt nach den Begründungsarten und Erwerbssituationen (= fünf Fallgruppen) ist bezüglich jeder einzelnen Rechtsposition des Wohnungseigentümers zu prüfen, inwieweit ein materielles Bedürfnis für ihre Vorverlagerung auf Seiten des Erwerbers und für ihre parallele Reduzierung auf Seiten des Veräußerers besteht. Der Maßstab hierfür sind die primär nach der Teleologie des WEG (gesetzesimmanente Rechtsfortbildung) und sekundär nach den Bedürfnissen und Prinzipien der Gesamtrechtsordnung (gesetzesübersteigende Rechtsfortbildung) schutzwürdigen Interessen der Beteiligten. Soweit die Vorverlagerungsinteressen durch originäre bzw. derivative Vertragslösungen befriedigt werden können, ist eine Rechtsfortbildung nicht erforderlich.

aa) Der Ersterwerb im Gründungsstadium (Fallgruppe 2a)

Der Schwerpunkt der Vorwirkung des WEG liegt nach wie vor im klassischen Anwendungsbereich, das heißt beim Ersterwerb vom Alleinbegründer (§ 8) im Gründungsstadium der echten Wohnungseigentümergemeinschaft[615]. Die Fallgruppe 2a soll daher zuerst untersucht werden.

aaa) Die Vorverlagerung von Rechtspositionen auf den Ersterwerber

Bis zur Eintragung der Ersterwerber in den Wohnungsgrundbüchern können Jahre vergehen[616]. Ein Grund sind die erhöhten Anforderungen an das Eintragungsverfahren bei der Anlegung der Wohnungsgrundbücher: So müssen neben der Unbedenklichkeitsbescheinigung des Finanzamtes insbesondere ein Aufteilungsplan, eine Abgeschlossenheitsbescheinigung, eintragungsfähige Vereinbarungen und ggf. Zustimmungen gemäß § 12 vorliegen. Außerdem müssen Fragen der Finanzierung und der Lastenfreistellung geklärt sein. Regelmäßig läßt der teilende Eigentümer das Wohnungseigentum erst auf, wenn der Kaufpreis vollständig entrichtet wurde, was wiederum die Fertigstellung der Wohnanlage voraussetzt. Besonders groß ist die Verzögerung des-

[615] Hält man eine Einpersonen-Wohnungseigentümergemeinschaft für möglich, dauert das Gründungsstadium nur bis zur Entstehung der Wohnungseigentumsrechte in der Person des Alleinbegründers, das heißt bis zur Anlegung der Wohnungsgrundbücher. Nach dem herrschenden Zweipersonenverständnis dauert das Gründungsstadium noch so lange an, wie der teilende Eigentümer Inhaber aller Wohnungseigentumsrechte ist, das heißt bis zur Eintragung des ersten Ersterwerbers im Wohnungsgrundbuch.

[616] AK-BGB/Finger § 1 Rdn. 47; Hägele S. 1; Storck S. 171; Finger BauR 1984, 108, 109; Röll Rpfleger 1986, 169, 170; DNotZ 1993, 315, 316; H. Müller PiG 17 (1985), 173, 178; Bielefeld DWE 1986, 105, 106; Seuß FS Bärmann und Weitnauer (1990), 599, 605 ff.

halb beim Kauf vom Bauträger[617]. Kommt es hier zu Streitigkeiten über die Rechte aus dem häufig sehr komplexen Erwerbsvertrag, vor allem hinsichtlich der Mängelgewährleistung, kann sich die Umschreibung der Ersterwerber weiter verschieben. Angesichts dieses Schwebezustandes liegt es nahe, eine Vorverlagerung der Rechtspositionen nach dem WEG auf den jeweiligen Ersterwerber in Betracht zu ziehen. Zu unterscheiden sind die Rechte und Pflichten gegenüber den künftigen Mitgliedern der Wohnungseigentümergemeinschaft (Innenverhältnis), gegenüber dem Verwalter und gegenüber Dritten (Außenverhältnis).

(1) Die Rechte und Pflichten aus dem Innenverhältnis der Wohnungseigentümer

Im Innenverhältnis der künftigen Gemeinschaftsmitglieder geht es um die Vorverlagerung der Abwehr-, Nutzungs-, Verwaltungs-, Verfügungs-, Vermögens- und Mitwirkungsrechte einerseits und der Beitragspflicht andererseits. Ein materielles Bedürfnis für die Antizipation dieser Innenrechtspositionen besteht dann, wenn schutzwürdige Vorverlagerungsinteressen der Beteiligten existieren, die nicht durch rechtsgeschäftliche Konstruktionen („Vertragslösungen") befriedigt werden können.

(a) Die schutzwürdigen Interessen an der Vorverlagerung von Innenrechtspositionen

In § 8 ist nicht vorgesehen, daß die Ersterwerber untereinander oder im Verhältnis zum Alleinbegründer eine Verbindung sachen- oder schuldrechtlicher Art haben müssen. Auch in der Praxis besteht zwischen ihnen regelmäßig weder gemeinsames Eigentum noch eine Personenvereinigung. Erst mit dem Abschluß des Erwerbsvertrages übernimmt der teilende Eigentümer schuldrechtliche Verpflichtungen gegenüber dem jeweiligen Ersterwerber, während zwischen den Ersterwerbern nach wie vor keine Rechtsbeziehung existiert. Alle Nutzungs-, Abwehr-, Verwaltungs-, Verfügungs- und Vermögensrechte in bezug auf das neu begründete Wohnungseigentum sind zu dieser Zeit in der Person des Alleinbegründers konzentriert. Die Situation ist mit der eines Mietshauses vergleichbar, in dem die Mieter nur aus den Mietverträgen Ansprüche gegen den Vermieter herleiten können, ohne daß ihnen dingliche Herrschaftsrechte gegen den Vermieter oder den Mitmieter zur Verfügung stehen. Wer eine Wohnung zu *Eigentum* erwirbt, ist aber daran interessiert, über diese mieterähnliche Rechtsstellung hinaus direkten Einfluß auf seine Lebensumstände nehmen zu können. Er wünscht sich die Dezentralisierung der wohnungseigentumsrechtlichen Befugnisse.

(aa) Die Nutzungs- und Abwehrrechte

Jedem Ersterwerber ist zunächst daran gelegen, im Verhältnis zu dem Alleinbegründer und zu den Miterwerbern wechselseitig und gleichmäßig zur Nutzung berechtigt zu sein. Alle Ersterwerber sollen sich gemäß der besonderen nachbarschaftlichen Enge verhalten. Sie möchten die Gebrauchsvorteile und sonstigen Nutzungen angemessen verteilt wissen. Eine unangemessene Nutzung will der einzelne Ersterwerber effektiv

[617] Röll NJW 1989, 1070

abwehren können. Die Ersterwerber wollen zusammen mit dem Alleinbegründer möglichst rasch eine *Nutzungsgemeinschaft* bilden, in der jedes Mitglied das gleiche Recht auf die Nutzung des Sonder- und Gemeinschaftseigentums hat. Insoweit handelt es sich um die *kollektiven Gleichberechtigungsinteressen* der Ersterwerber.

Ob dieses Interesse, frühzeitig eine intern gleichberechtigte Nutzungsgemeinschaft zu bilden, nach der Teleologie des WEG schützenswert ist, hängt von der Zielsetzung des Gesetzgebers ab. Dieser wollte dem Wohnungseigentümer im Gegensatz zum Mieter ein eigenheimähnliches Objekt verschaffen; hinsichtlich der Nutzungsbefugnis wurden Lösungen über die §§ 1010, 1093 BGB deshalb ausdrücklich als unzureichend beurteilt[618]. In den §§ 13-15, 16 Abs. 1 ist vielmehr eine den §§ 743, 903 BGB entsprechende eigentümerähnliche Position vorgesehen. Die Grenzen des Mitgebrauchs und die Verteilung der Früchte sind sehr detailliert geregelt. Besonderen Wert hat der Gesetzgeber auf die gegenseitige Rücksichtnahme der tatsächlich verbundenen Wohnungseigentümer gelegt (vgl. §§ 14 Abs. 1 Nr. 1, 15 Abs. 3).

Mit diesem Gesetzeszweck ist es unvereinbar, wenn der Ersterwerber hinsichtlich seiner Nutzungs- und Abwehrrechte sogar noch schlechter steht als ein Mieter. Während sich ein Mieter auf die Mietvertragsklauseln berufen kann, befindet sich der auf seine Umschreibung wartende Wohnungserwerber in einem für ihn häufig unerwarteten und unklaren Schwebezustand. Selbst wenn er seine Finanzierungsbeiträge für den Aufbau geleistet und den Kaufpreis vollständig bezahlt hat, bleibt er weiterhin ohne herrschaftliche Nutzungs- und Ausschlußrechte gegenüber dem Alleinbegründer und den Miterwerbern, das heißt auf eine erwerbsvertragliche Inanspruchnahme des Veräußerers beschränkt. Zwar integrierten die Bauträger schon früh mietähnliche Nutzungsvereinbarungen in den Erwerbsverträgen[619], und der BGH legte ihnen im „Bierschwemmenurteil“[620] vermieterähnliche Treuepflichten auf. Es ist jedoch unmöglich, hierauf ein Geflecht wechselseitiger Nutzungs- und Abwehrrechte zu stützen. Zu welchem Vorgehen der teilende Eigentümer aufgrund seiner Treuepflicht verpflichtet ist, erweist sich für den einzelnen Ersterwerber als viel zu unbestimmt.

Auch der Besitzschutz aus den §§ 858 ff. BGB hilft dem Ersterwerber nicht, weil er in bezug auf das gemeinschaftliche Eigentum im Verhältnis der Mitwohnungseigentümer untereinander nicht stattfindet (§ 866 BGB).

Sachgemäß ist deshalb nur die möglichst frühzeitige „Unterwerfung“ aller Erwerber unter die gerade für ihre spezifische Situation geschaffenen Rechtsvorschriften der §§ 13 ff.[621].

Nach der Teleologie des WEG ist die vorzeitige Bildung einer Nutzungsgemeinschaft der Ersterwerber daher grundsätzlich interessengerecht. Es besteht mithin ein materielles Bedürfnis für die Vorverlagerung des Rechts auf ordnungsmäßige Nutzung gemäß den §§ 13-15, 16 Abs. 1.

---

[618] Amtliche Begründung BR-Drucks. 75/51, Anlage 2, S. 1

[619] Hägele S. 1; Seuß ZfgWBay 1986, 516 f.

[620] BGH DWW 1964, 89, 90 (siehe oben Fn. 328)

[621] Finger BauR 1984, 108, 111

Die antizipierte Anwendung dieser WEG-Normen allein genügt jedoch nicht. Während die Nutzungsrechte in den §§ 13 ff. abschließend geregelt sind, werden die Abwehrrechte nur im Hinblick auf ihre Schranken, das heißt die Duldungspflichten der Wohnungseigentümer, behandelt. Das WEG enthält lediglich den Maßstab des ordnungsmäßigen Gebrauchs. Das Ausschlußrecht selbst ist zwar in § 13 Abs. 1 a. E. erwähnt. Aber § 13 stellt ebensowenig wie § 903 BGB[622] eine Anspruchsgrundlage dar. Der Ersterwerber benötigt deshalb den negatorischen Anspruch aus § 1004 BGB. Mit Hilfe dieses Eigentumsverwirklichungsanspruchs[623] kann er die in den §§ 13 ff. vorgesehene gegenseitige Rücksichtnahme zu seinen Gunsten umsetzen und gegen störende Verhaltensweisen seiner Mitwohnungseigentümer vorgehen.

Erst recht muß sich der Ersterwerber wehren können, wenn ihm der Besitz an seiner Wohnung oder der Mitbesitz an dem gemeinschaftlichen Eigentum vorenthalten oder entzogen wird. Denn zur ordnungsmäßigen Nutzung gehört insbesondere das Recht, das Sonder- und Gemeinschaftseigentum zu bewohnen bzw. zu gebrauchen (vgl. § 13). Die Möglichkeit zur Nutzung erfordert den Sachbesitz, und dieser wird dem Eigentümer über § 985 BGB verschafft[624], einer Spezialregel zu § 1004 BGB[625]. Auch der Ersterwerber muß in antizipierter Anwendung des § 985 BGB die Herausgabe verlangen können, wenn ihm die Miterwerber den Besitz an seiner Wohnung oder an gemeinschaftlichen Gebäudeteilen vorenthalten. Denn nur § 985 BGB garantiert eine einfache und dauerhafte Lösung. Der possessorische Besitzschutz aus § 861 BGB setzt nämlich voraus, daß der Ersterwerber den Wohnungsbesitz erlangt und aufgrund verbotener Eigenmacht wieder verloren hat. Zudem bietet er keinen endgültigen Rechtsschutz[626]. Kein Bedürfnis für eine vorzeitige Anwendbarkeit des § 985 BGB besteht im Verhältnis zum Alleinbegründer. Enthält der teilende Eigentümer einem Ersterwerber den Besitz an dem Sonder- oder Gemeinschaftseigentum vor, kann dieser schon aufgrund des Erwerbsvertrages die Freigabe der Räumlichkeiten fordern.

Der Abwehranspruch aus § 1004 BGB wird weiterhin durch die nachbarrechtlichen Befugnisse der §§ 907 ff. BGB konkretisiert[627]. Das Nutzungsrecht des Ersterwerbers ist gefährdet, wenn die Mitwohnungseigentümer in dort genannter Weise auf das Gebäude einwirken. Daher besteht auch für die antizipierte Anwendung der §§ 906 ff. BGB ein Bedürfnis.

---

[622] Staudinger/Seiler § 903 BGB Rdn. 6; Soergel/Baur § 903 BGB Rdn. 40

[623] Staudinger/Gursky § 1004 BGB Rdn. 1

[624] Münch.Komm./Medicus § 985 BGB Rdn. 1

[625] Staudinger/Gursky § 1004 BGB Rdn. 2. Sowohl der spezielle Herausgabeanspruch (*rei vindicatio*) als auch der allgemeine Abwehranspruch (*actio negatoria*) verwirklichen die Ausschließungsbefugnis als den sog. negativen Kern des Eigentums.

[626] Soergel/Mühl § 985 BGB Rdn. 25; Münch.Komm./Medicus § 985 BGB Rdn. 1

[627] Münch.Komm./Medicus § 1004 BGB Rdn. 8

Zu den negatorischen Ansprüchen gehört schließlich derjenige aus § 894 BGB[628]. Wie § 985 BGB schützt er die richtige Verlautbarung der Eigentümerposition[629]. Anders als § 985 BGB hat er jedoch keinerlei Bezug zum Nutzungsrecht. Er schützt den eingetragenen Wohnungseigentümer lediglich davor, aufgrund der §§ 892 f. BGB einen Rechtsverlust zu erleiden. Hiervor muß der auf seine Grundbucheintragung wartende Wohnungseigentümer nicht bewahrt werden. Eine vorzeitige Anwendung des § 894 scheidet daher aus.

Über die *Verwirklichung* des antizipierten Rechts auf eine ordnungsmäßige Nutzung mittels der §§ 985, 1004, 906 ff. BGB hinaus kommt zugunsten des Ersterwerbers die *Fortwirkung* des Wohnungseigentums in Gestalt von Ersatz- und Bereicherungsansprüchen in Betracht. Läßt sich die Beschädigung, Zerstörung, Entziehung oder sonstige Einwirkung Dritter auf das Wohnungseigentum nicht mittels präventiver Abwehransprüche verhindern, geben die §§ 987 ff., 823 ff., 812 ff. BGB zumindest einen Ausgleich für erlittene Nachteile. An diesen Rechtspositionen ist der Ersterwerber nicht in der Weise interessiert, daß er frühzeitig Mitglied einer Gemeinschaft wechselseitig und gleichmäßig Berechtigter sein möchte. Vielmehr geht es ihm insoweit darum, vorzeitig eine Kompensation zu erhalten, welche den Bestand oder zumindest den vermögensrechtlichen Wert des betreffenden Wohnungseigentumsrechts gewährleistet. Dieses Interesse ist gänzlich unabhängig von den anderen Miterwerbern. Das Interesse des Ersterwerbers an einer antizipierten Anwendung der §§ 987 ff., 823 ff., 812 ff. BGB ist mithin rein *individueller und vermögensrechtlicher* Natur. Es ist anders als das kollektive Gleichberechtigungsinteresse an einer frühzeitigen Nutzungsgemeinschaft nach der gesetzlichen Teleologie nicht schutzwürdig. Der Zielsetzung des WEG kann nicht entnommen werden, daß der Ersterwerber über die durchsetzbaren Nutzungs- und Abwehrrechte gemäß den §§ 13 ff. i. V. m. §§ 985, 1004, 906 ff. BGB hinaus auch vorzeitig an der eigentumsrechtlichen Wertgarantie teilhaben soll. Diese wird im WEG nicht angesprochen, geschweige denn so ausführlich behandelt wie das gegenseitige Recht auf eine ordnungsmäßige Nutzung gemäß den §§ 13 ff.
Eine antizipierte Inhaberschaft der Ansprüche aus den §§ 987 ff., 823 ff., 812 ff. BGB könnte sich daher allenfalls auf eine gesetzesübersteigende Rechtsfortbildung stützen, das heißt auf prinzipielle Wertungen der Gesamtrechtsordnung oder auf unabweisbare Bedürfnisse des Rechtsverkehrs. Benutzt oder beschädigt ein Mitwohnungseigentümer widerrechtlich das (angestrebte) Wohnungseigentum des Ersterwerbers, so kann dieser eine Verletzung seines Besitzes geltend machen oder aufgrund des Erwerbsvertrages Maßnahmen des Alleinbegründers verlangen. Ein unabweisbares Bedürfnis für die oben genannten Ansprüche in eigener Person ist daher nicht gegeben.
Aus demselben Grund ist schließlich eine vorzeitige Ausstattung des Ersterwerbers mit dem negatorischen Rechtsbehelf aus § 771 ZPO zu verneinen. Dieser soll sicherstellen, daß der staatliche Vollstreckungszugriff nur das für die Titelschuld haftende Ver-

---

628 BGHZ 5, 76, 82; Erman/W. Hefermehl § 1004 BGB Rdn. 1
629 Westermann Sachenrecht § 28 II 1, S. 163

mögen erfaßt[630]. Auch daran hat der Ersterwerber allenfalls ein individuelles und vermögensrechtliches Interesse.
Eine antizipierte Anwendung des WEG muß sich daher auf die §§ 13-15, 16 Abs. 1 i. V. m. den §§ 985, 1004, 906 ff. BGB beschränken.

(bb) Die (materiellen) Verwaltungsrechte

Ebenso wichtig wie die Bildung einer frühzeitigen Nutzungsgemeinschaft könnte die Bildung einer frühzeitigen *Verwaltungsgemeinschaft* sein.
Im Gründungsstadium der durch Vorratsteilung entstehenden Wohnungseigentümergemeinschaft ist der teilende Eigentümer entweder Alleineigentümer (Einpersonenverständnis) oder zumindest noch alleiniger Träger der Wohnungseigentumsrechte (Zweipersonenverständnis) und damit jedenfalls Inhaber aller mit dem Grundstücks- bzw. Wohnungseigentum verbundenen Verwaltungsbefugnisse. Die Ersterwerber unterliegen wie Mieter seiner Fremdverwaltung. Aufgrund seiner ausschließlichen Verwaltungsbefugnis ist der teilende Eigentümer in der Lage, über die Nutzung, die Kostenabrechnung, die bauliche Gestaltung und die sonstige Geschäftsführung der Wohnanlage eigenmächtig zu entscheiden. Darüber hinaus kann er in der Teilungserklärung eine für die Zukunft verbindliche Gemeinschaftsordnung schaffen. Diese Alleinherrschaft des teilenden Eigentümers wird praktisch relevant, wenn er eigene Interessen durchsetzen will, die den Erwerberinteressen zuwider laufen. Insoweit ist der Vorratsteilung eine polarisierte Interessenlage eigen, bei der sich die Ersterwerber und der Alleinbegründer gegenüber stehen. Die Polarisierung wird dadurch verstärkt, daß die Wohnungsanwärter aus den Erwerbsverträgen im Hinblick auf ihre Verwaltungsrechte regelmäßig noch weniger ableiten können als hinsichtlich ihrer Nutzungs- und Abwehrrechte. So läßt sich aus den Nutzungsvereinbarungen und Treuepflichten des Veräußerers keine hinreichend bestimmbare Einflußmöglichkeit erzielen, vor allem angesichts der Tatsache, daß die Verwaltung des Wohnungseigentums einer ständigen Anpassung an die sich ändernden Verhältnisse bedarf. Den Ersterwerbern ist deshalb daran gelegen, an der Verwaltung des Wohnungseigentums materiell beteiligt zu werden und die Fremdverwaltung durch eine gemeinschaftliche Selbstverwaltung zu ersetzen. Es geht nicht nur um bloße Gleichberechtigung gegenüber den Miterwerbern, sondern um die Beendigung einer Alleinherrschaft. Die kollektiven Gleichberechtigungsinteressen der Ersterwerber steigern sich zu *kollektiven Demokratisierungsinteressen*, gerichtet gegen den teilenden Eigentümer. Dessen Alleinherrschaft endet, wenn der erste Ersterwerber die materiellen Mitverwaltungsrechte nach dem WEG erhält[631]:

---

[630] Münch.Komm./K. Schmidt § 771 ZPO Rdn. 1

[631] Das gilt unabhängig davon, ob man erst jetzt die (werdende) Wohnungseigentümergemeinschaft und mit ihr die mitgliedschaftlichen Rechte entstehen läßt (Zweipersonenverständnis), oder ob man sie sich vorher in einer Einpersonengemeinschaft des Alleinbegründers gebündelt vorstellt. Aus seinem früheren Alleineigentum erwachsen dem teilenden Eigentümer jedenfalls keine originären Verwaltungszuständigkeiten oder Befugnisse gegenüber der Wohnungseigentümergemeinschaft und dem Verwalter (AG Bergisch-Gladbach v. 2.4.98 – 35 II 108/96 = WuM 1998, 501).

die gemeinschaftliche Verwaltungsbefugnis gemäß § 21 Abs. 1, das Notgeschäftsführungsrecht gemäß § 21 Abs. 2 und das Recht auf eine ordnungsmäßige Verwaltung gemäß § 21 Abs. 4. Das Ende der Fremdverwaltung ist für die Ersterwerber besonders wichtig, weil sie regelmäßig die Erstnutzer und ggf. auch die Mitfinanzierer der zu Wohnungseigentum umfunktionierten bzw. errichteten Wohnungen sind. Ihnen obliegt es, den Alleinbegründer und Veräußerer zur Bereitstellung von bewohnbaren Einheiten zu veranlassen, notfalls mit gerichtlicher Hilfe.

Fraglich ist, inwieweit das Interesse der Ersterwerber an einer demokratischen Selbstverwaltung der Wohnanlage nach der Teleologie des WEG schützenswert ist. Die Verwaltung des Gemeinschaftseigentums ist für eine funktionsfähige Wohnungseigentümergemeinschaft sehr wichtig, weshalb der Gesetzgeber sie in einem eigenen Abschnitt (§§ 20 ff.) geregelt hat[632]. Das WEG geht in den §§ 20 Abs. 1, 21 Abs. 1 von einer „gemeinschaftlichen" Verwaltung durch eine Mehrzahl von „Wohnungseigentümern" aus. Diese Vorschriften sind nahezu wortgleich mit dem § 744 Abs. 1 BGB. Der schlichten Rechtsgemeinschaft ist ein Bedürfnis nach einer Dezentralisierung und Demokratisierung der Verwaltung fremd. Einen Schwebezustand kann es hier nur beim Erwerb eines gemeinschaftlichen Grundstücks geben, der aber regelmäßig alle Erwerber gleichzeitig zu Miteigentümern macht. Daß ein Alleineigentümer sukzessiv Miteigentumsanteile veräußert, ist gerade eine Besonderheit der Teilung eines Grundstücks in Wohnungseigentumsrechte gemäß § 8. Obwohl der Vorratsteilung die ursprünglich alleinige Verwaltungsbefugnis des teilenden Eigentümers immanent ist, enthält das WEG hinsichtlich ihrer Dezentralisierung im Gründungsstadium der Gemeinschaft keine besonderen Vorschriften. Großen Wert hat der Gesetzgeber hingegen darauf gelegt, die individuellen Interessen der eingetragenen Eigentümer grundsätzlich zu schützen, und sie nur dort, wo es für die Funktionsfähigkeit der Gemeinschaft unverzichtbar ist, dem demokratischen Mehrheitsprinzip zu unterwerfen. Dem Notgeschäftsführungsrecht (§ 21 Abs. 2) und dem Einstimmigkeitsprinzip bei Vereinbarungen (§§ 10 Abs. 1 S. 2, Abs. 2, 21 Abs. 1, 3 und 4) sowie bei besonderen Beschlüssen (§ 22 Abs. 1 S. 1) stehen eine gemeinschaftliche Willensbildung (§§ 10 Abs. 3 und 4, 21 Abs. 3, 23, 25) und der Verwalter als Exekutivorgan (§§ 27, 28) gegenüber. Die Grenzen der Mehrheitsbeschlüsse und der Verwalterkompetenzen sind sehr detailliert beschrieben. Und jeder Wohnungseigentümer hat ein individuelles Recht auf eine ordnungsmäßige Verwaltung (§ 21 Abs. 4). Auf diese Weise betont das WEG das Selbstbestimmungsrecht des Einzelnen innerhalb der gemeinschaftlichen Verwaltung. Eine mitunter jahrelange Fremdverwaltung durch den teilenden Eigentümer aufgrund formellrechtlicher Verzögerungen ist mit dieser gesetzlichen Wertung nicht zu vereinbaren. Die Interessen der Ersterwerber an einer vorzeitigen Dezentralisierung und Demokratisierung der Verwaltung sind daher nach der Teleologie des WEG schutzwürdig.

[632] BPM/Pick § 20 Rdn. 1

Allerdings will *Hägele*[633] den werdenden mit dem eingetragenen Wohnungseigentümer nur im Bereich der „notwendigen und ordnungsmäßigen" Verwaltung gleichstellen. Bei darüber hinausgehenden Maßnahmen, wie etwa baulichen Veränderungen (§ 22), sei „die besondere rechtsgeschäftliche Zustimmung des veräußernden Eigentümers erforderlich, weil darin ein Eingriff in die Substanz des noch ihm zustehenden Eigentums liegt". Was genau Hägele damit meint, wird nicht deutlich. Wenn man dem werdenden Eigentümer die Verwaltungsbefugnis nicht nur hinsichtlich der ordnungsmäßigen, sondern auch hinsichtlich der darüber hinausgehenden Verwaltung zugesteht, ändert das nichts daran, daß für eine bauliche Veränderung nach wie vor die Zustimmung des teilenden Eigentümers im Rahmen einer Vereinbarung erforderlich ist. Soweit sich Hägele dafür einsetzen sollte, die antizipierte Verwaltungsbefugnis auf den engeren Bereich der Ordnungsmäßigkeit zu beschränken, würde dies die Demokratisierungsinteressen der Ersterwerber zu stark vernachlässigen. Gerade in bezug auf außerordentliche Verwaltungsmaßnahmen besteht das frühzeitige Bedürfnis nach Mitbestimmung, weil sie die Lebensverhältnisse in der Wohnanlage am stärksten verändern.

Das zeigt sich vor allem im Bereich der baulichen Gestaltung. Wie die zahlreichen Gerichtsentscheidungen belegen[634], ist das Ende der Fremdverwaltung hier von großer Bedeutung. Sobald dem ersten Ersterwerber ein materielles Verwaltungsrecht zugestanden wird, muß jede bauliche Maßnahme gemeinsam veranlaßt werden: entweder mehrheitlich als Maßnahme der ordnungsmäßigen Verwaltung (§ 21 Abs. 3) – hierauf hat der Ersterwerber gemäß § 21 Abs. 4 einen Anspruch – oder, wenn sie vom Aufteilungsplan abweicht, einstimmig als bauliche Veränderung (§ 22 Abs. 1). Ohne die Teilhabe an der Verwaltung ist der Ersterwerber hingegen auf seine repressiven Rechte aus dem Erwerbsvertrag angewiesen: Er muß im Zivilprozeß behaupten und beweisen, daß hinsichtlich der baulichen Gestaltung eine teilweise Nichterfüllung oder ein Mangel i. S. d. §§ 633 ff. BGB bzw. §§ 459 ff. BGB vorliegt. Diese Frage ist abhängig davon, wie konkret die verkaufte Eigentumswohnung im Erwerbsvertrag und im Aufteilungsplan umschrieben ist. Dabei trägt der Ersterwerber das Risiko des unter Umständen langwierigen und teuren Zivilprozesses allein und kann selbst im Erfolgsfalle erst nach Jahren die gewünschte Gestaltung erzwingen.

Weitere außerordentliche Verwaltungsmaßnahmen sind die Einräumung von Sondernutzungsrechten, die Festlegung des Kostenverteilungsschlüssels und die Zweckbestimmung der Wohnungseigentumseinheiten. Die Einigung über derart wichtige Angelegenheiten liegt mindestens ebenso im Interesse der Ersterwerber wie die Mitsprache über laufende Angelegenheiten in der Eigentümerversammlung.

Die Ersterwerber haben daher ein schutzwürdiges Interesse, zusammen mit dem Alleinbegründer gemäß den §§ 20 ff. eine vorzeitige Verwaltungsgemeinschaft in allen Fragen zu bilden.

---

[633] Hägele S. 64

[634] Siehe oben Fn. 519 bis Fn. 523.

(cc) Die Pflicht zur anteiligen Lasten- und Kostentragung (Beitragspflicht)

Läßt man die Ersterwerber vor der Gründung der echten Wohnungseigentümergemeinschaft die Nutzungs-, Abwehr- und materiellen Mitverwaltungsrechte nach dem WEG antizipieren, um die Demokratisierung der Wohnungseigentümergemeinschaft voranzutreiben, so stellt sich die Frage, ob sich die Ersterwerber auf der anderen Seite vorzeitig an den Lasten und Kosten der Wohnanlage gemäß den § 16 Abs. 2 zu beteiligen haben (*Haftungsgemeinschaft*).

Eine Vorverlagerung der Beitragspflicht ist grundsätzlich nicht im Interesse der Ersterwerber[635]. Das materielle Bedürfnis für eine antizipierte Anwendbarkeit des WEG kann jedoch nicht einseitig zu Gunsten des Erwerbers und zu Lasten des Alleinbegründers beurteilt werden. Der teilende Eigentümer müßte bis zur ersten Wohnungsveräußerung im Innenverhältnis allein die entstehenden Unkosten der Wohnanlage tragen[636], obwohl er einen Teil seiner Verwaltungsbefugnis bereits vorzeitig an die Ersterwerber verloren hätte. Im Interesse des Alleinbegründers ist den Ersterwerbern daher mit der vorzeitigen Erlangung von Verwaltungsrechten eine Beitragspflicht gemäß § 16 Abs. 2 aufzuerlegen. Dieses Interesse ist nach der Teleologie des WEG beachtlich: Der Zusammenhang zwischen Verwaltung und Kostentragung ist in § 16 Abs. 2 und Abs. 3 (1. Hs.) ausdrücklich angesprochen. Schutzwürdige Interessen der Ersterwerber, welche ihrer antizipierten Innenhaftung entgegenstehen könnten, sind nicht ersichtlich. Sie haben billigerweise hinzunehmen, daß sich die Demokratisierung der Wohnungseigentümergemeinschaft nicht lediglich einseitig in der Verteilung von Herrschaftsrechten auswirkt, sondern auch in der Aufteilung haftungsrechtlicher Verantwortlichkeit.

Die vorzeitige anteilige Lasten- und Kostentragung der Ersterwerber läßt sich nicht nur als Ausgleich für ihre antizipierten Mitverwaltungsrechte rechtfertigen, sondern auch als Ausgleich für ihre antizipierten Nutzungsrechte aus den §§ 13-15, 16 Abs. 1[637]. Dieser funktionelle Zusammenhang ergibt sich aus § 16 Abs. 1 i. V. m. Abs. 2 und Abs. 3 (2. Hs.), der Nutzungsrecht und Kostentragung in Beziehung setzt. Die Vorschriften machen zudem deutlich, daß es nicht auf die tatsächliche Nutzung der Wohnung durch den Erwerber ankommen kann, sondern nur auf sein (antizipiertes) Recht, an den Nutzungen beteiligt zu werden. Die Aussage, der Käufer solle haften, weil er auch nutze[638], ist daher ungenau. Vielmehr muß der Erwerber haften, weil er auch nutzen *darf*. Für den Erwerber ist die Anbindung der Beitragspflicht an das Nutzungsrecht ohnehin im Erwerbsvertrag vorgesehen, wenn auch nur im Verhältnis zum

---

[635] Von ihr profitiert der einzelne Erwerber nur dann, wenn die frühzeitige Verteilung der Kostenlast auf viele Säulen für ihn insgesamt von Vorteil ist, namentlich bei der Insolvenz des Bauträgers. Will ein Ersterwerber den steckengebliebenen Bau fortsetzen, etwa weil seine Wohnung fast fertiggestellt ist, kommt ihm nach dem Ausfall des Bauträgers eine große Anzahl solventer Beitragsleistender gelegen.

[636] Vgl. BayObLGZ 1978, 270, 276.

[637] Finger BauR 1984, 108, 112

[638] H. Müller PiG 17 (1985), 173, 178

Veräußerer. Daß sie auch im Verhältnis zu allen Miterwerbern gilt, entspricht dem kollektiven Gleichberechtigungsinteresse der Ersterwerber.
Die frühzeitige Bildung einer Nutzungs- und einer Verwaltungsgemeinschaft der Ersterwerber mit dem Alleinbegründer bringt somit nach der Interessenlage eine antizipierte Haftungsgemeinschaft mit sich.

(dd) Die Verfügungsrechte

Was die Verfügungsrechte eines eingetragenen Wohnungseigentümers angeht, gibt es nur wenige Stellungnahmen zur Vorverlagerung, und sie sind einheitlich ablehnend[639]. Ein Grund für die geringe Zahl der Beiträge ist, daß sich die Verfügungsrechte nicht aus dem WEG ergeben, sondern aus dem allgemeinen bürgerlichen Recht (vgl. § 747 BGB). Es geht daher in erster Linie um die antizipierte Anwendung von allgemeinen Vorschriften, nicht um solche des WEG, welches nur wenige, die Verfügungsbefugnis der Wohnungseigentümer einschränkende, Vorschriften enthält (§§ 6 Abs. 1, 12 Abs. 1, 18, 19). Für die Gemeinschaft der Wohnungseigentümer spielen die Verfügungsrechte nur eine untergeordnete Rolle[640]. Anders als die Nutzung oder Verwaltung des Wohnungseigentums ist eine Verfügung über das Wohnungseigentum grundsätzlich ohne gemeinschaftlichen Bezug. Mit anderen Worten gibt es *keine Verfügungsgemeinschaft* der Wohnungseigentümer: sie verfügen i. d. R. unabhängig voneinander. Auf eine Ordnungsmäßigkeit der Verfügung braucht der einzelne Wohnungseigentümer keine Rücksicht zu nehmen. Dies würde auch für eine antizipierte Verfügungsbefugnis gelten. Wäre der Ersterwerber vorzeitig zu Verfügungen berechtigt, könnte er schon vor seiner Grundbucheintragung das Wohnungseigentum veräußern oder belasten. Dadurch könnte er den vermögensmäßigen Wert des Wohnungseigentums über die bloße Nutzung hinaus aktivieren, indem er Rechtsbeziehungen zu außerhalb der Gemeinschaft stehenden Dritten begründet. Das Interesse an einer antizipierten Verfügungsbefugnis ist daher weder auf eine Gleichberechtigung noch eine Demokratisierung der (werdenden) Wohnungseigentümergemeinschaft gerichtet, sondern es ist regelmäßig *individueller und vermögensrechtlicher* Natur. Aus dem WEG lassen sich keine Wertungsgesichtspunkte herleiten, die dieses individuelle Vorverlagerungsinteresse schützenswert erscheinen ließen.
Einen gemeinschaftlichen Bezug haben die Verfügungsrechte des Wohnungseigentümers nur, wenn es um Verfügungen über das gemeinschaftliche Eigentum, das heißt über alle Wohnungseigentumsrechte, geht. Solche Verfügungen betreffen die sachenrechtliche Grundlage der Gemeinschaft: ihren Gegenstand, ihre Aufteilung oder ihre Aufhebung. Dieser Bereich ist von der (antizipierten) Verwaltungsbefugnis gemäß § 21 Abs. 1 ausgeschlossen[641]. Der Alleinbegründer kann bis zur Eintragung des ersten Erwerbers die Gemeinschaft eigenmächtig nach seiner Vorstellung aufteilen oder aufheben. Insoweit könnten sich die individuellen Interessen der Ersterwerber an einer

[639] BVerwG NJW-RR 1986, 756; Hägele S. 64; Lotz-Störmer S. 40; Moritz JZ 1985, 216, 223
[640] Siehe oben S. 42.
[641] Siehe oben S. 50.

vorzeitigen Verfügungsbefugnis zu einem schutzwürdigen kollektiven Interesse addieren, die Gemeinschaft schon vor diesem Zeitpunkt sachenrechtlich mitzugestalten.
Jedoch bestehen wesentliche Unterschiede im Vergleich zu den Nutzungs- und Verwaltungsbefugnissen. Während diese im WEG in besonderer Weise als von gegenseitiger Rücksichtnahme (§§ 13 ff.) bzw. demokratischer Selbstbestimmung (§§ 20 ff.) geprägt ausgestaltet werden, fehlt eine entsprechend dichte Regelung für die Verfügungsbefugnis. Anders als in bezug auf die Nutzung und Verwaltung des Wohnungseigentums kann der Ersterwerber deshalb durch den Erwerbsvertrag – beurteilt am Maßstab des WEG – ausreichend geschützt werden. Weicht der teilende Eigentümer von den vertraglich vorgesehenen Miteigentumsanteilen ab oder hebt er das Sondereigentum auf, können ihn die Erwerber weiterhin auf Erfüllung (oder Schadensersatz wegen Nichterfüllung) des Erwerbsvertrages in Anspruch nehmen. Das Ziel des Anspruchs ist dabei immer eindeutig, da das veräußerte Wohnungseigentum als wesentlicher Vertragsbestandteil hinreichend bestimmt ist. Zudem kann der Ersterwerber seinen Erfüllungsanspruch durch eine Vormerkung absichern lassen, was beim Bauträgerkauf ohnehin vorgeschrieben ist (§ 3 Abs. 1 Nr. 2 MaBV). Weiterhin bedarf es hinsichtlich der Verfügungen keiner ständigen Anpassung wie bei der Nutzung und Verwaltung des Wohnungseigentums. Vielmehr geht es um die endgültige Feststellung, ob und in welcher Form die sachenrechtliche Grundlage für die Wohnungseigentümergemeinschaft existiert und welchen Anteil der einzelne Erwerber an ihr hat. Diese Frage ist ursprünglichster Regelungsgegenstand der Erwerbsverträge. Sie kann und muß im erwerbsvertraglichen Rahmen geklärt werden. Eine antizipierte Verfügungsbefugnis würde dagegen den Schutz des Ersterwerbers überspannen.
Wenn man nun einerseits die materiellen Verwaltungsrechte nach dem WEG vorzeitig dem Ersterwerber gibt, ihm aber andererseits die Verfügungsrechte verweigert, stellt sich eine Folgefrage: Was gilt, wenn Gegenstand der gemeinschaftlichen Verwaltung ausnahmsweise eine Verfügung ist?
Lotz-Störmer[642] hält den teilenden Eigentümer hinsichtlich Verfügungen für allein entscheidungsbefugt, weil dieser Herrschaftsbereich des Eigentums vor der Grundbucheintragung nicht auf die Erwerber übergehe. Damit wird sie dem Über-/Unterordnungsverhältnis von Verwaltung und Verfügung nicht gerecht. Vielmehr hat der Ersterwerber auch hinsichtlich einer Verfügung das frühzeitige Mitverwaltungsrecht. Das bedeutet, daß die *Entscheidung* über diese Verwaltungsmaßnahme neben dem Alleinbegründer auch den Ersterwerbern obliegt (vgl. § 20 Abs. 1). Die gemeinschaftliche Entscheidung kann durch eine Vereinbarung oder – wenn es sich um eine Maßnahme der ordnungsmäßigen Verwaltung handelt, was bei einer Verfügung nur selten der Fall sein wird – durch einen Mehrheitsbeschluß gemäß § 21 Abs. 3 getroffen werden. Der anschließende *Vollzug* der Verwaltungsmaßnahme, das heißt die Verfügung als solche, ist nur dem teilenden Eigentümer als dem Alleinverfügungsbefugten möglich. Im seltenen Falle der ordnungsmäßigen Verwaltung ist er somit letztlich zur Verfügung verpflichtet (vgl. § 21 Abs. 4). Im regelmäßigen Falle der außerordentlichen Verwaltung braucht der Alleinbegründer der Verfügung hingegen nicht zuzustimmen.

---

[642] Lotz-Störmer S. 42 unter Berufung auf Hägele (siehe dazu oben Fn. 633)

(ee) Die Mitwirkungsrechte (Gestaltungsrechte)

Der Großteil der Rechtsprechung und Literatur zur werdenden Wohnungseigentümergemeinschaft befaßt sich nicht mit den oben dargestellten materiellen Rechtspositionen, sondern mit den Mitwirkungsrechten nach dem WEG, insbesondere dem Stimmrecht in der Eigentümerversammlung (§ 25 Abs. 2) und dem Antragsrecht auf eine richterliche Entscheidung (§ 43 Abs. 1). Sie stehen häufiger im Streit, weil die Ersterwerber mittels dieser Befugnisse „ihr Wohnungseigentum" aktivieren wollen.

(aaa) Das Stimmrecht in der Eigentümerversammlung

Unter den Mitwirkungsrechten des Wohnungseigentümers kommt dem Stimmrecht nach § 25 Abs. 2 eine herausragende Stellung zu[643]. Entsprechendes gilt für die vorbereitende Teilnahme an der Eigentümerversammlung[644]. Die Beschlußfassung ist das wesentliche und flexibelste Instrument der Gemeinschaft zur Ordnung der Verwaltungsangelegenheiten[645]. Die Mitwirkung und Abstimmung in der Eigentümerversammlung ist die regelmäßige Form, in welcher der Wohnungseigentümer an der Willensbildung der Gemeinschaft teilhat[646]. Mittels der Stimmrechtsausübung kann der Wohnungseigentümer das für ihn verbindliche Gemeinschaftsverhältnis unmittelbar ausgestalten (verfügende Rechtsnatur)[647]. Ohne das Stimmrecht ist der Wohnungseigentümer weitgehend ohne Einfluß auf die Verwaltung des gemeinschaftlichen Eigentums[648]. Die Bedeutung des Stimmrechts liegt also in seinem Charakter als formellem Mitverwaltungsrecht des einzelnen Wohnungseigentümers.

Existiert noch keine Wohnungseigentümergemeinschaft, gibt es auch keine Eigentümerversammlung. Der teilende Eigentümer kann über die ordnungsmäßige Verwaltung des Gemeinschaftseigentums allein entscheiden. Dazu gehören die Abnahme des Gemeinschaftseigentums (bei entsprechender Vereinbarung[649]) und bestimmte Gewährleistungsfragen[650], aber auch die Erstherstellung der Wohnanlage, die Aufstellung einer Hausordnung und die Bestellung eines Erstverwalters gemäß § 26, soweit dies nicht bereits in der Teilungserklärung geschehen ist. Bevor der einzelne Ersterwerber über diese Bedingungen der Erstnutzung mitabstimmen kann, ist er ausschließlich davon abhängig, daß der Veräußerer die im Erwerbsvertrag enthaltenen Bedingungen

---

[643] In der Literatur wird es als „Grundrecht" (Bader PiG 25 (1987), 67, 79), „fundamentales Recht" (Weitnauer WE 1988, 3), „zentrales Verwaltungrecht" (Bornheimer S. 25) oder als „eines der wesentlichen Mitgliedschaftsrechte" (Kefferpütz S. 25) bezeichnet.

[644] Das Teilnahmerecht ist „eines der wichtigsten Rechte des Wohnungseigentümers überhaupt" (Schmid DNotZ 1975, 138, 140).

[645] Hauger PiG 11 (1983), 55, 63; Bub PiG 41 (1993), 163, 171

[646] Weitnauer/Lüke § 23 Rdn. 3

[647] Bornheimer S. 25; Kefferpütz S. 203; Weitnauer WE 1988, 3

[648] KG OLGZ 1986, 179, 180 = ZMR 1986, 127 = WuM 1986, 150; Kefferpütz S. 147

[649] Coester NJW 1990, 3184, 3185 (siehe auch Fn. 72)

[650] OLG Hamm ZMR 2000, 128, 130; WuM 2000, 319, 320; Wenzel FachV 2 (1997), 28, 31

nicht nur anfänglich umsetzt, sondern sie bis zur Umschreibung des Ersterwerbers auch angemessen anpaßt. In den Erwerbsverhandlungen ist nämlich nicht vorauszuahnen, welche Verwaltungsmaßnahmen in den darauffolgenden Monaten erforderlich sein werden. Gerade der Ersterwerber, der die Erstnutzung des Wohnungseigentums (für sich selbst oder für einen Mieter) anstrebt, ist somit an einem möglichst raschen Übergang von der Fremdverwaltung durch den Alleinbegründer zur demokratischen Selbstverwaltung durch alle Wohnungseigentümer interessiert. Hierfür benötigt er das Stimmrecht[651].
Mit den materiellen Mitverwaltungsrechten allein wäre dem Ersterwerber nicht geholfen. Bei einer Verletzung dieser mitgliedschaftlichen Befugnisse käme nur ein Anspruch auf Schadensersatz in Betracht. Der Ersterwerber wäre auf repressive Wiedergutmachung beschränkt. Ihm liegt aber daran, schon präventiv an der Verwaltung mitzuwirken, indem er seine Verwaltungsbefugnis durch das Stimmrecht aktiviert. Erst dann kann er direkt auf die rechtliche Gestaltung des Gemeinschaftsverhältnisses und folglich auf die tatsächliche Gestaltung der Wohnbedingungen Einfluß nehmen.

Das Demokratisierungsinteresse der Ersterwerber an der Vorverlagerung des Stimmrechts ist nach dem Sinn und Zweck des WEG schutzwürdig. Wenn § 25 Abs. 2 S. 1 bestimmt, daß „jeder Wohnungseigentümer eine Stimme" hat, dann ist diese Regelung „demokratisch gedacht"[652]. Dem Gesetzgeber war daran gelegen, die Stimmrechtsverhältnisse in der Eigentümerversammlung unabhängig von der Anzahl und Größe der Wohnungseigentumsrechte zu gestalten. Anderenfalls könnte ein Mehrheitseigentümer die übrigen Eigentümer stets überstimmen. Eine Majorisierung droht aber erst recht, wenn der Alleinbegründer – nur noch formell – alleiniger Inhaber der Wohnungseigentumsrechte und der damit verbundenen Stimmkraft ist. Die Ersterwerber erwarten eine Streuung der Miteigentumsanteile und eine demokratische Willensbildung mit wechselnden Mehrheiten[653].
Gibt man den Ersterwerbern im Gründungsstadium ein antizipiertes Stimmrecht, endet die Alleinherrschaft des teilenden Eigentümers bereits mit der vorzeitigen Berechtigung des ersten Ersterwerbers. Bei Geltung des gesetzlichen Kopfprinzips ist das Kräfteverhältnis in der – dann vorverlagerten – Eigentümerversammlung sofort 50 : 50. Bei Geltung des Objekt- oder Wertprinzips hingegen behält der Alleinbegründer noch für eine gewisse Zeit die Majorität in der vorverlagerten Eigentümerversammlung, je nachdem aus wie vielen Wohnungseigentumsrechten die Gemeinschaft besteht. Er kann daher nach wie vor seinen Willen durchsetzen (Mehrheitsherrschaft). Abstrakt betrachtet ist somit das Demokratisierungsinteresse der Ersterwerber an der Vorverlagerung eines Objekt- oder Anteilsstimmrechts größer als an der Vorverlagerung eines Kopfstimmrechts.

[651] Vgl. Lotz-Störmer S. 34.
[652] Bader PiG 25 (1987), 67, 89
[653] OLG Düsseldorf OLGZ 1984, 289, 290

(bbb) Die Vereinbarung

Obwohl die grundlegenden Fragen der Gemeinschaftsordnung durch Vereinbarungen geregelt werden, wird ihre Bedeutung für den künftigen Wohnungseigentümer neben dem Stimmrecht zumeist vernachlässigt. Tatsächlich läßt sich das Demokratisierungsinteresse der Ersterwerber an der dezentralen Verteilung der Stimmrechtsmacht in der Eigentümerversammlung am ehesten veranschaulichen. Doch wie bereits gezeigt[654], ist es für die Ersterwerber mindestens genauso wichtig, daß der teilende Eigentümer nicht mehr einseitig über die Gemeinschaftsordnung bestimmen kann. Vielmehr muß er sich mit den Erwerbern über die grundlegenden Fragen wie die bauliche Gestaltung, den Kostenverteilungsschlüssel, die Zweckbestimmung der Wohnanlage oder die Einräumung von Sondernutzungsrechten im Rahmen von Vereinbarungen einigen.

Entsprechend endet nach der Rechtsprechung des BayObLG[655] die einseitige Normsetzungsbefugnis des Alleinbegründers mit der Entstehung der werdenden Wohnungseigentümergemeinschaft. Dabei begnügt sich das BayObLG wegen der Beweismittelbeschränkung im Eintragungsverfahren (vgl. § 29 GBO) mit der *potentiellen* Eigenschaft als werdender Wohnungseigentümer. Ab der Eintragung der ersten Auflassungsvormerkung bedarf die einseitige Änderung der Teilungserklärung der Zustimmung aller Auflassungsvormerkungsberechtigten. Mit anderen Worten muß die Änderung der Teilungserklärung von allen potentiellen werdenden Wohnungseigentümern mitgetragen werden. Dadurch wird der Alleinbegründer veranlaßt, sich im Erwerbsvertrag eine Vollmacht für spätere Änderungen der Teilungserklärung erteilen zu lassen. Diese müssen aber nicht nur bestimmbar sein[656], sondern auch den Maßstäben des § 242 BGB und des AGBG[657] standhalten. Auf diese Weise ist sichergestellt, daß der Ersterwerber nur in einem eindeutig umschriebenen und zumutbaren Umfang der einseitigen Normsetzung unterworfen wird.

Indem das BayObLG zu einer einseitigen Änderung der Teilungserklärung die Zustimmung der potentiellen werdenden Eigentümer verlangt, bejaht es strenggenommen deren Recht, mittels Vereinbarungen an der Gestaltung der Gemeinschaftsordnung mitzuwirken. Die einseitige Änderung der Teilungserklärung unter Zustimmung aller möglichen Gemeinschaftsmitglieder ist nichts anderes als eine mehrseitige Vereinbarung aller möglichen Gemeinschaftsmitglieder. Man sollte deshalb nicht von einer zustimmungspflichtigen einseitigen Änderung der Teilungserklärung, sondern von einer Vereinbarung der (werdenden) Wohnungseigentümer sprechen.

---

[654] Siehe oben S. 190.

[655] BayObLGZ 1974, 217; 1993, 259

[656] BGH v. 8.11.85 – V ZR 113/84 = NJW 1986, 845 = ZMR 1986, 90 = DNotZ 1986, 273

[657] Sehr umstritten. *Bejahend:* BayObLG DB 1979, 545; Soergel/Stürner § 8 Rdn. 3. *Ablehnend:* BayObLG NJW-RR 1992, 83; Weitnauer/Lüke § 7 Rdn. 25; Palandt/Bassenge § 8 Rdn. 1; Staudinger/Rapp § 7 Rdn. 35; Staudinger/Kreuzer § 10 Rdn. 74; BPM/Pick § 8 Rdn. 16; Münch.Komm./Röll § 10 Rdn. 24. *Offengelassen* von BGHZ 99, 90, 94.

Wie sich aus den obigen Untersuchungen zur Verwaltungs- und Verfügungsbefugnis ergibt, tritt das Ende der Alleinherrschaft jedoch nur insoweit ein, als die Gemeinschaftsordnung Fragen der – ordnungsmäßigen wie außerordentlichen – *Verwaltung* regelt.

Über *reine Verfügungen*, welche die sachenrechtliche Grundlage der Gemeinschaft berühren, braucht der teilende Eigentümer hingegen keine Vereinbarungen mit den Ersterwerbern zu treffen, sondern kann allein entscheiden. Ihm steht nach wie vor die alleinige Verfügungsbefugnis zu. Das betrifft die Veräußerung von Gemeinschaftseigentum, die Änderung der Aufteilung und die Aufhebung des Sondereigentums. Der Ersterwerber kann sich insoweit durch eine Auflassungsvormerkung schützen.

(ccc) Das Antragsrecht auf richterliche Entscheidung (§ 43 Abs. 1)

Die antizipierte Anwendbarkeit des § 43 Abs. 1 wird häufig mit funktionalen Kontexten begründet. Zum einen wollen manche Stimmen aufgrund eines „untrennbaren sachlichen Zusammenhangs" immer dann eine Vorverlagerung der Verfahrensvorschriften annehmen, wenn die in § 43 Abs. 1 in Bezug genommenen materiellrechtlichen Bestimmungen des WEG vorzeitig zur Geltung gelangen[658]. Zum anderen wird vorgetragen, daß aus dem Stimmrecht in der Eigentümerversammlung gemäß § 25 Abs. 2 „vernünftigerweise und zwangsläufig" auch ein Beschlußanfechtungsrecht folge[659]; das Antragsrecht des § 43 Abs. 1 Nr. 4 sei die „verfahrensrechtliche Ergänzung des Stimmrechts"[660]. Tatsächlich bestehen nach der Systematik des WEG zwischen dem Antragsrecht gemäß § 43 Abs. 1 einerseits und den materiellen Rechten und Pflichten bzw. dem Stimmrecht andererseits enge Verbindungen:

Der Zusammenhang mit dem materiellen Recht ergibt sich über den konkret statthaften Verfahrensgegenstand. Der Gesetzgeber hat die besonderen Verfahrensvorschriften der §§ 43 ff. nicht für jede materielle Rechtsposition nach dem WEG vorgesehen, sondern sie enumerativ in den Nr. 1 bis Nr. 4 des § 43 Abs. 1 umschrieben: Es geht um die sich aus der Verwaltung des gemeinschaftlichen Eigentums ergebenden Rechte und Pflichten der Wohnungseigentümer (Nr. 1) oder des Verwalters (Nr. 2), den dringenden Fall eines Verwaltermangels (Nr. 3) oder um die Gültigkeit von Eigentümerbeschlüssen (Nr. 4).

Die Verbindung des Stimmrechts mit dem Beschlußanfechtungsrecht folgt aus der Normenkette der §§ 25 Abs. 1, 23 Abs. 4 und 43 Abs. 1 Nr. 4. Das WEG läßt keinen

---

[658] So bereits AG Hamburg NJW 1959, 1638, 1639; Trautmann S. 164; Hägele S. 53. Ihnen folgend Lotz-Störmer S. 35 Fn. 42. Andere Stimmen behandeln die Vorverlagerung der §§ 43 ff. unabhängig von jener der §§ 10 ff. (BPM/Bärmann 2. Auflage Einl. Rdn. 190; Finger BauR 1984, 108, 110).

[659] BayObLG ZMR 1981, 249, 250; Finger BauR 1984, 108, 114; Strunz BlGBW 1985, 78, 79

[660] BayObLGZ 1998, 145, 148 = DNotZ 1999, 585 mit abl. Anm. Armbrüster DNotZ 1999, 562, 579 ff. Umgekehrt wird das (antizipierte) Beschlußanfechtungsrecht seinerseits zum Anknüpfungspunkt für eine Vorverlagerung des Teilnahmerechts in der Eigentümerversammlung gemacht (so Becker S. 147 ff.).

Fall erkennen, in dem ein Stimmberechtigter nicht auch zur Beschlußanfechtung befugt wäre: beide Mitwirkungsrechte stehen dem „Wohnungseigentümer" zu. Sogar im Falle der sog. Abmeierungsklage[661] gemäß den §§ 18, 19, die beim Prozeßgericht einzureichen ist, kann der Beschluß über das Entziehungsverlangen vor dem Wohnungseigentumsgericht – wenn auch beschränkt auf formelle Mängel[662] – angefochten werden. Daher ist es gerechtfertigt, mit dem BayObLG eine „verfahrensrechtlichen Ergänzung" des Stimmrechts durch das Beschlußanfechtungsrecht anzunehmen.
Dem setzt *Armbrüster*[663] entgegen, daß der nicht stimmberechtigte Verwalter (§ 43 Abs. 1 Nr. 4) und ein gemäß § 25 Abs. 5 vom Stimmrecht ausgeschlossener Wohnungseigentümer trotzdem ein Beschlußanfechtungsrecht haben[664]. Diese Besonderheiten sprechen jedoch nur gegen einen umgekehrten Schluß vom Anfechtungsrecht auf das Stimmrecht, nicht gegen die Ergänzung des Stimmrechts durch das Anfechtungsrecht.
Beide Zusammenhänge sind für die Demokratisierung der Wohnungseigentümergemeinschaft von erheblicher Bedeutung. Würde man dem Ersterwerber das materielle Recht auf eine ordnungsmäßige Verwaltung (§ 21 Abs. 4) sowie das Stimmrecht (§ 25 Abs. 2) vorzeitig zuordnen, ohne ihm gleichzeitig die Antragsrechte des § 43 Abs. 1 zu geben, so würde die Alleinherrschaft des teilenden Eigentümers wieder gestärkt:

Im Hinblick auf sein materielles Verwaltungsrecht müßte der Ersterwerber vor dem Prozeßgericht eine Verletzung desselben beweisen. Er unterläge dabei dem Beibringungsgrundsatz und den strengen Beweisregeln der ZPO. Angesichts der rechtlichen und wirtschaftlichen Ausgangslage wäre dies eine nicht hinnehmbare Schieflage. Denn der Alleinbegründer als bisheriger Fremdverwalter bzw. der häufig von ihm eingesetzte oder gar personenidentische Erstverwalter ist im Besitz aller Verwaltungsunterlagen. Daß zudem die Rechtsverhältnisse zu den übrigen Ersterwerbern wegen der inter-partes-Wirkung des Prozeßurteils ungeklärt blieben, stellt sich als weiteres Erschwernis dar. Es ist daher geboten, dem materiell mitverwaltungsberechtigten Ersterwerber jedenfalls ein Antragsrecht gemäß § 43 Abs. 1 Nr. 1 gegenüber den Mitwohnungseigentümern, insbesondere gegenüber dem teilenden Eigentümer, zuzugestehen.

Dieselben Überlegungen rechtfertigen im übrigen eine Vorverlagerung der Antragsrechte gemäß den § 43 Abs. 1 Nr. 2 und Nr. 3, welche die Arbeitsweise des Verwalters betreffen. Mit dem Antragsrecht nach § 43 Abs. 1 Nr. 2 können die Wohnungseigentümer die Rechte und Pflichten des Verwalters gerichtlich feststellen lassen. Das „Fehlen eines Verwalters" i. S. d. §§ 43 Abs. 1 Nr. 3, 26 Abs. 3 ist auch bei einer In-

[661] Vgl. zum historischen Hintergrund des Begriffs Stache S. 9 ff. Auch die amtliche Begründung spricht von einer „Art Abmeierungsklage" (BR-Drucks. 75/51, Anlage 2, S. 20).

[662] BPM/Pick § 18 Rdn. 43; Weitnauer/Lüke § 18 Rdn. 10; Niedenführ/Schulze § 18 Rdn. 14

[663] Armbrüster DNotZ 1999, 562, 579 f.

[664] KG NJW-RR 1986, 642, 643; BPM/Merle § 25 Rdn. 140; aA AG Stuttgart – Bad Cannstatt WuM 1997, 700

teressenkollision, einer grundsätzlichen Verweigerung der Geschäftsführung oder einer Abberufung des bisherigen Verwalters anzunehmen[665]. Ist aber der Erstverwalter vom teilenden Eigentümer bestellt worden oder sogar personenidentisch, müssen die Ersterwerber die Möglichkeit haben, die Tätigkeit des dem Alleinherrscher nahestehenden Verwalters überprüfen (§ 43 Abs. 1 Nr. 2) oder in dringenden Fallen einen Vertreter ihrer Interessen zum Notverwalter bestellen (§ 43 Abs. 1 Nr. 3) zu lassen.

Erhielte der Ersterwerber ein Stimmrecht, aber kein Beschlußanfechtungsrecht gemäß § 43 Abs. 1 Nr. 4, könnte er seine ablehnende Haltung bei Geltung des Objekt- oder Wertprinzips nicht durchsetzen. Der einzelne Erwerber bekäme zwar bereits vor der Gründung der echten Wohnungseigentümergemeinschaft einen nach der Anzahl bzw. Größe der erworbenen Wohnungseigentumsrechte bestimmten Bruchteil der Stimmkraft. Der teilende Eigentümer könnte ihn aber mit seiner Stimmenmehrheit überstimmen und wäre anschließend keiner formellen und inhaltlichen Kontrolle durch das Wohnungseigentumsgericht unterworfen. Der Ersterwerber könnte sich noch nicht einmal vor dem Prozeßgericht auf die Unwirksamkeit des Beschlusses berufen. Denn mit der antizipierten Anwendung des § 25 Abs. 2 ist zwangsläufig eine vorzeitige Geltung der WEG-Vorschriften über die Eigentümerversammlung (§§ 23 ff.) insgesamt und des § 23 Abs. 4 im besonderen verbunden. Ein Eigentümerbeschluß ist demnach nur ungültig, wenn er gemäß § 43 Abs. 1 Nr. 4 für ungültig erklärt wird. Die Antizipation des Beschlußanfechtungsrechts durch den Ersterwerber ist daher im Falle des Objekt- oder Anteilsstimmrechts zwingend erforderlich. Beim Kopfstimmrecht wird der aufgezeigte Zusammenhang nur relevant, wenn neben dem Alleinbegründer auch Miterwerber den anzufechtenden Beschluß mitgetragen haben. Hier zeigt sich das Gleichberechtigungsinteresse der Ersterwerber. Zugleich bestätigt sich, daß das Demokratisierungsinteresse bei Geltung des Kopfprinzips geringer ist als bei Geltung des Objekt- oder Wertprinzips.

Aufgrund der dargestellten funktionalen Kontexte ist dem Ersterwerber neben den materiellen Rechtspositionen und dem Stimmrecht auch das umfassende Antragsrecht gemäß § 43 Abs. 1 zuzuordnen.

(ddd) Zusammenfassung

Der Ersterwerber hat ein schutzwürdiges Interesse, an der Gestaltung des Wohnungseigentums durch Vereinbarungen, Eigentümerbeschlüsse und richterliche Entscheidungen mitwirken zu können. Andererseits muß er deren Bindungswirkung (vgl. § 10) und der Schutz- und Treuepflicht gegenüber der Gemeinschaft unterliegen (§§ 242 BGB, 14, 15 Abs. 3).

---

[665] BPM/Merle § 26 Rdn. 217

(ff) Die Vermögensrechte

Schließlich ist zu beantworten, ob der Ersterwerber neben den Nutzungsrechten (§§ 13-15, 16 Abs. 1) die sonstigen Vermögensrechte eines Wohnungseigentümers antizipieren, sprich an dem Verwaltungsvermögen und an dem Auseinandersetzungsguthaben beteiligt werden soll. Es geht um die Bildung einer vorzeitigen *Vermögensgemeinschaft*.

(aaa) Die vorzeitige Beteiligung am Verwaltungsvermögen

Zum Verwaltungsvermögen gehören die Forderungen und Sachen, welche den Wohnungseigentümern in dieser Eigenschaft gemeinschaftlich zustehen, und zwar – nach den drei am stärksten vertretenen Ansichten – entweder zu schlichten Bruchteilen (§§ 741 ff. BGB), als gemeinschaftliches Eigentum (§ 1 Abs. 5) oder als sonstiger Bestandteil des Wohnungseigentumsrechts.
Dieser Meinungsstreit hat für das Problem der vorzeitigen Beteiligung am Verwaltungsvermögen nur geringe Bedeutung. Im Vordergrund steht nämlich die Frage, *ob* der Ersterwerber überhaupt vor seiner Grundbucheintragung Mitinhaber von Forderungen und Sachenrechten sein soll, die den Wohnungseigentümern als solchen zugeordnet sind. *Wie* diese Beteiligung dann vermögensrechtlich zu qualifizieren ist, braucht an dieser Stelle nicht entschieden zu werden.

(aaaa) Die Erzeugnisse und sonstigen Bestandteile

Die Erzeugnisse und sonstigen Bestandteile des Grundstücks (z. B. Obst und Holz auf dem Stamm, Gartenschuppen) fallen mit ihrer Trennung grundsätzlich in das gemeinschaftliche Eigentum der Wohnungseigentümer (§ 953 BGB). Solange der Alleinbegründer noch eingetragener Inhaber sämtlicher Wohnungseigentumsrechte ist, gehören diese Gegenstände also ausschließlich ihm. Der Ersterwerber könnte aber in analoger Anwendung des § 953 BGB vorzeitig an den Erzeugnissen und sonstigen Bestandteilen partizipieren.
Für eine solche Antizipation besteht kein Bedürfnis. Erzeugnisse sind als sog. natürliche Früchte Nutzungen des gemeinschaftlichen Eigentums. An diesen ist der Ersterwerber bereits gemäß § 16 Abs. 1 zu beteiligen. Dieser schuldrechtliche Ausgleich zwischen dem teilenden Eigentümer und den Erwerbern ist notwendig, aber auch ausreichend. Eine vorzeitige vermögensrechtliche Teilhabe der Ersterwerber an den Erzeugnissen ist darüber hinaus nicht erforderlich. Und auch hinsichtlich der sonstigen Bestandteile des gemeinschaftlichen Eigentums lassen sich keine schutzwürdigen Interessen des Ersterwerbers finden, die eine antizipierte Teilhabe rechtfertigen könnten. Trennt der Alleinbegründer einen Bestandteil von dem (noch) seinen Grundstück ab, können sich die Ersterwerber aufgrund ihrer Erwerbsverträge wehren oder Schadensersatz fordern.

(bbbb) Das Zubehör und die Gemeinschaftsunterlagen

Weiterhin gehören zum Verwaltungsvermögen diejenigen Sachen, die zur gemeinsamen Nutzung oder Verwaltung bestimmt sind und regelmäßig Zubehör i. S. d. § 97 BGB darstellen (wie etwa Heizöl im Tank, Waschmaschine, Gartengeräte, Büroeinrichtung des Verwalters)[666]. Anders als die Erzeugnisse und sonstigen Bestandteile gelangen die Zubehörstücke nicht kraft Gesetzes, sondern kraft Rechtsgeschäfts in das Verwaltungsvermögen. Entweder sie stehen ursprünglich im Eigentum des Alleinbegründers und werden zusammen mit dem Wohnungseigentum an die Ersterwerber veräußert (vgl. §§ 314, 926 Abs. 1 S. 2 BGB). Oder sie werden nachträglich durch den Verwalter mittels eines Verwaltungsrechtsgeschäfts für die (werdende) Wohnungseigentümergemeinschaft angeschafft. Um eine antizipierte Beteiligung am Zubehör zu erreichen, müßte man mittels (ergänzender) Auslegung zu dem Ergebnis gelangen, daß die jeweilige Übereignung an die Ersterwerber bereits vor ihrer Grundbucheintragung wirksam sein soll.

Für eine Vorverlagerung der Vermögensrechte am Zubehör fehlt es aber am schutzwürdigen Interesse der Ersterwerber. Es genügt, daß sie im Erwerbsvertrag und mit Hilfe ihrer Mitverwaltungsrechte ausreichenden Einfluß auf die Regelung von Nutzung und Verwaltung des Zubehörs ausüben (z. B. einen Plan für die Waschmaschinennutzung aufstellen) können. Einer vorzeitigen vermögensrechtlichen Beteiligung bedarf es nicht.

Ähnliches gilt für die schriftlichen Unterlagen der Gemeinschaft wie Beschlußprotokolle, Verträge, Kontoauszüge, Betriebsanleitungen. Der werdende Wohnungseigentümer hat das Recht, jederzeit Einsicht und Auskunft durch den Verwalter zu verlangen. Diese Informationsrechte reichen zur Wahrung seiner Interessen aus.

(cccc) Die Ansprüche gegenüber den Mitwohnungseigentümern

Vermögenswerte Ansprüche der Wohnungseigentümer können zunächst untereinander bestehen. Soweit sie auf dem Gemeinschaftsverhältnis beruhen, nennt man sie Sozialansprüche[667]. Wie bereits erläutert, stehen dem Ersterwerber vorzeitige Ansprüche auf die Nutzungen des Wohnungseigentums (§§ 13-15, 16 Abs. 1) und auf die Beitragsleistung durch Alleinbegründer und Miterwerber (§§ 16 Abs. 2, 28) zu. Dagegen kann er im Falle einer Verletzung des Wohnungseigentums keinen Schadensersatz gemäß § 823 Abs. 1 fordern. Dieses Recht hat ausschließlich der eingetragene Wohnungseigentümer, das heißt der teilende Eigentümer.

(dddd) Die Ansprüche gegenüber Dritten

Vermögensrechtliche Ansprüche gibt es auch gegenüber Dritten. Sie sollen später[668] im Rahmen des Außenverhältnisses behandelt werden.

---

[666] Sauren Rpfleger 1985, 261, 264; Röll NJW 1987, 1049, 1050

[667] BPM/Merle § 20 Rdn. 3

[668] Siehe unten S. 207 ff.

(bbb) Die vorzeitige Beteiligung am Auseinandersetzungsguthaben

Die Beteiligung am Auseinandersetzungsguthaben gemäß § 17 setzt die Aufhebung der Wohnungseigentümergemeinschaft und damit zumindest[669] die Aufhebung des Sondereigentums voraus. Im Gründungsstadium gibt es zwar noch keine (echte) Wohnungseigentümergemeinschaft, die aufgehoben und auseinandergesetzt werden könnte. Allerdings haben die Ersterwerber ein schutzwürdiges Interesse, zusammen mit dem Alleinbegründer eine vorzeitige Nutzungs-, Verwaltungs- und Haftungsgemeinschaft nach dem WEG zu bilden. Innerhalb dieser Gemeinschaft ist der Ersterwerber auch vermögensrechtlich in gewissem Umfang dem eingetragenen Wohnungseigentümer gleichzustellen (§§ 13-15, 16 Abs. 1 und Abs. 2 analog). Es stellt sich daher die Frage, inwieweit eine *vermögensrechtliche* Beteiligung des Ersterwerbers in Betracht kommt, wenn das Sondereigentum schon im Gründungsstadium wieder aufgehoben wird.

Einfach zu beantworten ist die logisch vorrangige Frage nach der *personenrechtlichen* Beteiligung der Ersterwerber an einer Aufhebung des Sondereigentums. Die Auflösung einer Wohnungseigentümergemeinschaft erfordert immer das einverständliche Handeln der Eigentümer. Behandelt man die Ersterwerber wie eingetragene Wohnungseigentümer, könnte man daher ihre Zustimmung für erforderlich halten. Jedoch stellt die Aufhebung des Sondereigentums eine Verfügung über alle eingetragenen Wohnungseigentumsrechte dar. Die Befugnis hierzu steht nach wie vor ausschließlich dem Alleinbegründer zu. Der Ersterwerber könnte nur dann über die Aufhebung mitentscheiden, wenn sie eine Maßnahme der Verwaltung wäre. Dies ist aber gerade nicht der Fall[670]. Der teilende Eigentümer kann daher allein über die Aufhebung des Sondereigentums bestimmen; auf seinen Antrag hin werden die Wohnungsgrundbücher geschlossen (§ 9 Abs. 1 Nr. 3). Allerdings können sich die Ersterwerber durch Auflassungsvormerkungen gemäß § 883 Abs. 2 BGB gegen die einseitige Aufhebung des Sondereigentums schützen; der Alleinbegründer bedarf dann ihrer Zustimmung.

Kommt es dennoch zu einer Aufhebung des Sondereigentums und zu einer Veräußerung der Wohnanlage könnten die Ersterwerber in entsprechender Anwendung des § 17 an dem Veräußerungserlös (vgl. § 753 BGB) zu beteiligen sein. Entscheidend sind die schutzwürdigen Interessen der Ersterwerber. *Finger*[671] will die Anteile gemäß § 17 dem „faktischen" Eigentümer vorbehalten, weil ein Verweis auf interne Ersatzansprüche „erhebliche Gefährdungen" mit sich bringe. Wie Finger zu dieser Einschätzung gelangt, erläutert er nicht. Offensichtlich befürchtet er, daß der Ersterwerber, der bereits den (nahezu) gesamten Kaufpreis finanziert hat, unzumutbare Vermögensnachteile zu erleiden droht, wenn der Alleinbegründer das Sondereigentum einseitig aufhebt. Diese Befürchtung ist grundsätzlich unbegründet. Der Alleineigentümer kann aus dem Erwerbsvertrag auf Schadensersatz in Anspruch genommen werden (§§ 433 Abs.

---

669 Wird nur das Sondereigentum aufgehoben, entsteht eine gewöhnliche Miteigentümergemeinschaft am Grundstück (§§ 741 ff., 1008 ff. BGB). Werden Sondereigentum und Miteigentum aufgehoben, entfällt jegliche Verbindung der Wohnungseigentümer.

670 BPM/Merle § 20 Rdn. 6

671 Finger BauR 1984, 108, 112

1, 440 Abs. 1, 325 BGB). Gefährdet ist der Ersterwerber daher nur, soweit der Veräußerer (Bauträger) die einseitige Aufhebung vornimmt, die Wohnanlage veräußert und trotzdem nicht solvent für die Erfüllung der Schadensersatzforderungen ist. Ein solcher Fall ist jedoch praktisch ausgeschlossen. Zudem steht dem Erwerber mit der Auflassungsvormerkung eine ausreichende Abwehrmöglichkeit zur Verfügung. Nimmt er sie nicht wahr, ist er auch nicht schutzwürdig, am Veräußerungserlös beteiligt zu werden.

(gg) Zusammenfassung

Aus der Teleologie des WEG ergibt sich, daß die Ersterwerber schon vor ihrer Eintragung ein schutzwürdiges kollektives Interesse an einer intern gleichberechtigten Nutzungsgemeinschaft und an einer demokratischen Verwaltungsgemeinschaft haben. Für die Vorverlagerung der speziell ausgestalteten Abwehr- und Nutzungsrechte (§§ 13 ff. i. V. m. §§ 985, 1004, 906 ff. BGB) sowie der Verwaltungsrechte (§§ 20 ff.) des WEG besteht somit ein materielles Bedürfnis. Als Ausgleich sind die Ersterwerber zur Beitragsleistung gemäß § 16 Abs. 2 verpflichtet (Haftungsgemeinschaft). Soweit die Nutzung und Verwaltung des Wohnungseigentums betroffen ist, sind den Ersterwerbern die Mitwirkungsrechte aus den §§ 21, 25 Abs. 2, 43 zuzugestehen. Kein Bedürfnis besteht für die Antizipation der Verfügungs- und sonstigen Vermögensrechte; insoweit ist der Schutz durch den Erwerbsvertrag ausreichend.

(b) Die Erfüllbarkeit der Vorverlagerungsinteressen durch originäre Lösungen

Fraglich ist, ob das materielle Bedürfnis für eine Vorverlagerung der genannten Innenrechtspositionen nicht auch durch eine Vertragslösung befriedigt werden kann, mittels derer der Alleinbegründer und die Ersterwerber die vorzeitige Anwendbarkeit des WEG unter sich vereinbaren. Auf diese Weise würden die Abwehr-, Nutzungs-, Verwaltungs- und Mitwirkungsrechte sowie die Beitragspflicht nach dem WEG originär in der jeweiligen Person begründet. Allerdings muß jede originäre Vertragslösung den kollektiven Vorverlagerungsinteressen gerecht werden. Hier sind zwei Anforderungen zu stellen: Das *Gleichberechtigungsinteresse* verlangt, daß für alle Beteiligten die gleichen Vertragsbedingungen und Innenrechtspositionen gelten müssen. Dem *Demokratisierungsinteresse* ist darüber hinaus nur genügt, wenn die Vereinbarungen auch ohne den ausdrücklich erklärten Willen des Alleinbegründers in der Regel zustande kommen, da sonst der teilende Eigentümer einfach von ihnen absehen könnte und der einzelne Ersterwerber gezwungen wäre, den (übermächtigen) Alleinbegründer auf eine ausdrückliche Regelung zu drängen. Die Originärvereinbarungen müssen daher gleichmäßig und regelmäßig anzunehmen sein.

In der Literatur und Rechtsprechung werden originäre Vertragslösungen sehr unterschiedlich beurteilt. *Diester*[672] befindet solche Vereinbarungen für „zulässig, u. U. so-

---

[672] Diester Rechtsfragen Rdn. 78

gar empfehlenswert". *Sauren*[673] meint, die Möglichkeit von Originärvereinbarungen mache eine analoge Anwendung des WEG für „die Frage der Kostentragung und des Stimmrechts" überflüssig. Er hält sie auch stillschweigend für möglich, sogar beim Erwerb vom Bauträger.
Dagegen sieht *Hägele*[674] einen Verstoß gegen das Verbot des Vertrages zu Lasten Dritter. *Horst Müller*[675] betont, daß solche Vereinbarungen „entgegenstehendes zwingendes Recht nicht auslöschen" könnten. Und *Röll*[676] rät von einer in der Gemeinschaftsordnung begründeten „Vorgemeinschaft" ab, da sie von der Rechtsprechung wohl nicht anerkannt würde.

Die Gerichte haben sich nur sehr vereinzelt mit Originärvereinbarungen im Falle der Vorratsteilung befaßt. Dem Beschluß des BayObLG vom 12.3.57[677] lag folgende Situation zugrunde: Ein Grundstückseigentümer hatte die von ihm begründeten 35 Wohnungseigentumsrechte an einem noch zu errichtenden Gebäude veräußert. In den Verträgen verpflichteten sich die Erwerber gegenseitig zum Aufbau der Wohnanlage, übernahmen die Kosten und trafen eine besondere Abstimmungsregel. Das BayObLG erkannte hierin eine Vereinbarung i. S. d. § 10 Abs. 1 S. 2, und zwar, da die Wohnungsgrundbücher erst fünf Monate später angelegt wurden, „als Vorwirkung der Wohnungseigentümergemeinschaft". Das Gericht hielt es für denkbar, daß die Erwerber schon vor der Grundbucheintragung „in Ergänzung der Vorschriften des WEG ihr Verhältnis als Wohnungseigentümer" regelten. Daß eine solche *Ergänzung* nur Sinn macht, wenn das WEG überhaupt vorzeitige Anwendung findet, sei es aufgrund derselben Vereinbarung oder aufgrund einer Rechtsfortbildung, erwähnte das BayObLG nicht.
Während das BayObLG die Geltung originärer Vereinbarungen ohne weiteres für alle Beteiligten annahm, beschränkte der BGH[678] die Wirkung auf das Verhältnis zwischen dem Alleinbegründer und dem *ersten* Ersterwerber.

Tatsächlich liegt darin das größte Hindernis von Originärvereinbarungen bei der Vorratsteilung (§ 8): Wohnungseigentumsrecht ist Gemeinschaftsrecht; die Ersterwerber aber schließen jeweils einen individuellen Erwerbsvertrag mit dem Alleinbegründer und haben regelmäßig keinen Kontakt zueinander. Der Erwerb eines nach § 8 begründeten Wohnungseigentums ist typischerweise für jeden Käufer ein individueller Vorgang, der ohne Koordination mit den anderen Erwerbern stattfindet[679]. Das ist unproblematisch, solange die Gemeinschaft nur zwei Personen umfaßt, wie in dem „Rück-

---

673 Sauren PiG 32 (1991), 195, 198 f.

674 Hägele S. 12

675 H. Müller FS Seuß I (1987), 211, 213

676 Röll NJW 1989, 1070, 1072; DNotZ 1993, 315, 320

677 BayObLGZ 1957, 95, 100 f. (siehe oben Fn. 333)

678 BGHZ 59, 104, 108 (siehe oben Fn. 347)

679 Weitnauer PiG 25 (1987), 213

zugsfall“ oder wie bei der allerersten Erstveräußerung in dem vom BGH entschiedenen Sachverhalt. Sobald aber mehr als ein Erwerber vorhanden ist, stellt sich die Frage, wie die (vorzeitige) Geltung des WEG unter allen Beteiligten bewerkstelligt werden kann. Das BayObLG und *Sauren* scheinen dieses Problem übersehen zu haben. Sie gehen offenbar davon aus, daß mit der jeweils zwischen Veräußerer und Erwerber vereinbarten Anwendbarkeit des WEG das Ziel erreicht ist[680]. Diese Vorstellung trifft nicht zu. Wenn etwa im „Bauträgerfall“ der teilende B erst mit dem Erwerber E1 und dann mit dem Erwerber E2 die Anwendbarkeit des WEG vereinbart, so gelten die Rechte und Pflichten nach dem WEG nur im jeweiligen Verhältnis zwischen B – E1 bzw. B – E2. So könnte etwa E1 von B verlangen, in einer *Zweier*versammlung über Maßnahmen der ordnungsmäßigen Verwaltung mitzuentscheiden. Das gleiche Recht stünde auch E2 zu. Die Verbindung zwischen E1 und E2 würde jedoch fehlen, so daß eine *Dreier*versammlung nicht zustande käme und auch nicht verlangt werden könnte. Entsprechendes gilt für alle weiteren Rechte und Pflichten nach dem WEG. Es ist daher erforderlich, über die individuellen Erwerbsverträge eine kollektive Gesamtwirkung (Drittwirkung) des WEG für alle Beteiligten zu erzielen. Dafür kommen zwei Möglichkeiten in Betracht:

Zunächst könnten der Alleinbegründer und der erste Ersterwerber gleichzeitig für sich und gemäß § 328 BGB für alle weiteren Erwerber die Anwendung des WEG und damit die Rechte und Pflichten eines Wohnungseigentümers vereinbaren. Da es sich insoweit nicht bloß um Forderungen, sondern um eine mitgliedschaftliche Rechtsstellung handelt, geht es um eine analoge Anwendung des § 328 BGB. Ein solcher Zwang zur Mitgliedschaft verstößt aber gegen das Verbot eines Vertrages zu Lasten Dritter[681]. Denn eine Mitgliedschaft (in der Wohnungseigentümergemeinschaft) beinhaltet unmittelbare Beitrags-, Treue- und Mitverwaltungspflichten.

Somit bleibt nur die Möglichkeit, daß der Alleinbegründer und der erste Ersterwerber eine „Vorgemeinschaft“ nach dem WEG bilden, welcher die weiteren Ersterwerber jeweils mit dem Abschluß des Erwerbsvertrages sukzessiv beitreten. Diese „Vorgemeinschaft“ kann nur eine Gesellschaft i. S. d. § 705 BGB sein, gegründet durch den ersten Erwerbsvertrag als Gesellschaftsvertrag. Gemeinsamer Zweck wäre die vorzeitige Nutzung und Verwaltung der Wohnanlage nach den Regeln des WEG. Ob ein solches Ziel einen Gesellschaftszweck darstellt, ist zweifelhaft. Grundsätzlich muß der Zweck einer Gesellschaft darauf gerichtet sein, das Rechtsverhältnis der Beteiligten einem vertraglichen, nicht einem gesetzlichen Regelungswerk zu unterstellen[682]. Doch selbst wenn man eine solche Gesellschaft zuläßt, sind weitere konstruktive Hindernisse zu überwinden. Jeder Beitritt macht die Zustimmung aller bisherigen Gesellschafter (Erwerber) erforderlich. Zwischen den Ersterwerbern gibt es aber keinen Kontakt. Daher müßte im jeweiligen Erwerbsvertrag entweder die Zustimmung vorsorglich erklärt oder der veräußernde Alleinbegründer bevollmächtigt werden, die

---

[680] Vgl. Saurens Antwort auf eine Kritik Weitnauers in PiG 32 (1991), 255, 257.

[681] BGH NJW 1977, 1339, 1341; Münch.Komm./Gottwald § 328 BGB Rdn. 173 m. w. N.

[682] K. Schmidt Gesellschaftsrecht § 59 I 3, S. 1738

späteren Erwerber nicht nur im eigenen, sondern auch im Namen des unterzeichnenden Ersterwerbers in die Gesellschaft aufzunehmen. Zudem müßten alle Erwerber auf den Zugang der Beitrittserklärung verzichten (§ 151 S. 1 BGB).
Der konstruktive Aufwand beweist, daß die originären Vertragslösungen bei der Vorratsteilung unangemessen sind. Zwar ist es vorstellbar, daß einzelne Bauträger mit Hilfe komplizierter Formularverträge diesen Weg gehen. Eine stillschweigende und regelmäßige Vereinbarung der Rechte und Pflichten nach dem WEG, wie sie das Demokratisierungsinteresse verlangt, kann aber in einem solchen Umfang nicht angenommen werden. Sie wäre nicht das Ergebnis einer Vertragsauslegung, sondern einer Fiktion. Die Originärvereinbarungen können daher die kollektiven Vorverlagerungsinteressen der Ersterwerber bei der Vorratsteilung nicht erfüllen.

(c) Die Erfüllbarkeit der Vorverlagerungsinteressen durch derivative Lösungen

Eine Übertragung der (Ausübung der) mitgliedschaftlichen Rechte und Pflichten scheidet im Gründungsstadium der Wohnungseigentümergemeinschaft aus, da sie noch in keiner Person entstanden sind. Dies gilt für die Abwehr-, Nutzungs- und Verwaltungsrechte, aber auch für jede erwerbsvertragliche Übernahme der Beitragspflicht (§ 16 Abs. 2)[683].

(d) Zusammenfassung

Soweit das Innenverhältnis der Wohnungseigentümer betroffen ist, besteht ein nach der Teleologie des WEG schutzwürdiges Interesse der Ersterwerber an der Vorverlagerung der Abwehr-, Nutzungs-, Verwaltungs- und der entsprechenden Mitwirkungsrechte (§§ 13 ff., 20 ff., 43 ff.); andererseits sind sie vorzeitig zur Beitragsleistung (§§ 16 Abs. 2, 28) sowie zur Treue zu verpflichten. Diese Vorverlagerungsinteressen der Ersterwerber können bei der Vorratsteilung weder durch originäre noch durch derivative Vertragslösungen befriedigt werden. Das macht eine gesetzliche Vorverlagerung der Rechtspositionen mittels einer analogen Anwendung des WEG erforderlich.

(2) Die Rechte und Pflichten gegenüber dem Verwalter

Zu prüfen ist weiterhin, ob die Ersterwerber auch im Verhältnis zum Exekutivorgan der späteren Gemeinschaft, dem Verwalter, die Rechte und Pflichten nach dem WEG antizipieren. Es geht also um die Frage, inwieweit die vorverlagerte Nutzungs- und Verwaltungsgemeinschaft des Alleinbegründers und der Ersterwerber die frühzeitige Organstellung eines Verwalters erforderlich macht. Beginnt dessen Amtszeit bereits mit der Entstehung der werdenden Gemeinschaft oder erst mit der Entstehung der echten Gemeinschaft? Die mögliche Antizipation von Rechtspositionen betrifft insoweit das organschaftliche Bestellungsrechtsverhältnis zwischen den (werdenden)

---

[683] Die Beitragspflicht innerhalb der Wohnungseigentümergemeinschaft besteht ja gerade noch nicht. Das übersehen H. Müller PiG 17 (1985), 173, 180 und Weitnauer JZ 1985, 927, 935, der eine Schuldübernahme entgegen § 329 BGB annimmt.

Wohnungseigentümern und dem Erstverwalter. Entsprechend wird der Verwalter aus dem schuldrechtlichen Anstellungsverhältnis, dem die Erwerber mit Abschluß des Erwerbsvertrages beitreten[684], früher oder später zur Geschäftsführung (§§ 675, 662 ff. BGB) berechtigt und verpflichtet.
Aus § 20 wird deutlich, daß eine wohnungseigentumsrechtliche Verwaltung ohne den Verwalter als Exekutivorgan nach der gesetzlichen Wertung undenkbar ist. Der Verwalter ist neben der Versammlung das wichtigste Organ der Gemeinschaft[685]. Er beruft die Eigentümerversammlung ein (§ 24) und führt die dort gefaßten Beschlüsse durch (§ 27 Abs. 1 Nr. 1). Zwar können, vor allem in kleineren Gemeinschaften (wie im „Auseinandersetzungsfall" oder im „Rückzugsfall"), die Wohnungseigentümer zunächst einverständlich von der Bestellung eines Verwalters absehen, so daß die Gemeinschaft de facto ohne Exekutivorgan von den Eigentümern selbst verwaltet wird[686]. Der rechtlich vorgesehene Zustand wird aber auf Antrag eines Eigentümers jederzeit als Maßnahme der ordnungsmäßigen Verwaltung (§§ 43 Abs. 1 Nr. 1, 21 Abs. 4, 26, 20 Abs. 2)[687], in dringenden Fällen sogar auf Antrag eines Dritten (§§ 43 Abs. 1 Nr. 3, 26 Abs. 3) vom Wohnungseigentumsgericht hergestellt. Nach der Teleologie des WEG muß eine Wohnungseigentümergemeinschaft somit einen Verwalter haben.
Beteiligt man die Ersterwerber demnach frühzeitig an der Verwaltung der Wohnanlage, ist ihnen nach dem Sinn und Zweck des WEG ein Verwalter zur Seite zu stellen, dessen Amtszeit mit der Entstehung der werdenden Gemeinschaft beginnt[688]. Seine Bestellung erfolgt entweder einseitig in der Teilungserklärung oder durch Beschluß der (werdenden) Wohnungseigentümer. Ausnahmsweise kann der Ersterwerber die Bestellung eines Notverwalters durch das Wohnungseigentumsgericht beantragen (§ 43 Abs. 1 Nr. 3 analog). Die Ersterwerber können vom Verwalter eine ordnungsmäßige Verwaltung verlangen (§ 21 Abs. 4 analog) und seine Rechte und Pflichten gerichtlich feststellen lassen (§ 43 Abs. 1 Nr. 2 analog).

(3) Die Rechte und Pflichten aus dem Außenverhältnis gegenüber Dritten

Nach der bisherigen Prüfung steht fest, daß die gemeinschaftsinternen Rechte und Pflichten eines Wohnungseigentümers zu einem großen Teil auf die Ersterwerber im Gründungsstadium vorzuverlagern sind. Das gilt für das Verhältnis der (werdenden) Wohnungseigentümer untereinander wie für das Verhältnis der Ersterwerber zum Verwalter als Gemeinschaftsorgan. Offen ist noch die Frage nach den externen Rechtsbeziehungen zu außerhalb der Gemeinschaft stehenden Dritten. Kommt es auch hier zu einer frühzeitigen Berechtigung und Verpflichtung der Ersterwerber?

---

[684] Jeder Erwerber übernimmt gemäß den §§ 398, 414 ff. BGB mittels einer Klausel den zwischen Alleinbegründer und Erstverwalter ausgehandelten Verwaltervertrag (BPM/Merle § 26 Rdn. 87).

[685] BPM/Merle § 26 Rdn. 2

[686] BPM/Merle § 20 Rdn. 14

[687] BPM/Merle § 20 Abs. 15 und § 26 Rdn. 237 m. w. N.

[688] BPM/Merle § 26 Rdn. 43

(a) Die gesetzlichen Schuldverhältnisse

Wirkt ein Dritter (z. B. Grundstücksnachbar) auf die Wohnungsanlage ein, entstehen in der Person des eingetragenen Wohnungseigentümers Abwehr-, Herausgabe- oder Ersatzansprüche nach den §§ 1004, 906 ff., 985 ff., 823 ff., 812 ff. BGB. Andererseits ist er gemäß den §§ 1004, 906 ff., 823 ff. BGB für Störungen verantwortlich, die von seinem Wohnungseigentum ausgehen. Fraglich ist, ob auch der Ersterwerber im Gründungsstadium diese Rechte und Pflichten vor seiner Grundbucheintragung haben sollte.

Aus dem Sinn und Zweck des WEG läßt sich hierfür kein Bedürfnis herleiten. Es regelt fast ausschließlich das Innenverhältnis der Wohnungseigentümer. Insbesondere kann aus seiner Teleologie kein schutzwürdiges Interesse der Ersterwerber gewonnen werden, frühzeitig an der absoluten Bestands- und Wertgarantie des Wohnungseigentums beteiligt zu werden.

Eine Vorverlagerung der genannten Rechtspositionen könnte man daher nur mittels einer gesetzesübersteigenden Rechtsfortbildung begründen. Doch weder die prinzipiellen Wertungen der Gesamtrechtsordnung noch die praktischen Bedürfnisse des Rechtsverkehrs machen es notwendig, den Ersterwerber im Hinblick auf das Außenverhältnis wie einen eingetragenen Eigentümer zu behandeln:

Der Ersterwerber kann aufgrund des Erwerbsvertrages verlangen, daß der veräußernde Alleinbegründer gegen den störenden Dritten vorgeht. Im Außenverhältnis bedarf es keiner besonderen Rücksichtnahme, wie sie die §§ 13 ff. für die Hausgemeinschaft regeln. Und der veräußernde Alleinbegründer ist nicht gleichzeitig der Anspruchsgegner, wie es im Innenverhältnis häufig der Fall ist. Der mittelbare Schutz des Ersterwerbers über den Alleinbegründer ist daher gegenüber Dritten, anders als gegenüber den Mitwohnungseigentümern, adäquat und ausreichend.

Der Dritte hat kein schutzwürdiges Interesse, daß neben dem teilenden Eigentümer des Grundstücks bereits die noch nicht eingetragenen Ersterwerber aufgrund der §§ 1004, 906 ff., 823 ff., 840 Abs. 1 BGB in Anspruch genommen werden können. Zwar erhielte er auf diesem Wege einen (Gesamt-)Schuldner mehr. Aber ein unabweisbares praktisches Bedürfnis besteht hierfür nicht. Vielmehr ist der Dritte ausreichend dadurch gesichert, daß er den im Wohnungsgrundbuch eingetragenen Alleineigentümer der Wohnungseigentumsrechte belangen kann. Die Situation ist nicht anders, als wäre das störende Grundstück nicht in Wohnungseigentumsrechte aufgeteilt und als wollte der Dritte gegen den Hauseigentümer vorgehen.

Zusammengefaßt ist eine vorzeitige Einbindung des Ersterwerbers in die gesetzlichen Schuldverhältnisse gegenüber Dritten abzulehnen.

(b) Die rechtsgeschäftlichen Schuldverhältnisse

Der Ersterwerber könnte jedoch vorzeitig in die rechtsgeschäftlichen Schuldverhältnisse der Wohnungseigentümer gegenüber Dritten eintreten.

Auszuklammern sind die Rechte und Pflichten aus *Bau(träger)verträgen*. Der Ersterwerber erlangt diese Rechte und Pflichten nicht in seiner Eigenschaft als (werdender)

Wohnungseigentümer. Hier entscheidet einzig der individuelle Abschluß des Vertrages durch den Erwerber über seine Rechtsstellung, insbesondere über seinen Anspruch auf Verschaffung eines mängelfreien Wohnungseigentums. Eine Vorverlagerung scheidet insoweit aus.
Etwas anderes könnte im Hinblick auf die *Verwaltungsrechtsgeschäfte* mit Dritten gelten. Sie werden vom Verwalter für die Wohnungseigentümer abgeschlossen. Darunter fällt insbesondere die Kontoführung hinsichtlich der gemeinschaftlichen Gelder (Wohngeldbeiträge, Fonds, Rücklagen, Miet- oder Pachtzinsen), welche auf Gemeinschaftskonten ruhen und Auszahlungsansprüche gegen die jeweiligen Kreditinstitute begründen. Regelmäßig wird der Verwalter in Stellvertretung gemäß den §§ 164 ff. BGB tätig. Er handelt im Namen und mit Vertretungsmacht der Eigentümer[689]:
Das Handeln im fremden Namen muß nicht ausdrücklich erfolgen. Es genügt, wenn sich der Verwalter als solcher zu erkennen gibt und die Wohnungseigentümer objektiv bestimmbar sind (z. B. „Wohnanlage XY-Straße“). Die Person des einzelnen Eigentümers kann der Dritte dann dem Grundbuch entnehmen. Fehlt es an der Offenkundigkeit, ist ein Eigengeschäft des Verwalters die Folge (vgl. § 164 Abs. 2 BGB). Im Verhältnis zu den Eigentümern kann er jedoch Ersatz seiner Aufwendungen gemäß den §§ 675, 670 BGB verlangen.
Worauf sich die Vertretungsmacht des Verwalters für ein Verwaltungsrechtsgeschäft stützt, ist umstritten. Denn im Gegensatz zu § 27 Abs. 2, welcher Maßnahmen der wirtschaftlichen und juristischen Verwaltung betrifft, fehlt in § 27 Abs. 1 jeglicher Hinweis auf eine gesetzliche Vertretungsmacht. Das Meinungsspektrum reicht daher von allgemeiner Ablehnung über differenzierende Ansichten bis hin zur Annahme einer generellen Vertretungsmacht kraft Gesetzes[690]. Gesteht man dem Verwalter keine gesetzliche Vertretungsmacht zu, bleibt die Möglichkeit, daß ihm die Wohnungseigentümer in der Eigentümerversammlung die Vollmacht (§ 167 BGB) zum Abschluß des jeweiligen Verwaltungsrechtsgeschäfts erteilen. Fehlt es an der Vertretungsmacht, können die Wohnungseigentümer den Vertrag nachträglich genehmigen (§ 177 BGB); im übrigen haftet der Verwalter dem Dritten gemäß § 179 BGB.

Der Ersterwerber wird demnach nur Vertragspartner des Dritten, wenn der Verwalter nicht allein im Namen und mit Vertretungsmacht der eingetragenen Eigentümer, sondern auch für die noch nicht eingetragenen Erwerber tätig wird. Es geht daher nicht um eine gesetzliche Vorwirkung des Wohnungseigentums, sondern um die regelmäßige Bewertung rechtsgeschäftlichen Handelns.
Insbesondere müßten die Anforderungen an die Offenkundigkeit herabgesetzt werden. Denn die subjektiven Voraussetzungen eines werdenden Wohnungseigentümers sind jedenfalls schwieriger nachzuvollziehen als die grundbuchliche Eintragung als Eigentümer. Dies gilt vor allem für diejenigen Annäherungsmerkmale, welche nicht aus dem

---

[689] Entsprechend werden die gemeinschaftlichen Gelder auf einem Fremdkonto und nur ausnahmsweise auf einem Treuhandkonto des Verwalters geführt.
[690] Vgl. die Nachweise bei BPM/Merle § 27 Rdn. 5 ff. und Gruber NZM 2000, 263 ff.

Grundbuch ersichtlich sind (wie der Wohnungsbesitz und das Vorliegen eines wirksamen Kaufvertrages). Für einen außerhalb der Gemeinschaft stehenden Dritten sind sie kaum erkennbar. Zu dessen Schutz bedarf es deshalb einer besonderen Rechtfertigung, wenn angenommen werden soll, daß der Verwalter auch die Ersterwerber vertritt.

Sie könnte in einem Rechtssatz bestehen, wonach die Teilhabe an der Leitungsmacht einer Personenmehrheit zwingend die haftungsrechtliche Verantwortlichkeit für Schulden der Personenmehrheit mit sich bringt. Die antizipierten Mitverwaltungsrechte der Ersterwerber könnten zu einer persönlichen Haftung gegenüber Drittgläubigern führen. Im Gesellschaftsrecht wurde in den 30er bis 70er Jahren das Ordnungsprinzip „Keine Herrschaft ohne Haftung" vertreten[691]. Es hat sich jedoch nicht durchgesetzt. Für die Personengesellschaften bejahte der BGH[692] zwar einen „inneren Zusammenhang" zwischen Unternehmensleitung und persönlicher Haftung. Aus dieser dispositiven gesetzlichen Regelung könne aber nicht gefolgert werden, daß es sich um einen zwingenden wirtschaftsverfassungsrechtlichen Grundsatz handele. *Flume* hält das Prinzip „keine Herrschaft ohne Haftung" sogar für „bare Ideologie"[693]. Ausführlich hat sich *Wiedemann* mit dem Verhältnis von Leitungsmacht und Verantwortung beschäftigt. Er sieht im deutschen Recht weder einen Rechtssatz, geschweige denn einen „vor-positivrechtlichen" Grundsatz, welcher die Haftung von Personen begründet, sobald sie einen Einfluß ausüben können[694]. Das Prinzip „Keine Herrschaft ohne Haftung" kann die Vertretung der Ersterwerber durch den Verwalter daher nicht rechtfertigen.

Eine Außenhaftung des Ersterwerbers gegenüber dem Dritten ist auch nicht deshalb erforderlich, weil er im Innenverhältnis gemäß § 16 Abs. 2 analog an der Lasten- und Kostentragung beteiligt ist. Die Haftung im Innenverhältnis und die Haftung im Außenverhältnis sind vielmehr getrennt zu beurteilen[695]. Gerade weil der Ersterwerber im Rahmen des § 16 Abs. 2 zur Beitragsleistung angehalten ist, entfällt umgekehrt das Bedürfnis, ihn im Außenverhältnis zu verpflichten. Dem Dritten genügt der im Wohnungsgrundbuch eingetragene Alleinbegründer als Vertragspartner. Der teilende Eigentümer wiederum braucht die Kosten des Verwaltungsrechtsgeschäfts im Innenverhältnis nicht allein zu tragen. Die Interessen des Ersterwerbers an einer Umsetzung der vertraglichen Rechte und Pflichten werden durch den Verwalter ausreichend vertreten. Auf diese Weise ist allen Beteiligten gedient.

Nach der Interessenlage ist somit daran festzuhalten, daß der Verwalter beim Abschluß eines Verwaltungsrechtsgeschäfts ausschließlich in Vertretung der eingetragenen Wohnungseigentümer handelt. Der Ersterwerber tritt nicht vorzeitig in die rechtsgeschäftlichen Schuldverhältnisse gegenüber Dritten ein.

---

[691] Vgl. die Nachweise bei Wiedemann Gesellschaftsrecht Band 1 Grundlagen, § 10 III 2, S. 543 Fn. 14.

[692] BGH v. 17.3.66 – II ZR 282/63 = BGHZ 45, 204, 205 ff.

[693] Flume Die Personengesellschaft § 14 VIII, S. 244

[694] Wiedemann Übertragung S. 328

[695] AG Kleve v. 2.9.88 – 2 UR II 3/86 = ZMR 1989, 71, 72 (zum Eigentümerwechsel)

(4) Zusammenfassung

Aufgrund ihrer schutzwürdigen kollektiven Gleichberechtigungs- und Demokratisierungsinteressen bilden die Ersterwerber im Gründungsstadium zusammen mit dem Alleinbegründer eine vorzeitige Nutzungs-, Verwaltungs- und Haftungsgemeinschaft nach dem WEG (§§ 13 ff., 20 ff., 43 ff. analog). Als Mitglieder dieser werdenden Wohnungseigentümergemeinschaft haben sie bereits Rechtsbeziehungen zum Verwalter. Hingegen antizipieren die Ersterwerber im Außenverhältnis zu Dritten keinerlei Rechte und Pflichten. Die werdende Gemeinschaft ist eine reine „Innengemeinschaft".

bbb) Die Einschränkung von Rechtspositionen des Alleinbegründers

Nachdem die Vorverlagerung der Rechte und Pflichten auf den Ersterwerber geklärt ist, stellt sich nun die Frage, ob eine parallele Reduzierung der entsprechenden Rechtspositionen auf Seiten des veräußernden Alleinbegründers nötig ist, um unangemessene Konkurrenzsituationen zu verhindern.

(1) Die Rechte und Pflichten aus dem Innenverhältnis der Wohnungseigentümer

Vorzuverlagernde Innenrechtspositionen sind die Abwehr-, Nutzungs-, Verwaltungs- und Mitwirkungsrechte der §§ 13 ff., 20 ff., 43 ff. sowie die Beitragspflicht gemäß § 16 Abs. 2.

(a) Die Nutzungs- und Abwehrrechte

Durch die Vorverlagerung der Nutzungs- und Abwehrrechte auf den Ersterwerber verdoppeln sich die aus dem Wohnungseigentum fließenden negativen und positiven Befugnisse. Eine solche Rechtslage ist dem Bürgerlichen Recht nicht unbekannt. So können auch der Volleigentümer und der Eigentumsanwärter jeweils die Rechte aus den §§ 1004, 985 ff., 823 BGB (analog) in Anspruch nehmen.

Die Antizipation der Rechtspositionen führt zu unterschiedlichen Konsequenzen, je nachdem, wie das WEG die Befugnisse zuordnet. Soweit das *gemeinschaftliche Eigentum* betroffen ist (§§ 13 Abs. 2, 14-16), ordnet das WEG die Abwehr- und Nutzungsrechte grundsätzlich *personenbezogen* zu, das heißt jeder Wohnungseigentümer erhält dieselben Rechte, unabhängig von der Größe und Anzahl seiner Wohnungseigentumsrechte. Gibt man dem Ersterwerber einer Wohnung vorzeitig den Eigentumsschutz (§§ 906 ff., 1004, 985 BGB) und die Nutzungsrechte gemäß den §§ 13 ff., so bedeutet das hinsichtlich des Gemeinschaftseigentums, daß er bereits wie ein eingetragener Eigentümer Störungen abwehren und die Gebrauchsvorteile gemäß den §§ 13 Abs. 2, 14, 15 ziehen kann. Die Einbindung des Ersterwerbers in die (werdende) Wohnungseigentümergemeinschaft wird hier lediglich beschleunigt, ohne daß dadurch Konkurrenzsituationen mit dem Veräußerer entstehen. Vielmehr können Ersterwerber und Alleinbegründer unabhängig voneinander das gemeinschaftliche Eigentum verteidigen und mitgebrauchen. Wird allerdings noch im Gründungsstadium die letzte Wohnung an einen werdenden Eigentümer veräußert, hat dies zur Folge, daß das Grundstück nicht mehr als unter *„x"* Gemeinschaftern, sondern als unter *„x + 1"* Gemeinschaftern aufgeteilt erscheint, weil der Alleinbegründer seine Rechtspositionen weiterhin einnimmt. So wären im Bauträgerfall mit zehn Wohnungen insgesamt elf Eigentümer, zehn werdende und der teilende, gemäß den §§ 13 ff. berechtigt. Die Vorverlagerung der Abwehr- und Nutzungsrechte auf den Ersterwerber führt hier nicht zu einer Verdoppelung (*„2 x"*), sondern nur zu einer Erweiterung der Rechtspositionen (*„x + 1"*). Diese Ausdehnung der Berechtigungen über den durch die Teilung entstandenen Vorrat von Wohnungseigentumsrechten hinaus ist jedoch unschädlich. Die Teleologie des WEG verlangt insoweit nicht, dem veräußernden Alleinbegründer seine Abwehr- und Nutzungsrechte vorzeitig zu nehmen.

Andere Konsequenzen hat die Antizipation der Nutzungsbefugnis, soweit es um die Verteilung der *Früchte* geht (§ 16 Abs. 1). Denn diese richtet sich *ausnahmsweise sachbezogen* nach dem jeweiligen Miteigentumsanteil. Ersterwerber und Alleinbegründer erhalten keine getrennten (Unter-)Bruchteile, sondern sie werden beide jeweils aufgrund des gesamten Wohnungseigentumsrechts an den Früchten beteiligt. Jeder von ihnen hat gemäß § 16 Abs. 1 (analog) einen Anspruch auf denjenigen Bruchteil der Nutzungen, der dem Miteigentumsanteil des betroffenen Wohnungseigentums entspricht. Pro Einheit gibt es demnach zwei Forderungsberechtigte (*„2 x"*). Diese Verdoppelung könnte zu nicht hinnehmbaren Schwierigkeiten führen.
Zunächst ist zu klären, welche Art der Gläubigermehrheit vorliegt. Wegen der einheitlichen Zuordnung des Bruchteils scheidet eine Teilgläubigerschaft (§ 420 BGB) aus. Fraglich ist, ob Erwerber und Veräußerer den Anteil als Gesamtgläubiger (§ 428 BGB) jeweils für sich allein oder als Mitgläubiger (§ 432 BGB) nur für beide gemeinschaftlich einfordern können. Letzteres wäre dann der Fall, wenn Erwerber und Veräußerer hinsichtlich des Anspruchs aus § 16 Abs. 1 eine Forderungsgemeinschaft gemäß § 741 BGB bildeten, der Anspruch also in ihre gemeinsame Rechtszuständigkeit fiele. Diese Betrachtungsweise wird aber den Demokratisierungsinteressen der Ersterwerber nicht gerecht. Das Wohnungseigentum steht dem Erwerber und dem Veräußerer nicht nebeneinander, sondern *nacheinander* zu. Die grundsätzlich sukzessiven und autonomen Zuständigkeiten überlagern sich lediglich für eine gewisse Übergangszeit im Interesse einer schnelleren Demokratisierung der Wohnungseigentümergemeinschaft. Trotzdem verlieren sie nicht ihre Eigenständigkeit. Der Früchteanteil gebührt dem Ersterwerber nicht in Einheit mit dem Alleinbegründer, sondern als selbständigem Mitglied der (werdenden) Wohnungseigentümergemeinschaft. Es handelt sich nicht um einen Anspruch in gemeinsamer Zuständigkeit, sondern um zwei voneinander unabhängige Forderungen, die ihre Grundlage in demselben Wohnungseigentum haben. Ersterwerber und Veräußerer sind somit als Gesamtgläubiger gemäß § 428 BGB berechtigt, den Anspruch nach § 16 Abs. 1 für sich allein geltend zu machen[696]. Nur diese Betrachtungsweise paßt auch zur selbständigen Stellung des Ersterwerbers im Hinblick auf die übrige Nutzung des gemeinschaftlichen Eigentums.

---

[696] So zutreffend Finger BauR 1984, 108, 112.

Der Gemeinschaft entsteht durch diese doppelte Forderungsberechtigung („*2 x*") kein Nachteil. Denn der Verwalter verteilt die Früchte im Rahmen des Wirtschaftsplanes bzw. der Jahresabrechnung sachbezogen anhand der Wohnungen. Er kann namens der Gemeinschaft wahlweise an den Veräußerer oder den Erwerber leisten. Wem der auf das einzelne Wohnungseigentum entfallende Anteil letztlich zusteht, dem Veräußerer oder dem Erwerber, geht die Gemeinschaft und ihren Verwalter nichts an. Diese Frage ist ausschließlich im Erwerbsverhältnis zu klären. Es ist nicht notwendig, dem Veräußerer seinen Anteil gemäß § 16 Abs. 1 zu versagen[697].

Soweit das *Sondereigentum* betroffen ist (§ 13 Abs. 1), sind die Nutzungs- und Abwehrrechte dem Wohnungseigentümer ebenfalls *sachbezogen* zugeordnet. Es ist derjenige Eigentümer berechtigt, in dessen Sondereigentum sich die betroffenen Gegenstände befinden. Auch hier drohen daher Konkurrenzen zwischen eingetragenem und werdendem Wohnungseigentümer. Sie sind dahingehend zu lösen, daß der Alleinbegründer und der Ersterwerber die Nutzungs- und Abwehrrechte im Verhältnis zu den Miterwerbern jeweils selbständig geltend machen können. Über die Rechte eines Miteigentümers (§§ 1011, 432 BGB) hinaus kann jeder von ihnen etwa die Herausgabe der Wohnung an sich selbst verlangen. Im Erwerbsverhältnis zwischen Alleinbegründer und Ersterwerber sind dann die kaufvertraglichen (Nutzungs-)Regelungen maßgebend. Im Gemeinschaftsverhältnis kommt es auf diese Weise zu einer Verdoppelung der Rechtspositionen („*2 x*"). Jedes Mitglied der (werdenden) Gemeinschaft kann pro Einheit von zwei Berechtigten, dem Veräußerer und dem jeweiligen Erwerber, in Anspruch genommen werden. Rein tatsächlich betrachtet wird jede Wohnung aber regelmäßig von dem Ersterwerber (oder dessen Mieter) bewohnt, so daß sich die Miterwerber regelmäßig nur mit diesem auseinandersetzen müssen. Dort wo sich der Alleinbegründer ausnahmsweise auf den Schutz seines Sondereigentums berufen will, muß ihm dies auch weiterhin gestattet sein. Die Gemeinschaft wird dadurch nicht übermäßig belastet. Eine Einschränkung der Rechte des Alleinbegründers ist daher nicht erforderlich.

(b) Die (materiellen) Verwaltungsrechte

Ähnlich wie bei den Nutzungs- und Abwehrrechten ist die Situation bei der Verwaltungsbefugnis. Im Hinblick auf das gemeinschaftliche Eigentum obliegt die Verwaltung dem Alleinbegründer und den Ersterwerbern personenbezogen gemäß § 21 Abs. 1. Daß nach der Veräußerung der letzten Wohnung auch hier „*x + 1*" Gemeinschaftsmitglieder berechtigt sein können, ist im Interesse der Demokratisierung hinzunehmen. Die Verwaltungsbefugnis hinsichtlich des Sondereigentums liegt bei Veräußerer und Ersterwerber gleichermaßen und wird intern im Erwerbsvertrag geregelt. Einer Reduzierung der Verwaltungsrechte des Alleinbegründers bedarf es nicht.

---

[697] Im Ergebnis ebenso BGHZ 87, 138, 144 (siehe oben Fn. 404).

(c) Die Pflicht zur anteiligen Lasten- und Kostentragung (Beitragspflicht)

Als Ausgleich für den antizipierten Früchteanteil (§ 16 Abs. 1) haftet der Ersterwerber im Innenverhältnis anteilig für die gemeinschaftlichen Lasten und Kosten gemäß § 16 Abs. 2, das heißt „nach dem Verhältnis seines Anteils". Auch die Beitragspflicht ist also nicht rein personenbezogen, sondern an das jeweilige Wohnungseigentum geknüpft[698]. Der Wohngeldbetrag wird in der Einzelabrechnung für die betroffene Wohnung veranschlagt.
Fraglich ist, ob Alleinbegründer und Ersterwerber für diesen Betrag gesamtschuldnerisch haften (§ 421 BGB) oder ob der teilende Eigentümer von der Beitragspflicht auszunehmen ist. Eine solche Einschränkung der Innenhaftung des Veräußerers ist nicht zu begründen. Sie würde der (werdenden) Wohnungseigentümergemeinschaft einen Schuldner nehmen und deren Funktionsfähigkeit gefährden. Der Alleinbegründer würde zudem unbillig bevorteilt, weil er im Gemeinschaftsverhältnis nach wie vor an den Nutzungen des gemeinschaftlichen Eigentums beteiligt ist (§ 16 Abs. 1), wenn auch nur als Gesamtgläubiger. Im Außenverhältnis zur Gemeinschaft haften Veräußerer und Erwerber deshalb als Gesamtschuldner. Der Verwalter kann die Zahlung des Wohngeldes wahlweise vom eingetragenen Alleinbegründer oder vom Ersterwerber verlangen („*2 x*"). Dies entspricht der herrschenden Meinung im Anschluß an die Entscheidung des BGH vom 24.3.83[699]. Die gerechte Überleitung der Wohngeldlast vom teilenden Eigentümer auf den Ersterwerber hat in ihrem Innenverhältnis (Erwerbsvertrag) zu erfolgen.

(d) Die Mitwirkungsrechte

Die Mitwirkungsrechte des Wohnungseigentümers lassen sich in solche unterteilen, die rein personenbezogen sind, und in solche, die an das einzelne Wohnungseigentumsrecht anknüpfen.

(aa) Die rein personenbezogenen Mitwirkungsrechte

Allein an die Eigenschaft als „Wohnungseigentümer" sind die Rechte gebunden, Vereinbarungen i. S. d. § 10 Abs. 1 S. 2 zu schließen oder einen Antrag gemäß § 43 Abs. 1 zu stellen. Die vorzeitige Berechtigung des Ersterwerbers hat hier wiederum zur Folge, daß bei der letzten Wohnungsveräußerung „$x + 1$" Gemeinschafter entsprechend mitwirken können. So muß der Alleinbegründer auch dann noch zustimmen, wenn der letzte Ersterwerber bereits das Recht antizipiert, eine Änderung der Gemeinschaftsordnung mit zu vereinbaren. Da der teilende Eigentümer immer noch eingetragenes Mitglied der (werdenden) Wohnungseigentümergemeinschaft mit allen Rechten und Pflichten ist, läßt sich sein vorzeitiger Ausschluß von den Vereinbarungen nicht rechtfertigen. Er ist weiterhin an den grundlegenden Entscheidungen über die Gemeinschaftsordnung zu beteiligen. Um seine Rechte und Pflichten gerichtlich durchsetzen

---

[698] OLG Hamm v. 29.6.81 – 15 W 169/80 = OLGZ 1982, 20, 24

[699] Siehe oben S. 124.

zu können, ist dem Alleinbegründer zudem das Antragsrecht gemäß § 43 Abs. 1, insbesondere das Beschlußanfechtungsrecht (Nr. 4), nach wie vor ohne Einschränkung zu belassen[700].

Den Ersterwerbern entsteht durch die nachhaltige Berechtigung des teilenden Eigentümers bis zur Umschreibung des letzten Wohnungseigentums kein unangemessener Nachteil. Indem sie die Mitwirkungsrechte vorzeitig erlangen, ist ihrem schutzwürdigen Interesse an einer Demokratisierung der Wohnungseigentümergemeinschaft ausreichend Rechnung getragen. Es rechtfertigt nicht die vorzeitige „Entmündigung" des teilenden Eigentümers vor seiner Austragung aus den Wohnungsgrundbüchern.

(bb) Das Stimmrecht in der Eigentümerversammlung

Hinsichtlich des antizipierten Stimmrechts des Ersterwerbers wird bis heute diskutiert, ob es dasjenige des eingetragenen Veräußerers verdrängt[701], ob das Stimmrecht zwischen ihnen je nach Beschlußgegenstand aufzuteilen ist[702] oder ob es analog § 25 Abs. 2 S. 2 gemeinschaftlich auszuüben ist[703]. Eine ähnliche Problematik existierte bis vor kurzem beim Nießbrauch[704].

Genau betrachtet muß die für das Stimmrecht allgemein geführte Diskussion auf einen Teilbereich, nämlich auf das Objekt- und Anteilsstimmrecht, beschränkt werden. Denn für den gesetzlichen Regelfall gelten die unter (aa) zur Vereinbarung angestellten Überlegungen entsprechend: Das Mitwirkungsrecht in der Eigentümerversammlung ist rein personengebunden als Kopfstimmrecht konzipiert (§ 25 Abs. 2 S. 1)[705]. Das Stimmrecht ist nicht an das Wohnungseigentumsrecht, sondern an den „Wohnungseigentümer" geknüpft. Gibt man dem Ersterwerber vorzeitig das Stimmrecht in der Eigentümerversammlung, so erhält er eine vom Kopfstimmrecht des Veräußerers unabhängige Mitwirkungsbefugnis. Beide, Veräußerer und Erwerber, haben gemäß § 25 Abs. 2 S. 1 eine selbständige Stimme. Eine Verdrängung, Aufteilung oder gemeinschaftliche Ausübung ist hier nicht erforderlich. Einzige Besonderheit ist wiederum die mögliche Erweiterung der Stimmen über den Vorrat der Wohnungseigentumsrechte hinaus („*x + 1*"). Sie ist als Begleiterscheinung der nach der Teleologie des

---

[700] Brych/Pause Rdn. 456; aA Belz Handbuch 2. Auflage, Kapitel XI 9, S. 197

[701] BayObLG ZMR 1981, 249, 250 (siehe Fn. 402); Staudinger/Bub § 25 Rdn. 115; Belz Handbuch 2. Auflage, Kapitel VII 9.16, S. 131; Brych/Pause Rdn. 456; Moritz JZ 1985, 216, 223. Auch Weitnauer meint: „In dem Augenblick, wo man dem werdenden Wohnungseigentümer Rechte gibt, muß man sie dem eingetragenen nehmen ... Zweimal können die Rechte nicht vorhanden sein. Entweder übt der eine das Stimmrecht aus oder der andere, allenfalls beide gemeinsam." Doch nur im Falle des Ersterwerbs vom Bauträger sei zugunsten des werdenden Eigentümers zu entscheiden (PiG 25 (1987), 213, 217).

[702] Finger BauR 1984, 108, 114

[703] Sauren Rpfleger 1985, 261, 263

[704] Jetzt entschieden durch Beschluß des BGH v. 7.3.02 – V ZB 24/01 = ZMR 2002, 440; vgl. zum vorherigen Streitstand OLG Hamm ZMR 2001, 1004; Hägele S. 57 ff.; Kefferpütz S. 112 ff.; Bornheimer S. 149 ff.; Armbrüster DNotZ 1999, 562, 565 ff.

[705] BPM/Merle § 25 Rdn. 27; Bornheimer S. 28

WEG unerläßlichen Demokratisierung der Wohnungseigentümergemeinschaft hinzunehmen.
Allerdings hat sich der BGH[706] gegen die „unzulässige Verdoppelung" eines Kopfstimmrechts ausgesprochen und dem werdenden Wohnungseigentümer ein selbständiges Stimmrecht neben dem eingetragenen Wohnungseigentümer verwehrt. Der BGH hat in dem Beschluß lediglich auf die Begründung einer anderen Entscheidung[707] verwiesen, wonach die Verdoppelung „zu Lasten der übrigen Wohnungseigentümer" gehe. Dieser Entscheidung lag eine bloße Unterteilung von Wohnungseigentum zugrunde. Auf das antizipierte Kopfstimmrecht eines Ersterwerbers darf diese Begründung nicht ohne weiteres übertragen werden. Denn hier bestehen die „übrigen Wohnungseigentümer" vornehmlich aus dem Alleinbegründer und anderen Ersterwerbern. Gerade deren kollektiven Demokratisierungsinteressen gegenüber dem Alleinbegründer sind es aber, welche die Antizipation und damit die Verdoppelung des Stimmrechts bewirken. Die Stimmrechtsvermehrung bei der Unterteilung beruht dagegen auf einer individuellen Handlung des unterteilenden Eigentümers, deren Auswirkungen für die übrigen – regelmäßig bereits eingetragenen – Wohnungseigentümer tatsächlich sehr sorgsam bedacht werden müssen.

Problematisch ist die Vorverlagerung des Stimmrechts demnach allein, wenn die Stimmkraft *sachbezogen* ausbedungen wird, das heißt das Objekt- oder Wertprinzip gilt[708]. Anders als bei den sachbezogenen Abwehrrechten, Nutzungsrechten und Beitragspflichten ist es bei der Beschlußfassung in der Eigentümerversammlung nicht ohne weiteres zulässig, statt einer nun jeweils zwei autonome Befugnisse (*„2 x"*) anzunehmen. Im Bauträgerfall mit zehn Einheiten würde dies nämlich bedeuten, daß nach dem Objektprinzip bis zu zwanzig Stimmen (zehn des Alleinbegründers, zehn der Ersterwerber) und nach dem Wertprinzip bis zu 200/100 Stimmen (100/100 des Alleinbegründers, 100/100 der Ersterwerber) zu verteilen wären. Die Verdoppelung der Befugnisse würde sich also im Gemeinschaftsverhältnis direkt auswirken, und zwar in einer *Addition* der Stimmkraft. Demgegenüber werden die sachbezogenen Abwehrrechte, Nutzungsrechte sowie Beitragspflichten *im Ergebnis nur einmal* in Anspruch genommen: die Störung wird einmalig abgewehrt, der Früchteanteil (§ 16 Abs. 1) pro Einheit verrechnet und das Wohngeld für eine Wohnung bezahlt.
Der Addition könnte man dadurch entgegensteuern, daß man das aus einem Wohnungseigentumsrecht fließende Objekt-/Anteilsstimmrecht jeweils dem Alleinbegründer und dem Ersterwerber gemeinschaftlich zugesteht (§ 25 Abs. 2 S. 2 analog). Dagegen spricht, daß § 25 Abs. 2 S. 2 auf mehrere, gleichzeitig und gleichartig Mitberechtigte zugeschnitten ist[709], Veräußerer und Erwerber aber nacheinander und ausschließ-

---

706 BGHZ 106, 113, 120. Die Entscheidung betraf einen Erwerb im Gemeinschaftsstadium.

707 BGHZ 73, 150, 155

708 Auch bei der umstrittenen Frage des Stimmrechts beim Teilnießbrauch und nach der Wohnungseigentumsunterteilung werden das Kopf-, Objekt- und Wertprinzip unterschiedlich behandelt (Bornheimer S. 122 ff., 165 ff.).

709 Armbrüster DNotZ 1999, 562, 578

lich Einzelberechtigte sind[710]. Gerade wenn es um einen Beschluß zu Lasten des Alleinbegründers geht, erscheint es zudem sinnlos, ihn zusammen mit dem jeweiligen Erwerber zu einer Entscheidungsgemeinschaft zu verbinden. Ein weiterer Nachteil ist die Schwerfälligkeit des Entscheidungsfindungsprozesses[711].
Beide Lösungen genügen auch nicht dem schutzwürdigen Demokratisierungsinteresse der Ersterwerber, welches beim Objekt-/Wertprinzip größer ist als beim gesetzlichen Kopfprinzip. Sowohl bei der Addition als auch bei der gemeinschaftlichen Ausübung der Stimmkraft behielte der veräußernde Alleinbegründer mindestens 50% Mitspracherecht. Er könnte daher wichtige, im Erwerberinteresse liegende Entscheidungen in jedem Falle blockieren.
Schließlich ist auch eine Aufteilung des Stimmrechts je nach Beschlußgegenstand abzulehnen. Anders als der Nießbraucher, für den dies teilweise angenommen wird[712], kann der Erwerber nicht auf ein Stimmrecht in bestimmten Nutzungsfragen beschränkt werden. Denn der werdende Wohnungseigentümer hat ein schutzwürdiges Interesse, in allen Verwaltungsangelegenheiten mitstimmen zu können, insbesondere über bauliche Veränderungen (§ 22 Abs. 1). Da sich eine sachliche Aufteilung nicht rechtfertigen läßt, kommt eine zeitliche Zäsur in Betracht. Doch eine Unterscheidung zwischen vergangenheits- und zukunftsbezogenen Beschlüssen ist praktisch nicht durchführbar[713]. Ebenso ungeeignet ist *Fingers* Abgrenzungsversuch, der Erwerber solle nur mitentscheiden, „soweit er in seiner Rechtsposition berührt ist"[714]. Allen Aufteilungsversuchen fehlt ein der Rechtssicherheit genügendes eindeutiges Abgrenzungskriterium.
Als einzige Lösung bleibt, dem teilenden Eigentümer sein Objekt- bzw. Anteilsstimmrecht aufgrund einer teleologischen Reduktion zu nehmen. Nur so ist die Demokratisierung der (werdenden) Gemeinschaft zu erreichen. Im Bauträgerfall mit zehn gleich großen Einheiten verliert der teilende Eigentümer an jeden Ersterwerber eine (Objektprinzip) bzw. 10/100 (Wertprinzip) der Stimmen, sobald dieser die subjektiven Voraussetzungen eines werdenden Wohnungseigentümers erfüllt.
Gegen diese teleologisch bedingte Reduzierung des Objekt-/Anteilsstimmrechts könnte jedoch angeführt werden, daß ein mit den Stimmen der Ersterwerber gefaßter Beschluß aus der Sicht des Alleinbegründers nunmehr als *unzulässiger Gesamtakt zu Lasten Dritter* zu bewerten und daher wegen absoluter Unzuständigkeit der Eigentümerversammlung nichtig sei[715]. Der Alleinbegründer könnte nämlich nach der Besetzung der letzten Wohnung durch einen werdenden Wohnungseigentümer nicht länger mitstimmen, wäre aber trotzdem als (eingetragener) Wohnungseigentümer an die Wirkung des Beschlusses gebunden. Insbesondere müßte er weiterhin in Gesamtschuld

---

[710] Bader PiG 25 (1987), 67, 85

[711] Vgl. Wiedemann Übertragung S. 414; Sauren Rpfleger 1985, 261, 263.

[712] Hägele S. 59; Bornheimer S. 164; aA BayObLG v. 25.6.1998 – 2 Z BR 53/98 = DNotZ 1999, 585, 587; Weitnauer WE 1988, 3, 4; Bader PiG 25 (1987), 67, 72

[713] Sauren Rpfleger 1985, 261, 263

[714] Finger BauR 1984, 108, 114

[715] Vgl. BPM/Merle § 23 Rdn. 126.

mit dem Ersterwerber für das gemäß § 28 Abs. 5 beschlossene Wohngeld aufkommen. Obwohl er im Verhältnis zu Dritten verpflichtet und im äußersten Fall noch für 100/100 der Wohnungseigentumsrechte die Kosten und Lasten tragen würde (§ 16 Abs. 2), wäre er ohne Stimmen in der Eigentümerversammlung. Damit könnte die Einschränkung des Stimmrechts gegen einen Grundsatz des Inhalts „*keine Haftung ohne Herrschaft*“[716] bzw. „Wer zahlt, schafft an“[717] verstoßen. Doch existiert ein solcher Grundsatz ebensowenig wie seine Umkehrung „keine Herrschaft ohne Haftung“[718]. Genau betrachtet liegt auch kein nichtiger Beschluß zu Lasten Dritter vor. Richtig ist, daß ein Beschluß grundsätzlich nur für die zur Beschlußfassung berufenen Wohnungseigentümer Verbindlichkeiten begründen kann, nicht für außerhalb der Gemeinschaft stehende Dritte[719]. Der teilende Eigentümer ist jedoch nach wie vor teilnahme-, rede- und antragsberechtigt in der Eigentümerversammlung. Er ist in der Lage, mit seinen Redebeiträgen und Anträgen die Beschlußfassung zu beeinflussen. Kommt der Beschluß nicht so zustande, wie er es wünscht, kann er ihn anfechten (§ 43 Abs. 1 Nr. 4). Auch im übrigen ist der Alleinbegründer kein außerhalb der Gemeinschaft stehender „Dritter“, sondern weiterhin Mitglied der (werdenden) Wohnungseigentümergemeinschaft mit allen Rechten und Pflichten. Grundlegende Regelungen dürfen nicht gegen seinen Willen getroffen, sondern müssen mit ihm vereinbart werden. Dazu gehört insbesondere die Regelung der Stimmkraft, welche ohne die Mitwirkung des teilenden Eigentümers nicht nach dem Objekt- oder Wertprinzip ausgestaltet werden kann. Der Alleinbegründer hat es selbst in der Hand: Beläßt er es beim gesetzlichen Kopfprinzip (§ 25 Abs. 2 S. 1), behält er seine Stimme bis zur Austragung, verliert jedoch seine Alleinherrschaft bereits an den ersten Ersterwerber (Stimmverhältnisse 50: 50). Wählt der teilende Eigentümer das Objekt- oder Wertprinzip, büßt er seine Stimmkraft und damit die mehrheitliche Herrschaft schrittweise ein, bis er mit der Stimmberechtigung des letzten Ersterwerbers seine Stimmkraft vollständig verliert[720]. Streng genommen wird auf diese Weise nicht sein – unverzichtbares – Stimmrecht in der Eigentümerversammlung reduziert, sondern nur die von ihm (mit-)bestimmte Stimmkraft. Wenn aber § 25 Abs. 5 ausdrücklich einen unfreiwilligen Verlust des Stimmrechts zuläßt, muß eine teleologisch bedingte Einschränkung selbst ausbedungener Stimmkraft erst recht möglich sein. Die Reduktion des Objekt-/Anteilsstimmrechts auf Seiten des Veräußerers verstößt somit nicht gegen das Verbot von Gesamtakten zu Lasten Dritter.
Im übrigen hat sich auch der BGH ausdrücklich nur gegen eine Verdrängung des Alleinbegründers aus seinem (Kopf-)Stimmrecht ausgesprochen[721]. Zu einer möglichen

---

716 Bornheimer S. 83; Becker S. 146 Fn. 48

717 Deckert WE 1989, 34, 36

718 Hurst AcP 181 (1981), 169, 198

719 BGH v. 21.4.88 – V ZB 10/87 = BGHZ 104, 197, 203 = NJW 1988, 1910 = WE 1988, 162 = WuM 1989, 95 = DNotZ 1989, 148

720 So auch Staudinger/Bub § 25 Rdn. 115 für das Stimmrecht im allgemeinen.

721 Die Entscheidung BGHZ 106, 113 (siehe oben Fn. 458) erging auf den Vorlagebeschluß des KG vom 15.2.88 (siehe oben Fn. 447), welchem ein Kopfstimmrecht zugrunde lag.

teleologischen Reduktion der am Objekt-/Wertprinzip orientierten Stimmkraft hat er keine Stellung bezogen.

(cc) Zusammenfassung

Der veräußernde Alleinbegründer behält grundsätzlich seine Mitwirkungsrechte mit Ausnahme eines Objekt-/Anteilsstimmrechts. Insoweit wird die auf sein Wohnungseigentum entfallende Stimmkraft nicht verdoppelt, sondern steht aufgrund einer teleologischen Reduktion ausschließlich dem werdenden Wohnungseigentümer zu.

(2) Die Rechte und Pflichten gegenüber dem Verwalter

Die Rechte und Pflichten des Wohnungseigentümers aus dem Bestellungsrechtsverhältnis zum Verwalter sind rein personenbezogen. Die Antizipation dieser Rechtspositionen durch den Ersterwerber führt daher allenfalls zu einer Erweiterung des Berechtigtenkreises („*x + 1*"), nicht zu einer Verdoppelung („*2 x*"). Dem Verwalter ist zuzumuten, neben den Ersterwerbern auch weiterhin dem teilenden Eigentümer bis zu dessen endgültiger Austragung aus den Wohnungsgrundbüchern verpflichtet zu sein. Einer teleologisch bedingten Einschränkung der Veräußererrechte bedarf es nicht.

(3) Zusammenfassung

Im Gemeinschaftsverhältnis sowie im Verhältnis zum Verwalter sind der Ersterwerber und der veräußernde Alleinbegründer unabhängig voneinander als Gesamtgläubiger bzw. Gesamtschuldner (§§ 421, 428 BGB) berechtigt und verpflichtet. Unproblematisch ist dies bei den rein personenbezogenen Mitgliedschaftsrechten. Insoweit kann die Wohnungseigentümergemeinschaft sogar „*x + 1*" Mitglieder bei nur „*x*" Wohneinheiten haben. Die Verdoppelung („*2 x*") der sachbezogenen Rechte und Pflichten ist ebenfalls grundsätzlich hinzunehmen. Etwas anderes gilt nur für ein nach dem Objekt-/ Wertprinzip ausgestaltetes Stimmrecht. Hier muß dem Veräußerer die auf seine Wohnung entfallende Stimmkraft im Interesse der Demokratisierung genommen werden.

ccc) Zusammenfassung

Die Ersterwerber antizipieren im Gründungsstadium einer Wohnungseigentümergemeinschaft (Fallgruppe 2a) die Abwehr-, Nutzungs-, Verwaltungs- und Mitwirkungsrechte der §§ 13 ff., 20 ff., 43 ff. einerseits sowie die Beitragspflicht gemäß § 16 Abs. 2 andererseits. Zusammen mit dem teilenden Eigentümer bilden sie eine werdende Wohnungseigentümergemeinschaft, welcher bereits ein Verwalter zur Seite zu stellen ist. Die Verdoppelung der Rechte und Pflichten aus dem Wohnungseigentum ist grundsätzlich zulässig. Der veräußernde Alleinbegründer verliert allerdings vorzeitig ein von § 25 Abs. 2 S. 1 abweichendes Objekt- oder Anteilsstimmrecht (teleologische Reduktion).

bb) Der Ersterwerb im Gemeinschaftsstadium (Fallgruppe 2b)

Im Anschluß an das KG vom 23.12.85 will die herrschende Rechtsmeinung diejenigen Ersterwerber nicht mehr vorzeitig unter das WEG fassen, welche erst nach der Entstehung der (Zweipersonen-)Gemeinschaft die subjektiven Voraussetzungen eines werdenden Wohnungseigentümers erfüllen. Das bedeutet aus der Sicht des Ersterwerbers eine zusätzliche objektive Voraussetzung. Er kann die Rechte und Pflichten eines Wohnungseigentümers nur antizipieren, solange noch keiner der Miterwerber im Wohnungsgrundbuch eingetragen ist. Dieses Ereignis ist seiner Kenntnis und seinem Einfluß regelmäßig entzogen.
Begründet wird die Zäsur zumeist[722] mit dem Hinweis, die werdende Wohnungseigentümergemeinschaft ende mit der Entstehung der echten. Danach gehe es nicht mehr um eine vorzeitige Anwendbarkeit des WEG[723]. Auf den ersten Blick liegt dieser Schluß nahe, vollzieht er sich doch in gleicher Weise wie bei der parallelen Problematik der Vorgesellschaft, welche mit der Eintragung der Gesellschaft im Handelsregister endet und zur (identischen) Gesellschaft wird.
Es besteht jedoch ein erheblicher Unterschied zwischen der konstitutiven Eintragung im Gesellschaftsrecht und jener im Wohnungseigentumsrecht. Dort wird die Gesellschaft als solche eingetragen (kollektives Eintragungsprinzip), hier ist sie nur die erste von vielen individuellen Eintragungen. Es erscheint daher fraglich, ob die Abgrenzung zwischen werdender und echter Gemeinschaft dem individuellen Eintragungsprinzip im Wohnungseigentumsrecht gerecht wird. Die differenzierte Behandlung der Ersterwerber kann nicht einfach in Anlehnung an das Gesellschaftsrecht mittels einer formalen Zäsur durchgesetzt werden. Vielmehr muß sie sich anhand des materiellen Bedürfnisses, das heißt der schutzwürdigen Interessen der Beteiligten, rechtfertigen lassen.

aaa) Die Vorverlagerung von Rechtspositionen auf den Ersterwerber

Die Ersterwerber im Gemeinschaftsstadium fallen dann vorzeitig unter das WEG, wenn sie schutzwürdige Interessen an der Vorverlagerung der dort geregelten Rechtspositionen haben, welche nicht durch originäre oder derivative Vertragslösungen erfüllt werden können.

(1) Die Schutzwürdigkeit der Vorverlagerungsinteressen

Für diejenigen Ersterwerber, die erst nach der Eintragung des ersten Erwerbers den Status eines werdenden Wohnungseigentümers erlangen, gilt grundsätzlich das gleiche wie für die Ersterwerber im Gründungsstadium. Alle haben nach wie vor ein schutzwürdiges Interesse, zusammen mit dem teilenden Eigentümer eine gleichberechtigte und demokratische Nutzungs-, Verwaltungs- und Haftungsgemeinschaft zu bilden. Aus der Sicht jedes einzelnen Ersterwerbers besteht ein materielles Bedürfnis

[722] Grundlegend Diester Rechtsprechung S. 18; Weitnauer WE 1986, 92, 95
[723] BayObLGZ 1990, 101, 105

für eine vorzeitige Anwendung der §§ 13 ff., 20 ff., 43 ff. im Verhältnis zu dem Alleinbegründer, den Miterwerbern und dem Verwalter der (werdenden) Wohnungseigentümergemeinschaft. Hinsichtlich der kollektiven Gleichberechtigungsinteressen ist insoweit kein Unterschied gegenüber dem Gründungsstadium festzustellen. In bezug auf das kollektive Demokratisierungsinteresse ergibt sich eine abweichende Betrachtung, soweit man einen objektivierten Maßstab anlegt:
Demnach geht es im Gründungsstadium der Gemeinschaft darum, die *Allein*herrschaft des teilenden Eigentümers zu brechen und seine ausschließliche Entscheidungsmacht zugunsten von Mehrheitsbeschlüssen sowie Vereinbarungen zu beenden. Man kann von einem *absoluten* Demokratisierungsinteresse der Ersterwerber sprechen.
Im Gemeinschaftsstadium ist die Alleinherrschaft bereits aufgehoben; es gibt neben dem Alleinbegründer mindestens einen eingetragenen Wohnungseigentümer, der am Entscheidungsprozeß beteiligt ist. Soweit das Kopfstimmrecht abbedungen ist, hat der teilende Eigentümer aber in der Regel nach wie vor die *Mehrheits*herrschaft in der Eigentümerversammlung. Es besteht ein *relatives* Demokratisierungsinteresse der Ersterwerber, die Stimmrechtsmacht weiter zu verteilen. Das Interesse ist abhängig vom Stimmrechtsprinzip sowie der Vielgliedrigkeit der Wohnungseigentümergemeinschaft: Bei Geltung des Wert- oder Objektprinzips dauert die Verteilung um so länger, je mehr Einheiten die Wohnanlage hat.
Die überwiegende Meinung, welche die Ersterwerber je nach der Gemeinschaftsentstehung differenziert behandelt, könnte sich somit auf diese qualitativ unterschiedlichen Demokratisierungsinteressen stützen. Genau betrachtet ist die Entstehung der *echten* Gemeinschaft durch die *Eintragung* des ersten Ersterwerbers dann aber die falsche Zäsur. Denn schon mit der Entstehung der *werdenden* Gemeinschaft durch die *vorzeitige Ausstattung* des ersten Ersterwerbers mit den Rechten und Pflichten nach dem WEG endet die Alleinherrschaft und damit das absolute Demokratisierungsinteresse. In der Konsequenz dürfte man nur dem *ersten* Ersterwerber den Status eines werdenden Wohnungseigentümers geben. Diese Lösung würde aber gerade bei großen Gemeinschaften die Interessen vieler Ersterwerber von dem Verhalten eines einzelnen Erwerbers abhängig machen. Der erste Ersterwerber müßte quasi für alle anderen die Vereinbarungen treffen und an der Beschlußfassung mitwirken. Steht er dem teilenden Eigentümer besonders nahe, scheidet eine effektive Vertretung der Erwerberinteressen von vornherein aus. Das relative Demokratisierungsinteresse verlangt somit, auch die späteren Ersterwerber in die werdende Wohnungseigentümergemeinschaft einzubinden.

Wenn man jeden Ersterwerber die Rechtspositionen nach dem WEG antizipieren läßt, kann das im Einzelfall zu seltsam anmutenden Ergebnissen führen, etwa wenn im Bauträgerfall die letzte Einheit mit einem Anteilsstimmrecht von 10/100 erst Jahre nach Entstehung der echten Gemeinschaft veräußert wird. Zu diesem Zeitpunkt hat der Bauträger seine Mehrheitsherrschaft längst verloren und erscheint eine analoge Anwendung des WEG verspätet. Trotzdem finden auch solche praktischen „Ausreißer"

ihre Rechtfertigung, wenn man sich der wohnungseigentumsrechtlichen Besonderheiten bewußt wird.
Das formelle Bedürfnis nach Rechtssicherheit erfordert, daß der Anwendungsbereich der werdenden Wohnungseigentümergemeinschaft nach klaren objektiven Voraussetzungen bestimmbar ist. Dem Grundbuch kann jeder Beteiligte durch einmalige Einsicht entnehmen, ob es sich bei dem betreffenden Erwerber um einen Ersterwerber oder um einen Zweiterwerber (i. e. S.) handelt. Dagegen ist nicht zu erkennen, wie groß das relative Demokratisierungsinteresse in der jeweiligen Gemeinschaft ist. Derjenige Ersterwerber, der die Mehrheitsherrschaft des Alleinbegründers beendet, kann der erste, aber auch der tausendste Ersterwerber sein, je nach Stimmrechtsprinzip und konkreter Aufteilung. In einer auf Vorratsteilung beruhenden Wohnungseigentümergemeinschaft hat jeder Ersterwerber die potentielle Macht, die Majorität des teilenden Eigentümers zu beenden. Es entspricht daher dem wohnungseigentumsrechtlichen Bedürfnis nach Rechtssicherheit, das Demokratisierungsinteresse abstrakt aufzufassen: *Jeder* Ersterwerber verringert theoretisch mit seinem vorzeitigen Stimmrecht die Stimmrechtsmacht des Alleinbegründers und ist daher schutzwürdig.

Die herrschende Rechtsansicht kann sich nach alledem nicht auf die Interessenlage stützen. Die Eintragung des ersten Ersterwerbers ist für das Demokratisierungsinteresse regelmäßig ohne Bedeutung. Anstatt entweder nur das absolute oder auch das relative Interesse abzudecken, wird mit der Gemeinschaftsentstehung ein willkürlicher Zeitpunkt im Bereich des relativen Interesses herausgegriffen. Der erste Ersterwerber kann je nach Arbeitsweise des Grundbuchamtes weit vor oder spät nach der Annäherung weiterer Ersterwerber eingetragen werden. Zu diesem Zeitpunkt ist er entweder allein, oder es sind neben ihm hunderte Miterwerber frühzeitig berechtigt und verpflichtet. Dabei ist für den einzelnen Erwerber nicht zumutbar ersichtlich, ob er die Rechte und Pflichten eines Wohnungseigentümers antizipiert oder nicht. Er müßte täglich in das Grundbuch einsehen. Vorhersehbarer wäre eine Frist, wie sie *Seuß*[724] vorgeschlagen hat. Doch auch sie kann an den konkreten Bedürfnissen vorbeigehen. Die Interessenlage verlangt daher, jeden Ersterwerber als werdenden Wohnungseigentümer anzuerkennen.

(2) Die Erfüllbarkeit der Vorverlagerungsinteressen durch originäre Lösungen

Wie oben[725] dargelegt, können die Vorverlagerungsinteressen der Ersterwerber nicht mittels originärer Vertragslösungen befriedigt werden. Die im Sinne der Demokratisierung notwendige Annahme, derartig aufwendige Konstruktionen könnten gleichmäßig und regelmäßig (konkludent) zustande kommen, überschreitet die Grenze zwischen Vertragsauslegung und Fiktion.

---

[724] Vgl. seinen Vorschlag zur WEG-Novellierung in WE 1990, 8: drei Monate nach Eintragung des ersten Erwerbers.
[725] Siehe oben S. 203 ff.

(3) Die Erfüllbarkeit der Vorverlagerungsinteressen durch derivative Lösungen

Die Gleichberechtigungs- und Demokratisierungsinteressen der Ersterwerber im Gemeinschaftsstadium könnten aber durch derivative Lösungen erfüllt werden. Anders als im Gründungsstadium gibt es nach der Entstehung der Wohnungseigentümergemeinschaft mitgliedschaftliche Rechte und Pflichten in der Person des Veräußerers. Ihre im Erwerbsvertrag zu regelnde Übertragung auf die Ersterwerber ist daher zumindest denkbar. Wäre sie ausreichend effizient, könnte von einer gesetzlichen Vorverlagerung der Rechtspositionen auf die Ersterwerber abgesehen werden. Die herrschende Rechtsansicht des BayObLG zur werdenden Gemeinschaft wäre im Ergebnis zutreffend.
Es ist daher zu prüfen, inwieweit die aufgrund der Interessenlage vorzuverlagernden Rechte und Pflichten nach dem WEG rechtsgeschäftlich übertragen werden können.

(a) Die Abwehr-, Nutzungs- und Verwaltungsrechte (§§ 13-15, 16 Abs. 1, 21 Abs. 1)

Im Gesellschaftsrecht gilt nach allgemeiner Auffassung das sog. Abspaltungsverbot, welches eine Übertragung mitgliedschaftlicher Befugnisse ohne die gleichzeitige Übertragung der Mitgliedschaft regelmäßig untersagt (vgl. §§ 38, 719 BGB)[726]. Das Abspaltungsverbot findet grundsätzlich auch im Wohnungseigentumsrecht Anwendung[727]. Die Abwehr-, Nutzungs- und Verwaltungsbefugnisse können daher nicht vom teilenden Eigentümer auf den Ersterwerber übertragen werden. Sie sind vielmehr untrennbar mit dem Wohnungseigentum verbunden.

(b) Die Beitragspflicht (§ 16 Abs. 2)

Das Abspaltungsverbot gilt auch für mitgliedschaftliche Pflichten. Der Alleinbegründer kann demnach seine Pflicht zur anteiligen Lasten- und Kostentragung hinsichtlich der veräußerten Wohnung nicht auf den Ersterwerber übertragen.
Allerdings ist im Erwerbsvertrag häufig die Klausel enthalten, daß „der Erwerber in die Rechte und Pflichten des Verkäufers aus der Teilungserklärung und der Gemeinschaftsordnung eintritt". Eine solche Regelung stellt nach dem BayObLG[728] eine Erfüllungsübernahme (§ 329 BGB) dar, die lediglich im Erwerbsverhältnis gegenüber dem Veräußerer wirkt. Der Veräußerer kann aber seinen Freistellungsanspruch gegen den Erwerber an die übrigen Wohnungseigentümer abtreten, so daß diese den Erwer-

---

726 Hachenburg/Hüffer § 47 GmbHG Rdn. 52 f.; Baumbach-Hueck/Zöllner § 47 GmbHG Rdn. 28; Scholz/K. Schmidt § 47 GmbHG Rdn. 20 m. w. N.; Lutter/Hommelhoff § 14 GmbHG Rdn. 11; Hüffer § 12 AktG Rdn. 1, 3 und § 134 Rdn. 21; Staudinger/Langhein § 745 BGB Rdn. 18; Wiedemann Übertragung S. 274 ff.; Flume Die Personengesellschaft § 14 IV, S. 220 und Die juristische Person § 7 II, S. 203 f.; Habersack Mitgliedschaft S. 78 ff.

727 BPM/Merle § 25 Rdn. 10; Kefferpütz S. 107 Fn. 243; Lotz-Störmer S. 52; H. Müller Praktische Fragen Rdn. 382; KG Rpfleger 1979, 316; BayObLG DB 1986, 421 m. w. N.

728 BayObLGZ 1989, 351, 354 (siehe oben Fn. 464)

ber unmittelbar in Anspruch nehmen können. Möglich ist auch ein unmittelbarer Schuldbeitritt des Ersterwerbers (= kumulative Schuldübernahme)[729].
Die Heranziehung des Ersterwerbers zur anteiligen Lasten- und Kostentragung ließe sich also rechtsgeschäftlich konstruieren.

(c) Die Mitwirkungsrechte

Entscheidend für die Entbehrlichkeit der analogen WEG-Anwendung ist, ob die Wohnungseigentümergemeinschaft dadurch demokratisiert werden kann, daß die Ersterwerber über den Erwerbsvertrag hinreichenden Einfluß auf die Gestaltung und Verwaltung des Wohnungseigentums bekommen. Da die materiellen Nutzungs- und Verwaltungsrechte aufgrund des Abspaltungsverbotes nicht übertragbar sind, muß der Ersterwerber die mitgliedschaftlichen Mitwirkungsrechte vom teilenden Eigentümer ableiten.

(aa) Das Stimmrecht (§ 25 Abs. 2)

Hier kommen die Abtretung des Stimmrechts selbst (§§ 398, 413 BGB) als auch lediglich die Übertragung der Befugnis zur Stimmrechtsausübung in Betracht, sei es im eigenen (sog. Legitimationszession[730]) oder im fremden Namen (Bevollmächtigung gemäß § 167 Abs. 1 BGB). Die Zulässigkeit dieser derivativen Lösungen ist nicht unproblematisch.
Nach allgemeiner Auffassung verstößt die Übertragung des Stimmrechts als solchen gegen das wohnungseigentumsrechtliche Abspaltungsverbot[731]. *Bornheimer*[732] befürwortet jedoch gerade für den Fall des Wohnungserwerbers ausnahmsweise eine isolierte Übertragbarkeit des Stimmrechts. Nur eine dauernde Abspaltung verstoße gegen § 137 BGB[733]. Das Abspaltungsverbot solle ferner den Willensbildungsprozeß von dem Einfluß von Nichtmitgliedern freihalten. Der veräußernde Wohnungseigentümer habe sich bereits seiner Wohnung „innerlich begeben“ und müsse nicht mehr vor einer Übergehung seiner Interessen in der Eigentümerversammlung geschützt werden. Der Erwerber sei kein außenstehender Dritter mehr, sondern bereits wirtschaftlicher Eigentümer. Daher sei die Abspaltung nicht nur zulässig, sondern sogar ein wünschenswerter Ausgleich.
Dem kann nicht zugestimmt werden. *Bornheimer* verkennt, daß das Stimmrecht als mitgliedschaftliche Befugnis ohne die Mitgliedschaft schlicht undenkbar ist[734]. Das Abspaltungsverbot folgt bereits aus der Rechtsnatur des Stimmrechts, verkörpert es

---

[729] BGHZ 107, 285, 288 (siehe oben Fn. 463)

[730] Kritisch zu diesem Begriff Wiedemann Übertragung S. 289 ff.

[731] KG OLGZ 1979, 290, 291; Weitnauer/Lüke § 25 Rdn. 7; Wellkamp Rechtshandbuch Rdn. 819; Weitnauer WE 1988, 3, 4; Bader PiG 25 (1987), 67, 80

[732] Bornheimer S. 147 ff. Ihm folgend BPM/Merle § 25 Rdn. 9.

[733] Ähnlich für das Gesellschaftsrecht: Rowedder/Koppensteiner § 47 GmbHG Rdn. 22.

[734] Hüffer § 133 AktG Rdn. 17; Flume Die juristische Person § 7 II, S. 201 f.

doch die Befugnis, an der Bildung des kollektiven Willens im Wege der Teilnahme an der jeweiligen Beschlußfassung gestaltend mitzuwirken[735]. Es kann daher nicht über die Grenzen des Kollektivs hinaus übertragen werden. Zu Recht weist *Karsten Schmidt*[736] im übrigen auf die Rechtsunsicherheit hin, die jede Ausnahme vom Abspaltungsverbot mit sich bringt. Zudem kann bei der vorzeitigen Stimmberechtigung des Ersterwerbers nicht mehr von einer nur vorübergehenden Übertragung gesprochen werden. Das Demokratisierungsinteresse des Ersterwerbers verlangt, daß er das Stimmrecht nicht nur kurzfristig und in Abhängigkeit vom Willen des Veräußerers erhält, sondern dauernd und unwiderruflich. Seine Wartezeit bis zur Entstehung der Gemeinschaft dauert in der Regel Monate, nicht selten Jahre. Wie *Bornheimer* selbst zugibt[737], verstößt jedenfalls eine dauernde und unwiderrufliche Stimmrechtsübertragung gegen das Abspaltungsverbot. Eine widerrufliche „Abtretung“ des Stimmrechts kann hingegen nach seiner eigenen Bekundung in eine Bevollmächtigung umgedeutet werden[738]. Dann aber ist eine Durchbrechung des Abspaltungsverbots überflüssig.

Die Ermächtigung zur Stimmrechtsausübung im eigenen Namen (Legitimationszession) ist im Gesellschaftsrecht ebenfalls nicht unumstritten[739]. Im Wohnungseigentumsrecht wird sie ohne Widerspruch zugelassen[740]. Anerkannt ist auch die Bevollmächtigung zur Stimmrechtsausübung im fremden Namen[741]. Denn die Stimmabgabe stellt eine Willenserklärung i. S. d. §§ 164 ff. BGB dar, die nicht höchstpersönlicher Natur ist[742]. Eine entgegenstehende Regelung wie § 38 S. 2 BGB im Vereinsrecht fehlt. Der Vertreter wird regelmäßig zur Ausübung des Rede- und Antragsrechts in der Eigentümerversammlung mitberechtigt[743].
Beide Formen der Ausübungsübertragung sind mitunter schwer voneinander abzugrenzen: Insbesondere wenn man die Anforderungen an die Bevollmächtigung und an

---

[735] Wie die Gestaltungsrechte aus gewöhnlichen Schuldverhältnissen sind auch die Mitwirkungsrechte aus einem mitgliedschaftlichen Schuldverhältnis nur zusammen mit dem zugrunde liegenden Rechtsverhältnis übertragbar (Habersack Mitgliedschaft S. 80 f.).

[736] Scholz/K. Schmidt § 47 GmbHG Rdn. 20

[737] Bornheimer S. 145

[738] Bornheimer S. 146. Ebenso Scholz/K. Schmidt § 47 GmbHG Rdn. 20 a. E.; Lutter/Hommelhoff § 14 GmbHG Rdn. 11.

[739] Im Aktienrecht ist sie durch § 129 Abs. 3 AktG positivrechtlich anerkannt. Im Recht der GmbH hält sie die wohl h. M. für zulässig (Hachenburg/Hüffer § 47 GmbHG Rdn. 54 f. m. w. N.; aA Scholz/K. Schmidt § 47 GmbHG Rdn. 21; Baumbach-Hueck/Zöllner § 47 GmbHG Rdn. 29. Gegen eine Ausdehnung der aktienrechtlichen Legitimationszession auch Staudinger/Schilken vor §§ 164 ff. Rdn. 72 und Flume Die juristische Person § 7 II, S. 206).

[740] BGHZ 106, 113, 121; Weitnauer Lüke § 25 Rdn. 14

[741] Allgemeine Meinung: BGHZ 99, 90, 93; BPM/Merle § 25 Rdn. 51; Weitnauer/Lüke a. a. O.; Lotz-Störmer S. 53

[742] KG OLGZ 79, 290, 291 f.; Weitnauer WE 1988, 3, 5; Finger BauR 1984, 108, 113; Dekkert WE 1989, 34, 36

[743] BPM/Merle § 25 Rdn. 51

die Offenkundigkeit anhand des § 164 Abs. 1 S. 2 BGB niedrig bemißt, ist die Stellvertretung kaum mehr von der auf einer Ermächtigung beruhenden Stimmabgabe zu unterscheiden. Ebenso wie die vorübergehende „Abtretung" des Stimmrechts in Wirklichkeit eine Vollmachtserteilung darstellt, deckt die Bevollmächtigung den möglichen Bereich von Legitimationszessionen ab. Die Effektivität der derivativen Lösungen für die Verteilung der Gestaltungsmacht vom teilenden Eigentümer auf die Ersterwerber kann somit stellvertretend am Maßstab der Bevollmächtigung geprüft werden.

Im Hinblick auf eine demokratische Beschlußfassung in der Eigentümerversammlung ist die Bevollmächtigung theoretisch nur dann geeignet, wenn den Ersterwerbern mittels der erteilten Stimmrechtsvollmachten eine ausreichende sowie insbesondere vom teilenden Eigentümer abweichend ausübbare Einflußmöglichkeit übertragen werden kann. Diese Frage hängt von der Teilbarkeit der Stimmrechtsmacht ab. Über diese theoretische Eignung hinaus ist die derivative Lösung weiterhin nur dann effektiv, wenn die Vollmachten der Ersterwerber sich ggf. gegen ein in der Gemeinschaftsordnung enthaltenes Vertretungsverbot und einen entgegenstehenden Willen des vollmachtgebenden Teilenden durchsetzen. Schließlich erfordert das Demokratisierungsinteresse der Erwerber, daß sie die Vollmachten nicht nur bei ausdrücklicher Erteilung, sondern regelmäßig erhalten.

(aaa) Die Teilbarkeit der Stimmrechtsmacht

Um die theoretische Eignung der Bevollmächtigungen richtig beurteilen zu können, muß man sich der Unterscheidung von Stimmrecht, Stimmabgabe und Stimmkraft bewußt sein: Das *Stimmrecht* ist die rechtsgeschäftliche Gestaltungsmacht des Mitglieds einer Personenvereinigung, mittels einer *Stimmabgabe* zu einem Beschluß als Gesamtakt kollektiver Willensbildung beizutragen, und zwar positiv (Ja-Stimme) oder negativ (Nein-Stimme). Das Stimmrecht wird also durch die Abgabe einer Stimme ausgeübt. Sie drückt die Zustimmung oder die Ablehnung gegenüber einem Beschlußantrag aus und ist daher eine – empfangsbedürftige[744] – Willenserklärung. Macht das Mitglied von der oben beschriebenen Rechtsmacht keinen Gebrauch, enthält es sich der Stimme[745]. Gibt das Mitglied eine Stimme ab, bestimmt sich der Umfang seiner Einflußnahme auf die Beschlußfassung nach der *Stimmkraft*.

Nach dem WEG hat jeder Wohnungseigentümer regelmäßig „eine Stimme" (§ 25 Abs. 2 S. 1). Mit der „Stimme" ist hier die Stimmkraft, genauer: ihre Maßeinheit, gemeint. Pro Kopf ist jedem Wohnungseigentümer – in Stimmen – die Stimmkraft „1" zugeordnet (Kopfprinzip). Es ist also streng zwischen der Stimme als Willenserklärung und der Stimme als Stimmkraftsmaßeinheit zu differenzieren.

Da ein Vertreter das Recht zur Ausübung des Stimmrechts vom Wohnungseigentümer ableitet, kann dieser ihm nicht mehr Rechte verschaffen, als ihm bei der persönlichen

---

[744] Empfänger der Willenserklärung sind die übrigen Eigentümer, da diese durch das Rechtsgeschäft „Beschluß" berechtigt oder verpflichtet werden; der Versammlungsleiter ist ihr Empfangsvertreter (Bornheimer S. 42).

[745] Auch die Enthaltung ist eine Willenserklärung (Hachenburg/Hüffer § 47 GmbHG Rdn. 41)

Ausübung des Stimmrechts zustehen würden[746]. Bevollmächtigt der Stimmrechtsträger eine andere Person zur Ausübung seines Kopfstimmrechts, kann er ihm daher maximal die Stimmkraft „1“ übertragen, indem er ihn zur *kompletten* Ausübung ermächtigt. Eine Verdoppelung der „Stimmen“, wie sie das KG am 8.5.79 befürwortet hat[747], ist nicht möglich. Dies ist keine Frage der Zulässigkeit (rechtliches Dürfen), sondern der zur Ausübung übertragbaren Gestaltungsmacht (rechtliches Können)[748]. Ist die Stimmkraft nach dem Wertprinzip an den Miteigentumsanteil gebunden, so beträgt die zur Ausübung übertragbare Stimmkraft ebenfalls höchstens „1“ (= 100/100). Beim Objektprinzip entspricht die maximal ableitbare Stimmkraft hingegen der Anzahl der vorhandenen Einheiten, da pro Wohnungseigentum eine Stimme vergeben wird.
Eine *vollständige* Übertragung der Stimmrechtsausübung durch den teilenden Eigentümer auf einen Erwerber würde jedoch nicht zu einer Demokratisierung der Gemeinschaft führen. Es entstünden keine selbständig ausübbaren (Teil-)Stimmrechte, sondern jeder Erwerber würde im Hinblick auf das gesamte Stimmrecht des Alleinbegründers zur Ausübung berechtigt.
Notwendig ist daher eine *teilweise* Übertragung der Stimmrechtsmacht von dem Alleinbegründer auf den jeweiligen Ersterwerber. Nur so kann im Ergebnis die Stimmkraft auf die Erwerber verteilt werden. Beim Kopfprinzip wäre dies zu einem bestimmten Bruchteil von „1“ der Fall. Die Höhe des Bruchteils müßte sich aus dem *Innenverhältnis* zwischen Teilendem und Ersterwerber ergeben. Beim Wert- und Objektprinzip hingegen wird die Stimmkraft schon im *Gemeinschaftsverhältnis* an das jeweils erworbene Wohnungseigentum geknüpft. Während für das Kopfprinzip eine Aufteilung des Stimmrechts und seiner Stimmkraft überhaupt nicht diskutiert wird, hat sie der BGH[749] für das Wert- und Objektprinzip ausdrücklich anerkannt.

Die Verteilung der Stimmrechtsmacht ist jedoch nur dann effektiv, wenn der einzelne Anteil des Stimmrechts in unabhängiger Weise ausgeübt werden kann, wenn insbesondere der Ersterwerber anders als der vollmachtgebende Alleinbegründer abstimmen kann. Das ist angesichts des gesellschaftsrechtlichen Verbots einer sog. gespaltenen Stimmabgabe fraglich[750]. Es ist seit langem umstritten, ob ein- und derselbe Gesellschafter in der Versammlung teilweise mit „Ja“ und teilweise mit „Nein“ abstimmen darf[751]. Wenn aber dem Mitglied selbst eine uneinheitliche Stimmabgabe untersagt ist,

---

746 Kefferpütz S. 124; Belz Handbuch Rdn. 206

747 KG OLGZ 1979, 290, 294 (siehe oben Fn. 397)

748 Das wird in der Rechtsprechung (KG a. a. O.; NJW-RR 1995, 147) und Literatur (Blank DNotZ 1999, 222, 223) nicht immer beachtet – die Verdoppelung sei „nicht zulässig“.

749 BGHZ 106, 113, 121

750 Vgl. dazu Staudinger/Bub § 25 Rdn. 209 ff.; Bornheimer S. 133 ff.

751 Umstritten ist, ob zu diesem Problem auch die teilweise Stimmenthaltung gehört (so K. Müller § 43 GenG Rdn. 76; Rowedder/Koppensteiner § 47 GmbHG Rdn. 35; Scholz/K. Schmidt § 47 GmbHG Rdn. 68 m. w. N.; aA RGZ 118, 67, 70; Hettrich/Pöhlmann § 43 GenG Rdn. 16; Hachenburg/Hüffer § 47 GmbHG Rdn. 57; ders. in § 133 AktG Rdn. 20).

so darf dies nicht durch die Bestellung von Vertretern umgangen werden[752]. Vielmehr kann auch die Stimmrechtsvollmacht nur einheitlich erteilt werden[753]. Das Gebot einheitlicher Stimmrechtsausübung gilt für den Berechtigten und den Vertreter gleichermaßen.

Im Recht der GmbH wird für die Behandlung einer gespaltenen Stimmabgabe danach differenziert, ob das Stimmrecht aus einem oder mehreren Geschäftsanteilen folgt. Liegt nur ein Geschäftsanteil vor, folgert die herrschende Meinung aus dem Rechtsgedanken des § 18 Abs. 1 GmbHG, daß die Stimmabgabe nur einheitlich erfolgen könne[754]. Bei mehreren Stimmen aus verschiedenen Geschäftsanteilen wird eine gespaltene Stimmabgabe hingegen mit unterschiedlicher Begründung für möglich gehalten: Die Mitgliedschaftsrechte seien „in puncto Stimmrecht getrennt zu denken“[755]; das Verbot der Stimmrechtsspaltung sei am Geschäftsanteil orientiert und folglich auch auf diesen begrenzt[756]; aus § 15 Abs. 2 GmbHG ergebe sich, daß die Mitgliedschaftsrechte mit den einzelnen Anteilen verknüpft seien[757]. Andererseits will man der personalistischen Struktur der GmbH und dem Prinzip einheitlicher Mitgliedschaft (§§ 5 Abs. 2, 55 Abs. 4 GmbHG) die Einschränkung entnehmen, daß die gespaltene Stimmabgabe nur bei einem berechtigten Interesse (insbesondere bei der Abstimmung für verschiedene Interessengeber) und nur unter Nachweis eines abstrakten Interessenkonflikts zulässig sei[758].

Im Aktienrecht wird die gespaltene Stimmabgabe tendenziell großzügiger zugelassen[759]. Dem § 18 Abs. 1 GmbHG entspricht hier der § 69 Abs. 1 AktG[760].

Im Genossenschaftsrecht wird keine Differenzierung anhand von Einzel- oder Mehrfachbeteiligungen gemacht, da hier das Stimmrecht allein an die Person des Genossen gebunden ist (§ 43 Abs. 3 S. 1 GenG). Eine Erhöhung der Stimmenzahl (= Stimmkraft) ist zwar gemäß § 43 Abs. 3 S. 2 ff. GenG in der Form eines sog. Mehrstimmrechts denkbar, aber nicht in Abhängigkeit von den Geschäftsanteilen. Die überwie-

---

752 Scholz/K. Schmidt § 47 GmbHG Rdn. 67; Rowedder/Koppensteiner § 47 GmbHG Rdn. 44

753 K. Müller § 43 GenG Rdn. 76. Abzugrenzen ist hingegen der Fall, daß ein Gesellschafter für sich und gleichzeitig in Vertretung für einen anderen Gesellschafter abstimmt.

754 Rowedder/Koppensteiner § 47 GmbHG Rdn. 35; Hachenburg/Hüffer § 47 GmbHG Rdn. 59: „Wenn schon die Mitberechtigung am Geschäftsanteil keine uneinheitliche Stimmabgabe der Mitberechtigten erlaubt, dann kann ein entsprechendes Abstimmungsverhalten ein- und desselben Gesellschafters schon gar nicht zulässig sein.“ Auch Scholz/K. Schmidt § 47 GmbHG Rdn. 69 spricht von einem „Erst-recht-Schluß“.

755 Scholz/K. Schmidt § 47 GmbHG Rdn. 72

756 Scholz/K. Schmidt a. a. O.

757 Rowedder/Koppensteiner § 47 GmbHG Rdn. 36

758 Hachenburg/Hüffer § 47 GmbHG Rdn. 61; Baumbach-Hueck/Zöllner § 47 GmbHG Rdn. 11

759 Hüffer § 133 AktG Rdn. 21

760 Baumbach-Hueck/Hueck/Fastrich § 18 GmbHG Rdn. 1

gende Meinung[761] fordert eine einheitliche Ausübung des streng personengebundenen Stimmrechts. Selbst ein Mehrstimmrecht des Genossen fließe aus einer einzigen Mitgliedschaft, demgegenüber handele es sich im Aktienrecht um selbständige Stimmrechte, die lediglich in der Person eines Aktionärs lägen[762].

Im Wohnungseigentumsrecht entspricht die gesetzliche Regel des § 25 Abs. 2 S. 1, das Kopfprinzip, dem genossenschaftlichen Prinzip „Ein-Mann-eine-Stimme" des § 43 Abs. 3 S. 1 GenG. Das auf der Gemeinschaftsordnung beruhende Objekt- oder Wertprinzip hingegen knüpft die Stimmkraft nicht an die Person, sondern – ähnlich wie das AktG (vgl. dort § 134 Abs. 1 S. 1) und das GmbHG (vgl. dort § 47 Abs. 2) – an die Beteiligung, das heißt an das Wohnungseigentum. Würde man somit die herrschende Ansicht zur gespaltenen Stimmabgabe im Recht der Genossenschaften und Gesellschaften vorbehaltlos auf das Wohnungseigentumsrecht übertragen, wäre eine uneinheitliche Ausübung des Stimmrechts im Falle des Kopfprinzips unzulässig, im Falle des Wert- oder Objektprinzips zulässig. Eine einfache Übertragung gesellschaftsrechtlicher Grundsätze auf das Wohnungseigentumsrecht ist aber mit der Rechtsnatur der Wohnungseigentümergemeinschaft als besonders ausgestalteter Bruchteilsgemeinschaft nicht zu vereinbaren. Vielmehr muß sich die Lösung aus dem WEG selbst ergeben.
Der Ausgangspunkt der Betrachtung muß § 25 Abs. 2 sein. Daß jeder Wohnungseigentümer gemäß S. 1 nur „eine Stimme" hat, könnte nicht nur die Stimmkraft auf „1" festlegen, sondern auch im Sinne einer einheitlichen Stimmabgabe zu verstehen sein. Der Wohnungseigentümer dürfte nur „Ja" oder „Nein", nicht aber „Jein" sagen. *Bornheimer*[763] will dies offenbar dem S. 2 entnehmen, der mit den §§ 18 Abs. 1 GmbHG und 69 Abs. 1 AktG vergleichbar ist[764]. Wenn schon die Mitberechtigung an einem Wohnungseigentum eine einheitliche Ausübung bedinge, müsse dies erst recht für die Einzelberechtigung gelten. Allerdings ist dieser Schluß dann unzulässig, wenn der Regelungszweck des § 25 Abs. 2 S. 2 ein anderer ist.
Zunächst will die Norm klarstellen, daß Mitberechtigte an einem Wohnungseigentum als „ein Wohnungseigentümer" gelten[765]. Darüber hinaus müssen sie „das Stimmrecht" einheitlich ausüben. Auf diese Weise soll § 25 Abs. 2 S. 2 entsprechend den §§ 18 Abs. 1 GmbHG und 69 Abs. 1 AktG[766] diejenigen Nachteile verhindern, die sich für die Gemeinschaft gerade aus der dinglichen Zuordnung einer Beteiligung an mehrere

---

[761] K. Müller § 43 GenG Rdn. 76; Meyer/Meulenbergh/Beuthien § 43 GenG Rdn. 20 a. E. Einschränkend Hettrich/Pöhlmann § 43 GenG Rdn. 16 (ausdrücklich nur für die Teilenthaltung verlangt); LWMS/Metz § 43 GenG Rdn. 108 (andere Beurteilung sei vorstellbar, soweit Stimmberechtigte eine juristische Person ist).

[762] K. Müller § 43 GenG Rdn. 76

[763] Bornheimer S. 135

[764] Bassenge FS Seuß I (1987), 33, 34

[765] AA Bassenge FS Seuß I (1987), 33, 40

[766] Baumbach-Hueck/Hueck/Fastrich § 18 GmbHG Rdn. 1; Hüffer § 69 AktG Rdn. 1

Personen ergeben[767]. Die Versammlung soll insoweit vor divergierenden Stimmabgaben geschützt werden, weil der Versammlungsleiter mit einer Überprüfung der internen Willensbildung der Mitberechtigten überfordert wäre[768]. Zwar führt auch eine gespaltene Stimmrechtsausübung durch eine einzelne Person zu einem höheren Prüfungsaufwand. Sie erfordert jedoch nicht die Bewertung interner Willensbildungsprozesse. Daß der Wohnungseigentümer sein Stimmrecht grundsätzlich einheitlich auszuüben hat, kann somit nicht dem § 25 Abs. 2 S. 2 entnommen werden. Diese Vorschrift will nicht generell divergierende Stimmabgaben verhindern, sondern nur solche von Mitberechtigten.
Das Gebot einheitlicher Stimmausübung ergibt sich vielmehr wie im Genossenschaftsrecht bereits aus der grundsätzlich rein personenbezogenen Rechtsnatur des Stimmrechts. Der Gesetzgeber hat mit der Einführung des „Ein-Mann-eine-Stimme"-Gedankens nicht nur die Stimmkraft auf „1" festlegen wollen, sondern als Leitbild eine – einfach auszuzählende – Abstimmung nach Köpfen geschaffen, die jeweils nur mit „einer Stimme" sprechen sollen. Eine irgendwie geartete Aufteilung der „Köpfe" nach sachbezogenen Kriterien ist darin nicht vorgesehen. Dieser im § 25 Abs. 2 S. 1 enthaltene Rechtsgedanke wird durch § 25 Abs. 2 S. 2 auf die Mitberechtigung an einem Wohnungseigentum übertragen, (nicht umgekehrt, wie es *Bornheimer* vertritt). Mithin ist auch die Teilbevollmächtigung zur Ausübung eines Kopfstimmrechts unzulässig[769].

Etwas anderes gilt für das Anteils- bzw. Objektstimmrecht. Da § 25 Abs. 2 S. 1 nicht unabdingbar ist (vgl. § 10 Abs. 1 S. 2 a. E.), können die Wohnungseigentümer in der Gemeinschaftsordnung die Stimmkraft an das Wohnungseigentum knüpfen. Dem Wert- bzw. Objektprinzip ist somit eine sachbezogene Komponente *immanent*. Der Versammlungsleiter muß die Stimmkraft ohnehin an der Anzahl bzw. an der Größe der Wohnungseigentumsrechte bemessen. Das anteils- bzw. objektgebundene Stimmrecht kann daher auch anhand der sachbezogenen Komponente, nämlich anhand des jeweiligen Wohnungseigentums, aufgeteilt werden. Der Rechtsgedanke des § 25 Abs. 2 S. 1, der allein die Aufteilung eines rein personengebundenen (Kopf-)Stimmrechts untersagt, ist hier nicht anwendbar[770].
Zusammengefaßt ist die Bevollmächtigung zur Demokratisierung der Wohnungseigentümergemeinschaft nur im Falle des Anteils- oder Objektstimmrechts geeignet. Hingegen läßt sich bei Geltung des Kopfprinzips gemäß § 25 Abs. 2 S. 1 keine Verteilung der Stimmrechtsmacht vom teilenden Eigentümer auf die Ersterwerber erreichen. Da aber im Falle des Kopfstimmrechts das (relative) Demokratisierungsinteresse der Erwerber ohnehin geringer ist – bereits mit der Gemeinschaftsentstehung durch die Eintragung des ersten Ersterwerbers ist die Mehrheitsherrschaft des Alleinbegründers beendet – wiegt dieser Nachteil nicht so schwer.

---

[767] Bornheimer S. 137

[768] BPM/Merle § 25 Rdn. 42; Bornheimer S. 54

[769] Im Ergebnis ebenso Deckert WE 1989, 34, 36.

[770] Staudinger/Bub § 25 Rdn. 212

(bbb) Die Überwindung von Vertretungsbeschränkungen

Die Vollmachten der Ersterwerber müßten weiterhin die häufig in der Gemeinschaftsordnung enthaltenen Vertretungsbeschränkungen überwinden, da sie sonst wirkungslos blieben. Solche Regelungen, die eine Vertretung des Eigentümers in der Eigentümerversammlung nur durch Familienangehörige, andere Wohnungseigentümer oder den Verwalter zulassen, sind wirksam[771], soweit sie auf einer Vereinbarung beruhen[772].
Nach einer Ansicht[773] verhindern Vertreterklauseln dieser Art, daß ein Erwerber vor seiner Grundbucheintragung an der Beschlußfassung mitwirken kann. Die herrschende Meinung[774] will die Klauseln im Wege der Auslegung dahingehend korrigieren, daß sie die Bevollmächtigung werdender Eigentümer nicht ausschließen. Es seien keine gemeinschaftsfremden Einflüsse zu befürchten. Im Ergebnis ist der letztgenannten Auffassung zuzustimmen. Allerdings handelt es sich methodisch um eine *ergänzende* Auslegung, da der Wortlaut solcher Vertreterklauseln eindeutig ist. Der Ersterwerber ist – wenn nicht ausnahmsweise gleichzeitig – weder Familienangehöriger, Verwalter noch eingetragener Eigentümer. Daß der werdende Eigentümer keine gemeinschaftsfremden Einflüsse bewirkt, könnte die ergänzende Auslegung der Vertreterklauseln allein nicht rechtfertigen. Sie kann sich aber auf dieselben Gründe stützen, die anderenfalls für eine gesetzliche Vorverlagerung des Stimmrechts sprechen würden, das heißt auf die schutzwürdigen Demokratisierungsinteressen der Ersterwerber. Um die Demokratisierung der Gemeinschaft mittels Stimmrechtsvollmachten zu erreichen, müssen sie die Vertretungsbeschränkungen durchbrechen.

(ccc) Die Zulässigkeit verdrängender Vollmachten

Nach der bisherigen Untersuchung kann der veräußernde Alleinbegründer den Ersterwerbern Vollmachten zur Ausübung eines Anteils-/Objektstimmrechts geben. Die Stimmrechtsmacht wird auf diese Weise entsprechend den veräußerten Wohnungen auf die Ersterwerber verteilt. Im Bauträgerfall mit zehn gleich großen Einheiten bekommt jeder Erwerber pro Wohnungseinheit 10/100 bzw. 1 Stimme.
Eine Demokratisierung der Gemeinschaft ist aber nur gewährleistet, wenn jeder Erwerber seine Stimme auch gegen den Willen des Veräußerers abgeben kann. Die Vollmacht muß daher *unwiderruflich* gestaltet sein. Sonst könnte der teilende Eigentümer alle Erwerber von der Mitwirkung entbinden, sobald sie sich seinen Vorstellungen widersetzen. Eine unwiderrufliche Vollmacht kann nur noch aus einem wichtigen Grund beseitigt werden.

---

[771] BGH v. 11.11.86 – V ZB 1/86 = BGHZ 99, 90 = WuM 1987, 92 = DNotZ 1988, 24 = WE 1987, 79 mit zustimmender Anm. F. Schmidt WE 1987, 80; BayObLG v. 12.12.96 – 2 Z BR 124/96 = BayObLGZ 1996, 297; Bader PiG 25 (1987), 67, 82; Staudinger/Bub § 25 Rdn. 36; BPM/Merle § 25 Rdn. 59 m. w. N. AA KG v. 27.11.85 – 24 W 1856/85 = OLGZ 1986, 56 = ZMR 1986, 93; Weitnauer WE 1988, 3, 5; Lüke PiG 42 (1993), 217, 221 ff.

[772] BayObLG v. 29.7.88 – 2 Z 43/88 = ZMR 1988, 438 = DNotZ 1989, 428 = WE 1988, 208

[773] Blank DNotZ 1999, 222, 224

[774] BPM/Merle § 25 Rdn. 61 m. w. N.; Staudinger/Bub § 25 Rdn. 39; Becker S. 165

Trotzdem bleibt es dem Alleinbegründer möglich, sein Stimmrecht in der Eigentümerversammlung (vollständig) selbst auszuüben. Die Demokratisierungsinteressen verlangen daher zusätzlich, daß die Ersterwerber *anstelle* des Veräußerers entscheiden. Der Veräußerer muß eine unwiderrufliche Vollmacht erteilen und gleichzeitig auf die eigene Ausübung des Stimmrechts verzichten (sog. verdrängende Vollmacht[775]). Damit kommt die verdrängende Vollmacht in ihrer Wirkung einer Stimmrechtsabspaltung gleich[776]. Sie wird daher allgemein abgelehnt[777].
Anderer Auffassung ist *Tasche*[778], der sie „als in das Recht des WEG integrierte" oder „institutionelle" Vollmacht ausnahmsweise anerkennen will, um sog. Wahlmännerversammlungen in großen Wohnungseigentümergemeinschaften zu ermöglichen. Sie unterscheide sich von der „echten verdrängenden Vollmacht" durch ein Weisungs- und Abberufungsrecht der vertretenen Eigentümergruppe. Verallgemeinert befürwortet Tasche also eine aus den wohnungseigentumsrechtlichen Besonderheiten und praktischen Notwendigkeiten gewonnene sowie speziell angepaßte verdrängende Vollmacht. Folgt man dieser Ansicht, läßt sich eine verdrängende Vollmacht auch mit dem Ziel rechtfertigen, die gemäß § 8 entstehende Wohnungseigentümergemeinschaft zu demokratisieren und eine antizipierte Anwendung des WEG insoweit überflüssig zu machen. Der Alleinbegründer würde bei der Stimmabgabe durch die Ersterwerber ersetzt und könnte dies nur im Falle eines wichtigen Grundes rückgängig machen.

(ddd) Die regelmäßige Annahme verdrängender Vollmachten

Indem man die verdrängenden Vollmachten zuläßt, ist dem Bedürfnis nach Demokratisierung noch nicht genüge getan. Um allen Erwerbern die Mitwirkung bei der Beschlußfassung zu ermöglichen, müßten die verdrängenden Vollmachten nicht nur bei ausdrücklicher Erteilung durch den Alleinbegründer, sondern in der Regel anzunehmen sein. Denn sonst könnte der Teilende einfach von einer Übertragung der Stimmrechtsausübung absehen.
Bereits am 8.5.79 entschied das KG, daß der vorgemerkte Ersterwerber regelmäßig zur Stimmrechtsausübung ermächtigt sei. Dabei stufte es das Stimmrecht als Gebrauchsvorteil i. S. d. § 100 BGB ein und erblickte die Ermächtigung in einer Vereinbarung

---

[775] Staudinger/Bub § 25 Rdn. 201; Tasche DNotZ 1974, 581; Bader PiG 25 (1987), 67, 80. Kritisch zu diesem Begriff Flume Die Personengesellschaft § 14 V, S. 227; Gernhuber JZ 1995, 381, 382

[776] Flume Die juristische Person § 7 II, S. 207

[777] BGHZ 3, 354 (für die OHG); Staudinger/Bub § 25 Rdn. 202; Diester Rechtsfragen Rdn. 285; Flume Die juristische Person § 7 II, S. 208; Wiedemann Übertragung S. 361 ff.; Wellkamp Rechtshandbuch Rdn. 834; Schmid DNotZ 1975, 138, 139; Weitnauer WE 1988, 3, 5; Finger BauR 1984, 108, 113 Fn. 37; Bader PiG 25 (1987), 67, 80; Bornheimer S. 87 mit dem Argument, der Stimmrechtsverzicht verstoße gegen das ungeschriebene Verbot (§ 134 BGB), den Kern der Mitgliedschaft in der Wohnungseigentümergemeinschaft auszuhöhlen.

[778] Tasche DNotZ 1974, 581, 586 ff. Auch Gernhuber JZ 1995, 381, 389 f. setzt sich für die Anerkennung einer verdrängenden Vollmacht im Rahmen „institutioneller Schranken" ein.

des Nutzungsübergangs[779]. Am 20.7.94 bestätigte das KG seinen früheren Beschluß, ging nun aber offenbar davon aus, daß keine besondere Vereinbarung des Nutzungsübergangs erforderlich sei, vielmehr die Besitzerlangung durch den Erwerber zur Annahme der Ermächtigung ausreiche[780]. Diese Schlußfolgerung könnte sich auf § 446 Abs. 1 S. 2 BGB stützen, bedarf jedoch sowohl auf der Tatbestands- wie auf der Rechtsfolgenseite einer genaueren Betrachtung.

Auf der Tatbestandsseite müßte das Stimmrecht eine Nutzung des Wohnungseigentums darstellen. Die herrschende Ansicht erkennt das Stimmrecht zutreffend als Gebrauchsvorteil i. S. d. § 100 BGB an[781]. Das läßt sich folgendermaßen begründen: Ein Recht gebraucht, wer es bestimmungsgemäß ausübt. Welche Vorteile der Gebrauch eines Rechts gewährt, ergibt der gesetzlich oder vertraglich bestimmte Inhalt des Rechts[782]. Wer seine Stimme in der Mitgliederversammlung abgibt, zieht die bestimmungsgemäßen Gebrauchsvorteile seines Stimmrechts. Das Stimmrecht selbst ist eine mitgliedschaftliche Befugnis. Die Mitgliedschaft in der Gemeinschaft wiederum wird dem Wohnungseigentümer durch die Inhaberschaft seines Wohnungseigentumsrechts vermittelt. Wer die mit der Innehabung eines Rechts verbundenen Rechte ausübt, gebraucht das Recht[783]. Übt der Wohnungseigentümer sein Stimmrecht in der Versammlung aus, gebraucht er somit letztlich sein Wohnungseigentum. Dem KG ist daher zuzustimmen, soweit es das Stimmrecht als Nutzung des Wohnungseigentums einordnet.

Auf der Rechtsfolgenseite muß dem KG in zwei Punkten widersprochen werden. Einerseits hat es die Bedeutung des § 446 Abs. 1 S. 2 BGB zu gering, andererseits zu hoch bemessen. Dabei ist zu beachten, daß dem Erwerber gemäß § 446 Abs. 1 S. 2 BGB die Nutzungen des Wohnungseigentums bereits mit der Wohnungsübergabe „gebühren". Die Vorschrift hat nur schuldrechtliche Bedeutung im Erwerbsverhältnis und begründet allenfalls Ausgleichspflichten[784]. Wenn dem Erwerber die *Gebrauchsvorteile* des Stimmrechts zustehen, bedeutet das nicht, daß der Veräußerer zur Übertragung des Stimmrechts als solchen verpflichtet wäre. Dies wäre angesichts des Abspaltungsverbotes auch gar nicht möglich. Die Gebrauchsvorteile des Stimmrechts sind in seiner Ausübung zu sehen. Der Veräußerer muß folglich die *Ausübung* des Stimmrechts auf den Erwerber übertragen. Dieser hat somit einen Anspruch auf die Ermächtigung oder Bevollmächtigung durch den Veräußerer.

---

[779] KG OLGZ 1979, 290, 293 (siehe Fn. 397). Ihm folgend Belz Handbuch Rdn. 210; Sauren Rpfleger 1985, 261, 264.

[780] KG NJW-RR 1995, 147 (siehe oben Fn. 516)

[781] RGZ 118, 266, 268 f.; Staudinger/Dilcher § 100 BGB Rdn. 6; Münch.Komm./Holch § 100 BGB Rdn. 3; Becker S. 159; Weitnauer PiG 25 (1987), 213, 216 m. w. N.; trotz Bedenken auch Soergel/Marly § 99 BGB Rdn. 12; aA Deckert WE 1989, 34, 36; Armbrüster DNotZ 1999, 562, 564; Wiedemann Übertragung S. 411

[782] Münch.Komm./Holch § 100 BGB Rdn. 2

[783] Palandt/Heinrichs § 100 BGB Rdn. 1; aA Wiedemann a. a. O.

[784] Soergel/Huber § 446 BGB Rdn. 65

Zu gering bewertet das KG die Bedeutung des § 446 Abs. 1 S. 2 BGB, wenn es dem Nutzungsübergang lediglich eine unwiderrufliche Vollmacht ohne gleichzeitigen Ausübungsverzicht entnimmt[785]. Dem Erwerber steht nach dieser Norm vielmehr eine verdrängende Vollmacht zu[786]. Denn die Vorschrift des § 446 Abs. 1 S. 2 BGB soll die Nutzungen zwischen Veräußerer und Erwerber aufteilen, nicht beiden gemeinsam belassen. Soweit man daher eine verdrängende Vollmacht zuläßt, könnte sie der Erwerber beanspruchen.
Zu hoch bewertet das KG die Bedeutung des § 446 Abs. 1 S. 2 BGB, wenn es der schuldrechtlichen Pflicht des Veräußerers zur Erteilung einer verdrängenden Vollmacht die regelmäßige Erfüllung unterstellt. Ebensowenig kann von einem Kaufvertrag regelmäßig auf die Übereignung des verkauften Gegenstandes geschlossen werden. Richtig ist nur, daß dem Erwerber gemäß § 446 Abs. 1 S. 2 BGB mit der Wohnungsübergabe schuldrechtlich eine verdrängende Vollmacht zusteht und daß diese gemäß § 167 Abs. 1 BGB auch konkludent erteilt werden kann[787]. Ob der Veräußerer dieser Pflicht nachkommt, bedarf aber konkreter Anhaltspunkte. Das KG fingiert die Bevollmächtigung allein aufgrund einer als typisch erachteten Interessenlage[788]. Es ist jedoch zumindest eine Duldungs- oder Anscheinsvollmacht des Erwerbers erforderlich, etwa dadurch, daß der Veräußerer die Stimmrechtsausübung durch den Erwerber in der Eigentümerversammlung nicht unterbindet. Vor allem der Verzicht des eingetragenen Wohnungseigentümers auf die eigene Ausübung seines Stimmrechts erfordert klare Hinweise[789]. Die bloße Wohnungsübergabe an den Ersterwerber genügt insoweit nicht. Die regelmäßige Erteilung von verdrängenden Erwerbervollmachten kann auf diese Weise nicht begründet werden.
Die Ermächtigung oder Bevollmächtigung des Ersterwerbers zur Stimmrechtsausübung ist somit keine umfassende Lösung für das Problem der werdenden Wohnungseigentümergemeinschaft[790]. Daran ändert sich nichts, wenn man mit dem OLG Saarbrücken[791] eine Einpersonengemeinschaft des Alleinbegründers für möglich hält. Auch hier kann der Bauträger von einer Erteilung der entsprechenden Vollmachten absehen und die Umschreibung so lange verhindern, bis er entweder seine Rechtsposition durchgesetzt hat oder aufgrund eines Urteils zur Umschreibung gezwungen wird[792].

---

785 Das ergibt sich aus den Aussagen: „Zweifellos kann der Veräußerer, der bis zur Umschreibung des Wohnungseigentums das Stimmrecht ausschließlich ausüben will, sich dies vorbehalten." und „Ist der im Grundbuch abgesicherte Wohnungsanwärter bis zu einem erkennbaren Widerruf des Veräußerers materiell-rechtlich ermächtigt, das Stimmrecht des Veräußerers auszuüben, ..." (KG DWE 1995, 31, 32).

786 Im Ergebnis ebenso Becker S. 158 und Brych/Pause Rdn. 456.

787 Storck S. 176; Finger BauR 1984, 108, 113

788 Becker S. 162 f.

789 Drasdo ZMR 1995, 145, 146

790 So bereits Hägele S. 11; Röll Rpfleger 1986, 169, 171.

791 OLG Saarbrücken NJW-RR 1998, 1094 (siehe oben Fn. 541)

792 Blank DNotZ 1999, 222, 223

(eee) Zusammenfassung

Eine Demokratisierung der Wohnungseigentümergemeinschaft über Ersterwerbervollmachten ist theoretisch allein beim Anteils- oder Objektstimmrecht erreichbar. Die Vollmachten können aufgrund einer ergänzenden Vertragsauslegung sogar Vertreterklauseln in der Gemeinschaftsordnung überwinden. Die Interessen der Ersterwerber erfordern aber darüber hinaus, daß ihre Vollmachten den Veräußerer von seiner Stimmrechtsausübung verdrängen[793]. Eine verdrängende Vollmacht kommt jedoch einer verbotenen Abspaltung des Stimmrechts gleich. Selbst wenn man verdrängende Vollmachten zuließe, könnten sie dem Bedürfnis nach einer demokratischen Willensbildung in der Gemeinschaft nicht genügen. Dafür müßten sie regelmäßig, etwa mit der Übergabe der Wohnung, anzunehmen sein, weil sonst eine breite Verteilung der Stimmrechtsmacht nicht gesichert wäre. Dies ist mit den Anforderungen der Rechtsgeschäftslehre an die Anerkennung konkludenter Willenserklärungen nicht vereinbar. Die gesetzliche Vorverlagerung des Stimmrechts mittels Analogie würde durch die rechtsgeschäftliche Fiktion einer Bevollmächtigung ersetzt.

(bb) Die Vereinbarung

Das Recht, eine Vereinbarung mit den übrigen Eigentümern zu schließen, kann der Alleinbegründer nicht auf den Ersterwerber übertragen. Die Befugnis, die Gemeinschaftsordnung der Wohnungseigentümergemeinschaft auszugestalten, darf keinem Nichtmitglied überlassen werden (Abspaltungsverbot). Über grundlegende Fragen des Gemeinschaftsverhältnisses dürfen nur die Gemeinschaftsmitglieder, keine Außenstehenden entscheiden.

Möglich ist aber die Ermächtigung oder Bevollmächtigung des Ersterwerbers durch den teilenden Eigentümer, im eigenen oder fremden Namen an der Vereinbarung mitzuwirken. Doch sind – wie beim Kopfstimmrecht – auch hier der Teilbarkeit der rechtsgeschäftlichen Gestaltungsmacht enge Grenzen gesetzt:

Ist die Zweipersonengemeinschaft durch die Eintragung des ersten Ersterwerbers entstanden, hat der Veräußerer die Rechtsmacht, dem Erwerber gegenüber eine Willenserklärung abzugeben und zusammen mit dessen korrespondierender Erklärung eine Vereinbarung i. S. d. § 10 Abs. 1 S. 2, Abs. 2 zustande zu bringen. Allein die Ausübung dieser Rechtsmacht kann der Alleinbegründer auf die noch nicht eingetragenen Ersterwerber übertragen, daß heißt sie zur Abgabe *einer* Willenserklärung ermächtigen oder bevollmächtigen. Dabei wird er im Zweifel nicht auf sein eigenes Recht, die Willenserklärung abzugeben, verzichten. Anders als beim Stimmrecht ist er aufgrund des Erwerbsvertrages und Besitzüberganges (vgl. § 446 Abs. 1 S. 2 BGB) auch nicht dazu verpflichtet. Der Erwerber müßte sich im Streitfalle mit dem Veräußerer einigen, ob die Vereinbarung mitgetragen werden soll oder nicht. Schon bei mehr als einem

---

793 Aus diesem Grunde sind auch bloße Stimmbindungsverträge, welche das Stimmverhalten des Veräußerers an die Weisungen des Ersterwerbers knüpfen, ungenügend, da eine abweichende Stimmabgabe wirksam bleibt (RGRK/Augustin § 25 Rdn. 25; Bornheimer S. 94; Kefferpütz S. 170 ff.).

Ersterwerber stellt sich zudem die Frage, ob sie in Einzelvertretung oder Gesamtvertretung handeln dürfen. Wollen sie unterschiedlich entscheiden, kommt es zu nicht lösbaren Konflikten. Mit Hilfe der Vollmacht läßt sich keine selbständig ausübbare Gestaltungsmacht übertragen.
Der Ersterwerber kann somit durch derivative Lösungen nicht ausreichend an den grundlegenden Entscheidungen der Gemeinschaft, welche Gegenstand von Vereinbarungen sind, beteiligt werden.

(cc) Das Antragsrecht (§ 43 Abs. 1)

Das Recht, einen Antrag auf richterliche Entscheidung gemäß § 43 Abs. 1 zu stellen, darf nicht vom Wohnungseigentum abgespalten und auf den Ersterwerber übertragen werden. Möglich ist jedoch, daß der veräußernde Alleinbegründer den Ersterwerber ermächtigt, die jeweils einschlägige materielle Befugnis des Veräußerers im eigenen Namen geltend zu machen. Die Rechtsprechung hat eine solche Verfahrensstandschaft bereits in verschiedenen Fällen zugelassen[794].
Allerdings stößt auch die Verfahrensstandschaft des Ersterwerbers für den Alleinbegründer sehr schnell auf ihre dogmatischen Grenzen. Da sie eine Verfügung über den Streitgegenstand enthält, ist sie begrifflich nur auf der Aktivseite, das heißt für den Antragsteller, möglich[795]. Der Ersterwerber kann seinen Antrag daher nur gegen eingetragene Wohnungseigentümer richten. Zum Beispiel könnte der Alleinbegründer einen oder mehrere Ersterwerber ermächtigen, seinen Anspruch auf Unterlassung eines nicht ordnungsmäßigen Gebrauchs gegen einen bereits eingetragenen Miterwerber geltend zu machen. Hingegen könnten die noch nicht eingetragenen Ersterwerber nicht gegeneinander vorgehen.
Das Rechtsinstitut der Verfahrensstandschaft ist daher ungeeignet, den Ersterwerbern untereinander ausreichenden Rechtsschutz gemäß § 43 Abs. 1 zu gewähren.

(dd) Zusammenfassung

Der Ersterwerber kann die Mitwirkungsrechte nur unzureichend vom Alleinbegründer ableiten. Verdrängende Vollmachten sind, soweit zulässig, jedenfalls nicht in einem dem Demokratisierungsinteresse entsprechenden Umfang anzunehmen. An den Vereinbarungen können die Ersterwerber überhaupt nicht selbständig beteiligt werden. Die Verfahrensstandschaft hilft nur gegenüber eingetragenen Wohnungseigentümern.

(d) Zusammenfassung

Die derivativen Lösungen vermögen die Demokratisierungsinteressen der Ersterwerber nicht zu erfüllen. Soweit sie nicht schon am Abspaltungsverbot scheitern, können mit ihrer Hilfe keine ausreichenden Rechtspositionen vermittelt werden.

---

[794] KG NJW-RR 1995, 147 (Beschlußanfechtungsrecht); BayObLG WE 1998, 149 (Geltendmachung eines Beseitigungs-/Unterlassungsanspruchs)
[795] BPM/Merle § 44 Rdn. 39; Niedenführ/Schulze vor §§ 43 ff. Rdn. 80

(4) Zusammenfassung

Die herrschende Rechtsansicht, welche die Ersterwerber im Gemeinschaftsstadium nicht vorzeitig unter das WEG faßt, ist abzulehnen. Sie wäre nur gerechtfertigt, wenn es nach der Entstehung der (Zweipersonen-)Gemeinschaft keine schutzwürdigen Vorverlagerungsinteressen der Ersterwerber mehr gäbe oder sie mittels derivativer Vertragslösungen ausreichend befriedigt werden könnten. Beides ist nicht der Fall.

Die Demokratisierungsinteressen der Ersterwerber bestehen unabhängig von der Entstehung der echten Wohnungseigentümergemeinschaft. Den einzelnen Erwerber geht die zwischenzeitliche Eintragung eines Miterwerbers nichts an. Er will in jedem Falle Mitglied einer gleichberechtigten und demokratischen Nutzungs- und Verwaltungsgemeinschaft sein.

Die aktuelle Lehre von der werdenden Wohnungseigentümergemeinschaft kann sich auch nicht auf die unterschiedliche Erfüllbarkeit der Demokratisierungsinteressen durch Vertragslösungen berufen. Zwar sind im Gemeinschaftsstadium – anders als im Gründungsstadium – derivative Möglichkeiten denkbar, um die Ersterwerber mit den Rechten und Pflichten eines Wohnungseigentümers auszustatten. Sie sind jedoch unzureichend, ebenso wie die originären Lösungen.

Die herrschende Meinung läßt sich somit materiellrechtlich nicht rechtfertigen. Sie erscheint der parallelen Problematik der Vorgesellschaft zu sehr verhaftet und will deren Zäsur, die Entstehung der echten aus der werdenden Gesellschaft, einfach auf das Wohnungseigentumsrecht übertragen. Dabei berücksichtigt sie in unzureichendem Maße, daß das Wohnungseigentumsrecht nicht die Eintragung und die Rechtssubjektivität einer Personenmehrheit vorsieht, sondern die individuellen Eintragungen einzelner Rechtssubjekte. Die Vorverlagerung der Rechtspositionen nach dem WEG stützt sich zwar auf kollektive Interessen der Ersterwerber an Gleichberechtigung und Demokratisierung. Das Subjekt der antizipierten WEG-Anwendung ist und bleibt aber der einzelne Wohnungseigentümer, nicht eine (werdende) Personenmehrheit. Die Differenzierung anhand der Entstehung der (echten) Gemeinschaft ist daher formal und willkürlich. Sie wird den beteiligten Interessen insgesamt nicht gerecht.

Eine rein kollektive Betrachtungsweise läßt sich zudem nicht konsequent durchhalten. Stellt man nämlich der echten Wohnungseigentümergemeinschaft eine werdende voran, welcher der Alleinbegründer und die Ersterwerber angehören, so würde mit dem Ende der werdenden Gemeinschaft ihre bisherige Verbindung ersatzlos wegfallen. Die herrschende Auffassung von der werdenden Gemeinschaft kann nicht erklären, wieso die werdenden Wohnungseigentümer nach wie vor zur Gemeinschaft gehören sollen. Sie können nicht Mitglieder der echten Gemeinschaft sein, weil sie keine echten (= eingetragenen) Wohnungseigentümer sind[796]. Sie können nicht Mitglieder der werdenden Gemeinschaft sein, weil diese nicht mehr existiert. Das BayObLG behilft sich deshalb mit einer Verlegenheitslösung, die letztlich auf die Individualität der Ersterwerber zurückgreift: Es widerspreche einer ordnungsmäßigen Verwaltung, wenn

---

[796] Es kann daher auch keine (identische) Entstehung der echten „aus der werdenden Wohnungseigentümergemeinschaft“ geben, wie es von Merle in WE 1998, 160 angedeutet wird.

die Mitglieder und ihre Befugnisse erneut wechselten. Die Wohnungseigentümergemeinschaft setze sich für eine Zwischenzeit aus Volleigentümern und werdenden Eigentümern zusammen[797]. Mit anderen Worten wird jeder, der einmal unter das WEG gefallen ist, weiter nach dessen Grundsätzen behandelt.
Richtigerweise muß diese individuelle Betrachtungsweise in den Vordergrund gestellt und die Hilfslösung zur Hauptlösung gemacht werden: Die Trennung zwischen dem Kollektiv der werdenden Wohnungseigentümergemeinschaft und dem Kollektiv der echten Wohnungseigentümergemeinschaft ist mit dem individuellen Eintragungsprinzip im Wohnungseigentumsrecht nicht vereinbar. Es gibt vielmehr von Anfang an *nur eine einheitliche* Gemeinschaft, bestehend aus werdenden und echten Wohnungseigentümern. Allein die individuelle Annäherung bis hin zur Eintragung des Ersterwerbers in das Wohnungsgrundbuch ist maßgeblich[798].
Der Terminus „werdende Wohnungseigentümergemeinschaft" darf daher nicht in Abgrenzung zu einer echten Wohnungseigentümergemeinschaft verstanden werden. Trotzdem hat der Begriff seine Berechtigung: Zum einen macht er die Wertungen deutlich, welche die vorzeitige Anwendung des WEG rechtfertigen, nämlich die kollektiven Gleichberechtigungs- und Demokratisierungsinteressen der Ersterwerber. Zum anderen ist die gemäß § 8 begründete Wohnungseigentümergemeinschaft in den Wohnungsgrundbüchern auf eine gewisse Mitgliederzahl angelegt, indem das Grundstückseigentum in eine bestimmte Anzahl von Wohnungseigentumsrechten aufgeteilt ist. Diese Prädestination läßt sich mit dem Begriff der „werdenden Wohnungseigentümergemeinschaft" ausdrücken.

bbb) Die Einschränkung von Rechtspositionen des Alleinbegründers

Hier gilt das gleiche wie im Gründungsstadium. Die Verdoppelung der Rechtspositionen in der Person des Alleinbegründers und des Ersterwerbers ist grundsätzlich hinzunehmen. Die einzige Ausnahme ist ein nach dem Objekt- oder Wertprinzip ausgestaltetes Stimmrecht. Im Interesse der Demokratisierung der Gemeinschaft steht es ausschließlich dem Ersterwerber zu. Der Alleinbegründer verliert den entsprechenden Teil seiner Stimmkraft vorzeitig (teleologische Reduktion).

ccc) Zusammenfassung

Auch nach Entstehung der echten Wohnungseigentümergemeinschaft besteht ein schutzwürdiges kollektives Interesse der Ersterwerber, die Gleichberechtigung und Demokratisierung innerhalb der Gemeinschaft voranzutreiben. Es kann nicht mittels originärer oder derivativer Vertragslösungen erfüllt werden. Somit erhalten *alle* Ersterwerber, auch diejenigen der Fallgruppe 2b, die Rechte und Pflichten nach dem WEG kraft gesetzlicher Vorverlagerung.

---

[797] BayObLGZ 1990, 101, 105 f.. Bader, Sauren (siehe oben Fn. 499) und das OLG Köln (siehe oben Fn. 536) haben diese Hilfslösung zu Recht für wenig überzeugend befunden.
[798] Insoweit zutreffend Belz FS Merle (2000), 51, 66.

cc) Der Zweiterwerb im Gemeinschaftsstadium (Fallgruppe 3b)

Die nächste Erwerbergruppe, die es zu untersuchen gilt, ist die Gruppe der Zweiterwerber (i. e. S.), welche ihr Wohnungseigentum nicht vom Alleinbegründer, sondern von einem Zwischenerwerber erhalten (Fallgruppe 3b).

aaa) Die Schutzwürdigkeit der Vorverlagerungsinteressen

Sobald die Ersterwerber mit den Rechten und Pflichten eines Wohnungseigentümers ausgestattet sind, existiert die (werdende) Wohnungseigentümergemeinschaft unter Geltung der besonderen Rücksichtnahme (§§ 13 ff.) und der demokratischen Willensbildung (§§ 20 ff.). Die kollektiven Gleichberechtigungs- und Demokratisierungsinteressen der Ersterwerber sind optimal befriedigt. Die werdenden Wohnungseigentümer haben stärkere Abwehr- und Nutzungsrechte als bloße Mieter und sind direkt an der tatsächlichen wie rechtlichen Gestaltung der Wohnanlage beteiligt. Die Herrschaftsrechte des Alleinbegründers sind dezentralisiert, seine Übermacht ist soweit wie möglich eingeschränkt. Die Ersterwerber können eigenverantwortlich die Erstanpassung der Wohnanlage an die Bedürfnisse privater oder gewerblicher Wohnungseigentümer vornehmen.
Erwirbt ein Zweiterwerber das Wohnungseigentum von einem Ersterwerber, so ist zwar auch er daran interessiert, die Abwehr-, Nutzungs-, Verwaltungs- und Mitwirkungsrechte nach dem WEG frühzeitig zu erlangen. Sein Vorverlagerungsinteresse ist jedoch rein individueller Natur. Es richtet sich nicht mehr gegen den Alleinbegründer und darauf, dessen alleinige oder mehrheitliche Herrschaft zugunsten einer kollektiven Mitbestimmung abzulösen. Sein Ziel ist nicht die Erweiterung des Kollektivs „Wohnungseigentümergemeinschaft". Das Interesse des Zweiterwerbers ist lediglich darauf beschränkt, die Rechte und Pflichten seines Vorgängers so schnell wie möglich zu übernehmen. Nicht die weitere Demokratisierung der Wohnungseigentümergemeinschaft durch die Neubesetzung einer Wohnungseinheit, sondern die bloße Umbesetzung einer schon dezentralisierten Rechtsposition ist das Ziel. Darüber hinaus ist die durchschnittliche Verzögerung der grundbuchlichen Eintragung geringer als beim Ersterwerb[799].
Nach der Teleologie des WEG erfordert dieses individuelle Vorverlagerungsinteresse keinen besonderen Schutz. Das WEG verlangt nur die Einrichtung einer gleichberechtigten (§§ 13 ff.) und demokratischen (§§ 20 ff.) Wohnungseigentümergemeinschaft, bestehend aus dem Alleinbegründer und den Ersterwerbern. Die Beschleunigung eines bloßen Mitgliedswechsels ist davon nicht erfaßt.

bbb) Die Erfüllbarkeit der Vorverlagerungsinteressen durch Vertragslösungen

Der Zweiterwerber hat die Möglichkeit, den Übergang der mitgliedschaftlichen Rechte und Pflichten vom Veräußerer auf sich zu beschleunigen. Im Erwerbsvertrag kann er sich Vollmachten erteilen lassen, die ihn zur Teilnahme an den Beschlußfassungen und

[799] Seuß FS Bärmann und Weitnauer (1990), 599, 608

zur Mitwirkung bei Vereinbarungen berechtigen. Weiterhin kann er ermächtigt werden, die Rechtspositionen seines Vorgängers in Verfahrensstandschaft vor dem Wohnungseigentumsgericht geltend zu machen. Andererseits kann er ausdrücklich die Haftung für das Wohngeld übernehmen, auch im Verhältnis zu den übrigen Wohnungseigentümern (vgl. § 329 BGB).
Anders als bei den Ersterwerbern, deren kollektive Vorverlagerungsinteressen nur bei regelmäßiger und gleichmäßiger Berechtigung bzw. Verpflichtung gewahrt sind, hat es jeder Zweiterwerber selbst in der Hand, inwieweit er seinen Vorgänger zur vorzeitigen Übertragung der Mitgliedschaftsrechte veranlaßt[800]. Die übrigen Erwerber werden hiervon nicht berührt.
Demnach sind derivative Vertragslösungen mit den Veräußerern ausreichend, um die individuellen Vorverlagerungsinteressen der Zweiterwerber zu erfüllen. Auch originäre Lösungen, an denen sich jedoch alle Gemeinschaftsmitglieder beteiligen müßten, sind denkbar.

ccc) Zusammenfassung

Die Zweiterwerber im Gemeinschaftsstadium (Fallgruppe 3b) haben keine kollektiven, sondern rein individuelle Beschleunigungsinteressen, die nach der Teleologie des WEG keine gesetzliche Vorverlagerung rechtfertigen. Sie lassen sich im übrigen durch derivative Vertragslösungen mit dem Veräußerer befriedigen.

dd) Die Begründung durch Teilungsvertrag (Fallgruppe 1)

Nachdem die Rechtslage bei der sog. Vorratsteilung geklärt ist, gilt es die beteiligten Interessen bei der vertraglichen Begründung von Wohnungseigentum gemäß § 3 zu prüfen.

aaa) Die Schutzwürdigkeit der Vorverlagerungsinteressen

Haben die Begründer ihren Teilungsvertrag beim Grundbuchamt eingereicht, kann sich das Eintragungsverfahren über Monate hinziehen. In dieser Zeit haben die Vertragspartner ein dringendes Interesse, die noch im Bau befindliche oder bereits errichtete Wohnanlage nach den Regeln des WEG zu verwalten und zu nutzen.
In bezug auf die Abwehr- und Nutzungsrechte gewährleisten nur die §§ 13 ff. ein ausgewogenes nachbarschaftliches Verhältnis gegenseitiger Rücksichtnahme und gerechter Früchteverteilung. Hinsichtlich der gemeinschaftlichen Verwaltung sind die vereinsähnlichen Strukturen der §§ 20 ff. notwendig, um den Beitrag des Einzelnen zu einer ordnungsmäßigen Verwaltung zu sichern. Insbesondere die obligatorischen Verwaltungsorgane Eigentümerversammlung und Verwalter sind für die optimale Bündelung der individuellen Interessen zu einer gemeinsamen Geschäftsführung unverzichtbar. Die §§ 43 ff. stellen schließlich ein rasches und elastisches Gerichtsverfahren be-

---

[800] Angesichts des Abspaltungsverbots geht es auch hier nur um eine Legitimation zur vorzeitigen *Ausübung*.

reit. Wie bei der Vorratsteilung haben die künftigen Wohnungseigentümer insoweit ein *kollektives Gleichberechtigungsinteresse*.

Im übrigen aber bestehen wesentliche Unterschiede zu der Begründung durch einseitige Teilungserklärung. Anders als bei der Begründung nach § 8 sind die werdenden Wohnungseigentümer bei der Begründung nach § 3 schon in der Gründungsphase untereinander durch den Vertrag zur gegenseitigen Einräumung von Sondereigentum am bereits vorhandenen oder gleichzeitig noch zu erwerbenden Miteigentum am Grundstück rechtsgeschäftlich verbunden[801]. Die Gemeinschaft entsteht durch die Umwandlung einer bestehenden oder als bestehend vorausgesetzten gewöhnlichen Miteigentümergemeinschaft eines Grundstücks[802]. Regelmäßig sind die Vertragspartner daher bereits vor ihrem Zusammenschluß in der Wohnungseigentümergemeinschaft Mitglieder einer Personenmehrheit, sei es einer Bruchteilsgemeinschaft von Grundstücksmiteigentümern (§§ 741 ff., 1008 ff. BGB) oder einer Gesamthandsgemeinschaft von Aufbaugesellschaftern, Eheleuten oder Miterben (§§ 719, 1419, 2033 BGB). Demgegenüber sind die Ersterwerber bei der Vorratsteilung nur rein tatsächlich dadurch verbunden, daß sie eine Wohnung in derselben Wohnanlage erwerben.

Die bei der Vorratsteilung typische polarisierte Interessenlage ist der vertraglichen Begründung von Wohnungseigentum fremd. Während dort alle Ersterwerber ein nach den Vorstellungen des Alleinbegründers ausgestaltetes Wohnungseigentum abnehmen, ist die Gestaltung des Teilungsvertrages ein gemeinschaftlicher Vorgang *„inter pares"*. Während dort alle Rechte und Pflichten eines Wohnungseigentümers ausschließlich vom Alleinbegründer abgeleitet werden können, machen sich die Teilungsvertragspartner gegenseitig zu Wohnungseigentümern. Der schnellstmöglichen Beendigung einer ursprünglichen Alleinherrschaft bedarf es nicht; ein kollektives Demokratisierungsinteresse fehlt.

Etwas anderes gilt nur im Falle des mittlerweile obsoleten Bauherrenmodells, welches mit Hilfe eines umfassendes Vertragsnetzes den Erwerb vom Bauträger künstlich unter die dogmatischen Strukturen des § 3 faßte, um steuerliche Vorteile für die Erwerber zu erzielen. Die gesetzgeberischen Vorlagen wurden auf diese Weise von der Rechtspraxis ins Gegenteil verkehrt. Nach der Änderung der steuerrechtlichen Rechtsprechung ist das Bauherrenmodell heute jedoch als atypischer Ausnahmefall zu beurteilen. Die rechtstheoretische Grundlage in § 3 deckt sich mit der wohnungseigentumsrechtlichen Realität: Dem Teilungsvertrag ist grundsätzlich keine Übermacht eines Begründers immanent.

Das kollektive Gleichberechtigungsinteresse der Vertragspartner, welches sich gerade nicht zu einem Demokratisierungsinteresse steigert, ist nach der Teleologie des WEG trotzdem schutzwürdig. Das WEG soll den Wohnungseigentümer über eine mieterähnliche Stellung hinaus legitimieren, was allein über die Anwendung der §§ 13 ff., 20 ff., 43 ff. erreicht werden kann.

---

801 Hägele S. 65

802 RGRK/Pritsch 11. Auflage § 10 Anm. 2

bbb) Die Erfüllbarkeit der Vorverlagerungsinteressen durch Vertragslösungen

Da noch kein Vertragspartner die Rechte und Pflichten nach dem WEG innehat, scheiden derivative Vertragslösungen von vornherein aus. Die Begründer können jedoch im Teilungsvertrag oder in einer sonstigen Abrede die Anwendung des WEG unter sich vereinbaren (originäre Vertragslösung). Der in allseitigen Verhandlungen erzielte Abschluß einer Originärvereinbarung entspricht dem Gleichberechtigungsinteresse der Begründer. Eine gleichmäßige Berechtigung und Verpflichtung nach dem WEG ist ihrer ausdrücklichen Übereinkunft unterstellt. Einer konkludenten und regelmäßigen Vereinbarung wie zwischen Alleinbegründer und Ersterwerbern bedarf es nicht. Auch die konstruktiven Schwierigkeiten eines sukzessiven Vertragswerkes, wie sie bei der Vorratsteilung auftreten, bleiben aus. Die originäre Vertragslösung ist daher grundsätzlich geeignet, die Vorverlagerungsinteressen der Begründer in angemessener Weise zu erfüllen.

Fraglich ist aber, inwieweit die Rechtspositionen der Wohnungseigentümer einer solchen Vereinbarung zugänglich sind.

(1) Die Vereinbarkeit der materiellen Rechte und Pflichten (§§ 13 ff.)

Den Begründern von Wohnungseigentum steht es frei, ihre materiellrechtlichen Beziehungen schon vor der grundbuchlichen Umsetzung des Teilungsvertrages den Regeln des WEG zu unterstellen. Das folgt aus dem Grundsatz der Privatautonomie. Die Begründer, die regelmäßig bereits in einer Personenmehrheit zusammengeschlossen sind, gestalten dadurch ihr Innenverhältnis nach dem WEG. Die Vertragsfreiheit im bürgerlichrechtlichen Schuldrecht garantiert, daß die Mit- oder Gesamthandseigentümer eines Grundstücks ihre Beziehungen abweichend von den §§ 741 ff., 705 ff., 1415 ff., 2032 ff. BGB regeln können. Erst recht muß es ihnen möglich sein, die Geltung eines auf die Verwaltung von Wohnanlagen zugeschnittenen Spezialgesetzes für ihre Innenbeziehungen zu vereinbaren. Wohnungseigentümer sind Miteigentümer eines Grundstücks, beschränkt durch gegenseitig eingeräumtes Sondereigentum. Die Anwendung des WEG auf gemeinsam gehaltenes Grundstückseigentum liegt also nahe. Daß die Begründer noch keine Wohnungseigentümer sind, bedeutet keinen Verstoß gegen ein gesetzliches Verbot (§ 134 BGB). Originäre Vereinbarungen der Begründer sind somit zweifellos wirksam. Die Frage ist, wie weit die Wirkung reicht.

Sie kann nur so weit gehen, wie die dingliche Nichtexistenz des Sondereigentums unerheblich ist. Die schuldrechtliche Vereinbarung der Begründer ändert nichts daran, daß das Sondereigentum sachenrechtlich noch nicht besteht[803]. Es handelt sich um eine Gemeinschaft von Mit- oder Gesamthandseigentümern, die sich gegenseitig wie Wohnungseigentümer behandeln wollen, obwohl sie noch keine (Sonder-)Eigentümer einer Wohnung sind. Für die gemeinschaftliche Verwaltung gemäß den §§ 20 ff. spielt das ebensowenig eine Rolle wie für die gemeinschaftliche Nutzung gemäß den §§ 13 Abs. 2, 14, 15, 16 Abs. 1 und die Beitragsleistung gemäß § 16 Abs. 2. Für diese Bereiche

[803] Darauf weist bereits das AG Hamburg NJW 1959, 1638, 1639 hin.

des gemeinsamen Handelns stellt das WEG auch für bloße Mit- oder Gesamthandseigentümer geeignete Organisationsstrukturen und Verteilungsmaßstäbe zur Verfügung. Die Grenzen der originären Vertragslösung sind jedoch erreicht, wenn ein Begründer sich auf dingliche Rechtspositionen berufen will, die er noch nicht einnimmt. Es ist ihm daher nicht möglich, die dinglichen Abwehr- und Nutzungsrechte aus dem Sondereigentum (§ 13 Abs. 1 i. V. m. §§ 906 ff., 1004, 985 BGB) geltend zu machen. Die Originärvereinbarung kann aber dahingehend ausgelegt werden, daß jedem Begründer hinsichtlich seiner Wohnung ein schuldrechtliches Sondernutzungsrecht des gemeinschaftlichen Eigentums zusteht, welches die Miteigentümer zu respektieren haben.
Mangels Sondereigentum kann die originäre Vertragslösung auch keine dingliche Wirkung im Hinblick auf die Eintragungsfähigkeit von Vereinbarungen entfalten (§§ 5 Abs. 4, 10 Abs. 2, 12). Diese ist für die Begründer aber ohnehin von geringem Interesse, da sie (erst) dem Schutz von Sondernachfolgern vor unbekannten Teilen der Gemeinschaftsordnung dient.
Die Originärvereinbarungen haben auch keine unzumutbaren Konsequenzen für Dritte. Diese werden durch die frühzeitige Geltung des Wohnungseigentumsrechts grundsätzlich nicht berührt, da das WEG fast ausschließlich das Innenverhältnis der Gemeinschafter betrifft. Der Verwalter hat es selbst in der Hand, mit dem Abschluß des Verwaltervertrages die Aufgaben des § 27 WEG zu übernehmen. Gleichzeitig bekommt er die dort festgelegten Befugnisse und kann die Wohnungseigentümer rechtsgeschäftlich vertreten. Die Begründer werden somit genauso gegenüber einem Dritten verpflichtet, als hätten sie wie bloße Miteigentümer einen Vertreter (§ 164 BGB) bestellt.
Zusammengefaßt können die Begründer die vorzeitige Geltung des materiellen Wohnungseigentumsrechts für ihr Innenverhältnis vereinbaren und damit eine weitreichende schuldrechtliche Wirkung erzielen. Ausgeschlossen bleiben die dinglichen Wirkungen, die nur von einem real existierenden Sondereigentum ausgehen können.

(2) Die Vereinbarkeit des Verfahrensrechts (§§ 43 ff.)

Grundsätzlich können Vertragspartner auch besondere Regeln für das Verfahren ihrer potentiellen Rechtsstreitigkeiten vorsehen, etwa in Form einer Schiedsvereinbarung oder einer Prorogation der Gerichtszuständigkeit. Speziell der Rechtsweg gemäß den §§ 43 ff. kann von den Wohnungseigentümern ausgeschlossen oder von der Ausschöpfung außergerichtlicher Rechtsbehelfe abhängig gemacht werden, soweit dadurch Rechte Einzelner nicht unzumutbar beeinträchtigt werden[804].
Wenn die noch nicht eingetragenen Begründer von Wohnungseigentum jedoch umgekehrt die §§ 43 ff. vorzeitig für anwendbar erklären wollen, ist das problematisch. Denn hierbei handelt es sich um ein Verfahren der freiwilligen Gerichtsbarkeit. Nach allgemeiner Auffassung ist die Abgrenzung zwischen streitiger und freiwilliger Gerichtsbarkeit zwingend und kann nicht mittels Parteivereinbarung geändert werden[805].

---

[804] BayObLGZ 1973, 1

[805] RGZ 94, 172, 174 ff.; BGH NJW 1952, 1055; OLG Köln OLGZ 1967, 362; BayObLG BB 1989, 19; Sauren PiG 32 (1991), 197, 199

Die verfahrensrechtliche Zuständigkeit des Wohnungseigentumsgerichts steht nicht zur Disposition, sondern ist in positiver wie negativer Hinsicht ausschließlich: Liegen die Voraussetzungen des § 43 vor, ist das Verfahren dem Zivilprozeß entzogen und der freiwilligen Gerichtsbarkeit unterstellt; sind sie nicht erfüllt, scheidet das FGG-Verfahren aus. Die Vertragspartner des Teilungsvertrages können die Anwendbarkeit der §§ 43 ff. daher nicht frei bestimmen. Eine solche Abrede hat unmittelbar keine Wirkung.

Damit steht aber noch nicht fest, daß die originäre Vertragslösung der Begründer überhaupt keine Konsequenzen für das einschlägige Verfahrensrecht hat. Stellen sie einen Antrag gemäß § 43 Abs. 1, muß der Richter nämlich die dort genannten Voraussetzungen prüfen. Zwar sind die Begründer mangels Grundbucheintragung noch keine „Wohnungseigentümer", sie haben sich jedoch gegenseitig die materiellrechtlichen Rechte und Pflichten eines Wohnungseigentümers weitestgehend eingeräumt. Mit anderen Worten sind die Antragsteller nicht im formellen Sinne „Wohnungseigentümer", aber im materiellen Sinne kommen sie ihm sehr nahe. Der Richter könnte daher aufgrund einer weniger strengen Auslegung des § 43 Abs. 1 die Zuständigkeit des Wohnungseigentumsgerichts annehmen, weil die Antragsteller kraft Vereinbarung quasi „Wohnungseigentümer" sind. Eine solche Auslegung ähnelt der sog. sachbezogenen Auslegung des § 43 Abs. 1, die bereits an anderer Stelle untersucht und für methodisch unzulässig befunden wurde[806]. Dort geht es um die Frage, ob allein das Vorliegen eines wohnungseigentumsrechtlichen Streitgegenstandes ausreicht, um den Antrag eines werdenden Wohnungseigentümers zuzulassen, ohne daß es auf die – fehlende – persönliche Eigenschaft als eingetragener „Wohnungseigentümer" ankommt. Hier ist zu klären, ob allein die Rechte und Pflichten nach dem WEG eine Person zum „Wohnungseigentümer" i. S. d. § 43 Abs. 1 machen. Stimmte man dem zu, so wäre der Antrag in *direkter* Anwendung des § 43 Abs. 1 statthaft.
Allerdings überschreitet auch diese Auslegung die Wortlautgrenze. Wie bereits erläutert, verlangt die Eigenschaft als „Wohnungseigentümer" nicht mehr, aber auch nicht weniger als die Eintragung im Wohnungsgrundbuch. Wer sich lediglich gemeinsam mit anderen die Rechte und Pflichten eines Wohnungseigentümers gegeben hat, ist noch kein Wohnungseigentümer. Den Vertragspartnern fehlen die dinglichen Rechtspositionen und Wirkungen des Sondereigentums.
Trotzdem muß der Richter den Antrag in *analoger* Anwendung des § 43 Abs. 1 zum Verfahren der freiwilligen Gerichtsbarkeit zulassen. Denn das speziell ausgestaltete Verfahren der §§ 43 ff. soll dem guten Einvernehmen der Gemeinschafter besonders dienen und paßt also auch auf eine sich in der Entwicklung befindliche Gemeinschaft[807]. Das gilt insbesondere für die Partner einer originären Vertragslösung. Wer das System des WEG benutzt, muß auch die Kontrollmöglichkeiten des WEG erhalten[808]. Die gegenseitige Rücksichtnahme bei der Nutzung des gemeinschaftlichen

---

806 Siehe oben S. 87.

807 Kapellmann MDR 1969, 620, 623

808 Sauren PiG 32 (1991), 197, 199

Eigentums (§§ 13 ff.) und die demokratische Willensbildung (§§ 20 ff.) können nur funktionieren, wenn sie im Streitfalle nicht im formalen Zivilprozeß erstarren.
Wenn die Begründer von Wohnungseigentum eine originäre Vertragslösung vereinbart haben, finden die §§ 43 ff. somit analoge Anwendung.

ccc) Zusammenfassung

Die Begründer von Wohnungseigentum gemäß § 3 (Fallgruppe 1) haben ein schutzwürdiges Interesse, frühzeitig eine gleichberechtigte Nutzungs- und Verwaltungsgemeinschaft zu bilden (= kollektive Gleichberechtigungsinteressen). Anders als bei der Vorratsteilung sind die Interessen nicht polarisiert auf eine Demokratisierung der Gemeinschaft ausgerichtet, sondern gleichgerichtet. Sie können daher in angemessener Weise durch eine originäre Vertragslösung erfüllt werden. Allein in bezug auf das Verfahrensrecht der §§ 43 ff. bedarf es einer analogen Anwendung des WEG.

ee) Der Erwerb nach vollzogenem Teilungsvertrag (Fallgruppe 3a)

Sobald der Teilungsvertrag durch die Anlegung der Wohnungsgrundbücher vollzogen ist, existiert die echte Wohnungseigentümergemeinschaft. Im Gegensatz zur Vorratsteilung ist sie sofort mit so vielen Mitgliedern besetzt, wie es in den Wohnungsgrundbüchern vorgesehen ist. Eine sukzessive Erweiterung findet nicht statt. Die Unterscheidung von Erst- und Zweiterwerbern ist überflüssig.
Alle Erwerber, die nun eine Wohnung von einem Begründer übernehmen, haben lediglich ein individuelles Interesse an der Beschleunigung des Mitgliedswechsels. Dieses Interesse ist nach der Zwecksetzung des WEG nicht schutzwürdig. Eine gesetzliche Vorverlagerung der mitgliedschaftlichen Rechte und Pflichten eines Wohnungseigentümers läßt sich demnach nicht rechtfertigen. Will der Erwerber vor seiner Umschreibung Einfluß auf die tatsächliche und rechtliche Gestaltung der Wohnanlage nehmen, kann er sich von seinem Vorgänger ermächtigen oder bevollmächtigen lassen (derivative Vertragslösung). Die Interessenlage in der Fallgruppe 3a ist somit die gleiche wie in der Fallgruppe 3b, beim Zweiterwerb (i. e. S.) von Wohnungseigentum.

c) Zusammenfassung

Bezüglich der verschiedenen Begründungsarten und Erwerbssituationen sind die folgenden objektiven Voraussetzungen einer antizipierten WEG-Anwendung festzustellen:
Ersterwerber im Gründungsstadium einer durch Vorratsteilung gemäß § 8 entstehenden Wohnungseigentümergemeinschaft (Fallgruppe 2a) haben ein schutzwürdiges kollektives Gleichberechtigungs- und Demokratisierungsinteresse, vorzeitig Gemeinschaftsmitglieder zu werden. Das Demokratisierungsinteresse ist absolut, da es um die Beendigung der Alleinherrschaft des teilenden Eigentümers geht. Insoweit sind die originären Vertragslösungen unzureichend, derivative Konstruktionen scheiden von vornherein aus. Eine analoge Anwendung des WEG ist unverzichtbar.

Auch nach der Entstehung der echten Wohnungseigentümergemeinschaft (Fallgruppe 2 b) bestehen die oben genannten Vorverlagerungsinteressen der Ersterwerber. Hinsichtlich der Demokratisierung sind sie zwar nur noch relativ auf die Verringerung der Mehrheitsherrschaft des Alleinbegründers gerichtet, trotzdem sind sie weiterhin schutzwürdig. Die nun möglichen derivativen Vertragslösungen können keine ausreichende Abhilfe schaffen. Sie scheitern größtenteils am Abspaltungsverbot. Im übrigen können sie keine regelmäßige und gleichmäßige Ausstattung der Ersterwerber mit Mitwirkungsrechten gewährleisten. Deshalb fallen die Ersterwerber im Gemeinschaftsstadium ebenfalls unter die analoge Anwendung des WEG. Die hiervon abweichende herrschende Rechtsansicht läßt sich auf keine materielle Rechtfertigung stützen. Soweit sie auf die Entstehung der echten Wohnungseigentümergemeinschaft abstellt, bedient sie sich einer der Vorgesellschaftslehre entlehnten Zäsur, welche jedoch unvereinbar mit dem individuellen Eintragungsprinzip im Wohnungseigentumsrecht ist. Indem die herrschende Auffassung den Erwerb im Gemeinschaftsstadium verbreitet mit dem ungenauen Terminus „Zweiterwerb" (i. w. S.) gleichsetzt, verschleiert sie die ungerechtfertigte Ungleichbehandlung von Ersterwerbern im Gründungs- bzw. Gemeinschaftsstadium. Sie faßt terminologisch die Ersterwerber im Gemeinschaftsstadium (= Zweiterwerber i. w. S.) mit den zu Recht von einer vorzeitigen WEG-Anwendung ausgeschlossenen Zweiterwerbern i. e. S. zusammen, ohne daß ein materiellrechtlicher Grund besteht.
Im Gegensatz zu den Ersterwerbern haben die Zweiterwerber i. e. S. (Fallgruppe 3 b) nämlich rein individuelle Vorverlagerungsinteressen, welche nach der Teleologie des WEG keines Schutzes bedürfen. Sie können zudem in ausreichendem Maße mittels derivativer Vertragslösungen erfüllt werden. Eine antizipierte Anwendung des WEG ist hier nicht notwendig.
Die gemäß § 3 vorgehenden Begründer einer Wohnungseigentümergemeinschaft (Fallgruppe 1) haben schutzwürdige kollektive Gleichberechtigungsinteressen, welche in angemessener Weise durch originäre Vertragslösungen befriedigt werden können. Anders als bei der Vorratsteilung ist es nicht erforderlich, die Demokratisierung der Wohnungseigentümergemeinschaft voranzutreiben. Es besteht grundsätzlich kein Bedürfnis für eine analoge Anwendung des WEG. Nur wenn die Begründer eine Originärvereinbarung geschlossen haben und über die sich daraus ergebenden Rechte und Pflichten streiten, kommt eine analoge Anwendung des § 43 Abs. 1 in Betracht.
Spätere Erwerber von vertraglich begründetem Wohnungseigentum (Fallgruppe 3a) haben wie die Zweiterwerber i. e. S. (Fallgruppe 3a) nur ein individuelles Interesse an einem beschleunigten Mitgliedswechsel. Sie können dafür die derivativen Gestaltungsmöglichkeiten in Anspruch nehmen. Das WEG braucht nicht vorzeitig angewendet zu werden.
Zusammengefaßt beschränkt sich der Anwendungsbereich der sog. werdenden Wohnungseigentümergemeinschaft auf den Ersterwerb nach einer Vorratsteilung (§ 8).

2. Die Anlegung der Wohnungsgrundbücher

Eine weitere objektive Voraussetzung der vorzeitigen WEG-Anwendbarkeit könnte die Anlegung der Wohnungsgrundbücher sein. Die wohl noch überwiegende Meinung in der wohnungseigentumsrechtlichen Rechtsprechung und Lehre erkennt eine (werdende) Wohnungseigentümergemeinschaft vor diesem Zeitpunkt nicht an.
Die im Vordringen befindliche Gegenansicht muß die antizipierte Anwendung des WEG nicht nur für die Ersterwerber begründen, sondern auf die Person des teilenden Eigentümers erstrecken. Denn vor dem grundbuchlichen Vollzug der Teilungserklärung ist auch er noch kein (eingetragener) Wohnungseigentümer, sondern lediglich Alleineigentümer eines Grundstücks. Erst mit der Anlegung der Wohnungsgrundbücher wird die Teilung wirksam (§ 8 Abs. 2 S. 2 WEG); vorher kann kein Sondereigentum an der jeweiligen Wohnung bestehen[809].

a) Die herkömmliche Rechtsansicht

Seit Jahrzehnten war in der Rechtsprechung die Auffassung vorherrschend, es gebe keine (werdende) Wohnungseigentümergemeinschaft vor der Anlegung der Wohnungsgrundbücher[810]. Das *OLG Hamm* grenzte auf diese Weise eine teilende Erbengemeinschaft von der (echten) Wohnungseigentümergemeinschaft ab. Laut dem *BayObLG* fehlt anderenfalls der „rechtlich gesicherter Bezug auf ein konkretes Erwerbsobjekt“, weil die Begründung von Wohnungseigentum noch vom Willen des Veräußerers abhänge[811]. Das *KG* folgte dieser Einschätzung und ergänzte, mangels angelegter Wohnungsgrundbücher könnten keine Auflassungsvormerkungen zugunsten der Käufer eingetragen und die Teilungserklärung immer noch zurückgenommen (§ 31 GBO) oder geändert werden[812]. Auch im Schrifttum überwog diese Meinung[813].

b) Die im Vordringen befindliche Gegenansicht

Mit der Zeit setzte sich die Ansicht durch, daß die Auflassungsvormerkung für ein Wohnungseigentum auch im Grundbuch des noch ungeteilten Grundstücks eingetragen werden kann[814]. Damit liegt für viele Autoren eine tragfähige Grundlage vor, die

---

809 KG v. 20.9.84 – 8 RE-Miet 3390/84 = WuM 1984, 319, 320

810 OLG Hamm MDR 1968, 413; BayObLGZ 1974, 275, 281; KG NJW-RR 1986, 1274; offengelassen von BayObLGZ 1990, 101 und OLG Hamm NJW-RR 1994, 975.

811 BayObLG a. a. O.

812 KG a. a. O.; dagegen Weitnauer WE 1986, 92, 94

813 Weitnauer/Weitnauer 6. Auflage (1982) § 3 Rdn. 6k; Staudinger/Rapp § 8 Rdn. 25; Palandt/Bassenge Überblick v WEG Rdn. 6; Niedenführ/Schulze § 43 Rdn. 19; H. Müller Praktische Fragen Rdn. 292; Röll Teilungserklärung S. 55; DNotZ 1986, 130, 131 und 1993, 315, 316; Finger BauR 1984, 108, 111; Deckert ETW (Stand: Oktober 1989), Gruppe 4/S. 7

814 OLG Frankfurt a. M. v. 23.11.71 – 20 W 37/71 = DNotZ 1972, 180, 181; BayObLG v. 27.5.77 – 2 Z 20 /77 = BayObLGZ 1977, 155; OLG Köln v. 7.11.84 – 2 Wx 34/84 = DNotZ 1985, 450; Weitnauer/Weitnauer 7. Auflage (1988) § 10 Anh. Rdn. 3; Trautmann S. 146; Seuß FS Bärmann und Weitnauer (1990), 599, 602

(werdende) Wohnungseigentümergemeinschaft bereits vor der Anlegung der Wohnungsgrundbücher anzuerkennen[815]. Man befürchtet, sonst würde ein wichtiger Teil des Anwendungsbereichs herausgenommen, da gerade die vor der Anlegung erforderlichen Grundstücksteilungen und –vermessungen zu Verzögerungen führten[816]. Die Entstehung der (werdenden) Wohnungseigentümergemeinschaft dürfe nicht von der Schnelligkeit der Arbeitsweise des Grundbuchamtes abhängen[817].
Die Rechtsprechung ist der Lehre erst mit dem Beschluß des *OLG Köln* vom 16.4.99[818] gefolgt. Auch durch die Vormerkung im Grundbuch des noch ungeteilten Grundstücks sei der Veräußerer gehindert, ohne Zustimmung des Vormerkungsberechtigten seine Teilungserklärung zurückzunehmen (§ 31 GBO) oder einseitig zu ändern[819]. Diese Fallgestaltung sei deshalb nicht mit denjenigen vergleichbar, welche dem OLG Hamm, dem BayObLG und dem KG vorgelegen hätten. Dort sei die Begründung von Wohnungseigentum tatsächlich noch ausschließlich vom Willen des Veräußerers abhängig gewesen.
Dagegen hält das OLG Hamm weiterhin an dem Erfordernis der bereits angelegten Wohnungsgrundbücher fest[820].

c) Stellungnahme

Die unterschiedlichen Auffassungen entscheiden den Streit danach, ob der im Grundbuch des noch ungeteilten Grundstücks vorgemerkte Erwerber bereits einen hinreichend gesicherten Bezug zu seinem Wohnungseigentumsrecht hat, um ihn mit den Rechten und Pflichten eines Wohnungseigentümers auszustatten.
Grundsätzlich kann die Teilungserklärung noch bis zur Anlegung der Wohnungsgrundbücher einseitig widerrufen werden[821]. Selbst wenn man mit dem OLG Köln davon ausgeht, daß die einseitige Rücknahme der Teilungserklärung (§ 31 GBO) durch die Vormerkung im Grundbuch des ungeteilten Grundstücks verhindert wird, so hängt die Begründung von Wohnungseigentum in positiver Hinsicht trotzdem zunächst allein vom Willen des teilenden Eigentümers ab. Der gesicherte Anspruch auf Verschaffung eines Wohnungseigentums kann nämlich nicht die Teilung des Grundstücks herbeiführen, sondern nur – negativ – die Rücknahme der einmal erklärten

---

815 Weitnauer/Weitnauer 7. Auflage (1988) § 10 Anh. Rdn. 3; Weitnauer/Lüke § 10 Anh. Rdn. 3; Staudinger/Kreuzer § 10 Rdn. 11; Sauren WEG vor § 1 Rdn. 9; BPM/Merle vor § 43 Rdn. 5; Soergel/Stürner § 10 Rdn. 3; Hägele S. 62 f.; Ringe S. 54; Lotz-Störmer S. 41; Hauger PiG 11 (1983), 55, 62; F. Schmidt PiG 27 (1988), 253, 257; Wenzel FachV 2 (1997), 28, 33

816 Hägele S. 62; Seuß FS Bärmann und Weitnauer (1990), 599, 620

817 Sauren WEG vor § 1 Rdn. 9

818 OLG Köln ZfIR 1999, 601, 602 (siehe Fn. 544)

819 Unter Berufung auf Palandt/Bassenge § 8 WEG Rdn. 5 f., der das Zustimmungserfordernis aus den §§ 876, 877 BGB ableitet.

820 OLG Hamm ZMR 2000, 128, 129 (siehe oben Fn. 545)

821 BPM/Merle § 8 Rdn. 35

Teilung unterbinden. Wer zum Beispiel einen vorgemerkten Anspruch auf einen mit Sondereigentum zu verbindenden Miteigentumsanteil von 10/100 hat, kann deshalb noch nicht die gesamte Teilung des Grundstücks (100/100) diktieren, sondern allenfalls Schadensersatz wegen Nichterfüllung seines Verschaffungsanspruchs verlangen. Es ist nach wie vor einzig an dem Alleinbegründer, die Teilung nach seinen Vorstellungen und in Gemäßheit der Erwerbsverträge zu erklären. Die Teilungserklärung samt Aufteilungsplan muß vorhanden sein, um die Abgrenzung der Sonder- von der Miteigentumssphäre zu bestimmen[822]. Erst wenn die Teilungserklärung beim Grundbuchamt eingegangen ist und ihre einseitige Rücknahme durch die Vormerkung ausgeschlossen wird, ist die Begründung nicht mehr ausschließlich dem Veräußererwillen unterworfen.
Doch auch dann ist die Begründung der Wohnungseigentumsrechte noch nicht hinreichend sicher, weil das grundbuchrechtliche Eintragungsverfahren erst beginnt. So weist *Horst Müller*[823] zu Recht darauf hin, daß die Entstehung des Wohnungseigentums rechtlich scheitern kann. Die Anlegung der Wohnungsgrundbücher hat weitere Voraussetzungen, wie etwa die tatsächliche Abgeschlossenheit der Wohnungen i. S. d. § 3 Abs. 2, auf deren Vorliegen oder Eintritt der Erwerber regelmäßig keinen Einfluß hat[824]. Die vor der Anlegung der Wohnungsgrundbücher im Grundbuch des noch ungeteilten Grundstücks eingetragene Auflassungsvormerkung gewährleistet demnach nicht, daß der Erwerber Wohnungseigentum erwirbt.
Vor allem ist es sinnwidrig, die Existenz einer (werdenden) Wohnungseigentümergemeinschaft anzunehmen, wenn die sachenrechtliche Grundlage für ein solches Kollektiv noch fehlt und ausschließlich individuelle Erwerbsverträge im Raum stehen. Die Gegenansicht entscheidet über die vorzeitigen Rechte und Pflichten eines Rechtssubjekts (= Wohnungseigentümer), ohne daß das Rechtsobjekt (= Wohnungseigentum) überhaupt entstanden ist. Bevor die Wohnungsgrundbücher angelegt sind, ist unklar, ob, wie viele und wie große Wohnungseigentumsrechte begründet werden. Es gibt weder gemeinschaftliches Eigentum noch Sondereigentum. Wer welche Wohnung nutzen und verwalten soll, ist allein in den voneinander unabhängigen Erwerbsverträgen enthalten. Es fehlt jede Verdinglichung des Gemeinschaftsverhältnisses[825]. Vereinbarungen können nicht eingetragen werden. Der Regelungsbereich des WEG ist nicht einmal in der Person des teilenden Eigentümers eröffnet.
Eine analoge Anwendung des WEG aufgrund des allgemeinen Grundbuchs geht zudem über die Besonderheiten der wohnungseigentumsrechtlichen Eintragung (§§ 4 Abs. 1, 7, 9) hinweg. Dies zeigt auch *Saurens* Äußerung, die Gemeinschaftsentstehung dürfe nicht von der Arbeitsweise des Grundbuchamtes abhängig sein. Gerade das ist eine notwendige Folge jedes Registerverfahrens, für das sich der Gesetzgeber in speziell ausgestalteter Form auch im Falle des Wohnungseigentums entschieden hat. Es

822 Hägele S. 62; Lotz-Störmer S. 42; F. Schmidt PiG 27 (1988), 253, 256

823 H. Müller Praktische Fragen Rdn. 292

824 OVG NW v. 6.5.98 – 14 A 1042/97 = ZMR 1998, 730, 731

825 Staudinger/Rapp § 8 Rdn. 25

sieht vor, daß die Aufteilung in Wohnungseigentum gemäß § 8 nur nach der Prüfung spezieller Voraussetzungen und nur in besonderen Grundbuchblättern, eben den Wohnungsgrundbüchern, registriert werden darf (vgl. § 8 Abs. 2).
Schwerer wiegen *Hägeles* und *Seuß'* Bedenken, eine wichtige Fallgruppe würde anderenfalls herausfallen. Die vor der Anlegung vorgenommenen Katastermaßnahmen sind jedoch notwendige formellrechtliche Schritte. Sie abzuwarten liegt auch im Interesse der Erwerber.
Schließlich wird auch ein Bauträger die Teilungserklärung nicht länger als nötig hinauszuschieben, um sich seine Alleinherrschaft zu erhalten. Er kann den Kaufpreis nämlich gemäß § 3 MaBV erst fällig stellen, wenn der Erwerber eine Vormerkung am Vertragsgegenstand, das heißt am *gebildeten* Wohnungseigentum, erhalten hat[826].
Folglich spricht auch die Interessenlage der Beteiligten dafür, den grundbuchlichen Vollzug der Teilungserklärung für die vorzeitige Anwendung des WEG vorauszusetzen.
Mit der noch herrschenden Rechtsansicht in Rechtsprechung und Literatur stellt die Anlegung der Wohnungsgrundbücher somit eine objektive Voraussetzung der antizipierten WEG-Anwendung auf die Ersterwerber von Wohnungseigentum dar.

3. Zusammenfassung

Der Anwendungsbereich der analogen Anwendung des WEG beschränkt sich auf die Ersterwerber von Wohnungseigentum (§ 8), nachdem die Wohnungsgrundbücher angelegt sind. Terminologisch kann entweder individuell von werdenden „Eigentümern" gesprochen werden, weil das WEG immer den einzelnen Wohnungseigentümer als Rechtssubjekt ansieht. Oder man gebraucht den Begriff der werdenden „Gemeinschaft" in dem Bewußtsein, daß damit nicht ein von der echten Gemeinschaft abzugrenzendes Kollektiv gemeint ist, sondern daß die schutzwürdigen kollektiven Vorverlagerungsinteressen und die Prädestination der Wohnungseigentümergemeinschaft auf die in den Wohnungsgrundbüchern angelegte Mitgliederzahl darin ihren Ausdruck finden.

[826] Staudinger/Rapp § 8 Rdn. 22a

IV. Die subjektiven Voraussetzungen (= Annäherungsmerkmale)

Über die subjektiven Voraussetzungen für die Vorverlagerung bzw. Einschränkung der Rechte und Pflichten nach dem WEG wurde vor allem in den 60er und 70er Jahren diskutiert.

1. Die Chronologie der Rechtsprechung und Literatur

Schon in den frühen Gerichtsurteilen und Stellungnahmen des Schrifttums wurde deutlich, daß die subjektiven Voraussetzungen sich einerseits aus der rechtlichen Annäherung des Erwerbers an sein Wohnungseigentum ergeben können und andererseits aus seiner tatsächlichen Nähe zur Wohnungseigentümergemeinschaft. Während sich diese beiden Richtungen zunächst gegenüberstanden, vereinigten sie sich im Laufe der Diskussion.

a) Die Ausgangsfrage: faktische *oder* rechtliche Annäherung?

Wie *Herold* stellte das *AG Hamburg* in seiner Entscheidung vom 30.1.59[827] wesentlich auf den berechtigten Besitz der Wohnungskäufer, das heißt auf die faktische Zugehörigkeit zur Gemeinschaft, ab.
Demgegenüber setzte sich *Weitnauer*[828] schon am 30.5.61 für die Auflassungsvormerkung als möglichen Anknüpfungspunkt ein. *Bärmann*[829] und *Ring*[830] verlangten zumindest die bindende Wirkung des Begründungs- bzw. Erwerbsvertrages. Das *OLG Hamburg* bejahte daraufhin am 4.2.63[831] die analoge Anwendung des WEG, „weil der Käufer seine Wohnung bereits ... bezogen hat und auf Grund des notariellen Kaufvertrages ... ein unwiderrufliches Recht auf Vornahme der Auflassung und Abgabe der Eintragungsbewilligung durch seine Kontrahenten erworben hatte, das überdies durch eine Auflassungsvormerkung gesichert war“. Die Nennung der Auflassungsvormerkung erscheint hier noch als beiläufiger Zusatz. Der BGH sprach in seiner Entscheidung vom 14.6.65[832] zwar bereits von einer „Wohnungseigentumsanwartschaft“. Doch erst *Clasen*[833], *Baur*[834] und das *BayObLG*[835] betonten die Bedeutung der Auflassungsvormerkung als Bestandteil eines Anwartschaftsrechts des Erwerbers, welches dem Wohnungseigentum gleichzusetzen sei.

---

[827] AG Hamburg NJW 1959, 1638. Ebenso Rietschel Anm. zu BGH LM § 43 Nr. 1; Diester Rechtsprechung (1967), S. 15 f.

[828] Vgl. den Nachweis bei Diester NJW 1961, 1329, 1332.

[829] Bärmann WEG 1. Auflage (1958) § 10 Vorbemerkung, S. 338

[830] Staudinger/Ring 11. Auflage (1963) § 10 Rdn. 6 f.

[831] OLG Hamburg v. 4.2.63 – 4 U 195/62 = NJW 1963, 818, 819

[832] BGHZ 44, 43, 44 (siehe oben Fn. 330)

[833] Clasen BlBGW 1966, 229

[834] Soergel/Baur 10. Auflage (1968) § 43 Rdn. 8

[835] BayObLGZ 1968, 233, 237 ff. (siehe oben Fn. 336). Zustimmend RGRK/Pritsch 11. Auflage § 43 Anm. 3.

Der Bezugnahme auf die Sicherung des künftigen Erwerbs widersprach ausdrücklich *Kapellmann*[836]: Die Wohnungseigentümer seien deshalb zur gegenseitigen Rücksichtnahme verpflichtet, weil die gegenseitigen Eigentumsrechte unlösbar miteinander verknüpft seien. Eine entsprechende Gemeinschaft der Anwartschaftsberechtigten gebe es nicht; zwischen ihnen bestehe kein rechtliches Band. Die Käufer träten vielmehr erst dann in gegenseitige Beziehungen, wenn sie die Wohnungen benutzten. Eine Analogie sei sogar trotz unwirksamer Kaufverträge möglich, soweit alle Beteiligten diese erfüllen wollten. Das *KG*[837] machte die analoge Anwendung der §§ 43 ff. ebenfalls allein von der tatsächlichen Eingliederung in die Wohnungseigentümergemeinschaft abhängig. Wer eine Wohnung bezogen habe, sei von der Gestaltung der Rechtsverhältnisse der Wohnungseigentümer untereinander und der Verwaltung genauso betroffen. Zwar hielt das KG ausdrücklich einen wirksamen Kaufvertrag für nicht erforderlich; es wies jedoch darauf hin, daß die Bewohner ihre Stellung nicht rechtsgrundlos, sondern aufgrund eines formlos gültigen Nutzungsvertrages erlangt hätten. Das KG kehrte somit zum Standpunkt des AG Hamburg zurück, indem es ausschließlich den berechtigten Besitz für maßgeblich erachtete. Auch *Westermann*[838] rückte die faktische Gemeinschaft der künftigen Wohnungseigentümer in den Vordergrund. Schließlich ergänzte *Weitnauer* die tatsächliche Betrachtungsweise um eine wirtschaftliche[839].
Am 5.4.74 nahm der *BGH*[840] folgendermaßen Stellung: „Eine gleiche Interessenlage, die für analoge Anwendung sprechen könnte, kann allenfalls dann bestehen, wenn der einzelne Anwärter mit den anderen in einer tatsächlichen Gemeinschaft lebt. Im allgemeinen wird dies der Fall sein, wenn der Anwärter die Wohnung bezogen hat. Ob dafür auch schon eine reine Besitzeinräumung ausreichen würde ... kann jedoch offen bleiben. Denn der vorliegende Fall weist eine Besonderheit deswegen auf, weil die Beklagten nicht daran interessiert sind, eine Gemeinschaft mit den anderen zu vollziehen." Der BGH bestätigte also die faktische Eingliederung als notwendige Voraussetzung, ohne über die Erforderlichkeit einer rechtlichen Sicherung des Erwerbs zu befinden.

b) Die allgemeine Rechtsauffassung: faktische *und* rechtliche Annäherung

Nicht zuletzt wegen der Unentschlossenheit des BGH hat sich in der Folgezeit ein noch weiteres und differenzierteres Meinungsspektrum entwickelt, insbesondere anhand der Arbeiten von *Trautmann* und *Hägele*. Dabei werden verbreitet im Falle des § 8 andere Annäherungsmerkmale genannt als im Falle des § 3. Dies kann in der weiteren Untersuchung vernachlässigt werden, weil nach der hier vertretenen Auffassung beim Teilungsvertrag (§ 3) der Anwendungsbereich für die analoge Anwendung des

---

[836] Kapellmann MDR 1969, 620, 621. Zustimmend Weitnauer/Weitnauer 4. Auflage (1972) § 43 Rdn. 4e.

[837] KG OLGZ 1970, 198, 202 ff. (siehe oben Fn. 337)

[838] Erman/H. Westermann 5. Auflage (1972) § 43 Rdn. 2

[839] Weitnauer/Weitnauer 3. Auflage (1969) § 43 Rdn. 4e

[840] BGH NJW 1974, 1140, 1141 (siehe oben Fn. 350)

WEG ohnehin nicht eröffnet ist. Im Falle der Vorratsteilung (§ 8) ist man sich heute einig, daß für die Stellung als werdender Wohnungseigentümer sowohl Merkmale der faktischen als auch der rechtlichen Annäherung erforderlich sind[841]. Umstritten ist jedoch, wie weit die rechtliche Annäherung gehen muß.

Nach wie vor legen einige Stimmen den Schwerpunkt auf die faktische Annäherung des Ersterwerbers, während für die rechtliche Annäherung allenfalls ein wirksamer Erwerbsvertrag bzw. ein *durchsetzbarer schuldrechtlicher Anspruch* auf Verschaffung von Wohnungseigentum gefordert wird[842]. Zum Teil werden die tatsächlichen und rechtlichen Annäherungsmerkmale miteinander vermischt. So sieht das *OLG Stuttgart*[843] allein in der Inbesitznahme die erforderliche „rechtlich gesicherte Position". *Finger*[844] will die faktische Eingliederung nicht bloß anhand der Inbesitznahme, sondern anhand aller in der Diskussion genannten Kriterien beurteilen.

Die herrschende Gegenansicht verlangt darüber hinaus eine *rechtliche Absicherung* des künftigen Erwerbers, die ihn vor vertragswidrigen Veräußerungen schützt. Überwiegend wird dafür eine Auflassungsvormerkung verlangt[845]. Andere Stimmen lassen nur[846] oder auch[847] die erklärte Auflassung in Verbindung mit dem Eintragungsantrag

[841] Nur wenige Stimmen wollten sie zunächst noch alternativ ausreichen lassen (so Erman/H. Ganten 7. Auflage (1981) § 43 Rdn. 3; Hauger PiG 11 (1983), 55, 61).

[842] OLG Stuttgart OLGZ 1979, 34, 35; MDR 1980, 937; OLG Köln DWE 1988, 24, 25; AG Greifswald NZM 2001, 344, 345; Soergel/Baur 11. Auflage (1978) § 10 Rdn. 3; Soergel/Stürner § 10 Rdn. 3; Palandt/Bassenge Überblick v WEG Rdn. 6; Hägele S. 59 ff.; Ringe S. 55; Lotz-Störmer S. 42; Röll Rpfleger 1986, 169, 170; Pfennig/Duske ZMR 1976, 289; Wellkamp MDR 1983, 1016; F. Schmidt PiG 27 (1988), 253, 257; Merle WE 1998, 160

[843] OLG Stuttgart OLGZ 1979, 34, 36 (siehe oben Fn. 395)

[844] Finger BauR 1984, 108, 110

[845] BayObLGZ 1987, 78, 83; 1990, 101, 106; 1991, 150, 151; 1993, 259, 261; BayObLG WE 1986, 98 ff., 137; 1989, 62; 1998, 157; WuM 1992, 280, 281; ZMR 1994, 126, 483; 2000, 623; OLG Frankfurt a. M. Rpfleger 1976, 253; OLGZ 1993, 299; DWE 1998, 43; OLG Köln OLGZ 1978, 151; NJW-RR 1998, 518; WuM 1999, 709; OLG Düsseldorf DWE 1989, 80; NJW-RR 1999, 163; OLG Karlsruhe WE 1998, 500; OLG Zweibrücken ZMR 1999, 358, 359; OLG Hamm NJW-RR 1994, 975, 977; ZMR 2000, 128; WuM 2000, 319; LG Ellwangen NJW-RR 1996, 973; Weitnauer/Weitnauer 7. Auflage (1988) § 10 Anh. Rdn. 3; Weitnauer/Lüke § 10 Anh. Rdn. 3; Weitnauer/Hauger § 16 Rdn. 48; Münch.Komm./Röll § 16 Rdn. 24; Niedenführ/Schulze § 16 Rdn. 46, § 43 Rdn. 19; Staudinger/Rapp § 8 Rdn. 25; BPM/Pick § 3 Rdn. 84; BPM/Merle vor § 43 Rdn. 5; Brych/Pause Rdn. 435, 453; H. Müller Praktische Fragen Rdn. 292; Moritz JZ 1985, 216, 222; Seuß FS Bärmann und Weitnauer (1990), 599, 602; Coester NJW 1990, 3184; Blank DNotZ 1999, 222

[846] Sauren Rpfleger 1985, 261, 263; 1986, 171, 172

[847] RGRK/Augustin § 8 Rdn. 36; Palandt/Bassenge 35. Auflage (1976) Überblick v WEG Anm. 2 E b bb; Staudinger/Kreuzer § 10 Rdn. 11; Trautmann S. 153; Storck S. 172; Strunz BlGBW 1985, 78, 79; Meier ZMR 1987, 85; Deckert ETW (Stand: Oktober 1989), Gruppe 4/S. 8

des Erwerbers genügen. Schließlich wird allgemein von einer Anwartschaft des Erwerbers gesprochen[848].
Die Rechtsprechung weist zudem immer wieder auf die *wirtschaftliche Annäherung* des Erwerbers hin, vor allem auf den Übergang der Nutzungen[849].

2. Stellungnahme

In der Rechtsprechung und Literatur werden Merkmale aus allen drei Bereichen der faktischen, rechtlichen und wirtschaftlichen Annäherung des Erwerbers an sein Wohnungseigentum aufgezählt. Allerdings wird nicht immer hinreichend erläutert, ob die jeweiligen Kriterien notwendige Voraussetzungen oder nur Indizien für eine Gesamtwertung darstellen sollen, oder ob sie sogar nur deshalb angeführt werden, weil sie gerade zufällig erfüllt sind. Häufig fehlt es an einer Begründung, warum gerade diese Voraussetzungen vorhanden sein müssen[850]. Die weitere Untersuchung soll deshalb klären, ob und warum das jeweilige Annäherungsmerkmal als subjektive Voraussetzung der vorzeitigen WEG-Anwendung erforderlich ist oder nicht. Die Beantwortung dieser Frage muß folgenden Bedürfnissen gerecht werden:
Einerseits muß sich die Auswahl der subjektiven Voraussetzungen an dem materiellen Bedürfnis für eine antizipierte WEG-Anwendung orientieren, das heißt an dem schutzwürdigen Interesse der Ersterwerber an einer gleichberechtigten und demokratischen Nutzungs- und Verwaltungsgemeinschaft.
Andererseits ist das formelle Bedürfnis nach Publizität, Rechtsklarheit und Rechtssicherheit zu beachten, dem im Wohnungseigentumsrecht mittels eines individuellen Eintragungsprinzips in Wohnungsgrundbüchern Rechnung getragen wird.
In diesem Rahmen gilt es eine transparente und insbesondere für Laien einsichtige Regelung der werdenden Wohnungseigentümergemeinschaft zu finden, um dem praktischen Bedürfnis nach Rechtsfrieden zu entsprechen.

a) Die faktische Annäherung

Alle Gerichtsurteile und Stellungnahmen zu den subjektiven Voraussetzungen enthalten tatsächliche Annäherungsmerkmale. Überwiegend wird die Inbesitznahme der Wohnung durch den Erwerber genannt. Manche Stimmen wollen nur den unmittelbaren Besitz (= Bezug) der Wohnung ausreichen lassen, in anderen Beiträgen ist von der „faktischen Eingliederung" in die Wohnungseigentümergemeinschaft die Rede.

---

[848] OLG Karlsruhe OLGZ 1978, 177, 178; Erman/H. Ganten 8. Auflage (1985) § 2 Rdn. 8; Staudinger/Bub § 25 Rdn. 115. Auch das KG OLGZ 1979, 290, 292 fordert für die regelmäßig anzunehmende Ermächtigung des Erwerbers, „daß diese Anwartschaft für das Mitgliedschaftsrecht (Stimmrecht) einem Vollrecht (Wohnungseigentum) gleichgeachtet werden kann".

[849] OLG Frankfurt a. M. Rpfleger 1976, 253, 254; NJW-RR 1993, 339; BayObLGZ 1981, 50, 51 f.; 1990, 101; 1991, 150, 151; 1993, 259, 261 f.; WuM 1992, 280, 281; OLG Saarbrücken WE 1998, 314; OLG Zweibrücken ZMR 1999, 358, 359; OLG Hamm ZMR 2000, 128, 129

[850] Sauren Rpfleger 1985, 261, 262

aa) Der Besitz der Eigentumswohnung

Gegen den Wohnungsbesitz als notwendiges Annäherungsmerkmal spricht, daß das WEG die Existenz eines bereits errichteten Gebäudes gerade nicht voraussetzt. Die Wohnungseigentümergemeinschaft entsteht unabhängig davon, ob die Wohnanlage schon errichtet ist[851]. Mit der Fertigstellung des Gebäudes ist eine Änderung der Rechtslage im Hinblick auf die Geltung der WEG-Bestimmungen daher normalerweise nicht verknüpft[852]. Das würde sich mit dem Wohnungsbesitz als einer subjektiven Voraussetzung der analogen Anwendung des WEG ändern.

Entscheidend für den Analogieschluß sind die schutzwürdigen Interessen der Ersterwerber an einer gleichberechtigten (§§ 13 ff.) und demokratischen (§§ 20 ff.) Nutzungs- und Verwaltungsgemeinschaft. Die typische Nutzungs-, Verwaltungs- und Hausgemeinschaft, deren Problem- und Konfliktregelung das WEG bezweckt, wird durch den Wohnungsbesitz geschaffen[853]. Dabei ist unter Besitz die Erlangung der tatsächlichen Sachherrschaft über die Wohnung zu verstehen[854]. Die Käufer treten erst in gegenseitige Beziehungen, wenn sie die Wohnungen benutzen[855]. Eine sinnvolle Nutzung des Wohnungseigentums ist ohne dessen bauliche Substanz nicht möglich. Was die Verwaltung des Sonder- und Gemeinschaftseigentums angeht, so bezieht sie sich ebenfalls in erster Linie auf bereits bestehende Wohnanlagen[856]. Zwar können die Wohnungseigentümer schon für das noch nicht vorhandene Haus einen Verwalter einsetzen, Benutzungsanordnungen treffen und auch die Verteilung der künftigen Verwaltungskosten und sonstigen Unkosten festlegen[857]. Beim Ersterwerb „vom Plan weg" liegen derartige Entscheidungen aber im Sinne aller Beteiligten zunächst noch in der alleinigen Verantwortung des Bauträgers. Das entspricht der Risikoverteilung der Erwerbsverträge, in denen sich der Bauträger zur schlüsselfertigen Ersthersteliung verpflichtet. Die Interessenlage ändert sich erst, wenn entweder die Schlüsselübergabe an die Ersterwerber bevorsteht oder die Fertigstellung des Gebäudes an einer Bauträgerinsolvenz scheitert. Ab diesem Zeitpunkt müssen die Erwerber über die bauliche Gestaltung und Verwaltung der Wohnanlage entscheiden können.

Gerade beim steckengebliebenen Bau soll die werdende Wohnungseigentümergemeinschaft nach Meinung einiger Autoren[858] ihre Bedeutung haben, weshalb sie ausnahmsweise auf den Wohnungsbesitz als subjektive Voraussetzung verzichten und

---

[851] Hägele S. 90

[852] Trautmann S. 131

[853] Lotz-Störmer S. 40; Trautmann S. 157 f.

[854] Blank DNotZ 1999, 222, 223. Unerheblich ist, ob die Besitzeinräumung durch etwaige unzutreffende Angaben des Erwerbers im Hinblick auf die Zahlung der fünften Kaufpreisrate nach § 3 Abs. 2 MaBV beeinflußt wird (OLG Düsseldorf NJW-RR 1999, 163, 164).

[855] Kapellmann MDR 1969, 620, 621

[856] Röll NJW 1978, 1507, 1508

[857] Kapellmann MDR 1969, 620, 624

[858] Brych/Pause Rdn. 267; Deckert ZfBR 1983, 163, 165; ders. ETW (1989) Gruppe 4/S. 9; Röll immo-telex (Thema des Monats Juli) 1983, 1, 10 und in ZdWBay 1998, 76, 78 f.

zum Teil den Besitz an dem Grundstück (samt Bauruine) genügen lassen[859]. Diese Auffassung kann nicht überzeugen. Der Grundgedanke der werdenden Wohnungseigentümergemeinschaft paßt nicht zur Situation des steckengebliebenen Baus. Hier geht es den Ersterwerbern nicht (mehr) um die Einrichtung einer demokratischen Wohnungseigentümergemeinschaft, sondern allein um den tatsächlichen Aufbau der Wohnanlage, egal in welcher Organisationsform. Die der Vorratsteilung (§ 8) innewohnende polarisierte Interessenlage ist entfallen. Es bedarf keiner Verringerung von alleinigen oder mehrheitlichen Herrschaftsrechten des teilenden Eigentümers mehr. Dieser ist wirtschaftlich nicht mehr existent. Vielmehr ist eine gemeinsame Anstrengung von Erwerbern, Kreditinstituten und Insolvenzverwalter geboten. Hierfür bietet sich die Gründung einer Aufbaugesellschaft (§ 705 BGB) an. Soll das Gebäude mit Hilfe der Verwaltungsstrukturen des WEG errichtet werden, kann deren vorzeitige Anwendung vereinbart werden (originäre Lösung). Eine Zwangsgemeinschaft der Erwerber vor ihrer Besitzergreifung ist weder erforderlich noch angemessen. Auch im Falle des steckengebliebenen Baus muß daher am Wohnungsbesitz als subjektiver Voraussetzung festgehalten werden. Dieses Kriterium wird den schutzwürdigen Interessen der Erwerber an einer vorzeitigen Nutzungs- und Verwaltungsgemeinschaft am ehesten gerecht und kann somit das materielle Bedürfnis nach einer antizipierten Anwendung des WEG am besten abdecken.

Allerdings bedeutet das Abstellen auf den Wohnungsbesitz eine völlige Abkehr vom Grundbuchsystem zugunsten des mobiliarrechtlichen Traditionsprinzips. Es stellt sich daher die Frage, ob Verwalter, Miterwerber, Richter und Rechtspfleger das Vorliegen oder Nichtvorliegen dieser subjektiven Voraussetzung in hinreichender Weise erkennen können.

Der Verwalter müßte vor dem Aufstellen des Wirtschaftsplanes bzw. der Jahresabrechnung und vor der Eigentümerversammlung klären, ob der Besitz an den einzelnen Wohnungen jeweils schon übergegangen ist, damit er die Wohngeldbeiträge, Ladungen und die Stimmkraft entsprechend verteilen kann. In der Literatur[860] wurde vorübergehend die Meinung vertreten, der Besitz könne von dem Verwalter leichter festgestellt werden als die Eintragung im Wohnungsgrundbuch. Dem hat der 5. Senat des BGH[861] ausdrücklich widersprochen. Richtigerweise muß differenziert werden:

Soweit der Verwalter mit dem veräußernden Alleinbegründer identisch oder zumindest wirtschaftlich eng verbunden ist, hat er alle Informationsmöglichkeiten hinsichtlich der Wohnungsübergabe selbst in der Hand. Der Besitzübergang läßt sich hier einfacher nachvollziehen als die Umschreibung eines Wohnungseigentums.

---

859 Brych/Pause Rdn. 267; Ringe S. 57

860 Röll NJW 1983, 1616, 1617; Wellkamp MDR 1983, 1016; Moritz JZ 1985, 216, 222; Meier ZMR 1987, 85; F. Schmidt PiG 27 (1988), 253, 258. Zweifelnd Bader PiG 25 (1987), 67, 74 f.

861 BGHZ 106, 113, 119 (siehe oben Fn. 458)

Schwieriger ist es für einen „neutralen“ Verwalter. Er muß letztlich den Angaben des Alleinbegründers und des Erwerbers vertrauen. Als Indizien kommen die bereits erfolgten Zahlungen von Veräußerer und Erwerber in Betracht[862], für die im Erwerbsverhältnis ebenfalls die Wohnungsübergabe maßgeblich ist. Sie sind jedoch nur ein Hinweis auf den Zahlungswillen, nicht auf die Zahlungsverpflichtung. Schließlich kann der Verwalter noch überprüfen, ob die jeweilige Wohnung bereits bezogen ist. Im Zweifel sollte sich der Verwalter weiterhin allein an den Veräußerer halten; der Ersterwerber muß dann im Streitfalle die Wohnungsübergabe nachweisen[863].
Für die Miterwerber wird das Vorliegen des Wohnungsbesitzes regelmäßig mit dem Grund zusammenfallen, weshalb sie den werdenden Wohnungseigentümer überhaupt in Anspruch nehmen wollen. Die Beachtung oder Unterlassung der gegenseitigen Rücksichtnahme (§§ 13 ff.) wird erst mit der tatsächlichen Nutzung der Wohnung relevant. Im übrigen können sich alle Erwerber beim Verwalter und beim Veräußerer informieren. Der Besitzübergang ist somit i. d. R. unschwer festzustellen[864].
Das gilt auch für den Wohnungseigentumsrichter, welcher von Amts wegen Beweis erhebt, und zwar in der Form des Strengbeweises oder formlos (vgl. §§ 12, 15 FGG). Er kann die Wohnungsübergabe mittels des Erwerbsvertrages und anhand evtl. bereits an den Erwerber ausgehändigter Wohnungsschlüssel überprüfen, aber auch Ortstermine wahrnehmen und Zeugenaussagen einholen.
Ein Problem ergibt sich jedoch, wenn der Alleinbegründer eine Änderung der Teilungserklärung beim Grundbuchamt einreicht. Die Wohnungsübergabe kann nämlich nicht gemäß § 29 Abs. 1 S. 2 GBO durch öffentliche Urkunden nachgewiesen werden. Dieses Eintragungshindernis entfällt nur, wenn die noch ausstehende Bezugsfertigkeit des Gebäudes für das Grundbuchamt offenkundig ist. Die Rechtsprechung[865] hat hier eine Lösung gefunden: Sie stellt nicht mehr auf die tatsächliche Entstehung einer werdenden Gemeinschaft ab, sondern läßt die potentielle Entstehung genügen. Sobald eine Auflassungsvormerkung für den ersten Erwerber eingetragen ist, muß der Alleinbegründer dessen Zustimmung vorlegen. Das Grundbuchamt kann und braucht den Übergang des Wohnungsbesitzes nicht zu überprüfen. Der Veräußerer kann die Schwierigkeiten umgehen, indem er sich in den Erwerbsverträgen Teilungserklärungsänderungsvollmachten erteilen läßt.
Demnach führt die Abkehr vom Eintragungsprinzip zwar einerseits zu einer gewissen Verminderung der Rechtsklarheit und damit Rechtssicherheit. Diese Einbußen können jedoch in der Praxis ausgeglichen werden. Alle Beteiligten müssen ihre Aufmerksamkeit nicht allein den formellrechtlichen Vorgängen in den Wohnungsgrundbüchern, sondern in erhöhtem Maße den tatsächlichen Geschehnissen widmen.

---

862 Röll NJW 1983, 1616, 1617; DNotZ 1986, 130, 131 und 1993, 315, 318; Meier ZMR 1987, 85

863 Deckert WE 1989, 34, 36

864 Deckert WE 1998, 320; aA Jennißen S. 73 f.

865 BayObLGZ 1993, 259, 261; OLG Köln WuM 1999, 709. Ebenso BPM/Pick § 10 Rdn. 56.

Andererseits hat die Maßgeblichkeit des Wohnungsbesitzes gegenüber der Grundbucheintragung auch Vorteile: Die Inbesitznahme ist nicht von der Arbeitsweise einer Behörde, sondern vom Parteiwillen abhängig. Der Alleinbegründer und die Erwerber haben ein Steuerungsinstrument in der Hand, mit dem sie Einfluß auf die (antizipierte) Anwendung des WEG nehmen können. Zudem entspricht der Wohnungsbesitz als Übergangskriterium dem Laienverständnis vom Eintritt in die Wohnungseigentümergemeinschaft sowie dem Innenverhältnis zwischen Veräußerer und Erwerber (vgl. § 446 BGB). Der eingeschränkten Publizität steht somit eine bessere Praktikabilität gegenüber[866].
Zusammengefaßt orientiert sich die Inbesitznahme der Wohnung sehr eng an den materiellen und praktischen Bedürfnissen der Ersterwerber, während sie dem formellen Bedürfnis nach Rechtssicherheit nur in eingeschränktem Maße dienen kann.

bb) Der Bezug der Eigentumswohnung

Fraglich ist, ob jede Form des Wohnungsbesitzes als subjektive Voraussetzung genügt oder ob nur der unmittelbare Besitz (= Bezug) des Sondereigentums ein taugliches Annäherungsmerkmal ist. Anfangs wurde häufig der Bezug der Wohnung gefordert[867]. Der BGH ließ die Frage am 5.4.74 offen. Heute ist allgemein vom Besitz die Rede[868]. Vereinzelt werden die Begriffe synonym gebraucht[869]. Selten findet sich eine Begründung, warum entweder nur der unmittelbare oder auch der mittelbare Wohnungsbesitz ausreichen soll. Sie muß wiederum im Rahmen der materiellen, formellen und praktischen Bedürfnisse gefunden werden.
Was das materielle Bedürfnis für eine vorzeitige Anwendung der §§ 13 ff., 20 ff., 43 ff. angeht, entstehen die typischen Verwaltungsfragen mit der Erlangung des Besitzes, nicht erst mit dem Bezug der Wohnung[870]. Auch ein Kapitalanleger, der die Wohnung nach der Inbesitznahme zu vermieten gedenkt, hat ein schutzwürdiges Interesse, früh-

---

[866] Röll DNotZ 1993, 315, 318; F. Schmidt PiG 27 (1988), 253, 258

[867] AG Hamburg NJW 1959, 1638, 1639; OLG Hamburg NJW 1963, 818, 819; BayObLGZ 1968, 233, 237 ff.; KG OLGZ 1970, 198, 203; LG Wuppertal ZMR 1972, 128; RGRK/Pritsch 11. Auflage § 43 Anm. 3; Soergel/Baur 10. Auflage (1968) § 43 Rdn. 8; Diester Rechtsprechung S. 16; Wellkamp MDR 1983, 1016

[868] St. Rspr. seit BayObLGZ 1974, 275, 281; OLG Frankfurt a. M. Rpfleger 1976, 253; OLG Karlsruhe OLGZ 1978, 177; OLG Stuttgart OLGZ 1979, 34; OLG Köln DWE 1988, 24; OLG Hamm NJW-RR 1994, 975; OLG Düsseldorf NJW-RR 1999, 163; OLG Zweibrücken ZMR 1999, 358. Ebenso BPM/Pick § 3 Rdn. 84; Weitnauer/Lüke § 10 Anh. Rdn. 3; Staudinger/Wenzel § 43 Rdn. 8; Staudinger/Bub § 25 Rdn. 115; Niedenführ/Schulze § 43 Rdn. 19; Münch.Komm./Röll § 16 Rdn. 24; Hägele S. 61; Belz Handbuch Rdn. 24; Brych/Pause Rdn. 435; Storck S. 174; H. Müller Praktische Fragen Rdn. 292; Pfennig/Duske ZMR 1976, 289; Sauren Rpfleger 1985, 261, 262; Strunz BlGBW 1985, 78, 79; Röll Rpfleger 1986, 169, 170; Seuß ZfgWBay 1986, 516; Bader PiG 25 (1987), 67, 73; Deckert ETW (Stand: Juni 1987), Gruppe 5/ S. 29; Coester NJW 1990, 3184; Merle WE 1998, 160; Blank DNotZ 1999, 222

[869] AG Hamburg NJW 1959, 1638, 1639; OLG Hamm ZMR 1998, 718, 719

[870] BPM/Pick § 3 Rdn. 84; Hägele S. 61

zeitig an der tatsächlichen und rechtlichen Gestaltung der Wohnanlage beteiligt zu werden. Er will seinem Mieter eine den Wohnbedürfnissen von Erstnutzern entsprechende Wohnung zur Verfügung stellen. Dafür müssen die Nutzungsbedingungen innerhalb der Wohnanlage angepaßt werden. Der Vermieter möchte selbst abstimmen oder seinem Mieter eine Stimmrechtsvollmacht geben. Die Verteilung der Gestaltungsmacht vom Alleinbegründer auf vermietende Ersterwerber ist daher ebenso wichtig wie bei selbstnutzenden Ersterwerbern. Auch wenn die Herrschaftsrechte direkt an den Mieter weitergeleitet werden, bleibt der Kapitalanleger die für die Gemeinschaft maßgebliche Bezugsperson[871]. Umgekehrt ist es gerechtfertigt, ihn jedenfalls ab der Inbesitznahme der Wohnung auf die Zahlung von Wohngeldbeiträgen in Anspruch nehmen zu können. Würde der Kapitalanleger erst haften, wenn er eingetragen ist, wäre dies eine nicht zu begründende Ungleichbehandlung gegenüber den Selbstnutzern[872]. Für die Zugehörigkeit zur (werdenden) Wohnungseigentümergemeinschaft reicht somit der mittelbare Besitz des vermietenden Ersterwerbers aus[873]. Der Bezug der Wohnung ist nicht erforderlich[874].

Allein das Abstellen auf den (unmittelbaren oder mittelbaren) Besitz kann auch dem formellen Bedürfnis nach Rechtsklarheit und Rechtssicherheit gerecht werden. Welche genauen Anforderungen an den Bezug der Wohnung zu stellen sind, ist unsicher. Soll insoweit die Einrichtung mit Möbeln, die Inanspruchnahme von Wasser, Strom und Heizung oder die erste Übernachtung maßgeblich sein? Welches Kriterium soll beim Erwerb eines Teileigentums herangezogen werden?

Der Bezug hängt zudem von Zufälligkeiten im Bereich der einzelnen Erwerber ab[875]. Er ist somit auch aus praktischer Sicht nicht als maßgebliches Annäherungsmerkmal geeignet.

Entscheidende subjektive Voraussetzung muß daher die Inbesitznahme der Wohnung (bzw. des Teileigentums) bleiben.

cc) Die Eingliederung in die Wohnungseigentümergemeinschaft

In der Diskussion um die subjektiven Voraussetzungen taucht immer wieder der Begriff der faktischen oder tatsächlichen „Eingliederung" auf[876]. Zumeist ist damit nichts

---

[871] Storck S. 174

[872] Sauren Rpfleger 1985, 261, 262

[873] Ringe S. 56; Pfennig/Duske ZMR 1976, 289; Hauger PiG 11 (1983), 55, 62; Röll Rpfleger 1986, 169, 170; Bader PiG 25 (1987), 67, 73; Deckert ETW (Stand: Juni 1987), Gruppe 5/ S. 29

[874] OLG Frankfurt a. M. OLGZ 1993, 299; Staudinger/Rapp § 10 Rdn. 11; Soergel/Stürner § 10 Rdn. 3; BPM/Pick § 3 Rdn. 84; Deckert ETW (Stand: Oktober 1989), Gruppe 4/S. 8

[875] Hägele S. 61; Ringe S. 56

[876] Grundlegend KG OLGZ 1970, 198; OLG Köln OLGZ 1978, 151; LG Freiburg ZMR 1979, 382; BayObLGZ 1990, 101, 103; RGRK/Augustin § 43 Rdn. 21; Röll Teilungserklärung S. 54; immo-telex (Thema des Monats Juli) 1983, 1, 8; Rpfleger 1986, 169, 170; Kahlen BlGBW 1983, 168; Finger BauR 1984, 108, 110; Sauren Rpfleger 1985, 261, 263

anderes gemeint als der Bezug der Wohnung[877]. Vereinzelt wird die Eingliederung mit der Inbesitznahme gleichgesetzt[878]. Auch *Finger*, der eigentlich eine Gesamtbetrachtung befürwortet, stellt grundsätzlich auf die Besitzübernahme ab[879]. *Kahlen* definiert die Eingliederung nicht, sondern empfiehlt lediglich Bestimmungen in der Gemeinschaftsordnung, die festlegen, wann ein Wohnungseigentümer als faktisch eingegliedert angesehen werden kann[880].

Soweit die faktische Eingliederung mit dem Bezug oder dem Besitz der Wohnung begründet wird, ist der Begriff überflüssig. Selbständige Bedeutung als (weitere) subjektive Voraussetzung kann das Kriterium nur erlangen, wenn es eine darüber hinausgehende tatsächliche Annäherung des Ersterwerbers an das Wohnungseigentum und die Gemeinschaft umschreibt. Wie zu Beginn der Untersuchung (unter A I 1 c) gezeigt, kann die faktische Entwicklung zum Wohnungseigentümer über andere Stufen als die Inbesitznahme der Wohnung verlaufen.

Entsprechend verlangen einige Stimmen allgemein das „Verhalten wie ein Wohnungseigentümer"[881] oder das „Praktizieren einer Wohnungseigentümergemeinschaft"[882]. Zuletzt hat das *Kammergericht Berlin*[883] konkreter geäußert, es sei „für die Annahme einer werdenden Eigentümergemeinschaft auch erforderlich, daß wesentliche Rechtsinstitute des WEG für das Rechnungs- und Finanzwesen auch genutzt werden. Dazu gehört die Einsetzung eines Verwalters i. S. d. §§ 26, 27 WEG sowie die Abhaltung von Eigentümerversammlungen, auf denen Wirtschaftspläne und Jahresabrechnungen beschlossen werden können." Der BGH hat sich am 5.4.74 nur in subjektiver Hinsicht geäußert, als er den Willen zur Eingliederung für unverzichtbar hielt.

Die genannten Ansätze sind abzulehnen. Sie argumentieren – wie die obsolete Lehre von der faktischen Gesellschaft – mit der „normativen Kraft des Faktischen": Nur wer wie ein Wohnungseigentümer handelt, sei als ein (werdender) Wohnungseigentümer anzuerkennen. Dieser Schluß vernachlässigt, daß die vorzeitige Anwendung des WEG nicht nur Rechte, sondern auch Pflichten des werdenden Wohnungseigentümers mit sich bringt. Es muß daher unabhängig von den subjektiven Vorstellungen und von dem konkreten Verhalten des jeweiligen Ersterwerbers geklärt sein, ob er etwa gemäß § 16 Abs. 2 analog zur Beitragsleistung verpflichtet ist oder nicht. Richtig ist der umgekehrte Schluß: Nur wer als (werdender) Wohnungseigentümer anerkannt ist, kann einerseits wie ein Wohnungseigentümer handeln und muß andererseits wie ein Wohnungseigentümer behandelt werden. Materiell gerechtfertigt ist die analoge Anwen-

---

877 KG OLGZ 1970, 198, 203 f.; OLG Köln OLGZ 1978, 151; LG Freiburg a. a. O.; RGRK/Augustin § 43 Rdn. 21; Röll Teilungserklärung S. 55

878 BayObLGZ 1990, 101, 103; Trautmann S. 165; Sauren Rpfleger 1985, 261, 263

879 Finger BauR 1984, 108, 110 ff.

880 Kahlen BlGBW 1983, 168

881 BayObLGZ 1990, 101, 102; OLG Hamm NJW-RR 1994, 975, 977; Weitnauer/Lüke § 10 Anh. Rdn. 1

882 Sauren WEG vor § 1 Rdn. 8

883 KG v. 15.9.00 – 24 W 680/00 = ZMR 2001, 62, 63

dung des WEG aufgrund des kollektiven Interesses der Ersterwerber an einer frühzeitigen Nutzungs- und Verwaltungsgemeinschaft, welche durch den Wohnungsbesitz vermittelt wird. Ob und wie die Ersterwerber die (werdende) Wohnungseigentümergemeinschaft tatsächlich umsetzen, ist unerheblich. Das hatte auch das KG selbst am 30.4.86[884] noch festgestellt.
Es ist auch nicht ersichtlich, wie für den einzelnen Erwerber mit hinreichender Rechtssicherheit geklärt werden soll, ob er schon unter das WEG fällt oder nicht. Verlangt man mit *Sauren* oder dem KG ein *kollektives* „Praktizieren" der Wohnungseigentümergemeinschaft, bleibt offen, worin genau ein solches gesehen werden kann (z. B. die erste Eigentümerversammlung, die erste Vereinbarung, der erste Rechtsstreit vor dem Wohnungseigentumsgericht, die erste Amtshandlung des Verwalters), und ob ein erst danach erwerbender Käufer bereits automatisch zur Gemeinschaft gehört oder sich erst mit seiner ersten aktiven Teilnahme eingliedert. Stellt man im letzteren Sinne auf die *individuelle* Eingliederung ab[885], eröffnet sich ein noch weiteres Feld von Möglichkeiten, sich „wie ein Wohnungseigentümer" zu verhalten (z. B. die erste Berufung auf ein Abwehr- oder Nutzungsrecht gemäß den §§ 13 ff.). Die Eingliederung ist daher auch aus formellrechtlicher Sicht kein taugliches Abgrenzungskriterium.

dd) Zusammenfassung

Aus der faktischen Annäherung an das Wohnungseigentum entspricht einzig der Wohnungsbesitz den materiellen, formellen und praktischen Anforderungen, welche an eine subjektive Voraussetzung für die vorzeitige Anwendung des WEG zu stellen sind.

b) Die wirtschaftliche Annäherung

Wenn in der Rechtsprechung und Literatur eine wirtschaftliche Annäherung erwähnt wird, so geschieht das ebenfalls mit unterschiedlicher Bedeutung:
Zum Teil ist damit nichts anderes gemeint als der Übergang des Besitzes[886].
Überwiegend wird darüber hinaus der Übergang von Gefahren, Lasten und Nutzungen verlangt. Das BayObLG entschied am 27.2.81[887], die Antragsbefugnis (§ 43) der Erwerberin ergebe sich bei den konkret gegebenen Umständen (wirksamer Kaufvertrag, Auflassungsvormerkung, Auflassung, Übergang von Besitz, Nutzungen, Lasten und Gefahr) aus „ihrer seinerzeitigen Rechtsstellung als werdender und wirtschaftlicher Wohnungseigentümerin". Obwohl das BayObLG erstmals eine wirtschaftliche Be-

---

[884] KG NJW 1986, 1274: „Daß die Miteigentümer und Wohnungseigentumsanwärter bereits vor Anlegung der Wohnungsgrundbücher eine Wohnungseigentümergemeinschaft, insbesondere durch die Bestellung eines Verwalters und Abhaltung von Eigentümerversammlungen, praktiziert hatten, konnte gleichfalls nicht die Zuständigkeit der FGG-Gerichte begründen."

[885] In diese Richtung Storck S. 174, die unter „Eingliederung im wohnungseigentumsrechtlichen Sinn" die grundsätzliche Teilnahme des Einzelnen am Gemeinschaftsleben versteht.

[886] Weitnauer/Weitnauer 3. Auflage (1969) § 43 Rdn. 4e; OLG Frankfurt a. M. Rpfleger 1976, 253, 254

[887] BayObLG ZMR 1981, 249, 250 (siehe oben Fn. 402)

trachtungsweise anlegte, wurde nicht deutlich, ob das wirtschaftliche Eigentum neben der Wohnungsübergabe eine selbständige Funktion als zusätzliche subjektive Voraussetzung erlangen sollte. Ein näherer Hinweis findet sich erst in einer Entscheidungsbegründung vom 11.4.91[888]: „Das weitere Mindestanfordernis für das Entstehen einer werdenden Wohnungseigentümergemeinschaft, nämlich der Übergang von Besitz, Nutzungen, Lasten und Gefahr, hat zur Voraussetzung, daß die ETW bereits fertiggestellt ist." Die letzte Gewißheit ergibt sich daraus jedoch ebensowenig wie aus allen sonstigen Gerichtsurteilen und Literaturbeiträgen[889]. Die Erwähnung erfolgt weiterhin nur vereinzelt und beiläufig.
Eine Ausnahme stellt die Entscheidung des OLG Saarbrücken vom 27.2.98[890] dar. In dem zugrunde liegenden Sachverhalt enthielt der Erwerbsvertrag eine von § 446 BGB abweichende Regelung des Nutzungsübergangs, welcher erst mit vollständiger Entrichtung des Kaufpreises eintreten sollte. Obwohl die Wohnung bereits übergeben war, verneinte das OLG Saarbrücken ein Antragsrecht des Erwerbers (§ 43 analog), weil es den noch ausstehenden Nutzungsübergang für unverzichtbar hielt. Eine Begründung blieb das Gericht schuldig. Es unterstellte lediglich der ständigen Rechtsprechung zur werdenden Wohnungseigentümergemeinschaft, sie habe diese Voraussetzung nur deshalb nicht immer erwähnt, weil der Nutzungsübergang regelmäßig gemäß § 446 BGB mit der Wohnungsübergabe einhergehe.

Um ein für die vorzeitige Anwendung des WEG notwendiges Annäherungsmerkmal zu rechtfertigen, bedarf es jedoch mehr als eines bloßen Verweises auf eine Rechtsprechung, die in ihrer Bedeutung überdies nicht als gesichert bezeichnet werden kann. Entscheidend ist, welcher Zusammenhang zwischen den schutzwürdigen Vorverlagerungsinteressen der Ersterwerber und dem sog. wirtschaftlichen Eigentum besteht.
Sowohl der Übergang des Besitzes als auch der Übergang von Gefahren, Lasten und Nutzungen entspringen dem Verhältnis zwischen Alleinbegründer und Erwerber. Während der Besitz aber darüber hinaus im Verhältnis zu den (künftigen) Gemeinschaftsmitgliedern eine tatsächliche Nutzungs- und Verwaltungsgemeinschaft begründet, bleibt das wirtschaftliche Eigentum ohne jede „Außenwirkung" für das Gemeinschaftsverhältnis. Seine Bedeutung ist nach wie vor auf das Erwerbsverhältnis beschränkt. Es versetzt den Erwerber zudem in die Lage, Steuerabschreibungen geltend zu machen. Für die Maßgeblichkeit des Übergangs von Gefahren, Lasten und Nutzungen kann somit nur die Überlegung sprechen, die Mitgliedschaft in der (werdenden) Wohnungseigentümergemeinschaft an die erwerbsvertragliche und steuerrechtliche Verantwortlichkeit anzupassen.

---

[888] BayObLGZ 1991, 150, 151

[889] Vgl. OLG Frankfurt a. M. NJW-RR 1993, 339; BayObLGZ 1993, 259, 261 f.; OLG Zweibrücken ZMR 1999, 358, 359; OLG Hamm ZMR 2000, 128, 129; Weitnauer/Lüke § 10 Anh. Rdn. 1; Belz Handbuch Rdn. 24; H. Müller PiG 17 (1985), 173, 177 f.

[890] OLG Saarbrücken NJW-RR 1998, 1094

Im Erwerbsverhältnis würde das bedeuten: Sobald der Erwerber gegenüber dem veräußernden Alleinbegründer haften muß und nutzen darf, soll er dies auch im Verhältnis zu den Miterwerbern tun[891]. Diese aus praktischer Sicht wünschenswerte Angleichung ist jedoch regelmäßig bereits dadurch erreicht, daß der Wohnungsbesitz ein notwendiges Annäherungsmerkmal ist und daß das wirtschaftliche Eigentum gemäß § 446 BGB grundsätzlich mit übergeht. Fallen der Besitz und das wirtschaftliche Eigentum ausnahmsweise auseinander, muß der Besitz als Kriterium der tatsächlichen Gemeinschaft entscheidend bleiben. Das wirtschaftliche Eigentum als vertragsinternes Kriterium kann nicht wichtiger sein als die faktische Verbundenheit der Erwerber. Das OLG Saarbrücken vernachlässigt in unzulässiger Weise die Trennung von Innenverhältnis (Erwerbsverhältnis) und Außenverhältnis (Gemeinschaftsverhältnis). Im Verhältnis zwischen Veräußerer und Erwerber einerseits und der Gemeinschaft samt Verwalter andererseits gilt nur das WEG bzw. die Gemeinschaftsordnung[892], nicht der Erwerbsvertrag. Die Verantwortlichkeiten im Erwerbsverhältnis dürfen deshalb nicht ohne weiteres auf die Zuständigkeiten innerhalb der (werdenden) Wohnungseigentümergemeinschaft übertragen werden[893]. Entsprechend stellt der BGH für die Wohngeldverpflichtung nach einem Eigentümerwechsel seit dem 21.4.88[894] nicht mehr darauf ab, ob der Veräußerer oder der Erwerber die Kosten verursacht hat, sondern nur noch auf die mittels Beschlußfassung gemäß § 28 Abs. 5 begründete Fälligkeit der internen Beitragspflicht.
Auch die steuerrechtliche Sichtweise paßt nicht zum Problem der werdenden Wohnungseigentümergemeinschaft. Hier geht es nicht um eine vermögensmäßige Zurechnung von Gegenständen, sondern um eine befugnismäßige Zuerkennung der Rechte von Wohnungseigentümern[895]. Die Frage nach der mitgliedschaftlichen Verpflichtung, Kostenanteile gegenüber den anderen Wohnungseigentümern übernehmen zu müssen, kann nicht mit der steuerlichen Beurteilung der Frage beantwortet werden, wer ggf. diese Kosten steuerlich in Ansatz bringen darf[896].
Schließlich sprechen formellrechtliche Argumente gegen die Maßgeblichkeit des wirtschaftlichen Eigentums. Anders als die Inbesitznahme hat der Übergang von Gefahren, Lasten und Nutzungen keine Publizitätswirkung. Verwalter, Miterwerber, Richter und Rechtspfleger wären auf die Einsichtnahme in den jeweiligen Erwerbsvertrag angewiesen. Das entspricht weder der Rechtssicherheit noch der Praktikabilität.
Der Übergang von Gefahren, Lasten und Nutzungen (wirtschaftliches Eigentum) kann somit aus materiellen, formellen und praktischen Überlegungen keine notwendige Voraussetzung der vorzeitigen WEG-Anwendung sein.

---

[891] In diese Richtung argumentiert etwa H. Müller a. a. O.

[892] Röll DNotZ 1993, 315, 316

[893] So aber OLG Stuttgart OLGZ 1979, 34, 35 und Röll in immo-telex (Thema des Monats Juli) 1983, 1, 8.

[894] BGHZ 104, 197, 200 ff. = DNotZ 1989, 148 mit zustimmender Anm. Weitnauers

[895] Hägele S. 56; Jennißen S. 69

[896] Jennißen S. 70

c) Die rechtliche Annäherung

Wer annimmt[897], die antizipierte Anwendung des WEG könne allein anhand der faktischen Annäherung an das Wohnungseigentum mittels Inbesitznahme der Wohnung beurteilt werden, kann dies jedenfalls in letzter Konsequenz nicht durchhalten. Das Tatsächliche allein kann nicht maßgeblich sein[898]. Nur weil sich jemand wie ein Wohnungseigentümer geriert, müssen ihm noch nicht dessen Rechte und Pflichten zugestanden werden. Niemand käme auf die Idee, eine Gruppe von Hausbesetzern nach dem WEG zu behandeln, weil sie eine Eigentümerversammlung abhalten.
Genau betrachtet gehen aber auch die Anhänger der faktischen Betrachtungsweise zumindest von einem Besitz*recht* des Erwerbers aus, welches sich auf einen Kaufvertrag mit dem Alleinbegründer stützt. Kapellmann[899] will sogar einen unwirksamen Erwerbsvertrag ausreichen lassen. Das KG nimmt jedenfalls einen formlosen Nutzungsvertrag an[900]. Zunächst ist daher zu untersuchen, ob in der Person des künftigen Wohnungseigentümers ein (wirksamer) Erwerbsvertrag vorliegen muß.

aa) Die schuldrechtliche Annäherung

Das Wohnungseigentum und sein Inhaber sind per definitionem immer nur Teil eines Ganzen:
Das einzelne Wohnungseigentumsrecht ist nur eines von den gemäß § 8 begründeten. Die Eigentumswohnung ist ein tatsächlicher Bestandteil der Wohnanlage. Dem Wohnungseigentümer stehen seine Rechte und Pflichten als Mitglied in der Wohnungseigentümergemeinschaft zu. Vereinigen sich die Wohnungseigentumsrechte zu einem einzigen Recht oder mehrere Wohnungseigentumsrechte in einer Person, endet die Wohnungseigentümergemeinschaft (vgl. § 9 Abs. 1 Nr. 3).
Gibt man dem Ersterwerber vorzeitig die Rechte und Pflichten eines Wohnungseigentümers (§§ 13 ff., 20 ff., 43 ff. analog), so nimmt man seine Mitgliedschaft in der Wohnungseigentümergemeinschaft vorweg, welche an sich auf seiner vollendeten dinglichen Beteiligung an der Gesamtheit der Wohnungseigentumsrechte beruht. Diese Vorwegnahme kann nur gerechtfertigt sein, wenn hinreichend bestimmt ist, *inwieweit* der Erwerber an den Wohnungseigentumsrechten beteiligt sein wird. Es ist mit anderen Worten ein schuldrechtlicher Bezug des Erwerbers zu dem jeweiligen Wohnungseigentum erforderlich. Notwendig ist daher der Abschluß eines Erwerbsvertrages, in dem sich der veräußernde Alleinbegründer im Sinne einer hauptvertraglichen Verbindlichkeit zur Verschaffung eines bestimmten Wohnungseigentums verpflichtet. Bloße Vertragsverhandlungen[901] oder Vorverträge genügen ebensowenig wie ein Mietvertrag.

---

[897] Kapellmann MDR 1969, 620, 621; F. Schmidt WE 1987, 171, 172

[898] Hägele S. 41, 60; Ringe S. 53

[899] Kapellmann MDR 1969, 620, 622

[900] KG OLGZ 1970, 198, 203

[901] BayObLGZ 1973, 1, 7 (siehe oben Fn. 345)

Fraglich ist aber, ob der Erwerbsvertrag darüber hinaus vollwirksam sein muß. Wenn man dies mit *Kapellmann* verneint, befindet man sich im Einklang mit der Lehre von der faktischen (= fehlerhaften) Gesellschaft. Wie bereits erläutert (siehe B I 1 c), geht diese Lehre aber am Kern der werdenden Wohnungseigentümergemeinschaft vorbei. Hingegen spricht der Vergleich mit der wesensgleichen Problematik der Vorgesellschaft dafür, daß die vertragliche Grundlage der Personenmehrheit wirksam vorliegen muß.
Zu bedenken ist weiterhin, daß die Ausstattung des Ersterwerbers mit den Rechten und Pflichten nach dem WEG weitreichende Folgen hat. Insbesondere verliert der Alleinbegründer frühzeitig an Gestaltungsmacht. Andererseits trägt der werdende Wohnungseigentümer anteilig die gemeinschaftlichen Kosten und Lasten. Solche schwerwiegenden Konsequenzen dürfen noch nicht eintreten, solange der Kaufvertrag Einwendungen zuläßt, welche den endgültigen Erwerb des Wohnungseigentums gefährden.
Mit der ganz überwiegenden Meinung in der Rechtsprechung und Literatur muß als subjektive Voraussetzung somit in der Person des Ersterwerbers ein wirksamer schuldrechtlicher Anspruch auf die Verschaffung eines bestimmten Wohnungseigentums gegeben sein. Dieser Anspruch muß sich gegen den teilenden Eigentümer richten. Anderenfalls liegt kein Ersterwerb vom Alleinbegründer vor.

bb) Die sachenrechtliche Annäherung

Fraglich ist, ob sich der Ersterwerber auch schon in sachenrechtlicher Hinsicht an sein Wohnungseigentum angenähert haben muß.

aaa) Die Auflassungsvormerkung

Die überwiegende Rechtsansicht verlangt, daß für den künftigen Wohnungseigentümer bereits eine Vormerkung des Auflassungsanspruchs im Wohnungsgrundbuch eingetragen ist[902].
Zu Recht weisen *Stürner* und *Schmidt*[903] darauf hin, daß das Bedürfnis der Erwerber nach einer antizipierten Anwendung des WEG nicht vom Grad ihrer dinglichen Sicherung abhängt. Das Interesse an einer frühzeitigen Nutzungs- und Verwaltungsgemeinschaft hat mit der Vormerkung des erwerbsvertraglichen Anspruchs nichts zu tun. Dasselbe gilt aber auch schon für die schuldrechtliche Annäherung, das heißt für den Anspruch selbst. Es ist allgemein nicht die Funktion der rechtlichen Annäherungsmerkmale, die Verbindung zwischen den schutzwürdigen Vorverlagerungsinteressen der Ersterwerber herzustellen. Diese Aufgabe wird bereits von dem faktischen Annäherungsmerkmal, dem Wohnungsbesitz, wahrgenommen, welcher zu einer tatsächlichen Nutzungs- und Verwaltungsgemeinschaft führt. Mit Hilfe der rechtlichen Annä-

---

[902] Wer insoweit eine Auflassungsvormerkung im Grundbuch des noch *ungeteilten* Grundstücks genügen lassen will, verkennt die Bedeutung der Anlegung der Wohnungsgrundbücher (siehe oben S. 248 f.).

[903] Soergel/Stürner § 10 Rdn. 3; F. Schmidt PiG 27 (1988), 253, 257

herungsmerkmale ist sicherzustellen, daß die vorzeitige Anwendung des WEG nicht jedem (vorübergehenden) Besitzer einer Eigentumswohnung zugute kommt, sondern nur einem Wohnungserwerber, der mit an Sicherheit grenzender Wahrscheinlichkeit Mitglied der Wohnungseigentümergemeinschaft wird[904].
Der schuldrechtliche Vertrag allein bietet noch keine hinreichend sichere Grundlage[905]. Der Veräußerer kann nach wie vor anderweitig über die Wohnungseigentumsrechte verfügen. Diese Gefahr wird erst durch die Vormerkung gemäß § 883 Abs. 2 BGB unterbunden. Der Alleinbegründer kann die Übereignung des Wohnungseigentums nicht mehr einseitig verhindern, der Erwerber die Auflassung gemäß den §§ 873, 925 BGB verlangen und gemäß § 894 Abs. 1 ZPO durchsetzen. Wenn *Lotz-Störmer*[906] bemerkt, die dingliche Sicherung gelte lediglich im Verhältnis zwischen Veräußerer und Erwerber, nicht aber im Verhältnis der (künftigen) Wohnungseigentümer, so ist das nur in unmittelbarer Hinsicht richtig. Mittelbar wirken die Auflassungsvormerkungen der Ersterwerber zusammen: Dadurch, daß alle Erwerber im Verhältnis zum teilenden Eigentümer abgesichert sind, nimmt auch die (werdende) Wohnungseigentümergemeinschaft deutlichere Konturen an.
Allerdings befürchtet *Jennißen*[907] ein „Zweiklassenrecht“. Die Vorverlagerung der Rechte und Pflichten dürfe „nicht dem Zufall überlassen bleiben, ob die Kaufvertragsparteien die Eintragung einer Auflassungsvormerkung vereinbart haben“. Dem ist entgegenzuhalten, daß die Bauträger gemäß § 3 Abs. 1 Nr. 2 MaBV zur Bewilligung einer Auflassungsvormerkung verpflichtet sind[908]. Im übrigen hängt die Eintragung einer Vormerkung nicht vom Zufall, sondern von den Interessen der Vertragsparteien ab. Die Interessen können eben u. a. auf eine vorzeitige Anwendung des WEG gerichtet sein. Insoweit kann die Vormerkung – wie schon der Wohnungsbesitz – als Steuerungsinstrument dienen.

Weiterhin hat die Auflassungsvormerkung den Vorteil, daß sie die Existenz eines wirksamen schuldrechtlichen Anspruchs im betreffenden Wohnungsgrundbuch vermerkt. Sie nimmt also nicht nur die dingliche Wirkung des Anspruchs vorweg[909], sondern hat außerdem dieselbe Publizitätswirkung wie die Eintragung als Wohnungseigentümer. Diese Eigenschaft qualifiziert die Auflassungsvormerkung als wohnungseigentumsrechtliches Abgrenzungskriterium, welches über die (vorzeitige) Anwendung des WEG entscheidet, in einem höheren Maße als den bloßen notariellen Erwerbsvertrag[910]. Ob ein solcher vorliegt, ist für die weiteren Beteiligten – insbesondere den

[904] Entgegen Röll Rpfleger 1986, 169, 170 ist dieser Funktion nicht nur sekundäre, sondern gleichwertige Bedeutung beizumessen.

[905] Storck S. 172

[906] Lotz-Störmer S. 41

[907] Jennißen S. 79

[908] Weitnauer/Lüke § 10 Anh. Rdn. 3; Weitnauer WE 1986, 92, 94

[909] RGZ 121, 44, 47

[910] Das übersieht Lotz-Störmer S. 41.

Verwalter, soweit nicht seine Zustimmung gemäß § 12 erforderlich ist – kaum erkennbar[911]. Zwar bringt die Vormerkung die gleichen Verzögerungen und Zufälligkeiten wie die Eigentumsumschreibung mit sich[912]. Diese praktischen Schwierigkeiten sind aber im WEG selbst angelegt, weil der Gesetzgeber sich für das Grundbuchsystem entschieden hat. Dem Verwalter ist deshalb zuzumuten, die Wohnungsgrundbücher auf die zwischenzeitliche Eintragung von Auflassungsvormerkungen durchzusehen.

Die letzten Ausführungen machen zudem deutlich, daß es nur auf die *Eintragung* der Auflassungsvormerkung ankommen kann. Zwar tritt die verfügungshindernde Wirkung der Vormerkung bereits mit dem Antrag auf ihre Eintragung ein, da das Grundbuch ihn nach dem Prioritätsgrundsatz des § 17 GBO vorrangig zu bearbeiten hat. Eine unmittelbare dingliche Rechtsposition zum geteilten Grundstück ergibt sich jedoch erst mit der Eintragung[913]. Die Einreichung des Eintragungsantrages hat zudem keine Publizitätswirkung und kann deshalb aus formellen wie praktischen Gründen kein maßgebliches Annäherungsmerkmal sein.

Als weitere subjektive Voraussetzung der antizipierten Anwendung des WEG muß demnach für den Ersterwerber eine Auflassungsvormerkung im Wohnungsgrundbuch eingetragen sein.

bbb) Das Anwartschaftsrecht

Über die Eintragung einer Vormerkung hinaus könnte die Entstehung eines Anwartschaftsrechts in der Person des Ersterwerbers erforderlich sein.

Manche Stimmen[914] benutzen den Begriff des „Anwärters“, ohne erkennen zu lassen, ob sie eine Auflassung voraussetzen oder nicht. Die dingliche Einigung i. S. d. §§ 873, 925 BGB ist aber notwendig, da von einer Anwartschaft nicht gesprochen werden kann, wenn der erste Akt der Eigentumsübertragung noch aussteht[915]. Der Erwerber muß demnach die Auflassungserklärung des Veräußerers empfangen und angenommen haben.

Die Auflassung kann nach herrschender Rechtsansicht das Anwartschaftsrecht nicht nur in Verbindung mit einer Auflassungsvormerkung, sondern auch in Verbindung mit einem Antrag des Erwerbers auf Eigentumseintragung zur Entstehung bringen. Man könnte die vorzeitige Anwendung des WEG daher auch unter diesen Voraussetzungen zulassen.

Die Maßgeblichkeit des Anwartschaftsrechts liegt nahe, weil es bereits nach dem allgemeinen bürgerlichen Recht in gewissem Umfang dem eingetragenen Volleigentum

[911] Bader PiG 25 (1988), 67, 74

[912] Insoweit zutreffend Jennißen S. 79.

[913] Rix S. 47

[914] OLG Karlsruhe OLGZ 1978, 177, 178; Erman/H. Ganten 8. Auflage (1985) § 2 Rdn. 8; Staudinger/Bub § 25 Rdn. 115; BPM/Pick § 3 Rdn. 84; Deckert ETW (Stand: Oktober 1989), Gruppe 4/S. 7; Moritz JZ 1985, 216, 222; Wenzel FachV 2 (1997), 28, 32

[915] Siehe oben Fn. 2.

gleichgestellt wird. Gibt man dem Anwartschaftsberechtigten nicht nur vorzeitig den Eigentumsschutz nach dem BGB, sondern auch die antizipierten Rechte und Pflichten nach dem WEG, so erhält man einen einfachen und einheitlichen Rechtsgrundsatz, wonach der Wohnungsanwärter grundsätzlich dieselben Rechtspositionen einnimmt wie der Wohnungseigentümer. Die Klarheit dieses Grundsatzes darf aber nicht dazu verführen, die unterschiedlichen Zielsetzungen beider Rechtsinstitute aus den Augen zu verlieren. Das Rechtsinstitut des Anwartschaftsrechts regelt die Verfügungszuständigkeit im Sinne einer vermögensmäßigen Zurechnung[916]; es geht um die Frage, ob und ab welchem Zeitpunkt die Position des Erwerbers freiwillig oder zwangsweise verwertet werden kann[917]. Das Rechtsinstitut der werdenden Wohnungseigentümergemeinschaft dient der frühzeitigen Einrichtung einer gleichberechtigten und demokratischen Nutzungs- und Verwaltungsgemeinschaft. Ihre Voraussetzungen sind nach den besonderen Wertungen des WEG zu bestimmen. Ob die Auflassung, der Eintragungsantrag des Erwerbers und das Anwartschaftsrecht insgesamt geeignete Annäherungsmerkmale sind, hängt von den materiellen, formellen und praktischen Bedürfnissen im Wohnungseigentumsrecht ab.

Die Auflassung wird als notwendiges Annäherungsmerkmal nur selten ausdrücklich erwähnt[918], und ihr Erfordernis wird an keiner Stelle materiell begründet. Für sie spricht einerseits, daß nach der dinglichen Einigung auch der Erwerber den Eigentumsübergang regelmäßig nicht mehr verhindern kann (vgl. § 873 Abs. 2 BGB). Der Ersterwerber und der Alleinbegründer haben alles ihrerseits Erforderliche getan, damit das Wohnungseigentum übergehen kann. Der Erwerber oder der Veräußerer braucht nur noch den Eintragungsantrag zu stellen. Anschließend beginnt das grundbuchamtliche Prüfungsverfahren zu laufen, dessen lange Dauer der tatsächliche Anlaß für die vorzeitige Anwendung des WEG ist. Stellt man auf die Auflassung und den Eintragungsantrag des Erwerbers ab, erfaßt man den eigentlichen Verzögerungszeitraum somit am genauesten. Insoweit erscheint das Anwartschaftsrecht, bestehend aus Auflassung und Eintragungsantrag des Erwerbers, als subjektive Voraussetzung der antizipierten WEG-Anwendung gut geeignet.
Andererseits führt das Erfordernis der Auflassung dazu, daß der Ersterwerber regelmäßig wesentlich später zum Mitglied der (werdenden) Wohnungseigentümergemeinschaft wird. Der Alleinbegründer wird die Auflassung i. d. R. nur erklären, wenn der Erwerber den Kaufpreis vollständig bezahlt hat. Hält man die Auflassung nicht für notwendig, kann der Wohnungskäufer hingegen Gemeinschaftsmitglied werden, bevor sich der Veräußerer endgültig zur Übereignung entschieden hat. Um eine rasche Demokratisierung der Gemeinschaft zu ermöglichen, muß das dem Veräußerer zugemutet

---

916 Hägele S. 56

917 Hager JuS 1991, 1

918 BayObLG ZMR 1981, 249, 250; Soergel/Baur 10. Auflage (1968) § 43 Rdn. 8; RGRK/Augustin § 8 Rdn. 36. Ebenso KG OLGZ 1979, 290 für die Annahme einer Ermächtigung zur Stimmrechtsausübung.

werden. Er hat mit der Wohnungsübergabe und – soweit es sich nicht um einen Bauträger handelt (vgl. § 3 Abs. 1 Nr. 2 MaBV) – mit der Bewilligung der Auflassungsvormerkung ein ausreichendes Steuerungsinstrument in der Hand.
Gegen die Auflassung und gegen den Eintragungsantrag des Erwerbers lassen sich außerdem gewichtige formelle und praktische Bedenken ins Feld führen. Beiden Kriterien fehlt jegliche Publizität; sie sind für Außenstehende schwer erkennbar und deshalb grundsätzlich ungeeignet, als Abgrenzungsmerkmale zu fungieren[919]. Den Beteiligten wäre die Pflicht auferlegt, das Datum des Posteingangs beim Grundbuchamt zu erforschen[920]. Zutreffend weist *Wenzel*[921] darauf hin, erforderlich sei der Erwerb „einer rechtlich gesicherten Position, die – abgesehen vom grundbuchmäßigen Vollzug – ihrer Stellung nach der Eintragung in das Grundbuch entspricht". Zwar bedeutet die Auflassung in Verbindung mit dem Eintragungsantrag materiellrechtlich betrachtet einen noch näheren Schritt an die Grundbucheintragung als die Vormerkung, welche lediglich den schuldrechtlichen Anspruch auf die Erklärung der Auflassung absichert. Formellrechtlich betrachtet vermag aber nur die Auflassungsvormerkung den Eigentumseintrag zu ersetzen. Denn nur sie weist in dem betreffenden Wohnungsgrundbuch auf den (zukünftigen) Inhaber des Wohnungseigentumsrechts hin. Insoweit ist die Auflassungsvormerkung das grundbuchrechtliche Äquivalent zu der Eintragung als Wohnungseigentümer. Die Auflassung und der Antrag des Erwerbers auf Eintragung haben diese Eigenschaft nicht.

ccc) Zusammenfassung

In sachenrechtlicher Hinsicht muß für den Ersterwerber eine Vormerkung im jeweiligen Wohnungsgrundbuch eingetragen sein, welche seinen schuldrechtlichen Anspruch auf die Verschaffung eines bestimmten Wohnungseigentums sichert. Hingegen sind die Auflassung und der Eintragungsantrag des Erwerbers als subjektive Voraussetzungen der vorzeitigen WEG-Anwendung untauglich. Allgemein ist kein Anwartschaftsrecht des Erwerbers erforderlich; die Auflassungsvormerkung allein genügt.

---

919 Weitnauer WE 1986, 92, 94; F. Schmidt PiG 27 (1988), 253, 258

920 Jennißen S. 80

921 Wenzel FachV 2 (1997), 28, 32

3. Zusammenfassung

Mit der überwiegenden Rechtsansicht müssen beim Ersterwerber vorliegen

- der (unmittelbare oder mittelbare) Besitz an der Wohnung und
- ein schuldrechtlicher Anspruch auf die Verschaffung eines bestimmten Wohnungseigentums, welcher durch eine Auflassungsvormerkung im Wohnungsgrundbuch gesichert ist.

Da nicht nur ein faktisches, sondern auch ein rechtliches, andererseits kein wirtschaftliches Annäherungsmerkmal erforderlich ist, sollte terminologisch ausschließlich das Attribut des „werdenden" Wohnungseigentümers und der „werdenden" Wohnungseigentümergemeinschaft – quasi als Oberbegriff – verwendet werden. Um das Subjekt der vorzeitigen Anwendung des WEG zu bezeichnen, erscheint der Terminus des „Wohnungsanwärters" nur bedingt geeignet, weil er die Notwendigkeit eines Anwartschaftsrechts nahelegt, welche gerade nicht besteht.

V. Einzelprobleme

Nach der bisherigen Untersuchung steht fest, daß alle Ersterwerber von Wohnungseigentum, welche den Besitz und einen vorgemerkten Anspruch bezüglich einer bestimmten Eigentumswohnung innehaben, vor ihrer Eintragung in die Wohnungsgrundbücher grundsätzlich die Rechte und Pflichten nach dem WEG antizipieren. Im Detail sind jedoch noch Einzelfragen offen, die in der bisherigen Diskussion nur vereinzelt angesprochen worden sind.

1. Der Verlust und die Übertragung des Status „Werdender Wohnungseigentümer"

Die erste Frage lautet, ob und wie die Rechtsstellung des werdenden Wohnungseigentümers, welche seine antizipierten Rechte und Pflichten nach dem WEG umfaßt, verloren gehen und übertragen werden kann.

a) Der Verlust des Status

Nachdem der Status „Werdender Wohnungseigentümer" unter zwei subjektiven Voraussetzungen zuerkannt wird, muß er konsequenterweise verloren gehen, wenn eine der beiden Voraussetzungen wegfällt[922].

Ohne den Besitz einer bestimmten Eigentumswohnung ist der Erwerber nicht mehr an der faktischen Nutzungs- und Verwaltungsgemeinschaft beteiligt. Wenn nach der Verkehrsanschauung die tatsächliche Sachherrschaft über die Wohnung nicht mehr beim Ersterwerber liegt, ist seine Zugehörigkeit zur (werdenden) Wohnungseigentümergemeinschaft sofort beendet.

Ohne einen gesicherten Anspruch fehlt der notwendige rechtliche Bezug zum Wohnungseigentum. Als die Annäherungsmerkmale hauptsächlich der faktischen Entwicklung zum Wohnungseigentümer entnommen wurden, sahen dies einige OLGe anders[923]. Wer aber eine Wohnung bloß tatsächlich nutzt, hat keinerlei verbindliche Beziehung zur künftigen Wohnungseigentümergemeinschaft und darf ihr nicht vorzeitig zugerechnet werden.

Der Ersterwerber kann seine Stellung als werdender Wohnungseigentümer somit verlieren, wenn er den Erwerbsvertrag anficht oder von ihm zurücktritt[924]. Die Folgen sind unterschiedlich:

Erfolgt der Rücktritt vom Erwerbsvertrag, wandelt sich dieser in ein Rückgewährschuldverhältnis um. Der Ersterwerber behält seine bis dato entstandenen Rechtspositionen und ist wie ein ausgeschiedener Wohnungseigentümer zu behandeln. Insbesondere haftet er weiterhin für die während seiner Zugehörigkeit zur Gemeinschaft entstandenen Beiträge[925].

---

[922] Weitnauer WE 1986, 92, 95; Wenzel FachV 2 (1997), 28, 37

[923] OLG Karlsruhe OLGZ 1978, 177; OLG Köln MDR 1981, 408

[924] Brych/Pause Rdn. 453; H. Müller Praktische Fragen Rdn. 292 a. E.

[925] Wenzel FachV 2 (1997), 28, 37 f.

Wird der Erwerbsvertrag angefochten, verliert der Ersterwerber seinen schuldrechtlichen Anspruch rückwirkend (§ 142 Abs. 1 BGB). Seine Anwärterposition und Beitragspflicht sind zu keinem Zeitpunkt begründet worden[926]. Er ist so zu stellen, als wäre er niemals Mitglied der Wohnungseigentümergemeinschaft gewesen.

b) Die Übertragung des Status

Für das Gründungsstadium der Wohnungseigentümergemeinschaft wird verbreitet[927] die Auffassung geäußert, der rechtliche Status des werdenden Wohnungseigentümers könne durch Abtretung des gesicherten Anspruchs und Übertragung des Wohnungsbesitzes vom ursprünglichen Ersterwerber auf eine andere Person übertragen werden. Der Empfänger habe dann materiell- und verfahrensrechtlich dieselbe Stellung wie sein Rechtsvorgänger[928].

Im Gemeinschaftsstadium der (echten) Wohnungseigentümergemeinschaft hat das BayObLG[929] die Übertragbarkeit des Status hingegen abgelehnt. Der Rechtsnachfolger eines Wohnungsanwärters könne keine stärkere Rechtsstellung erlangen als der Rechtsnachfolger eines eingetragenen Volleigentümers. Daher endeten die Rechte und Pflichten als Mitglied der werdenden Wohnungseigentümergemeinschaft erst mit der Eintragung des Rechtsnachfolgers im Grundbuch. Im Bauträgerfall bedeutet diese herrschende Rechtsauffassung: Wenn E1 und E2 (neben B) werdende Wohnungseigentümer sind und E1 als erster Ersterwerber in das Wohnungsgrundbuch eingetragen wird, behält E2 nach der Rechtsprechung des BayObLG in jedem Fall seine Rechtsstellung als werdender Wohnungseigentümer. Überträgt E2 *vor* der Eintragung des E1 den Wohnungsbesitz und den gesicherten Anspruch auf Z, so wird dieser anstelle des E2 zum werdenden Wohnungseigentümer. Geschieht dasselbe *nach* der Eintragung des E1, so soll E2 seine Rechte und Pflichten als werdender Wohnungseigentümer erst mit der Eintragung des Z an diesen verlieren, genauso wie ein Zweiterwerber, der vom eingetragenen Wohnungseigentümer E1 erwirbt, erst mit der Umschreibung des Wohnungseigentums Mitglied der Gemeinschaft würde.

Das Beispiel zeigt nochmals, daß die Differenzierung anhand der Gemeinschaftsentstehung den schutzwürdigen Interessen der Beteiligten nicht gerecht wird. Denn die zwischenzeitliche Eintragung des E1 geht weder E2 noch Z etwas an. Ob die Rechtsstellung des werdenden Wohnungseigentümers übertragen werden kann, ist vielmehr für alle Ersterwerber einheitlich zu beantworten.

Dabei ist die Übertragung des Status nicht in einem technischen Sinne zu verstehen. Übertragen wird nicht die Rechtsstellung als solche, sondern die Annäherungsmerkmale, aufgrund derer ein werdender Wohnungseigentümer anerkannt und das WEG analog angewendet wird. Entsprechend wird normalerweise das Wohnungseigentums-

---

[926] Wenzel a. a. O.

[927] Weitnauer a. a. O; Seuß FS Bärmann und Weitnauer (1990), 599, 603; Wenzel a. a. O.

[928] Weitnauer a. a. O.

[929] BayObLG NJW 1990, 3216, 3218. Zustimmend BPM/Merle vor § 43 Rdn. 7; Wenzel a. a. O.

recht übertragen, an welches sich die direkte Anwendung des WEG anknüpft. Da die vorzeitige Anwendung des WEG aber von zwei subjektiven Voraussetzungen abhängt, ist grundsätzlich kein nahtloser Mitgliedswechsel in der (werdenden) Wohnungseigentümergemeinschaft möglich. Vielmehr ist ein gewisser „Leerlauf" unvermeidbar, während dessen das jeweilige Wohnungseigentum keine vorzeitige Mitgliedschaft vermittelt. Der ursprüngliche Ersterwerber verliert (mittels Übergabe) seinen Wohnungsbesitz *oder* (mittels Abtretung) seinen vorgemerkten Anspruch und damit seine Eigenschaft als werdender Wohnungseigentümer. Im Anschluß stellt sich die Frage, ob die Rechtsstellung in der Person des jetzigen Ersterwerbers kraft Gesetzes neu entsteht, sobald er den Wohnungsbesitz *und* den Anspruch erlangt hat.
An den schutzwürdigen Demokratisierungsinteressen der Ersterwerber ändert sich durch die Übertragung von Wohnungsbesitz und Übereignungsanspruch nichts. Sobald der ursprüngliche Ersterwerber seine Stellung als werdender Wohnungseigentümer verliert, ist die Gestaltungsmacht wieder allein beim teilenden Eigentümer. Die vorübergehende Verdoppelung und ggf. (bei einem Objekt-/Anteilsstimmrecht) parallele Einschränkung der Rechtspositionen entfällt. Bekommt nun ein neuer Erwerber den Wohnungsbesitz und den durch Vormerkung gesicherten schuldrechtlichen Bezug zum Wohnungseigentum, hat er ein schutzwürdiges Interesse an der (erneuten) Verteilung der Gestaltungsmacht. Denn *er* ist nunmehr der Ersterwerber, welcher das volle Wohnungseigentum erstmalig direkt vom Teilenden erhält. Der ursprüngliche Ersterwerber und werdende Eigentümer ist ja aus der Gemeinschaft ausgeschieden.
Die Rechtsstellung als werdender Wohnungseigentümer kann somit mittels Wohnungsübergabe und Abtretung des vorgemerkten Anspruchs „übertragen" werden.

2. Der Gutglaubensschutz (§§ 891 ff. BGB)

Fraglich ist, inwieweit Dritte in ihrem guten Glauben daran geschützt werden, daß ein Erwerber die subjektiven Voraussetzungen eines werdenden Wohnungseigentümers erfüllt. Der Schutz darf nicht weiter gehen als der Schutz des guten Glaubens an die Eigenschaft als (eingetragener) Wohnungseigentümer.

a) Der gute Glaube an das „volle" Wohnungseigentum

Gemäß § 891 BGB hat die Praxis der Wohnungseigentümer grundsätzlich von der gesetzlichen Vermutung der Richtigkeit des im Grundbuch eingetragenen Eigentumsrechts auszugehen[930].
Ein eingetragenes Wohnungseigentumsrecht kann darüber hinaus nach Maßgabe des § 892 BGB gutgläubig erworben werden[931]. Der Erwerber wird dadurch zum vollen Mitglied der Wohnungseigentümergemeinschaft. Allerdings ist zweifelhaft, ob § 892 BGB auch auf den Erwerb unter Miteigentümern, und damit auf den Erwerb unter Wohnungseigentümern, anwendbar ist. Miteigentümer sind gemeinschaftlich berech-

[930] KG v. 17.5.89 – 24 W 5147/88 = ZMR 1989, 388, 389 = WuM 1989, 456, 457
[931] BPM/Pick § 3 Rdn. 87 ff.

tigt. Der Schutz des § 892 BGB soll jedoch nur Außenstehenden im Rahmen eines sog. Verkehrsgeschäfts gewährt werden, nicht einem im Grundbuch eingetragenen Verband, der sich anderweitig über die Rechtslage unterrichten kann[932]. Diejenigen, welche deshalb den Gutglaubensschutz nicht nur beim Erwerb unter Gesamthandseigentümern, sondern auch unter Miteigentümern ablehnen[933], verkennen, daß jeder Bruchteilsberechtigte frei über seinen Anteil verfügen kann (§ 747 S. 1 BGB)[934]. Der Erwerber eines Miteigentumsanteils erhält einen verselbständigten Gegenstand. Dies gilt in gesteigertem Maße für den Erwerber von Wohnungseigentum, welcher mit dem Sondereigentum eine Sphäre des Alleineigentums dazu bekommt. § 892 BGB findet daher auch unter Wohnungseigentümern Anwendung.
Schließlich zeigt § 893 BGB eine gewisse Wirkung im Hinblick auf die in Wirklichkeit nicht bestehende Mitgliedschaft eines unrichtigerweise im Grundbuch eingetragenen Wohnungseigentümers. Der Buch-/Scheineigentümer hat zwar weder Nutzungs- und Verwaltungsbefugnisse noch Beitragspflichten[935]. Nimmt er jedoch zusammen mit den anderen Eigentümern ein nicht unter § 892 BGB fallendes Verfügungsgeschäft vor, so gilt zu deren Gunsten das Grundbuch gemäß § 893 BGB 2. Alt. als richtig. Das betrifft, worauf zuerst *Weitnauer*[936] hingewiesen hat, insbesondere die Beschlußfassung. Wenn der Scheineigentümer mitabstimmt, soll es sich nach Weitnauer stets um eine Verfügung über das Wohnungseigentumsrecht handeln, die der wirklich Berechtigte zum Schutz der gutgläubigen Miteigentümer gegen sich gelten lassen muß. Ausführlich untersucht wurde dieser Ansatz von *Bornheimer*[937], der nur solchen Beschlüssen Verfügungscharakter zuschreibt, die das Mitgliedschaftsrecht des Wohnungseigentümers inhaltlich ändern und dadurch unmittelbar in den grundlegenden Status des Wohnungseigentümers eingreifen. Dazu zählt er Beschlüsse, welche die Art und Weise der Kosten- und Lastenverteilung ändern, neue Pflichten begründen, Sondernutzungsrechte beeinträchtigen oder die Stimmkraft beeinflussen. Nicht darunter faßt er Beschlüsse über den Abschluß von Versicherungen, über Maßnahmen der Instandhaltung/-setzung oder über die Bestellung oder Abberufung eines Verwalters. Hier will Bornheimer § 893 2. Alt BGB analog anwenden, da es für die übrigen Wohnungseigentümer unzumutbar sei, wenn der wirkliche Wohnungseigentümer sämtliche Beschlüsse nachträglich anfechten könne. Das bedeute eine unnötige Verzögerung der ordnungsgemäßen Verwaltung des Gemeinschaftseigentums. Auf diese Weise gelangt Bornheimer letztlich zu demselben Ergebnis wie Weitnauer. *Bub* sieht den Verfügungscharakter bei sog. vereinbarungsersetzenden Beschlüssen gegeben[938].

---

[932] Soergel/Stürner § 892 BGB Rdn. 21

[933] OLG Köln LZ 1930, 1128; BPM/Pick 2. Auflage § 3 Rdn. 87; RGRK/v. Gamm § 747 BGB Rdn. 2; Soergel/Stürner § 892 BGB Rdn. 24; aA Palandt/Bassenge § 892 BGB Rdn. 8

[934] Staudinger/Gursky § 892 BGB Rdn. 100

[935] BGH NJW 1994, 3352, 3353; KG WuM 2001, 353

[936] Weitnauer WE 1988, 3. Ihm folgend Weitnauer/Lüke § 25 Rdn. 7.

[937] Bornheimer S. 40 ff.

[938] Staudinger/Bub § 25 Rdn. 118

Unter § 893 2. Alt. BGB fallen Rechtsgeschäfte, die eine Verfügung über das Wohnungseigentumsrecht enthalten. Durch eine Verfügung wird ein Recht unmittelbar übertragen, inhaltlich geändert, belastet oder aufgehoben. Im Rahmen des § 893 2. Alt. BGB sind dies zum Beispiel die Inhaltsänderung (§ 877 BGB), die Rangänderung (§ 880 BGB), die Kündigung eines Grundpfandrechts (§§ 1141, 1193, 1202 BGB), die Aufhebung und der Verzicht auf ein Recht (§§ 875, 1183, 1168 BGB), nicht aber Verpflichtungsgeschäfte oder eine Prozeßführung[939]. Der wahre Berechtigte muß also das Verfahren eines Scheineigentümers nach § 43 nicht gegen sich gelten lassen. Dagegen sind Beschlüsse, die eine Verfügung über das Wohnungseigentumsrecht zum Gegenstand haben, möglich. Und auch Vereinbarungen der Wohnungseigentümer können Rechtsgeschäfte i. S. d. § 893 2. Alt. BGB sein. Fraglich ist nur, wie weit man den Kreis der Verfügungen hinsichtlich des Wohnungseigentums ziehen muß.

Jedenfalls erfaßt sind Vereinbarungen und vereinbarungsersetzende Beschlüsse, welche die *sachenrechtliche Zuordnung* der Wohnungseigentumsrechte verändern, also die Miteigentumsquoten und Sondereigentumsgegenstände. Diese Rechtsgeschäfte betreffen das Wohnungseigentum unmittelbar.

Bedenken bestehen hingegen, wenn man auch Änderungen des *mitgliedschaftlichen Gemeinschaftsverhältnisses* unter § 893 2. Alt. BGB fassen will. Bornheimers Beschränkung auf „unmittelbare Eingriffe in das Mitgliedschaftsrecht" und „die Begründung neuer Pflichten" ist zu unbestimmt. Zudem ergeben sich Wertungswidersprüche: Warum soll der Beschluß über eine Instandsetzungsmaßnahme gemäß § 893 BGB unanfechtbar sein, nicht aber der Beschluß über die Kostenverteilung? Eine eindeutige Abgrenzung ist daher nur gewährleistet, wenn man entweder alle Verfügungen über die Mitgliedschaft in den Schutz gemäß § 893 2. Alt. BGB einbezieht oder gar keine.

Gegen die Einbeziehung spricht der Normcharakter des § 893 2. Alt. BGB als Ausnahmevorschrift, welche nicht für bloße Verpflichtungsgeschäfte gilt[940]. Diese gesetzliche Wertung wird mißachtet, wenn man jede Änderung der mitgliedschaftlichen Rechte und Pflichten als eine Verfügung über das Wohnungseigentum betrachtet. Vereinbarungen und Beschlüsse über eine inhaltliche Modifizierung der Mitgliedschaft sind wie ein Änderungsvertrag stets verfügender Natur, da sie das Gemeinschaftsverhältnis als bestehendes Schuldverhältnis der Wohnungseigentümer untereinander betreffen. Damit ist aber noch nicht gesagt, daß Verfügungen über die Mitgliedschaft auch Verfügungen über das Wohnungseigentum darstellen. Die Mitgliedschaft in der Wohnungseigentümergemeinschaft ist lediglich mit der Inhaberschaft des Wohnungseigentums verbunden. Sie läßt sich als mittelbarer, nicht als unmittelbarer Inhalt des Wohnungseigentums begreifen. Durch eine Verfügung über die Mitgliedschaft wird das Wohnungseigentum nicht unmittelbar geändert. Eine Inhaltsänderung des Wohnungseigentums, die nur rein personenrechtliche Beziehungen aus der Gemeinschaftsordnung betrifft, ist keine Verfügung über das Wohnungseigentum[941].

---

[939] BPM/Pick § 3 Rdn. 91; Münch.Komm./Wacke § 893 BGB Rdn. 10; Staudinger/Gursky § 893 BGB Rdn. 20, 32

[940] Staudinger/Bub § 25 Rdn. 118; Jauernig § 893 BGB Rdn. 1

[941] BPM/Pick § 3 Rdn. 52 im Anschluß an Bärmann WEG 1. Auflage § 3 Anm. II, S. 248 f.

Vereinbarungen und Beschlüsse, die lediglich die mitgliedschaftlichen Rechte und Pflichten des Wohnungseigentümers zum Gegenstand haben, fallen demnach nicht unter § 893 2. Alt. BGB. Der Gutglaubensschutz umfaßt vielmehr nur eine Änderung der sachenrechtlichen Zuordnung der Wohnungseigentumsrechte.

b) Der gute Glaube an das „werdende" Wohnungseigentum

Zu untersuchen ist nun, ob es einen vergleichbaren Schutz des guten Glaubens an die Stellung als werdender Wohnungseigentümer geben kann. Diese Eigenschaft wird durch die beiden subjektiven Voraussetzungen des Wohnungsbesitzes und des vorgemerkten Auflassungsanspruchs begründet. Hinsichtlich des Wohnungsbesitzes scheidet ein Gutglaubensschutz von vornherein aus. Um ein Mitglied der (werdenden) Wohnungseigentümergemeinschaft zu sein, muß der Ersterwerber in jedem Falle die tatsächliche Sachherrschaft über eine Wohnung erlangt haben.

Hinsichtlich des vorgemerkten Auflassungsanspruchs kommt eine Anwendung der §§ 891 ff. BGB in Betracht. Nach Meinung des *BayObLG*[942] erzeugt die unrichtige Eintragung der Auflassungsvormerkung „auf dem öffentlichen Glauben des Grundbuchs beruhende Rechtswirkungen (§§ 891 ff. BGB), vermag aber die fehlende Rechtsstellung als werdender Eigentümer nicht zu ersetzen". Im konkreten Fall lehnte das Gericht sowohl die Beteiligtenstellung im Verfahren des § 43 Abs. 4 als auch die Mithaftung gemäß § 16 Abs. 2 ab. Wie die Rechtswirkungen der §§ 891 ff. BGB sich im einzelnen darstellen, hat das BayObLG jedoch offen gelassen.

Im Rahmen des § 891 BGB ist zu beachten, daß das Bestehen der eingetragenen Vormerkung gemäß § 891 Abs. 1 BGB nur dann vermutet wird, wenn die Existenz des vorgemerkten Anspruchs bewiesen ist[943]. Auch der Gutglaubensschutz gemäß den §§ 892, 893 BGB bezieht sich allein auf die Vormerkung, nicht auf den gesicherten Anspruch.

Entsprechend wird ein gutgläubiger Erwerb der Vormerkung gemäß den §§ 892, 893 BGB (analog) nur zugelassen, wenn der zugrundeliegende Anspruch dem Erwerber tatsächlich zusteht[944]. Hat ein Ersterwerber daher sowohl den Wohnungsbesitz als auch den Auflassungsanspruch inne und bestellt ihm der in Wahrheit nichtberechtigte Alleinbegründer gemäß § 883 Abs. 1 BGB eine Vormerkung, so erwirbt der Ersterwerber nicht nur gutgläubig die Vormerkung, sondern er erhält auch den Status eines werdenden Wohnungseigentümers mit allen Rechten und Pflichten. Soweit man den gutgläubigen Zweiterwerb einer Vormerkung für möglich erachtet, kann ein ursprüng-

---

[942] BayObLG v. 5.10.95 – 2 Z 91-93/95 = FGPrax 1995, 232 = WE 1996, 399 = NJW-RR 1996, 334 = MDR 1996, 95 = WuM 1995, 736 = WE 1996, 438. In diese Richtung bereits BPM/Bärmann 2. Auflage Einl. Rdn. 190.

[943] Münch.Komm./Wacke § 891 BGB Rdn. 7; Soergel/Stürner § 891 BGB Rdn. 7; Staudinger/Gursky § 891 BGB Rdn. 11 m. w. N.

[944] BGHZ 25, 16, 23; Soergel/Stürner § 893 BGB Rdn. 5; Münch.Komm./Wacke § 893 BGB Rdn. 11; Staudinger/Gursky § 892 BGB Rdn. 45; Palandt/Bassenge § 885 BGB Rdn. 12; Jauernig § 891 BGB Rdn. 2

licher Ersterwerber sogar einen späteren Erwerber zum werdenden Wohnungseigentümer machen[945]. Im Hinblick auf § 892 BGB entspricht die Rechtslage somit derjenigen beim Volleigentum.
Fraglich ist, ob das auch hinsichtlich der Beteiligung eines Scheinvormerkungsberechtigten an Vereinbarungen und Beschlüssen zutrifft, welche eine Verfügung über das Wohnungseigentum enthalten. Gemäß § 893 2. Alt. BGB könnte er insoweit als wahrer Inhaber des vorgemerkten Anspruchs und damit als werdender Wohnungseigentümer gelten.
Ist der Ersterwerber zwar Besitzer der Wohnung, aber nicht Inhaber des Auflassungsanspruchs, kann § 893 2. Alt. BGB keine solche Wirkung entfalten, weil er nur den guten Glauben an die Vormerkung, nicht den guten Glauben an die Existenz des gesicherten Anspruchs schützt. Nimmt der vorgemerkte Ersterwerber nach einer Anfechtung oder nach einem Rücktritt vom Erwerbsvertrag an einer Vereinbarung oder Beschlußfassung teil, muß sich der Alleinbegründer und wahre Wohnungseigentümer das Ergebnis demnach nicht gemäß § 893 BGB entgegenhalten lassen.
Ist der Ersterwerber sowohl Wohnungsbesitzer als auch Anspruchsinhaber, und wurde ihm nur die Vormerkung unwirksam bestellt, so kann § 893 BGB trotzdem nicht zur Unanfechtbarkeit des Verfügungsgeschäfts führen. Denn das Recht i. S. d. § 893 2. Alt. BGB, über welches „in Ansehung" verfügt wird, ist nicht die Auflassungsvormerkung, sondern nach wie vor das eingetragene Wohnungseigentumsrecht. Ein „werdendes" Wohnungseigentum, über das verfügt werden könnte, existiert nicht. Der Gutglaubensschutz des § 893 BGB entfaltet somit keinerlei Wirkung gegenüber dem Alleinbegründer und den Mitwohnungseigentümern[946]. Hier unterscheidet sich die Rechtslage von derjenigem beim Volleigentum. Der Unterschied ist aber berechtigt, da die Eintragung einer Auflassungsvormerkung zugunsten des werdenden Wohnungseigentümers ein „minus" gegenüber der Eintragung als (echter) Wohnungseigentümer darstellt. Insbesondere können die werdenden Wohnungseigentümer im Gründungsstadium einfacher aus der Gemeinschaft ausscheiden als ein eingetragener Eigentümer. Dann aber ist es auch gerechtfertigt, an eine zu Unrecht eingetragene Vormerkung geringere Wirkungen zu knüpfen als an ein zu Unrecht eingetragenes Wohnungseigentum.

---

[945] Beispiel: Der Ersterwerber E1 ist Wohnungsbesitzer und Anspruchsinhaber. Der Alleinbegründer B bestellt ihm unwirksam eine Vormerkung, so daß E1 nicht zum werdenden Wohnungseigentümer wird. Überträgt E1 aber dem E2 den Wohnungsbesitz und den (unwirksam) vorgemerkten Anspruch, kann dieser gutgläubig die Vormerkung und gleichzeitig die Stellung als werdender Wohnungseigentümer erwerben.

[946] Selbst wenn § 893 2. Alt. BGB auf die Mitwirkung eines Scheinvormerkungsberechtigten anwendbar wäre, würde sich nach dem hier vertretenen Verständnis einer Verfügung über das Wohnungseigentum am Ergebnis nichts ändern. Danach sind nämlich ausschließlich Vereinbarungen und vereinbarungsersetzende Beschlüsse über die sachenrechtliche Zuordnung der Wohnungseigentumsrechte als Verfügungsgeschäfte i. S. d. § 893 2. Alt. BGB anzuerkennen. Die sachenrechtliche Umgestaltung der Wohnungseigentümergemeinschaft fällt jedoch gerade nicht unter die (antizipierte) Verwaltungsbefugnis der werdenden Wohnungseigentümer (siehe oben S. 50). Ihre Stimmabgabe wäre insoweit nichtig.

3. Die Unanwendbarkeit bestimmter WEG-Vorschriften

Abschließend soll geprüft werden, ob es in den §§ 10 ff. Vorschriften über die Gemeinschaft der Wohnungseigentümer gibt, die auf die werdenden Wohnungseigentümer nicht anwendbar sind.

a) Die dingliche Wirkung eingetragener Vereinbarungen (§ 10 Abs. 2)

Gemäß § 10 Abs. 2 wirken Vereinbarungen der Wohnungseigentümer gegen ihre Sondernachfolger nur, wenn sie als Inhalt des Sondereigentums im Grundbuch eingetragen sind. Es stellt sich daher die Frage, ob diese Schutzvorschrift, welche eine unangenehme Überraschung der Sondernachfolger durch unbekannte Teile der Gemeinschaftsordnung verhindern soll, auch bezüglich Vereinbarungen gilt, an denen werdende Wohnungseigentümer mitgewirkt haben.
Unabdingbare Voraussetzung der Anwendung des § 10 Abs. 2 ist, daß überhaupt Sondereigentum besteht, damit Vereinbarungen als sein Inhalt eingetragen werden können. Es müssen daher wirksam Wohnungseigentumsrechte begründet, die Wohnungsgrundbücher also bereits angelegt worden sein[947]. Hier zeigt sich ein weiteres Mal, daß die Anlegung der Wohnungsgrundbücher als objektive Voraussetzung der vorzeitigen Anwendbarkeit des WEG unverzichtbar ist. Im übrigen ist die analoge Anwendung des § 10 Abs. 2 umstritten.
Gegen die Analogie wendet sich *Pick*[948]: Wenn ein Beteiligter im Vorstadium der Wohnungseigentümergemeinschaft ausscheide, trete der Erwerber seiner Rechte unmittelbar in die Gemeinschaft ein, so wie sie bestehe. Er könne sich nicht auf § 10 Abs. 2 berufen, da er noch kein grundbuchmäßiges Recht erworben habe.
Hägele[949] läßt die analoge Anwendung des § 10 Abs. 2 in beschränktem Umfang zu: Zum Schutze des Sondernachfolgers könne es keinen Unterschied machen, ob die Wohnungseigentumsrechte noch nicht für die werdenden Wohnungseigentümer, sondern für den nach § 8 teilenden Veräußerer eingetragen seien. Daher werde der Sondernachfolger an nicht eingetragene Vereinbarungen der werdenden Wohnungseigentümer und nicht eingetragene einseitige Regelungen des Veräußerers nicht gebunden. Allerdings betont Hägele an anderer Stelle[950]: „Solange die werdenden Raumeigentümer nicht im Wohnungsgrundbuch eingetragen sind, können auch ihre Vereinbarungen nicht eingetragen werden, das heißt daß die Spezialregelung des § 10 Abs. 2 grundsätzlich keine Anwendung finden kann." Hägele bejaht somit einerseits die negative Bindung des Sondernachfolgers an nicht eingetragene Teile der Gemeinschaftsordnung gemäß § 10 Abs. 2. Andererseits verneint er die (positive) Eintragungsfähigkeit von Vereinbarungen werdender Eigentümer.

---

[947] BGH ZMR 1967, 360

[948] BPM/Pick § 10 Rdn. 2 im Anschluß an BPM/Bärmann 2. Auflage (1973) Einl. Rdn. 190

[949] Hägele S. 72

[950] Hägele S. 71

Ringe[951] befürwortet dagegen nicht nur die Unverbindlichkeit nicht eingetragener Vereinbarungen der (werdenden) Wohnungseigentümer, sondern darüber hinaus wohl auch deren Eintragungsfähigkeit. Seiner Ansicht ist aufgrund folgender Erwägungen zuzustimmen:

Wenn man den noch nicht eingetragenen Ersterwerbern die Möglichkeit gibt, an Vereinbarungen mit dem Alleinbegründer und den übrigen (werdenden) Wohnungseigentümern mitzuwirken, dann müssen die Vereinbarungen auch eintragungsfähig sein. Anderenfalls entstünde in der Gemeinschaftsordnung ein Zweiklassenrecht: Sie enthielte einerseits Vereinbarungen, welche nur bei entsprechender Eintragung gemäß § 10 Abs. 2 gegen Sondernachfolger wirken würden, weil sie ausschließlich von eingetragenen Eigentümern getroffen wurden. Andererseits existierten Vereinbarungen, die generell nicht eingetragen werden könnten, weil an ihnen auch werdende Wohnungseigentümer mitgewirkt haben. Was die Bindung von Sondernachfolgern an solche Vereinbarungen der (werdenden) Eigentümer angeht, könnte man in gegensätzliche Richtungen argumentieren: Entweder man sieht sie zwar als Vereinbarungen „der [werdenden] Wohnungseigentümer" i. S. d. § 10 Abs. 2 an, verneint dann aber folgerichtig ihre Verbindlichkeit mangels Eintragung im Wohnungsgrundbuch (so *Hägele* und *Ringe*). Oder man begreift sie schon tatbestandsmäßig nicht als Vereinbarungen i. S. d. § 10 Abs. 2. Dann könnten sie auch ohne Grundbucheintragung gegen den Sondernachfolger Wirkung erlangen, sobald dieser in die Rechte und Pflichten des Veräußerers eintritt (so *Pick*). In jedem Falle könnten die (künftigen) Gemeinschaftsmitglieder nicht einheitlich entscheiden, ob sie eine bestimmte Vereinbarung im Grundbuch eintragen und dadurch an der Wirkung gegen Sondernachfolger teilhaben lassen wollen oder nicht.

Es ist daher eine Lösung vorzuziehen, nach der auch die Vereinbarungen werdender Eigentümer im Wohnungsgrundbuch eingetragen werden können und die Rechtsfolge des § 10 Abs. 2 auslösen. Dafür müssen die Probleme gelöst werden, welche die Beweismittelbeschränkung im Eintragungsverfahren mit sich bringt. So kann der Übergang des Wohnungsbesitzes und damit der Status des werdenden Wohnungseigentümers nicht in der Form des § 29 GBO nachgewiesen werden. Diese formellrechtlichen Schwierigkeiten haben das *BayObLG*[952] nicht davon abgehalten, die alleinige Normsetzungsbefugnis des Alleinbegründers mit der potentiellen Entstehung der werdenden Wohnungseigentümergemeinschaft durch die Eintragung der ersten Auflassungsvormerkung enden zu lassen. Mit dieser Entscheidung wurde letztlich der Eintragungsfähigkeit von Vereinbarungen werdender Wohnungseigentümer der Weg geebnet. Sie kann nämlich unter der Einschränkung anerkannt werden, daß das Grundbuchamt lediglich die *potentielle* Eigenschaft der werdenden Eigentümer zu überprüfen hat, wie sie durch die Eintragung einer Auflassungsvormerkung vermittelt wird. Wenn neben dem Alleinbegründer genau alle Vormerkungsberechtigten an der Vereinbarung mitgewirkt haben, kann die Vereinbarung eingetragen werden. Dadurch ist sichergestellt,

---

[951] Ringe S. 104 f., 147

[952] BayObLGZ 1993, 259, 261 f. (siehe oben Fn. 524)

daß nur Vereinbarungen zum Inhalt des Sondereigentums werden, denen alle eingetragenen und werdenden Wohnungseigentümer zugestimmt haben. Allenfalls werden mehr Zustimmungen eingeholt, als in Wirklichkeit erforderlich wären, soweit einige der Vormerkungsberechtigten noch keine Wohnungsbesitzer sind. Diese mögliche Abweichung von den tatsächlichen Umständen ist im Interesse der Rechtssicherheit hinzunehmen. Daß der Prüfungsumfang des Grundbuchamtes aufgrund der eingeschränkten Beweismittel nicht immer alle materiellrechtlichen Wirksamkeitsvoraussetzungen vollständig abdecken kann und muß, ist bereits aus anderen Rechtsbereichen bekannt[953].

Der Sondernachfolger wird durch die Eintragungsfähigkeit der Vereinbarungen werdender Eigentümer nicht benachteiligt. Er kann den als Inhalt seines angestrebten Wohnungseigentums eingetragenen Vereinbarungen nicht entnehmen, ob an ihnen auch werdende Wohnungseigentümer mitgewirkt haben. Er braucht diese Erkenntnismöglichkeit auch nicht. Wenn eine Vereinbarung eingetragen ist, muß er sich in jedem Fall an sie gebunden fühlen.

Die werdenden Wohnungseigentümer können ihre Vereinbarungen somit eintragen lassen. Dann aber muß auch der Schutz des § 10 Abs. 2 zugunsten der Sondernachfolger eingreifen. Nicht eingetragene Vereinbarungen können ihnen gegenüber keine nachteilige Wirkung entfalten.

Die Schutzvorschrift des § 10 Abs. 2 kann daher sowohl im Tatbestand als auch in der Rechtsfolge Anwendung auf die Vereinbarungen werdender Wohnungseigentümer finden, wenn man den Prüfungsumfang des Grundbuchamtes auf die Auflassungsvormerkung beschränkt.

b) Die Unauflöslichkeit der Gemeinschaft (§ 11)

Die Vorschrift des § 11 zerfällt in zwei Absätze: Abs. 1 bestimmt in Abweichung von § 749 BGB, daß kein Wohnungseigentümer die Aufhebung der Gemeinschaft verlangen kann (sog. Unauflöslichkeitsprinzip), Abs. 2 erweitert den Ausschluß des Aufhebungsverlangens auf Dritte, das heißt Pfändungsgläubiger und Insolvenzverwalter.

Schon früh hat *Bärmann*[954] eine Anwendung des § 11 auf die nicht eingetragenen Ersterwerber von Wohnungseigentum mit dem Argument abgelehnt, der besondere Schutz des § 11 könne gegenüber dem Rechtsverkehr nur dann zum Zuge kommen, wenn das Bestehen der Wohnungseigentümergemeinschaft nach außen manifestiert sei. Dem hat *Groß*[955] entgegengehalten, gerade der Schutzzweck des § 11 erfordere es, daß kein werdender Wohnungseigentümer seine Rechtsposition durch eine Auflösung der Gemeinschaft gegen seinen Willen verlieren dürfe. Auch *Hägele*[956] meint, die werdenden Wohnungseigentümer müßten vor dem Verlangen eines der ihren oder eines Pfän-

[953] Siehe oben Fn. 528 und Palandt/Heinrichs vor § 8 AGBG Rdn. 8.

[954] Bärmann Das Haus 1967, Heft 5, 28, 32

[955] Groß S. 195

[956] Hägele S. 78 ff. Ihm folgend BPM/Pick § 1 Rdn. 138 und Ringe S. 116 f.

dungsgläubigers, daß bisher angesammelte Verwaltungsvermögen aufzulösen, durch die vorzeitige Geltung des Unauflöslichkeitsprinzips geschützt werden.
Nach dem hier vertretenen Verständnis der Rechtsstellung des werdenden Wohnungseigentümers stellt sich das Problem der vorzeitigen Anwendung des § 11 nicht. Das Bedürfnis, den werdenden Eigentümer daran zu hindern, die Aufhebung des Sondereigentums (und des Miteigentums) zu verlangen, kommt nämlich nur dann in Betracht, wenn jener den Aufhebungsanspruch überhaupt innehaben kann. Der Anspruch auf Aufhebung der Gemeinschaft steht jedoch nur einer Person zu, die zur sachen- und vermögensrechtlichen Auseinandersetzung des ideell geteilten Rechts berufen ist. Die Zerlegung von Bruchteilseigentum in real geteiltes Eigentum unter Aufhebung der Gemeinschaft ist eine Verfügung über den gemeinschaftlichen Gegenstand[957]. Die Verfügungsbefugnis hinsichtlich der Wohnungseigentumsrechte steht jedoch nach wie vor ausschließlich dem teilenden Eigentümer zu. Nur er entscheidet über die Aufhebung des Sondereigentums, allein seinem Vermögen wird ein evtl. Veräußerungserlös zugeordnet[958].
Der werdende Wohnungseigentümer kann daher in keinem Fall die Aufhebung der Gemeinschaft verlangen, ohne daß es auf eine Anwendung des § 11 Abs. 1 ankommt. Entsprechendes gilt im Hinblick auf § 11 Abs. 2, wenn ein Gläubiger des Ersterwerbers in dessen gesicherten Anspruch auf Verschaffung von Wohnungseigentum vollstreckt. Aus dieser Rechtsstellung kann sich auch für einen Dritten kein Anspruch auf Aufhebung der Wohnungseigentümergemeinschaft ergeben.

c) Die Eintragung einer Veräußerungsbeschränkung (§ 12)

Unter Durchbrechung des § 137 S. 1 BGB erlaubt es § 12 den Wohnungseigentümern, eine absolut wirkende Veräußerungsbeschränkung als Inhalt des Sondereigentums eintragen zu lassen. Im Rahmen der Teilungserklärung des Alleinbegründers oder einer späteren Vereinbarung der Gemeinschafter kann bestimmt werden, „daß ein Wohnungseigentümer zur Veräußerung seines Wohnungseigentums der Zustimmung anderer Wohnungseigentümer oder eines Dritten bedarf“. Es handelt sich um eine besondere Vereinbarung, welche zur Wirksamkeit – in Abweichung von § 10 Abs. 2 – der Eintragung in das Grundbuch schlechthin bedarf[959]. Ohne die Zustimmung darf das Grundbuchamt die Umschreibung nicht vornehmen (Grundbuchsperre)[960]. Fraglich ist, inwieweit § 12 analoge Anwendung auf werdende Wohnungseigentümer finden kann.
Unter die Veräußerung des Wohnungseigentums fällt auch die Abtretung des gesicherten Anspruchs eines Ersterwerbers an einen späteren Erwerber. Hier handelt es sich um eine direkte Anwendung des § 12. Eine analoge Anwendung des § 12 steht zur Diskussion, soweit geklärt werden soll, ob auch die Zustimmung werdender Wohnungseigentümer zu einer Veräußerung erforderlich sein kann.

---

957 Staudinger/Langhein § 747 BGB Rdn. 70

958 Siehe oben S. 202.

959 Weitnauer/Lüke § 12 Rdn. 6; Staudinger/Kreuzer § 12 Rdn. 6

960 BPM/Pick § 12 Rdn. 41, 47

Das OLG Hamm[961] hat die Geltung des § 12 für eine werdende Wohnungseigentümergemeinschaft generell abgelehnt. Schon der Ausnahmecharakter des § 12 spreche gegen eine Anwendung über die tatbestandliche Voraussetzung einer echten Wohnungseigentümergemeinschaft hinaus. „Hinzu kommt, daß der Schutzzweck der gesetzlichen Vorschrift, ein Eindringen persönlich oder wirtschaftlich unzuverlässiger Mitglieder in die Wohnungseigentümergemeinschaft zu verhindern, auf die Vorerwerbsphase nicht zutrifft. In dieser Phase der Entstehung der Wohnungseigentümergemeinschaft steht vielmehr das Absatzinteresse des teilenden Wohnungseigentümers im Vordergrund. Die Wohnungseigentumserwerber wissen, daß die personelle Zusammensetzung der Wohnungseigentumserwerber allein durch die von dem teilenden Eigentümer abgeschlossenen Erwerbsverträge bestimmt wird. Sie nehmen dies hin, indem sie sich zum Erwerb eines Wohnungseigentums in einer bestimmten Anlage – möglicherweise in Kenntnis der Person der anderen Erwerber – entschließen. Es besteht deshalb kein Bedürfnis dafür, daß die werdenden Wohnungseigentümer bereits in der Vorerwerbsphase durch Beschlußfassung in der Eigentümerversammlung Einfluß auf den Vollzug der Erwerbsverträge zwischen dem teilenden Eigentümer und einzelnen Erwerbern sollten nehmen können." Neben diesem materiellrechtlichen Teil der Entscheidungsbegründung wies das OLG Hamm erneut auf die formellrechtlichen Probleme der Beweismittelbeschränkung im Eintragungsverfahren hin: „Hinzu kommt, daß eine entsprechende Anwendung des § 12 WEG auf die werdende Wohnungseigentümergemeinschaft zu kaum überwindlichen grundbuchrechtlichen Schwierigkeiten bei der Eigentumsumschreibung im Rahmen der einzelnen Erwerbsvorgänge führen würde. Denn das Bestehen einer werdenden Wohnungseigentümergemeinschaft hängt weitgehend von tatsächlichen Umständen ab, insbesondere dem Übergang der tatsächlichen Raumnutzung auf die Wohnungseigentumsanwärter, die kaum in der Form des § 29 GBO nachgewiesen werden können. Wollte man bereits in der Vorerwerbsphase von dem veräußernden Eigentümer den Nachweis einer Verwalterzustimmung verlangen, so müßte sich dieser auch auf das Bestehen des Verwalteramtes erstrecken. Es müßte dann auch der Nachweis geführt werden, daß eine werdende Wohnungseigentümergemeinschaft bereits entstanden ist; dieser Nachweis ist in der Form des § 29 GBO kaum zu erbringen."

Die materiellrechtliche Begründung des OLG Hamm geht am Kern des Problems vorbei. Die Frage, ob das Absatzinteresse des teilenden Eigentümers im Vordergrund steht, ist nicht davon abhängig, ob bereits die echte Gemeinschaft durch Eintragung des ersten Erwerbers entstanden ist, sondern allein davon, ob es sich um einen Ersterwerb vom Alleinbegründer handelt. Das Argument des OLG Hamm richtet sich also nicht gegen die Anwendung des § 12 auf eine im Gründungsstadium befindliche Gemeinschaft, sondern in Wirklichkeit gegen die Anwendung des § 12 auf Ersterwerbsfälle. Damit steht das Gericht aber im Widerspruch zur Entscheidung des BGH vom

[961] OLG Hamm NJW-RR 1994, 975, 977 (siehe oben Fn. 514). Zustimmend BPM/Pick § 12 Rdn. 5.

21.12.91[962], wonach entgegen einer langen höchstrichterlichen Rechtsprechung die Auslegung einer Vereinbarung i. S. d. § 12 regelmäßig auch die Erstveräußerung von Wohnungseigentum umfaßt: Selbst wenn „ein, insbesondere gewerbliches, Absatzinteresse hervortritt, ist dem noch kein für jedermann eindeutiger Hinweis darauf zu entnehmen, das Zustimmungserfordernis solle für die Veräußerung aus der Hand des Teilenden nicht gelten". Die mißglückte Begründung des OLG Hamm zeigt einmal mehr, daß die rein kollektive Betrachtungsweise der vorzeitigen Anwendung des WEG nicht sachgerecht ist. Wer streng anhand der Entstehung der echten Wohnungseigentümergemeinschaft differenziert, gerät in Widersprüche. Ob eine Anwendung des § 12 auf den werdenden Wohnungseigentümer angemessen ist, muß für alle Ersterwerber einheitlich geklärt werden.
Dabei ist einerseits zu berücksichtigen, daß § 12 eine Ausnahme von einem tragenden Grundsatz des Zivilrechts darstellt, nämlich von der Nichtigkeit rechtsgeschäftlicher Verfügungsbeschränkungen. Eine Analogie ist deshalb zwar nicht ausgeschlossen, setzt aber zwingende Gründe voraus[963]. Andererseits erhöht eine möglichst weitgehende Gleichstellung des werdenden mit dem eingetragenen Wohnungseigentümer die Praktikabilität des Rechtsinstituts. Entscheidend sind wiederum die schutzwürdigen Interessen der Beteiligten, zu denen hier nicht nur der Alleinbegründer und die (werdenden) Wohnungseigentümer zählen, sondern auch Dritte, genauer: Erwerbsinteressenten und Kreditgläubiger. Maßstab ist der Schutzzweck des § 12, den Mitgliedern einer Wohnungseigentümergemeinschaft die Abwehr unerwünschter und unzuverlässiger, insbesondere störender oder zahlungsunfähiger, Miteigentümer zu ermöglichen[964].

Gegen die analoge Anwendung des § 12 auf nicht eingetragene Ersterwerber spricht zunächst, daß § 12 die Verfügungsrechte der Wohnungseigentümer beschränkt, welche gerade nicht von den Ersterwerbern antizipiert werden. Trotzdem bekämen sie auf diese Weise Einfluß auf Verfügungen über das Wohnungseigentum. Diese Betrachtungsweise greift jedoch zu kurz. Die Wirkung des § 12 äußert sich letztlich in der Zusammensetzung der Nutzungs-, Verwaltungs- und Haftungsgemeinschaft der (werdenden) Wohnungseigentümer: An der Abwehr eines wirtschaftlich unzuverlässigen Gemeinschaftsmitglieds sind die gemäß § 16 Abs. 2 Beitragsverpflichteten interessiert. Die Erhaltung des Hausfriedens ist für alle Nutzungsberechtigten von Bedeutung. Und eine Verwaltung ohne Querulantentum entspricht dem Wunsch der Verwaltungsbe-

---

[962] BGH v. 21.12.91 – V ZB 13/90 = BGHZ 113, 374, 378 ff. = NJW 1991, 1613 = ZMR 1991, 230 = WuM 1991, 361. Das OLG Hamm hat sich dem in NJW-RR 1994, 975, 976 ausdrücklich angeschlossen.

[963] Weitnauer/Lüke § 12 Rdn. 3. Der BGH wendet den § 12 erweiternd auf die Gebrauchsüberlassung an Dritte (BGHZ 37, 203) und auf die Teilung eines Wohnungseigentums gemäß § 8 ohne anschließende Veräußerung an (BGHZ 49, 250).

[964] BayObLG WE 1989, 67; OLG Celle Rpfleger 1974, 267; Staudinger/Kreuzer § 12 Rdn. 1; Weitnauer/Lüke § 12 Rdn. 1; Niedenführ/Schulze § 12 Rdn. 1; Soergel/Stürner § 12 Rdn. 1; RGRK/Augustin § 12 Rdn. 1

fugten. Die werdenden Wohnungseigentümer sind in jeder Hinsicht beteiligt. Daher haben sie auch ein schutzwürdiges Interesse, unerwünschte Personen aus der (werdenden) Wohnungseigentümergemeinschaft fernzuhalten. Es wäre ein unzumutbarer Formalismus, den Ersterwerbern dieses Recht erst mit ihrer Eintragung im Wohnungsgrundbuch einzuräumen. Für die Anwendbarkeit des § 12 auf werdende Wohnungseigentümer sprechen daher gute Gründe.
Allerdings müssen die formellrechtlichen Bedenken des OLG Hamm ausgeräumt werden. Wie schon erläutert, darf das Grundbuchamt bei der Eintragung einer Vereinbarung allgemein auf den potentiellen Status als werdender Wohnungseigentümer abstellen und die Eintragung einer Auflassungsvormerkung genügen lassen. Das gleiche kann somit hinsichtlich der Eintragung einer speziellen Vereinbarung gemäß § 12 gelten. Damit ist die grundbuchrechtliche Bedeutung einer Veräußerungsbeschränkung i. S. d. § 12 aber noch nicht erschöpft. Das Grundbuchamt hat vielmehr bei jeder nun folgenden Veräußerung zu prüfen, ob ein werdender Wohnungseigentümer oder der Verwalter seine Zustimmung erklären muß. Wenn sich der Rechtspfleger auch hier allein an die Eintragung von Auflassungsvormerkungen halten soll, wird das Grundbuchsystem, welches grundsätzlich an den Eigentumseintrag anknüpft, in weitem Umfang modifiziert.
Weiterhin ist zu beachten, daß eine Veräußerungsbeschränkung gemäß § 12 im Außenverhältnis wirkt, indem Veräußerungen an Dritte ggf. die Wirksamkeit versagt bleibt. Ein Zustimmungserfordernis gemäß § 12 kann daher den Wert und die Kreditmöglichkeiten des Wohnungseigentums beeinträchtigen[965]. Aus diesem Grund schreibt § 3 Abs. 2 der Wohnungsgrundbuchverfügung (WGV)[966] vor, daß vereinbarte Veräußerungsbeschränkungen ausdrücklich einzutragen sind.
Beide Überlegungen sprechen dafür, daß eine Vereinbarung, welche die Zustimmung aller oder bestimmter „Wohnungseigentümer“ vorsieht, nicht ohne weiteres dahingehend ausgelegt werden kann, daß auch die Zustimmung aller potentiellen werdenden Wohnungseigentümer, mithin aller Berechtigten einer Auflassungsvormerkung, erforderlich ist. Eine solche Erweiterung wäre für einen erwerbswilligen oder krediteinräumenden Dritten nicht hinreichend erkennbar. Die weit über das Gemeinschaftsverhältnis hinausgehende Wirkung einer Veräußerungsbeschränkung gemäß § 12 macht vielmehr die folgende Einschränkung nötig: Zwar ist der Anwendungsbereich des § 12 grundsätzlich auch insoweit eröffnet, als eine Vereinbarung die Zustimmung werdender Wohnungseigentümer bzw. die Zustimmung des Verwalters einer werdenden Wohnungseigentümergemeinschaft vorsehen kann. Hinsichtlich der Zustimmungsberechtigten hat sich das Grundbuchamt an den eingetragenen Auflassungsvormerkungen zu orientieren. Im Interesse des Rechtsverkehrs ist jedoch die *ausdrückliche* Vereinbarung eines solchen Zustimmungserfordernisses zu verlangen, etwa wie folgt: „Zur Veräußerung des Wohnungseigentums ist eine Zustimmung der Berechtigten ei-

---

[965] Weitnauer/Lüke § 12 Rdn. 1

[966] Verordnung über die Anlegung und Führung der Wohnungs- und Teileigentumsgrundbücher i. d. F. vom 24.1.95 (BGBl. I, S. 134)

ner Auflassungsvormerkung (als potentielle werdende Wohnungseigentümer) erforderlich." Mit dieser Einschränkung kann § 12 analog auf die werdenden Wohnungseigentümer angewendet werden.
Nach diesen Grundsätzen hat es der Alleinbegründer in der Hand, in der Teilungserklärung die Anwendung des § 12 auf Erstveräußerungen generell auszuschließen, den Ersterwerb von der Zustimmung aller eingetragenen Wohnungseigentümer abhängig zu machen oder sogar ausdrücklich die Zustimmung aller potentiellen werdenden Wohnungseigentümer (= Auflassungsvormerkungsberechtigten) zu fordern.

d) Die Entziehung des Wohnungseigentums (§§ 18, 19)

Als Ausgleich für die Unauflöslichkeit der Gemeinschaft (§ 11) stellen die §§ 18, 19 einen besonderen Rechtsbehelf bereit, mit dessen Hilfe sich die Wohnungseigentümer eines Miteigentümers entledigen können, der sich ihnen gegenüber einer schweren Pflichtverletzung schuldig gemacht hat. Es muß sich um den Verstoß gegen Verpflichtungen handeln, die einem Wohnungseigentümer gegenüber anderen Wohnungseigentümern obliegen[967]. Das sind die Mitwirkungspflichten aus § 14 (§ 18 Abs. 2 Nr. 1), die Beitragspflicht gemäß § 16 Abs. 2 (§ 18 Abs. 2 Nr. 2) und sonstige, insbesondere Unterlassungspflichten[968]. Auf der Grundlage eines mehrheitlich beschlossenen Veräußerungsverlangens (§ 18 Abs. 1 und 3) können die Wohnungseigentümer eine Entziehungsklage im Zivilprozeß vor dem zuständigen Amtsgericht (§ 51) erheben. Wird der beklagte Eigentümer verurteilt, ist er verpflichtet, sein Wohnungseigentum zu veräußern. Tut er das nicht, sieht das WEG ein in den §§ 53 ff. geregeltes Verfahren der freiwilligen Versteigerung durch den Notar vor, welches jeder der klagenden Wohnungseigentümer beantragen kann. Gemäß § 19 Abs. 1 S. 1 ersetzt das rechtskräftige Entziehungsurteil dann die Vollmacht[969] des Notars zum Abschluß des Kaufvertrages mit dem Ersteher, die Auflassungserklärung und die Eintragungsbewilligung des verurteilten Eigentümers (vgl. § 19 Abs. 1 S. 1)[970]. Das Urteil bedeutet gleichzeitig einen Vollstreckungstitel des Erstehers auf Räumung und Herausgabe der Wohnung (§ 19 Abs. 1 S. 2).
Eine analoge Anwendung der §§ 18, 19 kann sich sowohl auf den Pflichtverstoß eines werdenden als auch eines eingetragenen Wohnungseigentümers beziehen.

---

[967] Weitnauer/Lüke § 18 Rdn. 3

[968] Staudinger/Kreuzer § 18 Rdn. 5

[969] Umstritten ist, ob es sich um eine Vollmacht i. S. d. § 167 BGB (so die h. M.: BPM/Pick § 19 Rdn. 15; Niedenführ/Schulze § 19 Rdn. 3; Palandt/Bassenge § 19 Rdn. 1; Sauren WEG § 19 Rdn. 5; Weitnauer/Lüke § 19 Rdn. 3) oder um eine „Gestaltungsvollmacht kraft der §§ 53 ff." handelt (so Staudinger/Kreuzer § 19 Rdn. 4).

[970] Niedenführ/Schulze § 19 Rdn. 3

aa) Die Pflichtverletzung eines werdenden Wohnungseigentümers

Der BGH hat sich bereits am 30.6.72 zur Vorwirkung der §§ 18, 19 geäußert und sie in Abgrenzung zum Rücktritt aufgrund positiver Vertragsverletzung abgelehnt[971]. Wenn der Verstoßende das Wohnungseigentum noch nicht dinglich erworben habe, bestehe die Folge des Verstoßes in einem Rücktrittsrecht des Veräußerers, das zum Rückfall des Wohnungseigentums an diesen führe. Nach Einigung und Grundbucheintragung sei die Folge des Verstoßes nicht mehr der Rückfall des Wohnungseigentums an den Besteller, sondern die Weiterveräußerung im Wege der freiwilligen Versteigerung (§§ 18, 19, 53 ff. WEG).

In der Literatur ist umstritten, ob dem werdenden Wohnungseigentümer seine „Anwartschaft" analog den §§ 18, 19 entzogen werden kann. Die meisten Autoren halten dies für möglich[972], ohne daß sich Gründe für oder wider den jeweiligen Standpunkt finden.

Entscheidend sind wiederum die schutzwürdigen Interessen der Beteiligten. Bindet man den Ersterwerber aufgrund seiner Gleichberechtigungs- und Demokratisierungsinteressen vorzeitig in das nach dem WEG gestaltete Netzwerk korrespondierender Nutzungs- und Verwaltungsrechte einerseits sowie Beitrags- und Treuepflichten andererseits ein, muß er sich auch den dort vorgesehenen Sanktionen eines Pflichtenverstoßes unterwerfen. Als letztes Mittel zur Erhaltung des Gemeinschaftsfriedens hat der Gesetzgeber die Entziehung des Wohnungseigentums bestimmt. Wenn der BGH annimmt, es bestehe eine Konkurrenz zwischen dem Rücktrittsrecht des veräußernden Alleinbegründers aus PVV und der Veräußerungsklage der (werdenden) Wohnungseigentümergemeinschaft, so ist das nicht zutreffend. Wie *Hägele*[973] überzeugend nachgewiesen hat, gelten die §§ 18, 19 für den Verstoß gegen Pflichten aus dem Verhältnis der Wohnungseigentümer untereinander[974], während das Rücktrittsrecht auf der Verletzung solcher Pflichten beruht, die im Verhältnis zwischen Veräußerer und Ersterwerber bestehen. Mit anderen Worten verhält sich der Ersterwerber einmal als Mitglied der Wohnungseigentümergemeinschaft falsch (dann §§ 18, 19), das andere Mal als Käufer des Wohnungseigentums (dann PVV). Allein diese sachlich orientierte Differenzierung ermöglicht eine angemessene Behandlung des werdenden Wohnungsei-

---

[971] BGHZ 59, 104, 106 = NJW 1972, 1667 (siehe oben Fn. 347)

[972] Soergel/Baur 11. Auflage § 18 Rdn. 9; Soergel/Stürner § 18 Rdn. 9; BPM/Pick § 18 Rdn. 3; Staudinger/Kreuzer § 18 Rdn. 2; Hägele S. 85 ff.; Ringe S. 114; aA Niedenführ/Schulze § 18 Rdn. 3; Stache S. 96 f.; Finger BauR 1984, 108, 113; offengelassen von RGRK/Augustin § 18 Rdn. 6.

[973] Hägele S. 88 f. Ihm folgend BPM/Pick § 18 Rdn. 4 und Ringe S. 113 f.

[974] Die verletzte Verpflichtung i. S. d. § 18 Abs. 1 muß sich zwar – anders als bei § 43 Abs. 1 Nr. 1 – nicht „aus der Gemeinschaft ergeben", sondern kann durchaus auch in allgemeinen Bestimmungen geregelt sein (BPM/Pick § 18 Rdn. 26; Weitnauer/Lüke § 18 Rdn. 3). Trotzdem macht die Fassung des § 18, insbesondere der Abs. 2 deutlich, daß es sich um eine Pflichtverletzung in der Eigenschaft als Wohnungseigentümer handeln muß. Ein Verstoß gegen allgemein geregelte Verpflichtungen ist daher nur ausreichend, wenn darin gleichzeitig ein Verstoß gegen die Treuepflicht des Wohnungseigentümers zu sehen ist.

gentümers, soweit er gegen die ihm als vorzeitigem Gemeinschaftsmitglied obliegenden Pflichten verstößt. Das rein formelle Abgrenzungskriterium des BGH führt im übrigen dazu, daß sich der veräußernde Alleinbegründer u. U. mit einem Versteigerungserlös unter dem Wert des Wohnungseigentumsrechts zufrieden geben muß, wenn der Ersterwerber nach seiner Eintragung eine Vertragsverletzung begeht, weil ein Rücktrittsrecht nunmehr ausscheiden soll[975].
Mit der überwiegenden Meinung im Schrifttum können die §§ 18, 19 daher vorzeitig auf den nicht eingetragenen Ersterwerber angewendet werden. Das Veräußerungsverlangen der übrigen Wohnungseigentümer bezieht sich dabei auf die Abtretung des gesicherten Anspruchs und die Besitzübergabe durch den Ersterwerber an einen Dritten. Erfolgt die Übertragung nicht freiwillig, ist entsprechend den §§ 53 ff. zu verfahren[976].

Streitig ist im übrigen, ob der Ersteher bereits mit Abschluß des Kaufvertrages[977] oder erst mit der Eintragung im Wohnungsgrundbuch[978] seinerseits Mitglied der (werdenden) Wohnungseigentümergemeinschaft wird. Richtigerweise sind die oben genannten Grundsätze zur „Übertragung" des Status eines werdendes Wohnungseigentümers anzuwenden. Danach wird der Ersteher selbst zum werdenden Eigentümer, wenn er den gesicherten Anspruch und den Wohnungsbesitz erlangt hat. Die Abtretung des Anspruchs wird dabei als Erfüllungsgeschäft regelmäßig mit dem Abschluß des Kaufvertrages vor dem Notar stattfinden.

bb) Die Pflichtverletzung eines eingetragenen Wohnungseigentümers

Keine Stellungnahme findet sich zu der Frage, ob die §§ 18, 19 auch insoweit analoge Anwendung finden, als ein eingetragener Wohnungseigentümer gegen Pflichten verstößt, die ihm gegenüber werdenden Wohnungseigentümern obliegen, und ob letztere von ihm die Entziehung des Wohnungseigentums verlangen können.
Auf den ersten Blick ergeben sich die gleichen Bedenken wie bei der vorzeitigen Anwendung des § 12. Das Veräußerungsverlangen (§ 18) und das Entziehungsurteil (§ 19) betreffen die Verfügungsbefugnis des (eingetragenen) Wohnungseigentümers. Gesteht man dem werdenden Wohnungseigentümer die Rechte aus den §§ 18, 19 zu, gibt man ihm die Möglichkeit, auf ein Recht einzuwirken, welches er nicht antizipiert. Diese Einflußnahme ist jedoch gerechtfertigt, da der Grund für die Zwangsveräußerung in einem Verstoß gegen gemeinschaftliche Pflichten liegt. An deren Einhaltung ist auch der werdende Wohnungseigentümer als vorzeitiges Mitglied der Nutzungs-, Verwaltungs- und Haftungsgemeinschaft in schutzwürdiger Weise interessiert.

---

[975] BPM/Pick § 18 Rdn. 4

[976] Eine analoge Anwendung der §§ 18, 19, 53 ff. wird schon in einer anderen Situation zugelassen, nämlich gegen den Ersteher, der die Räumung und Eintragung seines ersteigerten Wohnungseigentums nicht vorantreibt (Diester WEG § 19 Rdn. 3; RGRK/Augustin § 19 Rdn. 5; Palandt/Bassenge § 19 Rdn. 1; Niedenführ/Schulze § 19 Rdn. 4; BPM/Pick § 19 Rdn. 7)

[977] So BPM/Pick § 19 Rdn. 5.

[978] So Stache S. 96 Fn. 41.

cc) Zusammenfassung

Die §§ 18, 19 finden in vollem Umfang vorzeitige Anwendung auf den werdenden Wohnungseigentümer. Das gilt sowohl für seine Pflichtverstöße als auch für die Vergehen eingetragener Inhaber von Wohnungseigentumsrechten, deren Veräußerung der nicht eingetragene Ersterwerber demnach verlangen kann.

e) Zusammenfassung

Die §§ 10 Abs. 2, 12 und 18, 19 sind auf den werdenden Wohnungseigentümer analog anzuwenden. Für die Eintragungsfähigkeit von Vereinbarungen (§ 10 Abs. 2) ist die potentielle Eigenschaft als werdender Wohnungseigentümer maßgeblich, das heißt die Eintragung einer Auflassungsvormerkung. Im Interesse des Rechtsverkehrs muß eine Vereinbarung gemäß § 12 analog die Zustimmung der Auflassungsvormerkungsberechtigten ausdrücklich vorsehen. Die „Anwartschaft“ des Ersterwerbers, bestehend aus seinem gesicherten Anspruch und dem Wohnungsbesitz, kann ihm analog den §§ 18, 19, 53 ff. entzogen werden. Andererseits kann er die Veräußerung eines Wohnungseigentums verlangen, dessen (werdender oder eingetragener) Eigentümer seine Pflichten als Gemeinschaftsmitglied verletzt hat. Eine vorzeitige Anwendung des § 11 ist hingegen nicht erforderlich.

C. Ergebnisse

A I: Wohnungseigentümer ist, wer Inhaber eines Wohnungseigentumsrechts ist. Dafür ist die Eintragung als Wohnungseigentümer im (Wohnungs-)Grundbuch erforderlich. Die erhebliche Eintragungsdauer in der grundbuchamtlichen Praxis führt zu der Frage nach einer vorzeitigen Anwendung des WEG auf eine frühere Entwicklungsstufe des Wohnungseigentümers.
Wohnungseigentum wird vertraglich (§ 3) oder durch einseitige Teilungserklärung (§ 8) begründet. Der Begründer oder Erwerber von Wohnungseigentum nähert sich seinem Wohnungseigentumsrecht in rechtlicher, faktischer und wirtschaftlicher Hinsicht an. Die Entwicklung zum Wohnungseigentümer kann sachenrechtlich über ein Anwartschaftsrecht, schuldrechtlich über einen Vor- und einen Hauptvertrag, faktisch über die Aufnahme der Nutzung und Verwaltung des Sonder- oder Gemeinschaftseigentums und wirtschaftlich über die Erlangung von Besitz, Gefahren, Lasten und Nutzungen der Eigentumswohnung verlaufen.
Die häufigsten praktischen Formen der Entwicklung zum Wohnungseigentümer sind die der Bauherrengemeinschaft (§ 3) und des Erwerbs vom Bauträger (§ 8), soweit die Wohnanlage noch errichtet werden muß. Ist das Gebäude bereits vorhanden, kann das Wohnungseigentum durch die Auseinandersetzung einer Gemeinschaft (§ 3) oder den Rückzug eines Alleineigentümers (§ 8) entstehen.

A II: Eine vorzeitige Anwendung des WEG könnte die folgenden Rechte und Pflichten des Wohnungseigentümers betreffen:
Im Innenverhältnis der Wohnungseigentümergemeinschaft gestaltet das WEG die Abwehr-, Nutzungs- und Verfügungsrechte der Wohnungseigentümer mit besonderen gemeinschaftsbezogenen Schranken aus (vgl. §§ 12 Abs. 1, 13, 14, 15, 16 Abs. 1, 18, 19), die in dem speziellen Näheverhältnis einer Hausgemeinschaft begründet sind. Insbesondere verlangen die §§ 13 ff. eine gegenseitige Rücksichtnahme bei der Nutzung des Wohnungseigentums. Jedes Gemeinschaftsmitglied ist gemäß § 16 Abs. 2 zur Beitragsleistung (Wohngeldzahlung) verpflichtet. Die Verwaltung des Wohnungseigentums ist demokratisch strukturiert (§§ 20 ff.). In bezug auf das gemeinschaftliche Eigentum steht allen Eigentümern eine gemeinsame Verwaltungsbefugnis (§ 21 Abs. 1), ein Notgeschäftsführungsrecht (§ 21 Abs. 2) und ein Recht auf ordnungsmäßige Verwaltung zu (§ 21 Abs. 4). Über Vereinbarungen, Eigentümerbeschlüsse und Anträge an das Wohnungseigentumsgericht können die Wohnungseigentümer an der Verwaltung und Gestaltung des Wohnungseigentums mitwirken (§§ 10, 21, 43 Abs. 1). Vermögensrechtlich sind sie während der Gemeinschaft am sog. Verwaltungsvermögen, danach am sog. Auseinandersetzungsguthaben beteiligt.
Gegenüber dem Verwalter ist der Wohnungseigentümer aus dem organschaftlichen Bestellungsrechtsverhältnis und aus dem schuldrechtlichen Verwaltervertrag berechtigt. Andererseits hat der Verwalter dem Eigentümer gegenüber die Befugnisse eines Exekutivorgans (§ 27).

Im Außenverhältnis zu Dritten entstehen Rechte und Pflichten der Wohnungseigentümer kraft gesetzlicher Anordnung oder im Rahmen von Bau(träger)verträgen und Verwaltungsrechtsgeschäften. Der einzelne Eigentümer ist grundsätzlich Gesamtschuldner (§ 421 BGB) und Mitgläubiger (§§ 1011, 432 BGB) gemeinschaftsbezogener Ansprüche.
Die Wohnungseigentümergemeinschaft ist eine besonders ausgestaltete Miteigentümergemeinschaft (§§ 741 ff., 1008 ff. BGB). Sie ist unauflöslich (§ 11), wird ähnlich einem Verein verwaltet (§§ 20 ff.) und unterliegt der freiwilligen Gerichtsbarkeit (§§ 43 ff.).
Grundsätzlich geht der Gesetzgeber des WEG von einer Zweipersonengemeinschaft aus. Um das Problem der vorzeitigen Anwendung des WEG zu lösen, könnte die Einpersonengemeinschaft jedoch nach Sinn und Zweck des Gesetzes zugelassen werden.

B I: Methodisch ist die vorzeitige Anwendung des WEG nicht im Wege der (erweiternden) Auslegung, sondern nur mittels Rechtsfortbildung erreichbar. Die analoge Anwendung des WEG muß sich auf ein Bedürfnis stützen, welches sich aus den internen Wertungen des WEG ergibt (gesetzesimmanente Rechtsfortbildung). Ergibt sich das Bedürfnis erst aus externen Wertungen der Gesamtrechtsordnung, handelt es sich um eine gesetzesübersteigende Rechtsfortbildung.
Die Voraussetzungen für die vorzeitige Anwendung des WEG zerfallen in zwei Gruppen: Die *objektiven* Voraussetzungen (z. B. die Begründungsart, die Erwerbssituation, die Anlegung der Wohnungsgrundbücher) legen als äußere Umstände den Anwendungsbereich fest. Die *subjektiven* Voraussetzungen (z. B. der Wohnungsbesitz, ein gesicherter Auflassungsanspruch, ein Anwartschaftsrecht) sind Annäherungsmerkmale in der Person des künftigen Eigentümers und umschreiben seine Vergleichbarkeit mit dem eingetragenen Wohnungseigentümer.
Das Problem der werdenden Wohnungseigentümergemeinschaft hat eine gesellschaftsrechtliche Parallele: Wie bei der Vorgesellschaft (= „werdenden Gesellschaft“) ist das Ziel eine vorzeitige Anwendung spezifischen Verbandsrechts, bevor an sich notwendige Registereintragungen vollzogen worden sind. Allerdings sind die Eintragungen im Wohnungseigentumsrecht individueller Natur: nicht die Personenvereinigung als solche, sondern ihre Mitglieder werden als maßgebliche Rechtssubjekte eingetragen (*individuelles Eintragungsprinzip*). Keine Parallele besteht zur „faktischen“ (= fehlerhaften) Gesellschaft, bei der es um die teleologisch bedingte Nichtbeachtung von Unwirksamkeitsgründen geht.
Durch die analoge Anwendung des WEG kommt es zu einer Verdoppelung der Rechte und Pflichten, welche das jeweilige Wohnungseigentum nun nicht mehr allein dem eingetragenen, sondern auch dem werdenden Wohnungseigentümer vermittelt. Entsteht dadurch eine nach den Wertungen des WEG unzulässige Konkurrenzsituation, kann eine parallele Einschränkung der Rechtspositionen des eingetragenen Wohnungseigentümers notwendig werden. Methodisch ist sie nur im Wege der Rechtsfortbildung möglich, und zwar gesetzesimmanent durch teleologische Reduktion oder gesetzesübersteigend.

B II: Terminologisch ist das Attribut des „werdenden" Eigentümers bzw. der „werdenden" Gemeinschaft gegenüber dem „faktischen" und dem „wirtschaftlichen" zu bevorzugen. Es deutet die Parallele zur „werdenden Gesellschaft" an und kann als einziges die subjektiven Voraussetzungen aus der „faktischen" und „wirtschaftlichen" Annäherung an das Wohnungseigentum umfassen.
In bezug auf das Subjekt der vorzeitigen WEG-Anwendung wird teils auf den werdenden „Eigentümer", teils auf die werdende „Gemeinschaft", teils auf den „Anwärter" abgestellt. Das Abstellen auf den werdenden „Eigentümer" ist in jedem Fall sachgerecht, da auch das WEG für den einzelnen „Wohnungseigentümer" gilt. In den letzten zwei Jahrzehnten hat sich jedoch im Bereich der vorzeitigen Anwendung des WEG eine Differenzierung entwickelt, die auch in der Terminologie ihren Niederschlag gefunden hat. Demnach bezeichnet der werdende „Eigentümer" häufig gerade die Person (= Zweiterwerber), welcher eine vorzeitige Anwendung des WEG verwehrt wird. Umgekehrt hat der Begriff der werdenden „Gemeinschaft" für die Fälle des Ersterwerbs vom teilenden Eigentümer (§ 8) verbreitete Anerkennung gefunden. Im Sinne einer deutlichen Abgrenzung sollte in den Fällen des Zweiterwerbs nur noch von dem „werdenden Wohnungseigentümer *i. e. S.*" gesprochen werden.

B III: Im Rahmen der *objektiven* Voraussetzungen hängt das Bedürfnis für eine vorzeitige Anwendung des WEG zunächst von der Begründungsart und der Erwerbssituation ab.
Hier sind *fünf Fallgruppen* zu unterscheiden:
1. Die Begründung von Wohnungseigentum durch Teilungsvertrag (§ 3)
2a. Der Ersterwerb vom teilenden Eigentümer (§ 8) im Gründungsstadium
2b. Der Ersterwerb vom teilenden Eigentümer (§ 8) im Gemeinschaftsstadium
3a. Der Erwerb eines gemäß § 3 begründeten Wohnungseigentums
3b. Der Zweiterwerb eines gemäß § 8 begründeten Wohnungseigentums

Die Rechtsprechung und Literatur zur vorzeitigen Anwendung des WEG auf diese fünf Fallgruppen hat sich *in vier Phasen entwickelt*:
1. In der ersten Phase von 1957-1976 beschränkte sich die Anwendung hauptsächlich auf den Ersterwerb im Gründungsstadium (Fallgruppe 2a = klassischer Anwendungsbereich).
2. In der zweiten Phase von 1977-1985 erweiterte die Rechtsprechung den Anwendungsbereich auf alle fünf Fallgruppen. Auch die Literatur ging nun überwiegend von einer einheitlichen Problemstellung aus. Außerdem ergingen erste Urteile zur Verdoppelungsproblematik.
3. In der dritten Phase von 1985-1989 nahm der BGH auf Vorlage des KG den Erwerb im Gemeinschaftsstadium (Fallgruppen 2b, 3a und 3b) wieder aus dem Anwendungsbereich heraus. Obwohl das KG über einen Zweiterwerb (i. e. S.) zu entscheiden hatte, richtete es sich im ersten Vorlagebeschluß allgemein gegen alle bis dato ergangenen positiven Entscheidungen und wählte gleichzeitig die Entstehung der (echten) Wohnungseigentümergemeinschaft als – kollektives – Abgrenzungs-

kriterium. Die Literatur reagierte mit einer Vielzahl sachlicher wie terminologischer Differenzierungsversuche. Das Gemeinschaftsstadium wurde allgemein mit dem „Zweiterwerb" gleichgesetzt, welcher somit die Ersterwerber der Fallgruppe 2b mitumfaßte. Dieser Terminus ist mißverständlich und überflüssig und sollte – wenn überhaupt – mit dem Zusatz „*i. w. S.*" verwendet werden.

4. In der vierten Phase von 1990 bis heute hielt das BayObLG die vorzeitige Anwendung des WEG im klassischen Anwendungsbereich (Fallgruppe 2a) aufrecht und erteilte ihr im übrigen, insbesondere im Falle der vertraglichen Begründung (Fallgruppe 1), eine Absage. Die Rechtsprechung und das Schrifttum sind dem überwiegend gefolgt. Teilweise wird jedoch die erneute Ausdehnung des Anwendungsbereichs auf die Begründung durch Teilungsvertrag (Fallgruppe 1), auf jeden Ersterwerb (Fallgruppe 2b) oder auf alle Fallgruppen befürwortet. Andere Stimmen lehnen die vorzeitige Anwendung des WEG generell ab und ersetzen sie durch rechtsgeschäftliche Konstruktionen (sog. Vertragslösungen).

Ob ein (materielles) Bedürfnis für die Vorverlagerung der Rechtspositionen besteht, ist getrennt nach den fünf Fallgruppen anhand der beteiligten Interessen an einer Vorverlagerung zu entscheiden. Sind sie nach der Teleologie des WEG schutzwürdig, findet das WEG analoge Anwendung. Im übrigen ist nur noch eine gesetzesübersteigende Rechtsfortbildung denkbar. Entsprechendes gilt für die Erforderlichkeit einer parallelen Einschränkung der Veräußererpositionen mittels teleologischer Reduktion. Eine gesetzliche Vorverlagerung (und parallele Einschränkung) der Rechte und Pflichten nach dem WEG ist entbehrlich, wenn sie in effizienter Weise rechtsgeschäftlich vorverlagert werden können. Die Vertragslösungen lassen sich dabei in originäre und derivative Lösungen unterteilen: *Originäre* Lösungen sind Vereinbarungen, mittels derer die künftigen Wohnungseigentümer untereinander Rechte und Pflichten nach dem WEG neu begründen. *Derivative* Lösungen bezeichnen Rechtsgeschäfte, mittels derer der Veräußerer (= eingetragener Wohnungseigentümer) seine Rechtspositionen auf einen Erwerber (= künftigen Wohnungseigentümer) überträgt.

Die Untersuchung der Interessenlage in den Fallgruppen führt zu den folgenden Ergebnissen:

- Fallgruppe 2a: Ersterwerber im Gründungsstadium einer nach § 8 entstehenden Wohnungseigentümergemeinschaft haben ein schutzwürdiges *kollektives Gleichberechtigungs- und Demokratisierungsinteresse*, vorzeitig Gemeinschaftsmitglieder zu werden. Der Vorratsteilung ist eine polarisierte Interessenlage zwischen dem Alleinbegründer und den Ersterwerbern eigen. Das Demokratisierungsinteresse ist *absolut*, da es um die Beendigung der Alleinherrschaft des teilenden Eigentümers geht. Ausreichende originäre Vertragslösungen müßten fingiert werden, derivative Konstruktionen scheiden von vornherein aus. Eine analoge Anwendung des WEG ist deshalb unverzichtbar. Sie erfaßt die Abwehr-, Nutzungs-, Verwaltungs- sowie die entsprechenden Mitwirkungsrechte eines Wohnungseigentümers (§§ 13 ff., 20 ff., 43 ff.), nicht aber die Verfügungs- und Vermögensrechte. Andererseits sind die

Ersterwerber vorzeitig zur Beitragsleistung (§ 16 Abs. 2) verpflichtet. Die Vorverlagerung der Rechte und Pflichten eines Wohnungseigentümers auf den Ersterwerber findet auch im Verhältnis zum Verwalter statt, nicht aber im Außenverhältnis zu Dritten. Die Verdoppelung der Rechte und Pflichten aus dem Wohnungseigentum ist grundsätzlich zulässig. Der veräußernde Alleinbegründer verliert allerdings vorzeitig ein von § 25 Abs. 2 S. 1 abweichendes Objekt- oder Anteilsstimmrecht im Wege teleologischer Reduktion.

- Fallgruppe 2b: Auch im Gemeinschaftsstadium haben die Ersterwerber schutzwürdige kollektive Gleichberechtigungs- und Demokratisierungsinteressen, selbst wenn letztere nur noch auf eine (*relative*) Verringerung der Mehrheitsherrschaft des Alleinbegründers gerichtet sind. Die jetzt möglichen derivativen Vertragslösungen scheitern größtenteils am Abspaltungsverbot und können – auch unter Zulassung einer Einpersonengemeinschaft – den Ersterwerbern keine regelmäßige und gleichmäßige Mitwirkung an der Verwaltung und Gestaltung der Wohnungseigentümergemeinschaft garantieren. Eine analoge Anwendung des WEG bleibt deshalb auch nach der Entstehung der (echten) Wohnungseigentümergemeinschaft erforderlich. Die abweichende herrschende Rechtsansicht läßt sich materiell nicht rechtfertigen, sondern bedient sich mit der Gemeinschaftsentstehung derselben formalen Zäsur wie bei der Vorgesellschaft. Dabei verkennt sie, daß die antizipierte Anwendung des WEG sich zwar auf kollektive Vorverlagerungsinteressen stützt, aber nach wie vor auf den einzelnen Erwerber als Rechtssubjekt bezogen werden muß. Die Abgrenzung eines Kollektivs der „werdenden Wohnungseigentümergemeinschaft" von dem Kollektiv der (echten) Wohnungseigentümergemeinschaft ist mit dem individuellen Eintragungsprinzip im Wohnungseigentumsrecht unvereinbar. Vielmehr gibt es stets nur *eine einheitliche* Wohnungseigentümergemeinschaft, die aus eingetragenen und werdenden Wohnungseigentümern bestehen kann. Trotzdem hat der Terminus der „werdenden Wohnungseigentümergemeinschaft" seine Berechtigung, weil er die kollektiven Vorverlagerungsinteressen und die Prädestination der Gemeinschaft auf eine dem Vorrat der Wohnungseigentumsrechte entsprechende Mitgliederzahl kenntlich macht.
- Fallgruppe 3b: Zweiterwerber i. e. S. haben lediglich *individuelle* Vorverlagerungsinteressen, welche nach dem Sinn und Zweck des WEG keines Schutzes bedürfen. Sie können zudem in ausreichender Weise durch derivative Vertragslösungen befriedigt werden. Einer antizipierten Anwendung des WEG bedarf es nicht.
- Fallgruppe 1: Die Begründer gemäß § 3 haben schutzwürdige *kollektive Gleichberechtigungsinteressen*, die in angemessener Weise durch originäre Vertragslösungen erfüllt werden können. Eine Demokratisierung ist mangels polarisierter Interessenlage nicht notwendig. Es besteht grundsätzlich kein Bedürfnis für eine analoge Anwendung des WEG. Allerdings sind die Partner einer Originärvereinbarung im Streitfalle analog § 43 Abs. 1 wie Wohnungseigentümer zu behandeln.

- Fallgruppe 3a: Ein Erwerber von vertraglich begründetem Wohnungseigentum unterfällt ebenfalls nicht vorzeitig dem WEG. Um sein *individuelles* Interesse an einem raschen Mitgliedswechsel zu befriedigen, kann er die mitgliedschaftlichen Rechte und Pflichten nach dem WEG mit Hilfe derivativer Vertragslösungen vom Veräußerer ableiten.

Der Anwendungsbereich der werdenden Wohnungseigentümergemeinschaft beschränkt sich somit auf den Ersterwerb eines durch Vorratsteilung (§ 8) entstandenen Wohnungseigentums. Insoweit bleibt er entgegen der herrschenden Meinung auch *nach* der Entstehung der „echten" Gemeinschaft eröffnet.
Mit der noch überwiegenden Rechtsansicht muß als weitere objektive Voraussetzung der vorzeitigen Anwendung des WEG die Teilungserklärung bereits mittels *Anlegung der Wohnungsgrundbücher* vollzogen sein. Ohne die Wohnungsgrundbücher fehlt die dingliche Grundlage der Gemeinschaft, und ihre Entstehung ist noch nicht hinreichend gewährleistet.

B IV: Als *subjektive* Voraussetzungen müssen in der Person des Ersterwerbers folgende Annäherungsmerkmale vorliegen:
In tatsächlicher Hinsicht muß der Ersterwerber Besitzer der Wohnung sein. Erst über dieses Merkmal werden die Ersterwerber zu einer Nutzungs- und Verwaltungsgemeinschaft verbunden. Der Wohnungsbesitz ist zudem Publizitätsträger, Steuerungselement und nach dem Verständnis der Praxis maßgeblich für den Eintritt in die Wohnungseigentümergemeinschaft. Nicht erforderlich ist der Bezug der Wohnung.
In rechtlicher Hinsicht muß der Ersterwerber gegen den Alleinbegründer einen wirksamen Anspruch auf die Verschaffung eines bestimmten Wohnungseigentums haben, welcher durch eine Auflassungsvormerkung im Wohnungsgrundbuch gesichert ist. Der schuldrechtliche Anspruch stellt den notwendigen Bezug zum Wohnungseigentum her. Die Auflassungsvormerkung garantiert aus der Sicht des Erwerbers, daß er Eigentümer wird, und übernimmt die grundbuchrechtliche Funktion der individuellen Eintragung als Wohnungseigentümer. Dagegen sind die Auflassung, der Umschreibungsantrag und insgesamt das Anwartschaftsrecht aus formellrechtlichen und praktischen Gründen weder geeignet noch erforderlich. Terminologisch sollte der Begriff des „Wohnungsanwärters" deshalb vermieden werden.
In wirtschaftlicher Hinsicht gibt es kein taugliches Annäherungsmerkmal. Der Übergang von Gefahren, Lasten und Nutzungen ist für das Gemeinschaftsverhältnis der Wohnungseigentümer irrelevant und, soweit unabhängig vom Besitzübergang, für die Beteiligten nicht hinreichend erkennbar.
Zusammengefaßt ist als werdender Wohnungseigentümer anzuerkennen, wer als Ersterwerber vom gemäß § 8 teilenden Eigentümer in bezug auf eine bestimmte Wohnung den Besitz sowie einen im Wohnungsgrundbuch vorgemerkten Auflassungsanspruch erlangt hat.

B V: Der Status des werdenden Wohnungseigentümers erlischt, wenn der Ersterwerber eine der subjektiven Voraussetzungen nicht mehr erfüllt. Verliert oder überträgt er den Wohnungsbesitz oder den gesicherten Anspruch, ist er – ggf. rückwirkend (vgl. § 142 BGB) – nicht mehr Mitglied der (werdenden) Wohnungseigentümergemeinschaft. Sobald ein neuer Ersterwerber den Wohnungsbesitz und den vorgemerkten Anspruch erhalten hat, erwirbt dieser auch die Rechtsstellung als werdender Wohnungseigentümer.

Hat ein Ersterwerber bereits den Wohnungsbesitz und den schuldrechtlichen Auflassungsanspruch inne, kann er die erforderliche Vormerkung und damit den Status als werdender Wohnungseigentümer gemäß den §§ 892, 893 BGB gutgläubig hinzuerwerben.

Auch die Vorschriften der §§ 10 Abs. 2, 12 und 18, 19 finden grundsätzlich analoge Anwendung auf den werdenden Wohnungseigentümer. Allerdings gilt wegen der Beweismittelbeschränkung im Eintragungsverfahren (vgl. § 29 GBO) die Besonderheit, daß das Grundbuchamt bei der Eintragung von Vereinbarungen gemäß § 10 Abs. 2 allein auf die *potentielle* Eigenschaft als werdender Eigentümer, das heißt auf die Eintragung einer Auflassungsvormerkung, abzustellen hat. Zum Schutze des Rechtsverkehrs muß ein Zustimmungserfordernis gemäß § 12 Abs. 1 *ausdrücklich* auf die Zustimmung der (potentiellen) werdenden Wohnungseigentümer (= Auflassungsvormerkungsberechtigten) erweitert werden, um wirksam zu sein.

Eine vorzeitige Anwendung des § 11 erübrigt sich, da ein werdender Wohnungseigentümer ohnehin nicht die Aufhebung der (werdenden) Wohnungseigentümergemeinschaft verlangen kann.

D. Literaturverzeichnis

Alsdorf, Friedrich	Rechtsverhältnisse beim zerstörten Wohnungseigentum BlGBW 1977, S. 88 ff.
Reihe Alternativkommentare	Kommentar zum Bürgerlichen Gesetzbuch Band 4: Sachenrecht (§§ 854-1296), Darmstadt 1983 (zitiert: AK-BGB/Bearbeiter)
Armbrüster, Christian	Stimmrecht und Beschlußanfechtungsrecht beim Nießbrauch an Wohnungseigentum – Bemerkungen zum Beschluß des BayObLG v. 25.6.1998 – 2Z BR 53/98 – DNotZ 1999, S. 562 ff.
Bader, Hans Anton	Das Stimmrecht in der Versammlung Partner im Gespräch, Band 25 (1987), S. 67 ff.
Bärmann, Johannes	Wohnungseigentumsgesetz 1. Auflage, München 1958 (zitiert: Bärmann WEG)
ders./ Merle, Werner/ Pick, Eckhart	Wohnungseigentumsgesetz 2. Auflage, München 1973 4. Auflage, München 1980 5. Auflage, München 1983 6. Auflage, München 1987 8. Auflage, München 2000 (zitiert: BPM/Bearbeiter)
ders./ Pick, Eckhart	Wohnungseigentumsgesetz 15. Auflage, München 2001 (zitiert: Bärmann/Pick)
ders.	Erwerberhaftung im Wohnungseigentum für rückständige Lasten und Kosten Partner im Gespräch, Band 19, Hamburg 1985 (zitiert: Bärmann Erwerberhaftung)
ders.	Die Wohnungseigentümergemeinschaft – ein Beitrag zur Lehre von den Personenverbänden Partner im Gespräch, Band 22, Hamburg 1986 (zitiert: Bärmann Wohnungseigentümergemeinschaft)

ders.	Wohnungseigentum München 1991 (zitiert: Bärmann Kurzlehrbuch)
ders./ Seuß, Hanns	Praxis des Wohnungseigentums 4. Auflage, München 1997 (zitiert: Bärmann-Seuß/Bearbeiter)
Bassenge, Peter	Probleme des Stimmrechts bei Mitberechtigung am Wohnungseigentum Festschrift für Hanns Seuß zum 60. Geburtstag, München 1987, S. 33 ff. (zitiert: Bassenge FS Seuß I)
Baur, Fritz/ Baur, Jürgen F./ Stürner, Rolf	Lehrbuch des Sachenrechts 17. Auflage, München 1999 (zitiert: Baur/Stürner Sachenrecht)
Baumbach, Adolf/ Hueck, Alfred	GmbH-Gesetz 17. Auflage, München 2000 (zitiert: Baumbach-Hueck/Bearbeiter GmbHG)
Becker, Matthias	Die Teilnahme an der Versammlung der Wohnungseigentümer Diss. Potsdam 1996
Belz, August	Handbuch des Wohnungseigentums 2. Auflage, Stuttgart – München – Hannover 1982 3. Auflage, Stuttgart – München – Berlin – Weimar – Dresden 1996 (zitiert: Belz Handbuch)
ders.	Die werdende Wohnungseigentümergemeinschaft Festschrift für Werner Merle zum 60. Geburtstag, Berlin – Heidelberg 2000, S. 51 ff.
Bergmann, Christine	Der Wohnungseigentümer als Kläger und Verfahrensführer Diss. Münster 1993
Bielefeld, Volker	Lasten- und Kostentragung bei Veräußerung der Eigentumswohnung DWE 1983, S. 36 ff.
ders.	Eigentümerwechsel – wer ist Eigentümer? DWE 1986, S. 105 ff.

Blackert, Robert Sebastian — Die Wohnungseigentümergemeinschaft im Zivilprozeß
Diss. Erlangen-Nürnberg 1998

Blank, Manfred — Anmerkung zum Beschluß des OLG Saarbrücken vom 27.2.1998 – 5 W 252/97-85
DNotZ 1999, S. 222 ff.

Bornheimer, Jörg — Das Stimmrecht im Wohnungseigentumsrecht
Diss. Münster 1993

Brych, Friedrich — Das Bauherrenmodell
Jura 1981, S. 248 ff.

ders./ Pause, Hans-Egon — Bauträgerkauf und Baumodelle
3. Auflage, München 1999

Bub, Wolf-Rüdiger — Grundsätze der Wohnungsverwaltung
Partner im Gespräch, Band 41 (1993), S. 163 ff.

ders. — Instandhaltung, Instandsetzung und Zuständigkeiten
ZdWBay 1997, S. 14 ff.

ders./ Petersen, Jens — Konfusion von Hausgeldansprüchen und Insichprozeß in der Wohnungseigentümergemeinschaft
NZM 1999, S. 646 ff.

Bucher, Richard — Folgen des Konkurses des Bauträgers und der Baubeteiligten für den steckengebliebenen Bau
Partner im Gespräch, Band 5 (1979), S. 167 ff.

Clasen, Heinrich — Die Wohnungseigentümer als Beteiligte einer Rechtsgemeinschaft im Verfahren nach den Vorschriften der §§ 43 ff. WEG
BlGBW 1966, S. 229 f.

Coester, Michael — Die „werdende Eigentümergemeinschaft" im Wohnungseigentumsgesetz
NJW 1990, S. 3184 f.

Deckert, Wolf-Dieter — Anmerkung zur wohnungseigentumsrechtlichen Beschluß-Entscheidung des BGH vom 24.3.1983 VII ZB 28/82 und zum generellen Thema: Hausgeldschuldnerschaft bei Veräußerung einer Eigentumswohnung
ZfBR 1983, S. 163 ff.

ders.	Die Eigentumswohnung: vorteilhaft erwerben, nutzen und verwalten (Loseblattausgabe) (zitiert: Deckert ETW)
ders.	Kein Stimmrecht für Wohnungsanwärter – Anmerkung zur BGH-Entscheidung vom 1.12.1988 WE 1989, S. 34 ff.
ders.	Werdende Wohnungseigentümergemeinschaft – zur Entscheidung des BayObLG vom 11.04.1990 – 2 Z 7/90 WE 1990, S. 151 ff.
ders.	Stellung des sog. werdenden/faktischen Eigentümers nach BT-Erstverkauf in Frage gestellt – Saarländisches OLG, Beschluß vom 27.2.1998 (5 W 252/97-85) WE 1998, S. 320
Diester, Hans	Gesetz über das Wohnungseigentum und das Dauerwohnrecht Kommentar Köln 1952 (zitiert: Diester WEG)
ders.	Zehn Jahre Wohnungseigentum NJW 1961, S. 1329 ff.
ders.	Die Rechtsprechung zum Wohnungseigentumsgesetz nebst Erläuterungen für die Praxis München – Berlin 1967 (zitiert: Diester Rechtsprechung)
ders.	Wichtige Rechtsfragen des Wohnungseigentums unter Berücksichtigung der Novellierung des WEG München 1974 (zitiert: Diester Rechtsfragen)
Drasdo, Michael	Die Rechtsprechung zum Stimmrecht des Wohnungsanwärters bei der in Vollzug gesetzten Wohnungseigentümergemeinschaft ZMR 1995, S. 145 ff.

Erman — Handkommentar zum Bürgerlichen Gesetzbuch
2. Band (§§ 854-2385), 4. Auflage, Münster 1967
2. Band (§§ 854-2385), 5. Auflage, Münster 1972
2. Band (§§ 854-2385), 7. Auflage, Münster 1981
2. Band (§§ 854-2385), 8. Auflage, Münster 1989
2. Band (§§ 854-2385), 9. Auflage, Münster 1993
2. Band (§§ 854-2385), 10. Auflage, Münster 2000
(zitiert: Erman/Bearbeiter)

Finger, Peter — Wohnungseigentümer in faktischer Rechtsgemeinschaft
BauR 1984, S. 108 ff.

Flume, Werner — Allgemeiner Teil des Bürgerlichen Rechts
1. Band, 1. Teil: Die Personengesellschaft
Berlin – Heidelberg – New York 1977
(zitiert: Flume Die Personengesellschaft)

ders. — Allgemeiner Teil des Bürgerlichen Rechts
1. Band, 2. Teil: Die juristische Person
Heidelberg – New York – Tokyo 1983
(zitiert: Flume Die juristische Person)

Gernhuber, Joachim — Die verdrängende Vollmacht
JZ 1995, S. 381 ff.

Groß, Heinrich — Die Rechtsbeziehungen zwischen Wohnungsunternehmen und Erwerbern bei der Erstveräußerung von Eigenwohnraum
Diss. München 1970

Habersack, Mathias — Die Mitgliedschaft – subjektives und „sonstiges" Recht
Habil. Heidelberg 1995

Hachenburg, Max — Gesetz betreffend die Gesellschaften mit beschränkter Haftung
Großkommentar
Band 1 (§§ 1-34), 8. Auflage, Berlin – New York 1992
Band 2 (§§ 35-52), 8. Auflage, Berlin – New York 1997
(zitiert: Hachenburg/Bearbeiter GmbHG)

Hägele, Rainer — Zur Anwendbarkeit des Wohnungseigentumsgesetzes auf die werdende Wohnungseigentümergemeinschaft
Diss. Tübingen 1975

Hager, Johannes — Die Anwartschaft des Auflassungsempfängers
JuS 1991, S. 1 ff.

Hauger, Maria — Beschlußanfechtungsverfahren
Partner im Gespräch, Band 11 (1983), S. 55 ff.

dies. — Bauliche Veränderung und Modernisierung
Partner im Gespräch, Band 32 (1991), S. 83 ff.

Heerstraßen, Frank — Schuldverhältnisse der Wohnungseigentümer – ein Beitrag zu den Gläubiger- und Schuldnermehrheiten
Diss. Potsdam 1997

Herold, Georg — Die Rechtsstellung der im Grundbuch noch nicht eingetragenen Eigenwohner im Rahmen der Eigenwohnergemeinschaft
BlGBW 1957, S. 52 f.

Hettrich, Eduard/ Pöhlmann, Peter — Genossenschaftsgesetz
2. Auflage, München 2001
(zitiert: Hettrich/Pöhlmann GenG)

Hohenester, Hermann — Zum Rechtsweg in Wohnungseigentumsangelegenheiten
JZ 1957, S. 657 f.

Hubernagel, Gerhard — Wohnungseigentumsgesetz
Stuttgart 1952
(zitiert: Hubernagel WEG)

Hüffer, Uwe — Aktiengesetz
4. Auflage, München 1999
(zitiert: Hüffer AktG)

Hufnagel, Thomas — Wohnungseigentum, Jahresabrechnung und die Beitragspflichten der Wohnungseigentümer
Diss. München 1996

Hurst, Werner — Organisationsformen und –möglichkeiten des Raumeigentums in der Fortentwicklung des Gesetzes über das Wohnungseigentum
AcP 181 (1981), S. 169 ff.

Jauernig, Othmar — Bürgerliches Gesetzbuch
9. Auflage, München 1999
(zitiert: Jauernig BGB)

Jennißen, Georg — Die Auswirkungen des Eigentümerwechsels auf die Verpflichtung zur Lasten- und Kostentragung nach dem Wohnungseigentumsgesetz
Diss. Münster 1991

Junker, Michael — Die Gesellschaft nach dem Wohnungseigentumsgesetz: Ein Beitrag zur dogmatischen Einordnung des Wohnungseigentums
Habil. München 1993

Kahlen, Hermann — Wohnungseigentum: Kostentragung schon auf Grund nur formaler Eigentumsposition?
BlGBW 1983, S. 168

Kapellmann, Klaus D. — Rechtswegprobleme vor endgültiger Begründung des Wohnungseigentums (§ 43 WEG)
MDR 1969, S. 620 ff.

Kefferpütz, Martin — Stimmrechtsschranken im Wohnungseigentumsrecht
Diss. Münster 1994

Kübler, Friedrich — Gesellschaftsrecht: Die privatrechtlichen Odnungsstrukturen und Regelungsprobleme von Verbänden und Unternehmen
5. Auflage, Heidelberg 1998
(zitiert: Kübler Gesellschaftsrecht)

Lang, Johann/ Weidmüller, Ludwig/ Metz, Egon/ Schaffland, Hans-Jürgen — Genossenschaftsgesetz
33. Auflage, Berlin – New York 1997
(zitiert: LWMS/Bearbeiter GenG)

Larenz, Karl — Methodenlehre der Rechtswissenschaft
6. Auflage, Berlin – Heidelberg – New York 1991
(zitiert: Larenz Methodenlehre)

ders./ Canaris, Claus-Wilhelm — Methodenlehre der Rechtswissenschaft
3. Auflage, Berlin 1995
(zitiert: Larenz/Canaris Methodenlehre)

Lotz-Störmer, Iris — Stimmrechtsausübung und Stimmrechtsbeschränkung im Wohnungseigentumsrecht – unter Berücksichtigung der entsprechenden Probleme im Gesellschaftsrecht
Diss. Marburg 1993

Lüke, Wolfgang — Die Beschränkung der Vertretung und Teilnahme in der Versammlung
Partner im Gespräch, Band 42 (1993), S. 217 ff.

Lutter, Marcus/ Hommelhoff, Peter — GmbH-Gesetz
15. Auflage, Köln 2000
(zitiert: Lutter/Hommelhoff GmbHG)

Meier, Norbert — Obliegt die Lasten- und Kostentragungsverpflichtung des § 16 Abs. 2 WEG auch dem „werdenden“ bzw. „faktischen“ Wohnungseigentümer?
ZMR 1987, S. 85 f.

Merle, Werner/ Trautmann, Günther — Zur Verfahrenszuständigkeit in Wohnungseigentumssachen
NJW 1973, S. 118 ff.

ders. — Das Wohnungseigentum im System des bürgerlichen Rechts
Habil. Mainz 1978
(zitiert: Merle System)

ders. — Die Begründung von Wohnungseigentum und die Entstehung der Gemeinschaft der Wohnungseigentümer
Partner im Gespräch, Band 41 (1993), S. 131 ff.

ders. — Das Stimmrecht des werdenden Wohnungseigentümers – BayObLG, Beschluß vom 9.10.1997 (2Z BR 86/97)
WE 1998, S. 160

Meyer, Emil H./ Meulenbergh, Gottfried/ Beuthien, Volker — Genossenschaftsgesetz
13. Auflage, München 2000
(zitiert: Meyer/Meulenbergh/Beuthien GenG)

Moritz, Heinz Peter — Entstehung und personale Erstreckung der „Gemeinschaft der Wohnungseigentümer“ – zugleich zu BGH, Beschluß v. 24.3.1983 – VII ZB 28/82
JZ 1985, S. 216 ff.

Müller, Horst — Pflicht des Wohnungseigentümers zur Lasten- und Kostentragung
Partner im Gespräch, Band 17 (1985), S. 173 ff.

ders. — Praktische Fragen des Wohnungseigentums
1. Auflage, München 1986
2. Auflage, München 1992
3. Auflage, München 1999
(zitiert: H. Müller Praktische Fragen)

ders.	Der Übergang von der Bauherrengemeinschaft zur Wohnungseigentümergemeinschaft Festschrift für Hanns Seuß zum 60. Geburtstag, München 1987, S. 211 ff. (zitiert: H. Müller FS Seuß I)
Müller, Klaus	Kommentar zum Gesetz betreffend die Erwerbs- und Wirtschaftsgenossenschaften Band 1 (§§ 1-33), 2. Auflage, Bielefeld 1991 Band 3 (§§ 43-64c), 2. Auflage, Bielefeld 1998 (zitiert: K. Müller GenG)
Münchener Kommentar	Bürgerliches Gesetzbuch Band 4: Sachenrecht (§§ 854-1296), 1. Auflage, München 1981 Band 4: Sachenrecht (§§ 854-1296), 2. Auflage, München 1986 Band 6: Sachenrecht (§§ 854-1296), 3. Auflage, München 1997 Band 1: Allgemeiner Teil (§§ 1-240), 4. Auflage, München 2001 Band 2: Schuldrecht Allg. Teil (§§ 231-432), 4. Auflage, München 2001 (zitiert: Münch.Komm./Bearbeiter)
ders.	Zivilprozeßordnung Band 2 (§§ 355-802), 2. Auflage, München 2000 (zitiert: Münch.Komm./Bearbeiter ZPO)
Niedenführ, Werner	Die Durchsetzung des Anspruchs auf ordnungsmäßige Verwaltung im WEG-Verfahren ZMR 1991, S. 121 ff.
ders./ Schulze, Hans Jürgen	WEG: Handbuch und Kommentar zum Wohnungseigentumsgesetz 5. Auflage, Heidelberg 2000 (zitiert: Niedenführ/Schulze)
Palandt, Otto	Bürgerliches Gesetzbuch 28. Auflage, München 1969 35. Auflage, München 1976 41. Auflage, München 1982 49. Auflage, München 1990 61. Auflage, München 2002

Paulick, Heinz — Zur Dogmatik des Wohnungseigentums nach dem Wohnungseigentumsgesetz vom 15. März 1951
AcP 152 (1952), S. 420 ff.

Pfennig, Gero/ Duske, Klaus — Zur Unwirksamkeit von Beschlüssen wegen Verstoßes gegen die §§ 26, 25 WEG
ZMR 1976, S. 289 ff.

Reithmann, Christoph — Bauherrenmodell und Bauträgermodell in zivilrechtlicher Hinsicht
BB 1984, S. 681 ff.

RGRK — Das Bürgerliche Gesetzbuch mit besonderer Berücksichtigung der Rechtsprechung des Reichsgerichts und des Bundesgerichtshofes
Band VI: Wohnungseigentumsgesetz, bearbeitet von Erich Pritsch und Hannelore Zoller, 11. Auflage, Berlin 1970
Band II, 4. Teil (§§ 631-811), bearbeitet von Walter Dehner, Otto-Friedrich Freiherr von Gamm, Roderich Glanzmann, Günter Krohn, Josef Mormann, Claus Seibert und Erich Steffen, 12. Auflage, Berlin – New York 1978
Band III, 1. Teil (§§ 854-1011), bearbeitet von Georg Augustin, Wilhelm Kregel und Heinz Pikart, 12. Auflage, Berlin – New York 1979
Band III 3. Teil (§§ 1204-1296), bearbeitet von Georg Augustin und Wilhelm Kregel, 12. Auflage, Berlin – New York 1983
(zitiert: RGRK/Bearbeiter)

Rietschel, Georg — Anmerkung zum Urteil des BGH vom 14.6.1965 – VII ZR 160/63
BGH LM § 43 WEG Nr. 1

Ringe, Karl-Steffen — Die Bauherrengemeinschaft im Bauherrenmodell – Gesellschaft bürgerlichen Rechts oder werdende Wohnungseigentümergemeinschaft?
Diss. Göttingen 1988

Rix, Dieter — Der steckengebliebene Bau – Die Aufbaupflicht im Wohnungseigentumsgesetz bei Insolvenz des Bauträgers
Diss. Münster 1991

Röll, Ludwig — Teilungserklärung und Entstehung des Wohnungseigentums
Köln-Marienburg 1975
(zitiert: Röll Teilungserklärung)

ders.	Die Fertigstellung des Gebäudes durch die Wohnungseigentümergemeinschaft NJW 1978, S. 1507 ff.
ders.	Die faktische Wohnungseigentümergemeinschaft Immo-telex (Thema des Monats Juli) 1983, S. 1 ff.
ders.	Anmerkung zum Beschluß des BGH vom 24.3.83 – VII ZB 28/82 NJW 1983, S. 1616 ff.
ders.	Nochmals: Der „werdende" Wohnungseigentümer [Teil A] Rpfleger 1986, S. 169 ff.
ders.	Die Aufteilung von Kosten und Lasten des gemeinschaftlichen Eigentums bei Veräußerung von Wohnungseigentum DNotZ 1986, S. 130 ff.
ders.	Das Verwaltungsvermögen der Wohnungseigentümergemeinschaft NJW 1987, S. 1049 ff.
ders.	Die Rechtsprechung des BGH zur faktischen Gemeinschaft und ihre Auswirkungen auf die Praxis des Wohnungseigentums NJW 1989, S. 1070 ff.
ders.	Die faktische Gemeinschaft im Wohnungseigentum DNotZ 1993, S. 315 ff.
ders.	Wiederaufbau und steckengebliebener Bau ZdWBay 1998, S. 76 ff.
ders.	Das Verwaltungsvermögen der Wohnungseigentümergemeinschaft Festschrift für Werner Merle zum 60. Geburtstag, Berlin – Heidelberg 2000, S. 253 ff.
Roth, Günther H./ Altmeppen, Holger	Gesetz betreffend die Gesellschaften mit beschränkter Haftung 3. Auflage, München 1997 (zitiert: Roth/Altmeppen GmbHG)

Rowedder, Heinz — Gesetz betreffend die Gesellschaften mit beschränkter Haftung
3. Auflage, München 1997
(zitiert: Rowedder/Bearbeiter GmbHG)

Sauren, Marcel M. — Der „werdende" Wohnungseigentümer
Rpfleger 1985, S. 261 ff.

ders. — Nochmals: Der „werdende" Wohnungseigentümer [Teil B]
Rpfleger 1986, S. 171 ff.

ders. — Wohnungseigentumsgesetz (WEG)
1. Auflage, München 1989
3. Auflage, München 1999
(zitiert: Sauren WEG)

ders. — Faktische Gemeinschaft im Gründungsstadium
Partner im Gespräch, Band 32 (1991), S. 195 ff.

Schmid, Michael J. — Verdrängende Vollmacht zur Erleichterung von Wohnungseigentümerversammlungen?
DNotZ 1975, S. 138 ff.

ders. — Die Wohnungseigentümergemeinschaft im System der Rechtsgemeinschaften
BlGBW 1981, S. 142 ff.

Schmidt, Friedrich — Begründung von Wohnungseigentum
Partner im Gespräch, Band 9 (1982), S. 81 ff.

ders. — Werdende Wohnungseigentümer
WE 1987, S. 171 f.

ders. — Faktische Wohnungseigentümer
Partner im Gespräch, Band 27 (1988), S. 253 ff.

Schmidt, Joachim — Die vorsorgende Instandhaltung
Festschrift für Werner Merle zum 60. Geburtstag,
Berlin – Heidelberg 2000, S. 265 ff.

Schmidt, Karsten — Gesellschaftsrecht
3. Auflage, Köln – Berlin – Bonn – München 1997
(zitiert: K. Schmidt Gesellschaftsrecht)

Scholz, Franz | Kommentar zum GmbH-Gesetz
Band 1 (§§ 1-44), 9. Auflage, Köln 2000
Band 2 (§§ 45-85), 8. Auflage, Köln 1995
(zitiert: Scholz/Bearbeiter GmbHG)

Schulze-Osterloh, Joachim | Das Prinzip der gesamthänderischen Bindung
Habil. Hamburg 1971

Seuß, Hanns | Faktische Wohnungseigentümer
ZfgWBay 1986, S. 516 ff.

ders. | Faktische Wohnungseigentümer
Festschrift für Johannes Bärmann und Hermann Weitnauer, München 1990, S. 599 ff.

Soergel, Hans Theodor | Bürgerliches Gesetzbuch mit Einführungsgesetz und Nebengesetzen
Band 4: Sachenrecht (§§ 854-1296), 10. Auflage, Stuttgart – Berlin – Köln – Mainz 1968
Band 4: Sachenrecht (§§ 854-1296), 11. Auflage, Stuttgart – Berlin – Köln – Mainz 1978
Band 3: Schuldrecht II (§§ 433-515), 12. Auflage, Stuttgart – Berlin – Köln 1991
Band 6: Sachenrecht (§§ 854-1296), 12. Auflage, Stuttgart – Berlin – Köln 1990
Band 2: Allgemeiner Teil 1 (§§ 1-103), 13. Auflage, Stuttgart – Berlin – Köln – Mainz 2000
(zitiert: Soergel/Bearbeiter)

Stache, Klaus | Die Problematik der §§ 18, 19 des Wohnungseigentumsgesetzes
Diss. Münster 1968

von Staudinger, Julius | Kommentar zum Bürgerlichen Gesetzbuch mit Einführungsgesetz und Nebengesetzen
III. Band, 2. Teil (§§ 1018-1296), erläutert von Ottmar Dittmann, Hugo Glafer, Fritz Riedel, Josef Ring, Franz Scherübl und Karl Spreng, 11. Auflage, Berlin 1963
Erstes Buch (§§ 21-103), 13. Bearbeitung von Hermann Dilcher, Norbert Habermann, Peter Rawert und Günter Weick, Berlin 1995
Erstes Buch (§§ 164-240), Neubearbeitung von Karl-Heinz Gursky, Frank Peters, Eberhard Schilken und Olaf Werner, Berlin 2001

Zweites Buch (§§ 741-764), 13. Bearbeitung von Hermann Amann, Norbert Engel und Gerd-Hinrich Langhein, Berlin 1996
Drittes Buch (§§ 854-882), Neubearbeitung von Elmar Bund, Karl-Heinz Gursky, Hans Dieter Kutter und Hans Hermann Seiler, Berlin 2000
Drittes Buch (§§ 883-902), 13. Bearbeitung von Karl-Heinz Gursky, Berlin 1996
Drittes Buch (§§ 903-924), 13. Bearbeitung von Jürgen Kohler, Herbert Roth und Hans Hermann Seiler, Berlin 1996
Drittes Buch (§§ 925-984), 13. Bearbeitung von Karl-Heinz Gursky, Axel Pfeifer und Wolfgang Wiegand, Berlin 1995
Drittes Buch (§§ 985-1011), Neubearbeitung von Karl-Heinz Gursky, Berlin 1999
Gesetz über das Wohnungseigentum und das Dauerwohnrecht
Band 1 (§§ 1-25), bearbeitet von Wolf-Rüdiger Bub, Heinrich Kreuzer und Manfred Rapp, 12. Auflage, Berlin 1997
Band 2 (§§ 26-64), bearbeitet von Wolf-Rüdiger Bub, Heinrich Kreuzer, Manfred Rapp, Sebastian Spiegelberger, Gerd Stuhrmann und Joachim Wenzel, 12. Auflage, Berlin 1997
(zitiert: Staudinger/Bearbeiter)

Storck, Ulrike	Der Eintritt des Erwerbers von Wohnungseigentum in laufende Verpflichtungen der Gemeinschaft und des Veräußerers Diss. Mainz 1988
Strunz, Willi	Das Stimm- und Anfechtungsrecht des werdenden Wohnungseigentümers (§§ 25, 43 WEG) BlGBW 1985, S. 78 f. = WEZ 1988, S. 243 ff.
Stürner, Rolf/ Weber, Hans-Joachim	Anmerkung zum Beschluß des BGH vom 24.3.1983 – VII ZB 28/82 JZ 1983, S. 619 f.
Tasche, Friedrich	Eventualeinberufung und verdrängende Vollmacht zur Erleichterung von Wohnungseigentümerversammlungen? DNotZ 1974, S. 581 ff.
Tiekötter, Klaus	Der rechtliche Charakter der Gemeinschaft der Wohnungseigentümer und der Vereinigungen zur Begründung von Wohnungseigentum Diss. Münster 1963

Trautmann, Günther — Die Verfahrenszuständigkeit in Wohnungseigentumssachen
Diss. Mainz 1973

Weitnauer, Hermann — Wohnungseigentumsgesetz
3. Auflage, Berlin – Frankfurt 1969
4. Auflage, München 1972
5. Auflage, München 1974
6. Auflage, München 1982
7. Auflage, München 1988
8. Auflage, München 1995
(zitiert: Weitnauer/Bearbeiter)

ders. — Erfahrungen mit dem Wohnungseigentumsgesetz
Partner im Gespräch, Band 17 (1985), S. 39 ff.

ders. — Anmerkung zum Urteil des BayObLG vom 25.7.84
ZfBR 1985, S. 183 ff.

ders. — Die neuere zivilrechtliche Rechtsprechung zum Wohnungseigentum
JZ 1985, S. 927 ff.

ders. — Die „werdende" Wohnungseigentümergemeinschaft
WE 1986, S. 92 ff.

ders. — Einige Bemerkungen zum „Wohngeld"
Festschrift für Hermann Korbion zum 60. Geburtstag am 18. Juni 1986
Düsseldorf 1986, S. 463 ff.

ders. — Faktische Wohnungseigentümer
Partner im Gespräch, Band 25 (1987), S. 213 ff.

ders. — Stimmrechtsprobleme
WE 1988, S. 3 ff.

Wellkamp, Ludger — Anmerkung zum Beschluß des BGH vom 24.3.83 – VII ZB 28/82
MDR 1983, S. 1016 f.

ders. — Rechtshandbuch Wohnungseigentum
Berlin 1998
(zitiert: Wellkamp Rechtshandbuch)

Wenzel, Joachim — Beginn der Wohnungseigentümergemeinschaft – Zahlungspflicht der werdenden Wohnungseigentümer
Der Fachverwalter, Band 2 (1997), S. 28 ff.

ders. — Die Jahresabrechnung – Inhalt und Konsequenzen der Rechtsprechung des Bundesgerichtshofes
Festschrift für Hanns Seuß zum 70. Geburtstag, Bonn 1997, S. 313 ff.
(zitiert: Wenzel FS Seuß II)

Westermann, Harry/ Westermann, Harm Peter/ Gursky, Karl-Heinz/ Eickmann, Dieter — Sachenrecht
7. Auflage, Heidelberg 1998
(zitiert: Westermann Sachenrecht)

Wiedemann, Herbert — Die Übertragung und Vererbung von Mitgliedschaftsrechten bei Handelsgesellschaften, München – Berlin 1965
(zitiert: Wiedemann Übertragung)

Wolf, Ernst — Lehrbuch des Sachenrechts
2. Auflage, Köln – Bonn – Berlin – München 1979
(zitiert: Wolf Sachenrecht)

FSC
www.fsc.org
MIX
Papier | Fördert gute Waldnutzung
FSC® C083411

Kolibri 360 GmbH
Ferdinand-Jühlke-Straße 7
99095 Erfurt, Deutschland
produktsicherheit@kolibri360.de

Druck:
CPI Druckdienstleistungen GmbH
im Auftrag der
Kolibri 360 GmbH
Ferdinand-Jühlke-Str. 7
99095 Erfurt